高等学校电子商务专业系列教材

跨境电子商务概论

杨立钒　杨维新　杨坚争 ◎ 编著

电子工业出版社

Publishing House of Electronics Industry

北京·BEIJING

图书在版编目（CIP）数据

跨境电子商务概论 / 杨立钒，杨维新，杨坚争编著. —北京：电子工业出版社，2021.8

ISBN 978-7-121-41666-8

Ⅰ. ①跨… Ⅱ. ①杨… ②杨… ③杨… Ⅲ. ①电子商务—概论 Ⅳ. ①F713.36

中国版本图书馆 CIP 数据核字（2021）第 147977 号

责任编辑：刘淑敏

印　　刷：大厂回族自治县聚鑫印刷有限责任公司

装　　订：大厂回族自治县聚鑫印刷有限责任公司

出版发行：电子工业出版社

　　　　　北京市海淀区万寿路 173 信箱　邮编：100036

开　　本：787×1 092　1/16　印张：16.5　字数：444 千字

版　　次：2021 年 8 月第 1 版

印　　次：2023 年 1 月第 2 次印刷

定　　价：58.00 元

凡所购买电子工业出版社图书有缺损问题，请向购买书店调换。若书店售缺，请与本社发行部联系，联系及邮购电话：（010）88254888，88258888。

质量投诉请发邮件至 zlts@phei.com.cn，盗版侵权举报请发邮件至 dbqq@phei.com.cn。

本书咨询联系方式：（010）88254199，sjb@phei.com.cn。

前　言

2020 年，面对新型冠状病毒感染的肺炎这一近百年来人类遭遇的影响范围最广的全球性大流行病，中国人民在中国共产党的坚强领导下，始终秉持人类命运共同体理念，肩负大国担当，同其他国家并肩作战、共克时艰，取得了全国疫情防控阻击战的重大战略成果。跨境电子商务（简称跨境电商）在这一抗疫艰辛历程中表现突出，为抗疫的胜利做出了巨大贡献。

2020 年，我国进出口总额 321 557 亿元人民币，比 2019 年增长 1.9%。其中，出口增长 4.0%；进口下降 0.7%。全年服务进出口总额 45 643 亿元，比上年下降 15.7%。其中，服务出口下降 1.1%，服务进口下降 24.0%。[①]但作为新业态的跨境电子商务进出口却逆势增长，增速明显快于其他进出口，对于外贸增长的带动作用非常突出。

2020 年 10 月召开的中共中央第十九届五中全会明确提出："加快构建以国内大循环为主体、国内国际双循环相互促进的新发展格局。"[②]这是根据我国发展阶段、环境、条件变化提出来的，是重塑我国国际合作和竞争新优势的战略抉择，是中国经济高质量发展的内在需要。长期以来，中国在全球产业链中处于"世界工厂"的地位，附加值不够高，品牌效应不够强。我们需要走高质量发展之路，稳步实现从代工到研发、从模仿到创新、从"制造"到"智造"的转变，全面提升国际竞争力。

面对当前全球保护主义上升、世界市场萎缩、进出口压力不断增大的外部环境，跨境电子商务作为对外贸易的新业态和新引擎，需要在构建国内国际双循环的新发展格局中发挥更大的作用。

在推动跨境电子商务发展的进程中，教育部开展了一系列的工作。一是优化专业结构，在《普通高等学校本科专业目录（2019 年版）》电子商务专业类中增设跨境电子商务专业。2020年，全国 7 所本科高校获批开设该专业。二是完善人才培养质量标准，明确了跨境电商人才培养目标、培养规格、课程体系、教学规范、师资队伍、教学条件、质量保障等。三是加大应用型复合型人才培养力度。四是探索协同培养电商人才新模式。

跨境电子商务本科专业的设立，也带动了高职院校跨境电子商务专业的设立。其中，跨境电子商务专业有 179 所高职院校新设，位居高职新增专业榜第一名。跨境电子商务专业的快速增加对相关教材产生了迫切需求。为提高跨境电商教材的整体质量，笔者从 2020 年年初开始了《跨境电子商务概论》的撰写工作。在动笔之前，笔者广泛征求了教学一线的教师和电子工业出版社编辑的建议和意见，形成了本书的基本框架。

（1）第 1 章，跨境电子商务概述。本章从电子商务条件下的市场变化切入，讨论了跨境电

[①] 国家统计局。中华人民共和国 2020 年国民经济和社会发展统计公报[EB/OL].（2021-02-28）[2021-05-23]. http://www.stats.gov.cn/tjsj/zxfb/202102/t 20210227_1814154.html.

[②] 中共中央. 中国共产党第十九届中央委员会第五次全体会议公报[EB/OL].（2020-10-29）[2020-11-23]. http://www.gov.cn/xinwen/2020-10/29/content_5555877.htm.

子商务的概念、分类及特点，分析了跨境电子商务与国际贸易的关系。

（2）第2章，跨境电子商务发展策略。本章分析了跨境电子商务的应用环境，提出了我国跨境电子商务发展的总体策略和具体措施。

（3）第3章，跨境电子商务技术基础。本章介绍了跨境电子商务系统、跨境电子商务平台和互联网新技术在跨境电商中的应用。

（4）第4章，跨境电子商务市场调研与开拓。本章引导学生了解国际市场的调研和信息收集方法；重点介绍了利用跨境电商第三方平台、企业网站和国外电子商务平台开拓国际市场的方法。

（5）第5章，跨境电子商务营销。本章根据跨境电商的新发展，从营销策略、营销方法和客户服务方法三个方面对跨境电商的网络营销进行了全面介绍。

（6）第6章，跨境电子支付。本章重点介绍了电子支付、电子信用证、网上银行及其跨境支付业务、非金融机构支付及其跨境支付业务等内容。

（7）第7章，电子通关。本章详细介绍了电子通关的基本程序、电子通关的模式探索、海关电子报关单及数据填制、中国国际贸易单一窗口的进出口申报等内容。

（8）第8章，跨境电子商务物流。本章重点讨论了跨境电子商务物流系统、物流模式、物流技术和物流供应链，专门介绍了跨境电子商务海外仓的运作流程和建设模式。

（9）第9章，跨境电子商务的法律规范与监管制度。本章主要围绕跨境电商现实的法律问题，重点阐述跨境电子商务经营活动的法律规范、跨境电子商务海关监管制度、跨境电子商务消费者权益保护和跨境电商网上争议解决等方面的内容。

本书由杨立钒编写第1、2、4、5、6、7、9章，杨维新编写第3、8章。本书初稿完成后，杨坚争老师对全书进行了审校。国家社科基金重大项目（13&ZD178）、上海市教育委员会教改项目"电子商务创新创业管理"、上海市高校外国留学生英语授课示范性课程（1027-301-12）、中国法学会项目"联合国《关于网上争议解决的技术指引》实施细则研究"、华东政法大学重大教改项目"基于云计算的智慧司法虚拟仿真实验平台"、香港杏范教育基金会对本书的出版给予了大力支持，电子工业出版社姜淑晶编辑提供了多方面的指导，本书在写作过程中还参考了大量书面和网上文献。在此，谨向本书出版的资助者和资料的提供者表示真诚的谢意，也希望广大读者对本书提出宝贵意见。

杨立钒

目　　录

第1章

跨境电子商务概述

电子商务诞生之后，给国际贸易带来了新的发展机遇和挑战。作为电子商务的一个重要分支，跨境电子商务（简称跨境电商）与一般电子商务既有共性，也有其特殊性。本章首先介绍了电子商务的概念及其在现代经济发展中的作用，进而分析了电子商务条件下的市场博弈情况，确定了跨境电子商务研究的领域，并在此基础上重点研究了跨境电子商务的概念、分类和特点。

1.1 认识电子商务

▶▶ 1.1.1 电子商务的概念

最近几年，"电子商务"在社会经济生活中高频率出现，成为家喻户晓的新名词。国内外都试图对电子商务的概念做出确切的表述，但终究没有形成完全一致的看法。目前，大家较为接受的有联合国国际贸易法委员会、经济合作与发展组织提出的概念。

1. 联合国国际贸易法委员会关于电子商务概念的表述

为了适应使用计算机技术或其他现代技术进行交易的当事方之间通信手段发生的重大变化，1996 年 12 月 16 日，联合国国际贸易法委员会（以下简称联合国贸法会）通过了《贸易法委员电子商业示范法及其颁布指南》（简称《电子商业示范法》）[1][2]。但《电子商业示范法》并未给出明确的"电子商业"的定义，只是强调这种电子商业交易手段的特殊性，即在商业交易中使用了数据电文作为交易信息的载体。

---

[1] United Nations Commission On International Trade Law（UNCITRAL）. UNCITRAL Model Law on Electronic Commerce with Guide to Enactment 1996[S], 51/162 Model Law on Electronic Commerce adopted by the United Nations Commission on International Trade Law, 85 th plenary meeting, 1996-12-16.

[2] 1996 年 12 月 16 日，联合国正式颁布了《贸易法委员会电子商业示范法及其颁布指南》（UNCITRAL Model Law on Electronic Commerce with Guide to Enactment 1996）。当时"电子商业"的叫法比较流行，故该文件的中文版翻译为《电子商业示范法》。此后人们接受了"电子商务"的说法，较多人重新翻译为《电子商务示范法》，为了避免混淆，本书仍沿用《电子商业示范法》。

《电子商业示范法》对"电子商业"①中的"商业"一词做了广义解释:"使其包括不论是契约型或非契约型的一切商务性质的关系所引起的种种事项。商务性质的关系包括但不限于下列交易:供应或交换货物或服务的任何贸易交易,分销协议,商务代表或代理,客账代理,租赁,工厂建造,咨询,工程设计,许可贸易,投资,融资,银行业务,保险,开发协议或特许,合营或其他形式的工业或商务合作,空中、海上、铁路或公路的客、货运输。"

《电子商业示范法》第2条对数据电文做了明确的定义:"'数据电文'系指经由电子手段、光学手段或类似手段生成、储存或传递的信息,这些手段包括但不限于电子数据交换(Electronic Data Interchanged,EDI②)、电子邮件、电报、电传或传真。"

联合国贸易法委员会认为,在"电子商业"的标题下,可能广泛涉及数据电文在贸易方面的各种用途。"电子商业"概念所包括的通信手段有以下各种以使用电子技术为基础的传递方式:以电子数据交换进行的通信,狭义界定为电子计算机之间以标准格式进行的数据传递;利用公开标准或专有标准进行的电文传递;通过电子手段如通过互联网络进行的自由格式的文本的传递。电子商业的一个显著特点是它包括可编程序电文,通过计算机程序制作是此种电文与传统书面文件之间的根本差别。③

2. OECD关于电子商务概念的定义

2000年,经济合作与发展组织(Organization for Economic Co-operation and Development,OECD)通过了以狭义的和广义的通信基础设施为基础的两个电子商务交易定义。2004年,OECD从业务流程的角度对电子商务进行了再次定义:电子商务是以计算机网络为媒介的自动商务流程,既包括企业内部(Intra)流程,也包括企业外部(Inter)流程。电子商务的处理过程需要整合各项任务并且逾越单独的和个人的应用。

2005年,OECD提出了信息社会统计操作指南,进一步说明了两种电子商务的定义。有关电子商务的定义和理解指南如表1-1所示④。

---

① 在中文中,"商业"一词传统上仅指贸易活动,但是,商业也可以泛指任何营利性活动,在这个意义上商业可以等同于"商务""营业"。因此作者认为,这三个词基本上表达一个意思,即从事营利性事业,所以电子商务、电子商业是可以通用的。

② 作为一种技术手段,EDI逐渐被新技术所替代。但作为一种报文标准,EDI仍然在电子通关、物流领域得到应用。2019年1月14日天津市市场监督管理局颁布的《国际海运出口单证申报EDI报文标准》就是按照GB/T 1.1 2009给出的规则起草的。2020年1月23日海关总署发布的《商品贸易统计说明》(Explanatory Notes to the Merchandise Trade Statistics)的3.1.2节规定,报关单由报关商代表货物所有人通过电子数据交换系统在海关备案。在2020年抗击新冠肺炎疫情的工作中,广州海关发挥前期穗港、穗澳邮件"一点清关"首创的跨境EDI电子数据实时交互优势,加快了经中国香港、中国澳门入境捐赠物资的通关速度。

③ 这是极具远见性的表述。移动通信技术在商务活动中的应用,开辟了移动电子商务的新形式,从而大大拓展了电子商务的应用领域。

④ OECD. Guide to Measuring the Information Society[R/OL]. (2005-11-08)[2019-08-20]. https://ictlogy.net/bibliography/reports/projects.php?idp=442.

表 1-1 OECD 电子商务的定义和理解指南

电子商务	OECD 定义	理解指南 （2001 年 4 月 WPIIS 建议）
广义 定义	电子商务是通过以计算机为中介的网络所进行的买卖商品或服务的交易。这种交易可以是在企业、家庭、个人、政府或其他公共或私人组织之间进行的。商品或服务需要通过网络下订单，而支付和商品或服务的最终配送可以在网上也可以在网下进行	包括：运用任何在线程序，通过自动交易系统，如互联网系统、电子数据交换、可视图文终端或互动电话系统，接受订单或在线下订单
狭义 定义	电子商务是通过互联网所进行的买卖商品或服务的交易。这种交易可以是在企业、家庭、个人、政府或其他公共或私人组织之间进行的。商品或服务需要通过互联网下订单，而支付和商品或服务的最终配送可以在网上也可以在网下进行	包括：运用任何互联网，通过自动交易系统，如网页、外联网，以及运行在互联网上的系统，如运行在互联网上的电子数据交换、可视图文终端，接受订单或在线下订单。也可以利用能够使电子商务系统运转的其他网络，而不考虑该网络是如何接入的（如通过移动网络或电视网络） 排除：通过电话、传真或传统的电子邮件接受订单或下订单

3. 本书对电子商务的定义

笔者认为，虽然电子商务所涵盖的内容非常复杂，但仍然需要有一个比较简明的概念以利于电子商务的推广。本书对电子商务的概念做如下表述。

电子商务是指交易当事人或参与人利用现代信息技术和计算机网络（主要是互联网）所进行的各类商业活动，包括货物贸易、服务贸易和知识产权贸易。

对电子商务的理解，应从"现代信息技术"和"商务"两个方面考虑。一方面，"电子商务"概念所包括的"现代信息技术"应涵盖各种以电子技术为基础的通信方式；另一方面，对"商务"一词应作广义解释，使其包括不论是契约型还是非契约型的一切商务性质的关系所引起的种种事项。如果将"现代信息技术"看作一个子集，将"商务"看作另一个子集，电子商务所覆盖的范围应当是这两个子集所形成的交集，即"电子商务"标题之下可能广泛涉及的互联网、内部网和电子数据交换在贸易方面的各种用途（见图 1-1）。

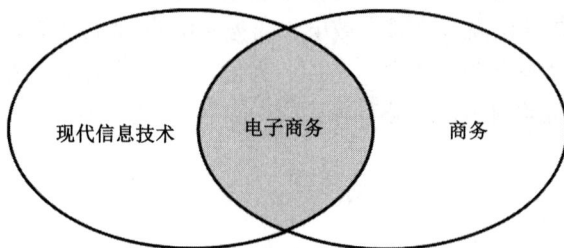

图 1-1 电子商务是"现代信息技术"和"商务"两个子集的交集

根据产品、过程和参与者的虚拟化程度，可以设计一个三维坐标图（见图 1-2）。在图 1-2 中，产品为纵坐标，过程为横坐标，参与者为水平坐标，箭头的指向表示虚拟程度的高低，即离原点越远，产品、过程和参与者的虚拟化程度越高。据此，我们可以将坐标图显示的空间划分为八个部分。左下方带有阴影的方格表示的商务形式为传统商务,此种形式的商务的三种要素都是物质形态的;右上方阴影表示的方格则代表纯粹的电子商务,其中包括的三个要素都是数字化的;所有其他方格所包含的三个要素则兼有实物性和虚拟性,即它们所包含的三种要素中至少有一个变量是非数字形式的。这些方格表示不完全的电子商务。从左下方到右上方,数字化程度逐渐加强,传统商务逐步向纯粹的电子商务过渡。

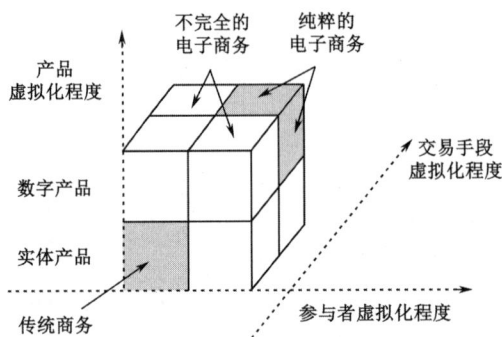

图 1-2　电子商务与传统商务的关系①

由图 1-2 可以看出,电子商务与传统商务并不是截然分开的,两者有着天然的密切联系。所以,我们不能把电子商务看作一个完全的虚拟经济形态。本质上,电子商务是一个全新的实体经济。它通过信息技术的应用驱动交易流程的变化,创新消费模式,带来传统商贸业的变革,最终促使传统的商贸业转型升级,进而带动传统制造业的转型升级。离开实体经济的支撑,电子商务就是无源之水、无本之木。

仅从字面意思上看,电子商务是指利用电子工具进行商务交换的活动过程。但是,电子商务绝不仅仅局限在商贸流通领域内。例如,电子通关在海关业务中的应用就是一种行政业务活动。同样,税务部门通过电子商务来实现其税收的活动,也是一种行政活动。2007 年 6 月,我国《电子商务发展"十一五"规划》首次提出,电子商务是网络化的新型经济活动。②相对于前述定义,这一定义有利于整个社会对电子商务的发展给予高度重视,其核心思想是在国民经济各领域和社会生活各层面,全方位推进不同模式、不同层次的电子商务应用。这一认识在《中华人民共和国国民经济和社会发展第十四个五年规划和 2035 年远景目标纲要》(简称《规划》)中得到进一步具体化。在强调商贸流通领域电子商务应用的同时,《规划》要求在居家生活、旅游休闲、交通出行、大数据服务、教育、医疗、养老、抚幼、就业、文体、助残等领域发展电子商务和数字化经济,推动数字化服务普惠应用。③

---

① Choi.et.al. The Economics of Electronic Commerce[M]. Indianapolis: Macmillan Technical Publications, 1997: 18.

② 国家发展和改革委员会. 电子商务发展"十一五"规划[R/OL].(2007-06-20)[2021-08-20]. https://www.ndrc. gov.cn/fggz/fzzlgh/gjjzxgh/200709/P020191104623160034272.pdf.

③ 十三届全国人大四次会议. 中华人民共和国国民经济和社会发展第十四个五年规划和 2035 年远景目标纲要[EB/OL].(2007-06-20)[2021-08-20]. http://www.gov.cn/xinwen/2021-03/13/content_5592681.

▶▶ 1.1.2　电子商务在现代经济发展中的作用

毋庸置疑，电子商务是信息时代的产物。信息技术的广泛应用，几乎使再生产的各个过程都发生了深刻的变革。换一种角度看，电子商务起源于经济全球化的发展阶段，兴起于经济全球化的加速阶段，而且正是由于它的兴起促进了经济全球化的加速。因此，电子商务不仅是经济全球化发展的产物，又是经济全球化的加速器。

1. 电子商务在再生产中的地位和作用

电子商务在再生产过程中处于一种很特殊的地位，这种特殊地位一是由其本质决定的，二是信息时代所要求的。因为电子商务的本质是进行商务活动，这个过程不仅包括流通过程，还扩展至流通过程的上游和下游，即生产过程和消费过程。此外，在信息时代，以信息产业为主的高新技术产业及以此为基础的服务业将蓬勃发展，并将在世界经济中占主导地位。服务业的特点之一就是生产、流通和消费同时进行。换句话说，电子商务的兴起预示着传统商贸经济的变革和新兴服务经济的崛起。电子商务已经成为实体经济和数字经济的重要组成部分，成为促进社会经济发展、维持社会稳定的重要力量。

电子商务对社会生产力的推动作用突出表现在以下三个方面。

（1）大幅降低信息成本，提高信息使用效率。作为一个极为重要的商务信息载体和运送平台，电子商务降低了信息来源成本；突破了行业和产品物理特性的限制，使交易范围急剧放大；弥补了信息的不对称性，实现了交易信息互换和交易行为的虚拟市场化。从目前市场情况看，电子商城、网上书店和网上拍卖等交易行为，无不体现出与传统交易相比的信息成本优势。信息成本的低廉形成了对电子商务生存的最有力支撑。

（2）大量减少中间环节，降低销售成本和购买成本。电子商务为买卖双方在网上直接交易提供了现实可能性，减少了许多中间环节，使得零库存生产成为可能。在批发领域，电子商务可以在很大程度上取代传统商业在商品流通渠道中的批发职能，使批发商的作用大大削弱。除农业生产资料要面对众多零星的农户以外，大多数生产消费者都有可能直接上网采购生产资料。对于普通消费者来说，则可以通过网络购买降低购物成本。

（3）有利于形成高效流通的交换体制。电子商务构成了虚拟社会中整个商品交易的庞大网络，实体社会中商品的盲目实物移动转变为有目标的实物移动。借助电子商务的信息沟通和需求预测，企业可以组织有效生产，形成高效流通的交换体制。政府则可以通过电子商务，将市场、企业和个人连接起来，方便地进行宏观调控和微观调控。

2. 电子商务在转变经济发展方式中的作用

面对全球需求结构的重大变化和国际市场环境的不断恶化，转变经济发展方式已经成为我国经济发展的必然要求。发展战略性新兴产业已经成为世界主要国家抢占新一轮经济和科技发展制高点的重大战略。

《国务院关于加快培育和发展战略性新兴产业的决定》（国发〔2010〕32 号）对战略性新兴产业做出了明确的定义：战略性新兴产业是以重大技术突破和重大发展需求为基础，对经济社会全局和长远发展具有重大引领带动作用，知识技术密集、物质资源消耗少、成长潜力大、综合效益好的产业。

电子商务是完全符合上述定义的一个产业。

（1）电子商务是以重大技术突破和重大发展需求为基础的新兴行业。互联网技术的开发是20世纪影响力最大的技术突破。但在其开发的前30年，一直被禁锢在军事和研究领域，没有在社会上得到很好的推广。20世纪90年代，商业机构跻身于互联网世界，立即发现它的巨大潜力，并在短短的20年间形成了巨大的社会需求。电子商务正是以现代网络信息技术为基础发展起来的一个新兴行业。

（2）电子商务对经济社会全局和长远发展具有重大引领作用。实体市场与虚拟市场两者并行的局面造就了21世纪世界市场的新格局。电子商务对经济社会的全局和长远发展产生了巨大的引领作用。2010年平息的腾讯和360公司的争端竟然波及10多亿个网络用户，说明电子商务不仅影响虚拟经济的秩序，甚至影响整个社会的稳定。2011年淘宝网的涨租事件，引起上千万中小卖家的强烈不满，一度引起部分地区的骚动。可以说，这些电子商务事件所产生的影响远远超过了其他战略性新兴产业。

（3）电子商务是知识技术密集、物质资源消耗少的产业。商业活动最显著的特点就是追求高效率和低成本。20多年的实践证明，最先进的信息网络技术都是首先在电子商务领域找到用武之地的。电子商务已经成为先进技术的聚集地和协同枢纽。特别是在交易安全领域，电子商务对技术的要求是最高的。正是因为先进技术的广泛应用，使得电子商务的交易成本远远低于传统的实体市场交易成本，从而将贝塔斯曼从中国"挤"了出去，将最后一家传统书店从十里南京路"挤"了出去。可以预见，未来还有更多的传统产业将步传统书店的后尘。

（4）电子商务是成长潜力大、综合效益好的产业。相对于其他产业，电子商务的发展速度令人吃惊，成长潜力非常巨大。淘宝网、京东商城、拼多多等电子商务网站快速成长的历程清楚地说明了这一点。电子商务的发展同时带来了良好的社会效益。2020年，全国快递服务企业业务量累计完成833.6亿件，同比增长31.2%，其中，国际/港澳台业务量累计完成18.4亿件，同比增长27.7%。[①]2020年，全国电子商务从业人员达6 015.33万人，同比增长17%。[②]

3. 电子商务与经济全球化

经济全球化加速发展的根本原因在于科学技术的进步，其中信息技术革命对经济全球化产生三方面的影响，而这三方面的影响都与电子商务有关。

（1）电子商务是信息技术革命的产物，而以电子商务为重要组成部分的信息产业的产值在世界经济中的比重迅速增加，为经济全球化加速发展提供了物质基础。

（2）信息技术革命扩大了世界市场的范围。传统的世界市场仅仅包括实体市场，不包括虚拟市场。电子商务使虚拟市场的活动成为现实，为货物、服务和包括技术、资本在内的生产要素的跨国流动增添了一条新的快速流通渠道，从而为经济全球化加速发展提供了技术基础。

（3）信息技术革命为高新技术产业的发展带来了勃勃生机。各个国家或地区都在努力开发和生产高新技术产品，国际竞争更加激烈。但任何一国或地区都不可能也没必要独立完成所有高新技术产品的开发和生产。通过国际交流与合作，优化配置各类资源，高新技术产品的开发

---

① 国家邮政局. 2020年邮政行业发展统计公报[EB/OL].（2021-05-12）[2021-05-27]. http://www.spb.gov.cn/xw/dtxx_15079/202105/t 20210512_3901027.html.

② 商务部. 中国电子商务报告（2020）[R/OL].（2021-06-18）[2021-06-19]. http://dzsws.mofcom.gov.cn.

和生产才能达到更高的水平。电子商务为进一步加强各国或地区之间的经济技术联系、增进国际交流与合作，提供了便利快捷的信息服务。

4. 电子商务与贸易全球化

电子商务在国际贸易中有着越来越重要的地位，它从三个方面推动贸易全球化的发展。

（1）作为一种服务业，电子商务已经成为国际服务贸易的重要内容之一。伴随着经济全球化的深入发展和产业结构的深刻调整，新兴服务业和服务贸易成为推动世界经济和贸易增长的重要动力。2019 年，我国服务业增加值为 534 233 亿元，服务业增加值占国内生产总值的比重为 53.9%，比上年提高 0.6 个百分点，比第二产业高 14.9 个百分点；服务业对国民经济增长的贡献率为 59.4%，比第二产业高 22.6 个百分点；拉动国内生产总值增长 3.6 个百分点，比第二产业高 1.4 个百分点，服务业在国民经济中的"稳定器"作用进一步增强[①]。电子商务作为一种新型服务业，随着互联网技术的不断开发，已经形成了以网络交易为代表，包括即时通信、搜索引擎、网络游戏、网络广告、交易安全等多种形式的电子商务服务群，在国际服务贸易中的作用越来越突出。

（2）作为一种高新技术的应用，电子商务是减少由各国或地区之间设置的某些非关税壁垒所带来的不利影响和促进贸易自由化的有效手段。例如，利用电子商务的信息双向沟通、交易手段灵活和达成交易迅速等特点，可以争取时间申领全球配额或进口许可证。此外，目前各国或地区对电子商务的活动尚未出台新的管制手段。但是，各国或地区也普遍缺乏行之有效的管理措施，给少数利用电子商务从事非法活动的人带来可乘之机。

（3）作为一种新的贸易方式，电子商务不仅成为国际贸易实务过程中不可分割的一部分，而且为国际贸易实务带来极大的便利，同时为微观经济主体内部进行网络化管理起到促进作用。这些具体表现在：第一，各国或地区政府要求采用电子商务方式报关，采用人工报关将延长放行时间，有可能错失贸易良机；第二，通过国际互联网或专门的网络，使业务人员坐在办公桌旁就能寻觅到商业机会，并且有利于建立起更多的贸易伙伴关系；第三，简化了国际贸易程序，缩短了国际贸易成交过程，从而节省了人力、物力和财力。

5. 电子商务与金融全球化

国际金融市场上利率和汇率的频繁变动使国际金融对电子商务的依赖越来越大。这种依赖性表现为以下几点。

（1）电子商务促使金融市场全球化。电子商务将世界各时区的金融市场联结起来，使金融交易一天 24 小时连续运行成为可能。

（2）电子商务为国际支付提供现代化的支付手段。电子商务使国际结算速度加快，结算费用降低。

（3）电子商务为证券和股票跨国交易提供即时信息。电子商务减少了因利率或汇率变动风险所造成的经济损失，并促使国际资本流量和流通速度大大增加。

（4）电子商务为国际融资提供方便。电子商务使吸引外资的方式和来源多元化，从而降低

---

① 杜希双. 服务业发展提质增效[EB/OL]. (2020-01-19) [2020-08-27]. http://www.stats.gov.cn/tjsj/sjjd/202001/t20200119_1723889.html.

金融风险。

6. 电子商务与生产全球化

电子商务的兴起，与跨国公司的经济活动密不可分，更明确地说，电子商务是生产全球化的重要组成部分。

（1）电子商务使跨国公司的组织结构发生变化。随着信息技术的发展，微观经济主体的结构也在发生变化，从事信息技术产业的跨国公司发展较快，其中不少跨国公司建立了自己的电子商务服务公司。可见，电子商务本身是生产全球化的重要组成部分。

（2）电子商务使跨国公司的资金投向发生变化。跨国公司在海外的投资越来越重视信息技术产业，通过跨国经营方式向海外电子商务服务公司投资的金额日益增加。

（3）电子商务广泛应用在跨国公司的经营管理上。电子商务远距离传输信息的作用，使跨国公司接收信息的时间更短、渠道更多、范围更广、成本更低，从而使跨国公司低成本全球扩张成为可能。实际上，电子商务已成为跨国公司实施其全球化经营战略的一种重要工具。

综上所述，电子商务是经济全球化的产物，反过来又成为经济全球化的加速器。不过，电子商务产生前后的经济全球化的层次不同。电子商务产生于传统经济时代的经济全球化，而目前电子商务正将经济全球化推向一个新的经济时代——网络经济时代。

▶▶ 1.1.3 我国电子商务发展的基本状况

1. 电子商务应用进一步普及

截至 2020 年 12 月，我国网民规模达 9.89 亿人，互联网普及率达 70.4%，其中，使用手机上网的比例为 99.7%。蜂窝物联网终端用户 11.36 亿户，较 2019 年年底增加 1.08 亿户，其中应用于智能制造、智慧交通、智慧公共事业的终端用户占比分别达 18.5%、18.3%、22.19%。网民使用手机上网的比例占总网民人数的 99.7%[①]。与此同时，商务交易类应用保持稳健增长。表 1-2 反映了中国网民各类互联网应用用户规模和使用率（2020.3—2020.12）。

表 1-2 中国网民各类互联网应用用户规模和使用率（2020.3—2020.12）

应用	2020.3		2020.12		增长率
	用户规模（万个）	网民使用率	用户规模（万个）	网民使用率	
即时通信	89 613	99.2%	98 111	99.2%	9.5%
搜索引擎	75 015	83.0%	76 977	77.8%	2.6%
网络新闻	73 072	80.9%	74 274	75.1%	1.6%
远程办公	—	—	34 560	34.9%	—
网络购物	71 027	78.6%	78 241	79.1%	10.2%
网上外卖	39 780	44.0%	41 883	42.3%	5.3%
网络支付	76 798	85.0%	85 434	86.4%	11.2%

---

① 中国互联网络信息中心. 第 47 次中国互联网络发展状况统计报告[R/OL].（2021-02-03）[2021-03-23]. http://cnnic.cn/gywm/xwzx/rdxw/20172017_7084/202102/t20210203_71364.htm.

续表

应用	2020.3		2020.12		增长率
	用户规模（万个）	网民使用率	用户规模（万个）	网民使用率	
互联网理财	16 356	18.1%	16 988	17.2%	3.9%
网络游戏	53 182	58.9%	51 793	52.4%	-2.6%
网络视频（含短视频）	85 044	94.1%	92 677	93.7%	9.0%
短视频	77 325	85.6%	87 335	88.3%	12.9%
网络音乐	63 513	70.3%	65 825	66.6%	3.6%
网络文学	45 538	50.4%	46 013	46.5%	1.0%
网络直播 [32]	55 982	62.0%	61 685	62.4%	10.2%
网约车	36 230	40.1%	36 528	36.9%	0.8%
在线教育	42 296	46.8%	34 171	34.6%	-19.2%
在线医疗	—	—	21 480	21.7%	—

从表 1-2 中可以看到我国电子商务类的网络应用人数的主要变化。其中，网络购物和网上支付的市场整体规模都在世界上居领先水平。

2. 电子商务交易规模持续增长

新冠肺炎疫情加速了传统经济数字化转型进程，电子商务平台在助力抗击疫情、拉动消费回补、畅通产业链供应链方面发挥了重要作用。国家统计局数据显示，2020 年，全国电商交易总额 37.21 万亿元，比上年增长 4.5%（见图 1-3）。其中，商品类电商交易额 27.95 万亿元，同比增长 7.9%，其中，对单位交易额 18.11 万亿元，增长 3.7%，对个人交易额 9.84 万亿元，增长 16.6%[①]。

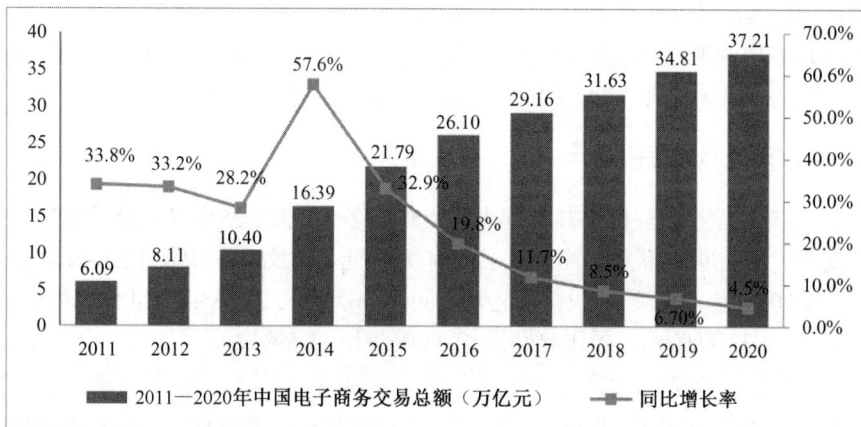

图 1-3　2011—2020 年中国电子商务交易额增长情况

（资料来源：商务部《中国电子商务报告（2020）》。）

---

① 中国信息报.2020 年全国电商交易额 37.21 万亿元[EB/OL]. (2020-02-20)[2021-04-23]. http://www.zgxxb. com.cn/xwzx/202102030007.shtml.

3. 网上零售额保持了快速增长态势

国家统计局数据显示，2020 年，我国网上零售总额达到 11.76 亿元，比上年增长 10.9%（见图 1-4）。其中，实物商品网上零售额 97 590 亿元，增长 14.8%，占社会消费品零售总额的比重为 24.9%，比上年提高 4.2 个百分点。[1]

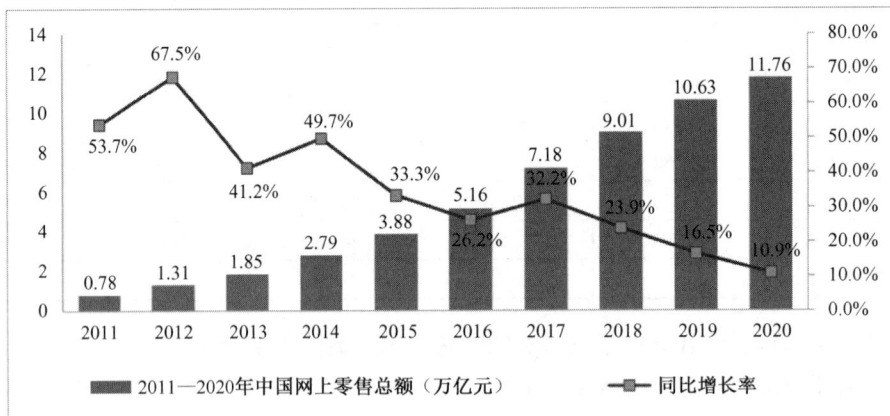

图 1-4　2011—2020 年中国网上零售总额增长情况

(资料来源：《中国电子商务报告 2020》。)

4. 跨境电子商务零售进出口高速增长

根据国务院公布的数据，2020 年跨境电商进出口 1.69 万亿元，增长 31.1%。其中出口 1.12 万亿元，增长 40.1%，进口 0.57 万亿元，增长 16.5%。[2]

2020 年，跨境电商通过海关跨境电子商务管理平台验放进出口清单达 24.5 亿票，同比增加了 63.3%；零售进出口额达到 2 748.7 亿元，增长 47.61%（见图 1-5）。

5. 电子支付业务总量持续增长

2020 年，我国银行业金融机构共处理电子支付业务[3] 2 352.25 亿笔，金额 2 711.81 万亿元。其中，网上支付业务 879.31 亿笔，金额 2 174.54 万亿元，同比分别增长 12.46% 和 1.86%；移动支付业务 1 232.20 亿笔，金额 432.16 万亿元，同比分别增长 21.48% 和 24.50%；电话支付业务 2.34 亿笔，金额 12.73 万亿元，同比分别增长 33.06% 和 31.69%。[4]

---

① 国家统计局. 2020 年国民经济稳定恢复　主要目标完成好于预期[R/OL].（2021-01-18）[2021-04-23]. http://www.stats.gov.cn/ztjc/zthd/lhfw/2021/lh_hgjj/202102/t20210219_1813625.html.

② 国务院. 国务院新闻办就 2020 年全年进出口情况举行发布会[R/OL].（2021-01-14）[2021-04-23]. http://www.gov.cn/xinwen/2021-01/14/content_5579875.htm.

③ 电子支付是指客户通过网上银行、电话银行、手机银行、ATM、POS 和其他电子渠道，从结算类账户发起的账务变动类业务笔数和金额，包括网上支付、电话支付、移动支付、ATM 业务、POS 业务和其他电子支付等六种业务类型。

④ 中国人民银行. 2020 年支付体系运行总体情况[EB/OL].（2021-03-24）[2021-04-22]. http://www.pbc.gov.cn/zhifujiesuansi/128525/128545/128643/4213347/index.html.

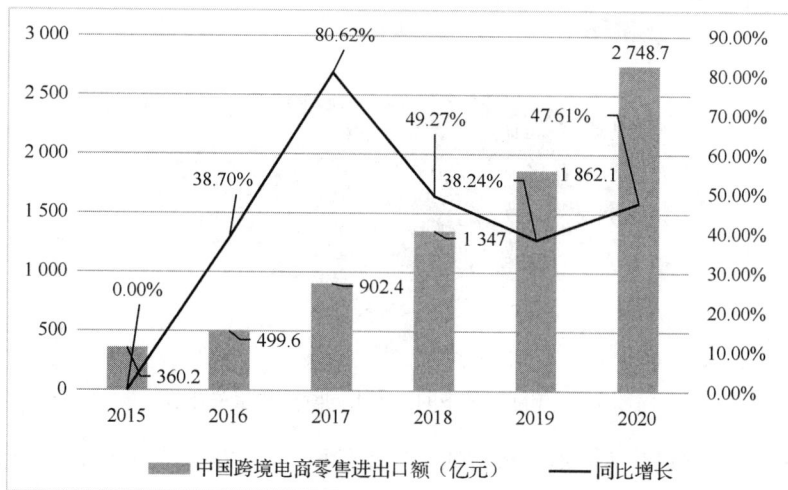

图 1-5　2015—2020 年中国跨境电子商务零售进出口额增长情况

（资料来源：《中国电子商务报告 2020》。）

6. 快递年业务量突破 800 亿件大关

2020 年，全国快递服务企业业务量累计完成 833.6 亿件，同比增长 31.2%。[①] 业务收入达 8 750 亿元，同比增长 16.7%。快递业的快速发展，有力地支持了电子商务的发展。

1.2　电子商务条件下的市场变化

▶▶ 1.2.1　商品交易流程的变化

一宗传统的商品交易是由多个环节组成的复杂系统，包括市场准备、商品展示、沟通谈判、合同签署、支付、配送、售后服务等环节，如图 1-6 所示。而整个交易过程又可以分为交易前、交易中和交易后三个阶段。

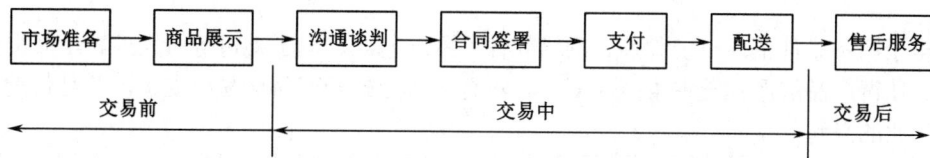

图 1-6　传统商品交易的不同环节

在国际贸易的交易前、交易中和交易后三个阶段中，由于信息技术的采用，三个阶段的交易活动都有了相应的信息技术手段替代传统手段（见图 1-7）。

---

① 国家邮政局. 2020 年邮政行业发展统计公报[EB/OL].（2021-05-12）[2021-05-27]. http://spb.gov.cn/xw/dtxx_ 15079/202105/t 20210512_3901027.html.

图 1-7　国际贸易中的三个不同阶段和相关环节

图 1-6 的流程可以简化为具有一般性质的三个阶段，即合同签署阶段、款项支付阶段、商品送达阶段（见图 1-8）。

图 1-8　具有一般性质的商品交易的三个阶段

上述三个阶段说明如下。

（1）合同签署阶段。这一阶段包括买卖双方在合同签署过程中所做的各项工作。买卖双方在市场准备和商品展示的基础上，就购买事宜进行沟通，并就所有交易细节进行谈判，将双方磋商的结果以口头形式或以书面形式（以合同形式）确定下来。

（2）款项支付阶段。买卖双方在签订合同后，开始履行合同。买方要按照合同的要求，筹集款项并进行支付。比较常见的支付方式是现金支付，也有以货易货的形式。

（3）商品送达阶段。商品送达是传统商品交易的最后一个阶段。卖方收到买方的货款后，备货、组货，将商品包装、起运、发货。卖方要跟踪发出的货物，并提供售后服务。

▶▶ 1.2.2　电子商务条件下交易商品的变化

在电子商务条件下，电子邮件、网络软件、网络游戏、电子支付等一大批新产品得以开发和实现，使得产品的形式发生了巨大变化。没有实体形式的产品交易出现了，并且带动了一大批新型产业的兴起。

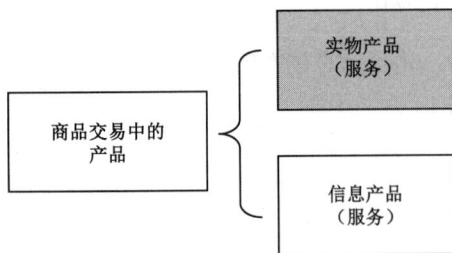

计算机信息技术的应用，使现代商品交易中的产品分化为两大类：实物产品和信息产品（见图 1-9）。

实物产品是指提供给市场的，能够满足消费者或用户某一需求或欲望的任何有形物品。实物产品一般包括核心产品和形式产品。核心产品是指向顾客提供的产品的基本效用或利益；形式产品是指核心产品借以实现的形式或目标市场对某一需求的特定满足形式，包括品质、式样、特征、商标及包装。

在信息技术的影响下，电子邮件、网络软件、网

图 1-9　现代商品交易中产品或服务的分化

络游戏、电子支付等一大批信息产品或在线服务得以开发和实现，使得产品的形式发生了巨大变化。这类产品信息量大、传输快捷、容易保存、便于复制，主要分布在信息交互、娱乐、上层建筑等领域。

在现代社会中，实物产品和信息产品的关系越来越紧密。例如，对于一台大型压缩机，在计算机上可以生成将来实际产品的三维图像，该图像包含所有的外部造型和内部结构特征，从而在进行实际生产之前，就可以对产品功能进行模拟和仿真。对企业而言，把平面图纸转换成三维信息产品是非常重要的，直观的视觉是人类最合适的观察事物的方式，从而使整个产品的开发少走了很多弯路。

与此相似，服务产品也分化为实物服务和信息服务。

需要注意的是：目前，某些实物产品正在演化为信息产品，如纸质机票演变为电子机票，这是现代贸易中出现的新情况。

▶▶ 1.2.3 实体市场与虚拟市场

商品交易市场中产品的分化，使商品交易市场演变为两个截然不同的分市场：实体市场和虚拟市场。在纯粹的实体市场上，交易各方采用传统交易手段进行交易；而在纯粹的虚拟市场上，交易各方采用电子商务手段进行交易。在实体市场和虚拟市场之间有一个过渡，存在不同手段交叉使用的交易市场。

由于电子商务手段的出现，实体产品和信息产品中都有一部分产品开始使用电子商务手段进行交易。当排除了使用传统手段交易的实物产品和信息产品后，就可以清晰地分辨出使用电子商务手段交易的实物产品和信息产品，包括国内市场和国际市场。这就是电子商务市场的两个主要部分（见图1-10）。

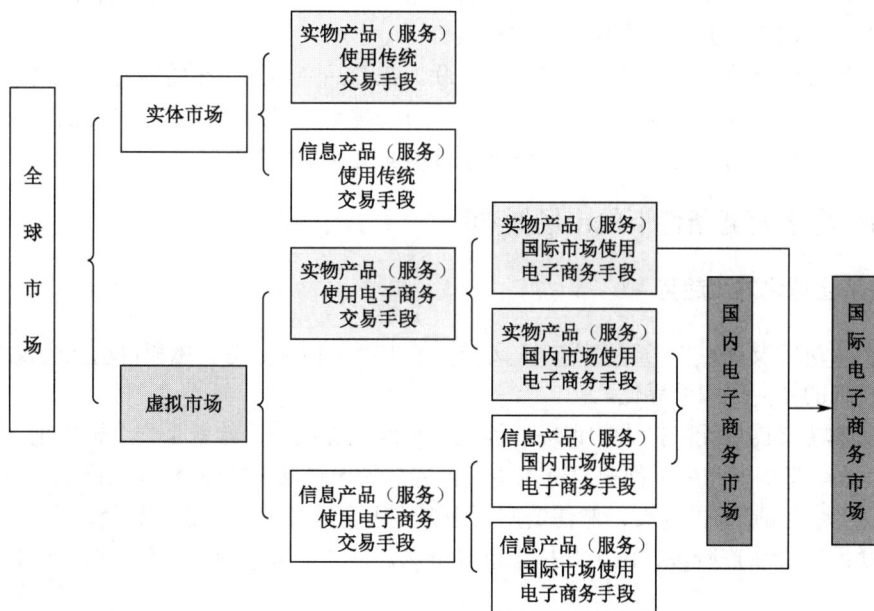

图 1-10 电子商务的市场分布

在国内市场和国际市场上，都存在实物产品和信息产品，也都存在实体市场和虚拟市场。图 1-11 显示了国内市场与国际市场在新的产品条件下的对应关系。

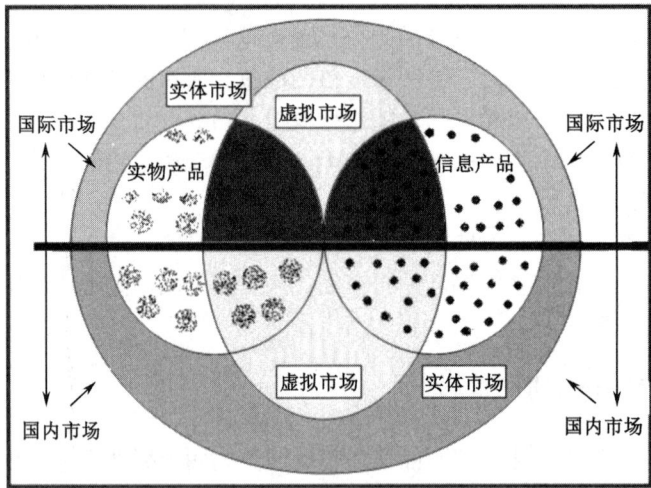

图 1-11 跨境电子商务的市场分布

注：中间深色部分为跨境电子商务涉及的领域。

虚拟市场是一种完全不同于实体市场的市场形式。与实体市场相对应，在虚拟市场中也有独立的主体、客体和交易模式。虚拟市场的主体是网民，2020 年，我国网民规模达 9.89 亿人，互联网普及率达 70.4%，手机网民规模达 9.86 亿人，网民使用手机上网的比例占总网民人数的 99.7%[①]，形成了巨大的虚拟产品消费群体。虚拟市场的客体是实体产品和信息产品，其交易模式可以是 B2B、B2C，也可以是 B2G、G2C 等。

虚拟市场和实体市场既有区别，又相互关联。在商品交易的三个阶段——合同签署、款项支付和商品送达中，除实体物品的配送外，实体市场越来越多地采用虚拟市场的交易方法。在许多情况下，实体市场的交易手段已经被虚拟市场的交易手段替代。

▶▶ 1.2.4 电子商务条件下的市场博弈

1. 经济全球化的大趋势

从实体市场的发展过程考察，资本主义经历了生产机械化、电气化和自动化的发展。同时，也促进了经济的社会化和世界化。

由于资本主义需要无限扩大的市场，因此整个近代史从一开始就是一个资本主义世界化的历史。马克思、恩格斯和列宁都曾对资本主义世界化做出过精辟的论述。《共产党宣言》深刻指出，"不断扩大产品销路的需要，驱使资产阶级奔走于全球各地。它必须到处落户，到处创业，到处建立联系" "资产阶级，由于开拓了世界市场，使一切国家的生产和消费都成为世界性的

---

① 中国互联网络信息中心. 第 47 次中国互联网络发展状况统计报告[R/OL]. （2021-02-23）[2021-03-23]. http://cnnic.cn/gywm/xwzx/rdxw/20172017-7084/202102/t 20210203_71364.html.

了"。①世界经济活动超越了民族界限，各个国家在经济上互为条件，个别国家的经济发展依赖全球经济的发展状况，导致最大的资本主义列强对世界市场的瓜分和对世界领土的分割。

第二次世界大战后，世界经济全球化程度不断提高。随着更高级的生产方式（计算机网络技术）的出现，20 世纪末，虚拟市场开始形成，经济全球化跳出了实体市场的范围，将活动领域扩大到虚拟市场，使全球经济真正成为不可分割的一个整体。就这一趋势而言，世界实体市场的经济全球化不过是人类经济全球化进程中的一个初级阶段，更高级的阶段则在于世界虚拟市场的经济全球化。

20 世纪，全球经济一体化使各国市场融合成一个世界性的大市场。电子商务的出现，使这一市场的各类参与者更加紧密地结合起来。

2. 虚拟市场对传统市场的冲击

从市场运作层面来考察，虚拟经济的出现使市场竞争空前加剧。新兴的高科技企业，在其上市前，都经历了一个十分艰苦的风险创业过程。有的靠"创意"正确而创业成功；更有大量的因"创意"失误而遭到失败。虚拟经济下的竞争，实际上从"创意"开始，就进入了"你死我活"的大浪淘沙过程。

从技术本身的特性来说，互联网是无国界的。以互联网为技术基础的电子商务大大加剧了国际竞争的强度。速度、产品和服务质量成为电子商务公司生存的关键。一个公司虚拟市场上的产品和服务若被其他公司性能更好的产品和服务取代，则它立即面临"死亡"的威胁。在虚拟经济下，企业间的并购、重组异常激烈。企业间的竞争方式，不仅是打价格战，而更重要的是打创新战、速度战、质量战、服务战。

19 世纪，实体市场的发展使资本主义列强瓜分了世界市场。21 世纪，虚拟市场的出现使世界经济的格局面临着又一次的洗牌。世界各国，特别是发展中国家，如何加速自己国家虚拟经济的发展，如何在新的国际竞争环境下维护自己的经济利益，成为本国经济发展中必须解决的重大课题。

今天，我国已经具备了参与虚拟市场重新洗牌的能力。把握时机，努力实现电子商务技术和应用上的跨越，在国际竞争中占据有利地位，是一项带有战略性和全局性的重大课题。

对企业来说，在时间和外部环境确定的情况下，可以将世界贸易总量看作一个定值。虚拟市场交易不仅涉及信息产品，也吸引了部分实物产品的交易。而这一部分在虚拟市场上成交的实物交易额，恰恰是实体市场上流失的那部分交易额。一个企业如果仅仅固守在实体市场上进行交易，其总交易额必然减少（见图 1-12）。例如，2004 年北京黄金假日旅行社控诉携程计算机技术（上海）有限公司北京分公司不正当竞争纠纷案原告败诉②。2008 年 6 月，全球传媒大

---

① 中共中央马克思恩格斯列宁斯大林著作编译局. 马克思恩格斯选集（第 1 卷）[M] // 马克思，恩格斯. 共产党宣言. 北京：人民出版社，1995：276.

② 2004 年原告黄金假日公司起诉称，携程公司北京分公司不具有任何旅游业务和民航客运代理业务经营资质，却不断通过"携程旅行网"发布广告及散发"会员手册"的方式，大规模地对消费者进行虚假的欺骗性宣传，使消费者误认为"携程"是一个有合法经营资质的旅游企业而通过其预订酒店、机票及旅游。法院认定，黄金假日公司以同业竞争者的身份对携程公司提起的不正当竞争诉讼，缺乏事实依据与法律依据，不予支持。详细情况参见北京市第二中级人民法院 2004 年 12 月 15 日判决——（2004）二中民初字第 9366 号。

鳄贝塔斯曼宣布关闭其在中国 18 个城市的 36 家门店[1]。2011 年 2 月，全球最大家电零售商百思买宣布关闭在中国内地的 9 家门店，同时关闭其在上海的中国零售总部[2]。2015 年，国内实体商店门店关店数量再创新高，超过 1 700 家[3]。2018 年，A 股体育第一大品牌贵人鸟股份有限公司加盟店关停 2 294 家[4]。

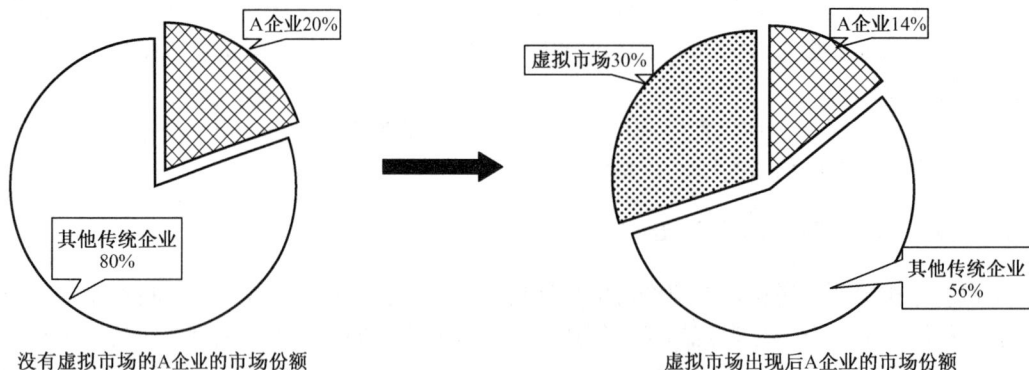

图 1-12　虚拟市场的出现对传统市场的冲击

在传统市场中，A 企业原有 20%的市场占有率。虚拟市场出现后，A 企业市场占有率降低为 14%[20%×(1−30%)]。

3. 虚拟市场竞争的国际比较

在经济全球化和信息化背景下的国际虚拟市场的竞争中，美国无疑处于极为有利的地位。互联网是美国首先建设的；英特尔、惠普、戴尔和苹果等具有世界影响力的计算机大公司在美国；微软是在世界上具有统治地位的美国软件公司；世界上约有 85%的计算机是遵照英特尔标准制造的；互联网上 80%的信息来自美国，而世界范围内 80%的数据处理是在美国进行的。

认真分析美国虚拟经济发展的优势，我们可以发现许多深层次的原因。

第一，实施既有竞争又有规制的市场经济制度。美国是全世界第一个发布《全球电子商务政策框架》的国家。在这一框架中，美国政府提出了"发挥私人企业的主导作用"、"政府应当避免对电子商务的过分干预"、政府应该"支持及发展一个可预知的、最低要求的、协调、简单、合法的商业环境"等重要理念，明确了在虚拟市场中既要提倡竞争、保护竞争，也要规范竞争，使竞争公平、有序、良性。给企业提供一个公平竞争的环境，让企业在这一环境中实现有序竞争和良性竞争，是美国提高电子商务企业竞争力和保持较高竞争力的重要基础条件。

---

① 陈熙涵. 贝塔斯曼将关闭在华三十六家门店[N]. 上海: 文汇报，2008-06-17-(9).

② 徐晶卉. 百思买昨晚黯然谢幕[N]. 上海: 文汇报，2011-03-25-(3).

③ 联商网. 2015 主要零售企业(百货、超市)关店统计[EB/OL].(2016-04-08)[2019-06-23]. http://www.linkshop.com.cn/web/archives/2016/347181.shtml.

④ 长江商报. 贵人鸟加盟店关店 2300 家　净利润同比下滑 536%[EB/OL]. (2019-06-04) [2019-06-23]. http://www.linkshop.com.cn/web/archives/2019/426082.shtml?sf=wd_search.

第二，鼓励电子商务企业跨国发展。美国不仅鼓励生产实体产品或提供实体服务的企业走出国门，而且鼓励从事虚拟产品（服务）企业向世界发展。从事 C2C 交易的 eBay 公司在我国兼并易趣网、亚马逊公司在全球开设网上书店，都反映了美国电子商务企业向外扩张的战略。增强电子商务企业国际竞争力已经成为美国增强整个国家竞争优势的重要战略环节。在虚拟经济全球化的大背景下，美国按照价值链和产业链的要求，抢占价值链和产业链的两端，控制核心技术和高附加值环节，而将低端的计算机组装能力向外转移，发展海外生产基地。同时，通过建立面向全球开发和配置资源的高效网络控制体制，形成以美国为核心的全球性生产体系，以此更大规模地占领国际市场和强化本国的国家竞争优势。

第三，在国际市场上形成一批有竞争力的产业集群。这些产业集群既可以是制造业，也可以是服务业。为了支撑这些产业集群，美国安排了许多优惠政策。从 20 世纪 80 年代开始，美国的信息服务业就保持着两位数的增长率，成为美国增长最快的产业之一。美国政府也对增强本国信息服务业的国际竞争力予以特别的关注，在 GATT 及后来的 WTO 等的多边谈判中，美国一直为本国信息服务业突破各种限制进行不懈的努力。计算机与信息服务中最大的门类是计算机专业服务，它还可以进一步分为计算机系统集成、用户专用程序设计和专业咨询与培训，美国在这三方面的努力使这一产业集群的实力在世界上名列前茅。

4. 电子商务条件下的市场博弈

从博弈论的角度看，博弈是竞争双方的抗争。竞争对手已经转移了战场，没有了竞争对手，传统企业固守原有的阵地已经毫无意义。

在虚拟市场上，与美国这样一头"大猪"竞争是有很大难度的[①]。在博弈双方力量不对等的情况下，力量弱的一方的正确策略是采用跟随策略，采用"大猪"研制出来的电子商务新技术，"学习"大猪摸索出来的电子商务商业模式，从学习中获得利益。

从另一方面讲，世界虚拟市场非常之大，远非美国这样一头"大猪"能够吃下去的。因此，在不同的地域、不同的领域，中国完全可以采用"斗鸡博弈"的思路[②]，在新兴的虚拟市场上抢先占领份额，迫使其他国家放弃对该领域的觊觎。

---

① 智猪博弈讲的是猪圈里有两头猪，一头大猪，一头小猪。猪圈的一边有个踏板，每踩一下踏板，在远离踏板的猪圈的另一边的投食口就会落下少量的食物。如果有一只猪去踩踏板，另一只猪就有机会抢先吃到另一边落下的食物。当小猪踩动踏板时，大猪会在小猪跑到食槽之前刚好吃光所有的食物；若大猪踩动了踏板，则还有机会在小猪吃完落下的食物之前跑到食槽，争吃到另一半残羹。那么，两头猪各会采取什么策略？答案是：小猪将选择"搭便车"策略，也就是舒服地等在食槽边，因为对小猪而言，无论大猪是否踩踏板，自己不去踩踏板总比踩踏板好。而大猪明知小猪不会去踩踏板，但它踩踏板总比不踩强，所以只好亲力亲为。在智猪博弈中，大猪没有占优策略，而小猪有占优策略，它的最佳选择就是耐心地等待大猪去踩踏板，从而获得最佳结果。

② 斗鸡博弈讲的是两只公鸡面对面争斗，如果继续斗下去，两败俱伤，如果一方退却便意味着认输。在这样的博弈中，要想取胜，就要在气势上压倒对方，至少要显示出破釜沉舟、背水一战的决心，以迫使对方退却。但到最后的关键时刻，必有一方要退下来，除非真正抱定鱼死网破的心态。

1.3 跨境电子商务的概念、分类及特点

1.3.1 跨境电子商务的概念

根据第 1.1 节的分析，可以给出跨境电子商务（Cross-border Electronic Commerce，CBEC）的定义：跨境电子商务是指交易当事人或参与人利用现代信息技术和计算机网络在全球范围内所进行的各类商业活动，包括货物贸易、服务贸易和知识产权贸易。

作为普遍的形式，跨境电子商务也可以表述为：跨境电子商务是指分属不同关境的交易主体通过电子商务平台达成交易、进行通关和支付结算，并通过跨境物流送达商品、完成交易的一种国际商业活动。但这里需要注意，除了电子商务平台，跨境电子商务还有其他的交易方式。

跨境电子商务的研究范围包括虚拟产品（服务）市场中的国际市场部分和实体产品（服务）市场中的国际市场采用电子商务交易手段的部分。根据电子商务与国际贸易的关系和电子商务条件下商品交易的变化，跨境电子商务的研究将侧重于三个基本点：一是从国际贸易的交易流程入手，研究利用电子商务手段提高贸易效率的途径和方法问题；二是研究企业如何进入国际市场的问题，即企业如何利用跨境电子商务手段开拓国际市场的问题；三是探讨跨境电子商务的法律规范问题。

1.3.2 跨境电子商务的分类

1. 按照交易对象分类

（1）企业与消费者之间的跨境电子商务，即 B2C（Business to Consumer）跨境电子商务。它类似于联机服务中进行的商品买卖，是利用计算机网络使消费者直接参与经济活动的高级形式。这种形式随着网络的普及迅速地发展，现已形成大量的网络商业中心，提供各种商品和服务。在国际贸易中，这种交易涉及海关和外汇问题。

（2）企业与企业之间的跨境电子商务，即 B2B（Business to Business）跨境电子商务。B2B包括特定企业间的跨境电子商务和非特定企业间的跨境电子商务。特定企业间的跨境电子商务是在过去一直有交易关系或今后一定会继续进行交易的企业间，为了相同的经济利益，共同进行的设计、开发或全面进行市场及库存管理而进行的商务交易。企业可以使用网络向供应商订货、接收发票和付款。非特定企业间的跨境电子商务是在开放的网络中对每笔交易寻找最佳伙伴，与伙伴进行从订购到结算的全部交易行为。这里，虽说是非特定企业，但由于加入该网络的只限于需要这些商品的企业，因此可以设想是限于某一行业的企业。不过，它不以持续交易为前提，不同于特定企业间的跨境电子商务。B2B 在这方面已经有了多年运作历史，使用得也很好，特别是在专用网络或增值网络上运行的 EDI。

（3）企业与政府之间的跨境电子商务，即 B2G（Business to Government）跨境电子商务。这种商务活动覆盖企业与政府组织间的各项事务。政府采购清单可以通过互联网发布，公司可以以电子化方式回应。同样，在公司税的征收上，政府也可以通过电子交换方式来完成。在国际贸易中，企业与政府之间突出表现在进出口的管制方面。

通过上述三种跨境电子商务的基本形式，可以派生出若干种派生形式，如消费者与企业

（Consumer to Business，C2B）、消费者与消费者（Consumer to Consumer，C2C）、政府与企业（Government to Business，G2B）等。这些形式的运作过程与 B2C 和 B2B 跨境电子商务基本类似，因此，本书将侧重点放在 B2C 和 B2B 跨境电子商务的研究上，而对其他内容不做重点介绍。

B2C、B2B 和 B2G 三者的关系可以用图 1-13 表示。

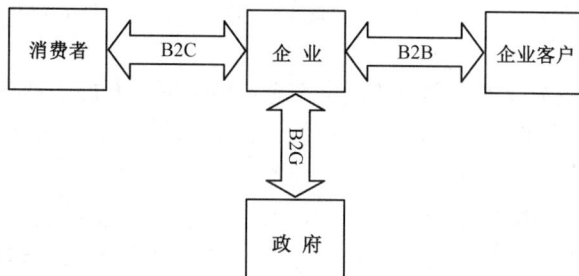

图 1-13　B2C、B2B 和 B2G 三者的关系

2. 按照贸易属性分类

（1）实物产品的跨境电子商务。实物产品的跨境电子商务是指通过电子方式来处理洽谈、订货、开发票、收款等与有形商品贸易相关的活动。实物产品本身需要利用传统渠道（如邮政服务和商业快递）送货或实地交割（如房地产产品）。实物产品的电子商务一般是间接贸易。

（2）信息产品的跨境电子商务。信息产品的跨境电子商务是指通过电子方式进行计算机软件的买卖、娱乐内容的联机订购、电子交付，也包括金融产品、旅游产品的网上交易或全球规模的信息服务等。无形产品和服务可以通过互联网进行直接贸易，也可以以某种间接方式完成交易过程。

3. 按照使用网络类型分类

根据使用网络类型的不同，跨境电子商务目前主要有四种形式：EDI 商务、互联网商务、内联网商务、移动电子商务。

（1）按照国际标准组织的定义，EDI 商务是"将商务或行政事务按照一个公认的标准，形成结构化的事务处理或文档数据格式，从计算机到计算机的电子传输方法"。简单地说，EDI 就是按照商定的协议，将商业文件标准化和格式化，并通过计算机网络，在贸易伙伴的计算机网络系统之间进行数据交换和自动处理。

EDI 主要应用于企业与企业、企业与批发商、批发商与零售商之间的批发业务。相对于传统的订货和付款方式，EDI 大大节约了时间和费用。相对于互联网，EDI 较好地解决了安全保障问题。这是因为使用者均有较可靠的信用保证，并有严格的登记手续和准入制度，加之多级权限的安全防范措施，从而实现了包括付款在内的全部交易工作计算机化。

但是，由于 EDI 必须租用 EDI 网络上的专线，即通过购买增值网（Value Added Net-Works，VAN）服务才能实现，费用较高，也由于需要有专业的 EDI 操作人员，需要贸易伙伴，近年来，随着计算机大幅度降价、互联网络的迅速普及，基于互联网、使用可扩展标记语言（Extensible Mark Language，XML）的 EDI，即 Web-EDI，或称 Open-EDI，正在逐步取代传统的 EDI。而在 EDI 基础上发展起来的 eBXML，已经成为新世纪电子商务推广的重点。

（2）互联网（Internet）商务是现代商务的新形式。它以计算机、通信、多媒体、数据库技术为基础，通过互联网络，在网上实现营销、购物服务。它突破了传统商业生产、批发、零售及进、销、存、调的流转程序与营销模式，真正实现了少投入、低成本、零库存、高效率，避免了商品的无效搬运，从而实现了社会资源的高效运转和最大节余。消费者可以不受时间、空间、厂商的限制，广泛浏览，充分比较，模拟使用，力求以最低的价格获得最满意的商品和服务。

（3）内联网（Intranet）商务是利用跨境电商企业内部网络开展的商务活动。内联网是指运用互联网技术，在企业内部所建立的网络系统。内联网只有企业内部的人员可以使用，信息存取只限于企业内部，并在安全的控制下连上内联网。一般内联网设有防火墙程序，以避免未经授权的人进入。由于建立成本较低，所以内联网目前发展迅速。企业开展内联网商务，一方面可以节省许多文件往来时间，方便沟通管理并降低管理成本；另一方面可通过网络实现与客户的双向沟通，适时提供产品与服务，并提升服务品质。

EDI 商务、互联网商务和内联网商务的关系可以用图 1-14 表示。

（4）移动（Mobile）电子商务是近两年产生的电子商务的一个新的分支。移动电子商务利用移动网络的无线连通性，允许各种非 PC 设备（如手机、掌上电脑、车载计算机、便携式计算机）在电子商务服务器上检索数据，开展交易。目前，移动电子商务已经成为跨境电子商务的新亮点。

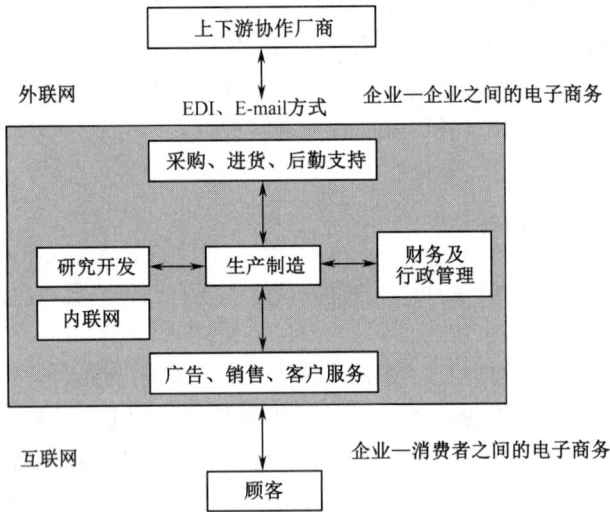

图 1-14　EDI 商务、互联网商务和内联网商务的关系

4. 按照贸易形式分类

按照贸易形式的不同，跨境电子商务可以分为无纸贸易、网络平台贸易、网上会展等。

无纸贸易一般可理解为在贸易产业链的交易过程中，利用信息技术，通过网络环境和标准规范将贸易相关方的商业行为和政府职能的实现结合起来，从而改善政府贸易管理部门、企业及增值服务提供商之间的信息交换和流程优化，实现商品和服务贸易等活动过程的无纸化。

网络平台贸易是指利用为各类网络交易（包括 B2B、B2C 和 C2C 交易）提供网络空间及技术和交易服务的计算机网络系统进行的贸易活动。例如，淘宝 C2C 平台上可以进行支付活动的国际贸易，中国制造网 B2B 平台上主要进行信息交流的国际贸易。

网上会展是指利用网络开展的贸易展览会。这类展览会通常作为传统实体交易会的一种补充。例如，网上广交会就是中国广州出口商品交易会的一个电子商务平台，常年为中国企业与国际买家提供更方便的信息交流渠道，创造更多的贸易合作机会。2020 年，面对突如其来的新冠肺炎疫情，给传统的会展行业带来巨大的冲击，网上会展成为传统会展行业转型发展的首要选择。

5. 按照应用模式分类

应用模式指的是跨境电子商务从商业模式、技术方案、组织管理等方面考察业务流程的优化程度、内容的创新、服务的创新、组织模式的创新，以及运行效果，与经济和社会发展水平的适应程度等。

目前，我国跨境电子商务的应用模式可以做以下分类。

（1）从交易内容看，应用模式可以被划分为以货物买卖为主的应用模式和以服务贸易为主的应用模式。前者侧重货物所有权转让的交易情况，其无纸贸易的应用涉及传统贸易链上的各个环节，如交付货物、支付货款、行政审批、货物通过等。后者则侧重以服务为主要内容的应用。与传统的货物买卖不同，服务主导的应用模式更多地偏重服务的提供。实际上，有关跨境电子商务的许多创新都集中在服务贸易上，因为网络不能代替实际交付，但是可以将服务的方式、服务的内容等各方面加以提升，甚至改变传统的服务内容和服务方式。经济体的服务贸易越发达，以服务为导向的应用越成熟和普及，伴随而来的是有关的创新也越多。

（2）从技术实现角度看，应用模式可以被划分为专网应用模式、开放互联网应用模式及移动商务模式。专网应用模式是无纸贸易最早的应用模式。无论是发达国家（如美国、日本）的无纸贸易，还是新兴发展的亚太经济合作组织经济体国家（如新加坡、韩国），无纸贸易的实施都经历了专网应用模式。专网应用模式商业数据传输的实现主要靠对应性极强的封闭型 EDI 技术，网络的基础设施相对也比较封闭。专网应用模式可以避免许多协调成本，具有较强的安全性，但实施成本非常大。这包括建立标准和大量的网络基础设施。后来发展起来的开放互联网应用模式则摆脱了原来的封闭孤岛型的信息交换体系，从高成本的专网模式走向了开放的低成本互联网应用模式。移动商务模式则是在开放模式的基础上向微型化、方便化发展的新方向。企业销售人员流动性已经不能再阻碍无纸贸易的应用。

（3）从应用领域看，应用模式可以被划分为行政应用模式、海关通关模式及跨境交易模式等。有些经济体的无纸贸易偏向于行政应用模式，如新加坡和韩国；有些经济体的无纸贸易应用偏向于海关通关模式，如中国香港等。另外，许多经济体（包括中国等）都在探讨跨境交易模式，因为无纸贸易的发展最终要建立起全球跨境的交易体系和交易平台，无缝地实现商业单证和商业信息在跨境范围内的有效传输。在发达经济体内，一般跨境的贸易单证的传输主要依靠行业和大型跨国公司的内部网络服务体系。通常，跨国公司凭借其特有的优势地位，让许多中小企业依附其贸易链网络。目前，跨境交易的实现主要依靠各国的网络增值服务商所提供的服务来实现。但是，这需要各经济体的政府能够彼此合作，因为这种跨境的应用需要标准、利益等方面的有效协调才能实现。

▶▶ 1.3.3 跨境电子商务的特点

跨境电子商务表现出以下五个特点。

（1）通关活动不可避免。这是跨境电子商务区别于一般电子商务的明显特征。海关是一个国家主权的象征，主要从事征收关税、取缔违法物品和行为的活动。随着市场的全球化，要求海关能够提供高效迅速的报关作业，建立综合报关信息系统和改进海关作业程序是实现这一目标的有效方法。

（2）涉及大量的国际贸易合同和单证。这些国际贸易合同和单证涉及运输、报关、保险、结算等多个方面。

（3）结算支付方式比一般电子商务的结算支付方式更复杂。一般电子商务结算的支付包括接触式与非接触式的各种各样的信用卡及在互联网上流通的"电子钱包"，而跨境电子商务的结算支付则需要使用电开信用证、电子信用证等。

（4）积极拥抱新技术。跨境电商对新技术的采纳始终是非常积极的。这不仅表现在海关在通关环节大量引入新的信息技术，也表现在跨境电商企业利用最新的网络技术独立建站，大量采用跨境直播、3D 展馆、短视频带货、AI 实时翻译等新手段，拓展国内外流量的新入口。

（5）风险防范问题格外重要。跨境电子商务的风险不仅存在于交易过程中，而且与国际形势、各国的贸易政策、市场管理方式都有密切的关系。

1.4 跨境电子商务与国际贸易的关系

▶▶ 1.4.1 跨境电子商务的发展历程

从图 1-15 可以看出，跨境电子商务的技术应用历程大致可以分为三个阶段。

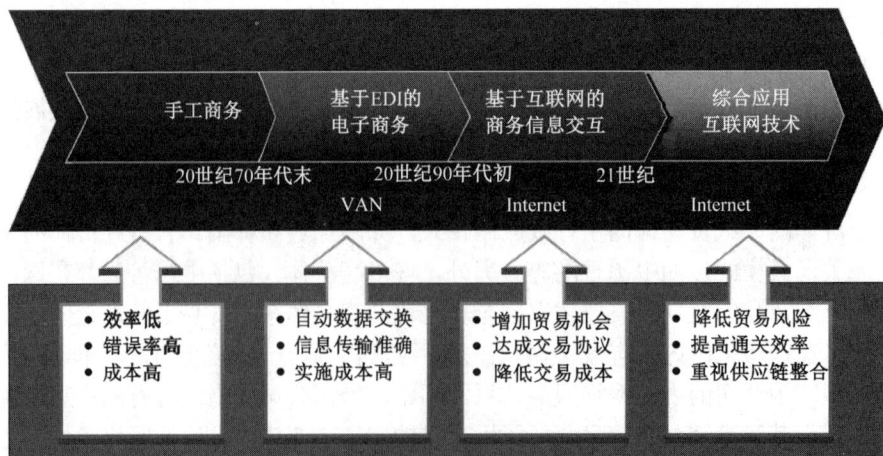

图 1-15 跨境电子商务的技术应用历程

第一阶段，国际贸易由手工商务逐步过渡到基于 EDI 的电子商务。20 世纪 70 年代，EDI 技术的开发引起许多国家的注意。70 年代末和 80 年代初，美国、英国和西欧一些发达国家开始采用 EDI 技术进行贸易，形成涌动全球的"无纸贸易"热潮。到 1992 年年底，全世界 EDI 用户大约有 13 万名，市场业务约 20 亿美元。

第二阶段，互联网（Internet）技术开始应用到国际贸易，贸易信息广泛采用互联网技术。20 世纪 90 年代以后，随着网络、通信和信息技术的突破性进展，互联网在全球爆炸性增长并迅速普及，使国际贸易持续适应不断增长的供货能力、客户需求和全球竞争。在这一新趋势下，一种基于互联网、以交易双方为主体、以银行电子支付和结算为手段、以客户数据为依托的全新国际贸易模式出现并发展起来。

第三阶段，互联网技术大量应用到国际贸易交易领域。进入 21 世纪，跨境电子商务逐渐从信息交互的应用向交易环节应用迈进。海关通关实现了全网络化；智慧供应链主动吸收包括物联网、互联网、人工智能等在内的各种现代技术，使合同签署、支付、物流配送等环节的自动化程度大大提高；网络营销成为跨境电商的重要影响方式，大数据引领跨境电商平台精准营销，直播、短视频逐渐成为跨境电商发展的标配。

▶▶ 1.4.2　我国跨境电子商务的发展历程

第一阶段（萌芽期，1997—2007 年）。跨境电商在中国起步于 20 世纪末，最早出现的是帮助中小企业出口的 B2B 电子商务平台，这些跨境电商平台为中小企业提供商品信息展示、交易撮合等基础服务。代表企业有阿里巴巴（国际站）、中国制造网等。

第二阶段（发展期，2008—2013 年）。随着全球网民渗透率的提高，以及跨境支付、物流等服务水平的提高，跨境电子商务逐渐从线上 B2B 信息服务平台发展成 B2B 跨境在线交易平台。2008 年前后，面向海外个人消费者的中国跨境电商零售出口业务（B2C/C2C）蓬勃发展起来，DX（2006 年）、兰亭集势（2007 年）、阿里速卖通（2009 年）皆是顺应这一趋势成长起来的跨境电商 B2C 网站。

第三阶段（爆发期，2014—2020 年）。2014 年，中国对跨境电商零售进口做出监管制度创新，促进了中国跨境电商零售进口的迅猛发展，诞生了一大批跨境电商零售进口平台和企业，包括天猫国际、1 号店、网易考拉、聚美优品、洋码头等，整个行业在 2015 年迎来了爆发式增长。2015 年 3 月，国务院在杭州设立中国（杭州）跨境电子商务综合试验区（简称跨境电商综试区），至 2020 年 4 月，国务院先后发布了 5 批全国跨境电商综试区名单，共设立 105 个跨境电商综试区。截至 2020 年年底，我国已与 22 个国家建立了双边电子商务合作机制，"丝路电商"成为贸易合作的新渠道。2019 年，中国与 22 个合作机制国家跨境电商进出口总额达 245.7 亿元，同比增长 7.9%，高于跨境电商交易总额增速 49.6 个百分点；其中，出口 143.6 亿元，同比增长 207.1%；进口 102.1 亿元，同比增长 21.5%。

图 1-16 反映了我国跨境电商的发展历程。

▶▶ 1.4.3　我国促进跨境电子商务发展的新措施

作为新型贸易业态，跨境电商凭借其线上交易、非接触式交货和交易链条短等优势逆势上扬，为外贸企业应对疫情冲击发挥了积极作用。据海关统计，2020 年上半年，海关跨境电商监管平台进出口增长 26.2%，其中出口增长 28.7%，进口增长 24.4%。海关总署坚持"包容、审慎、创新、协同"的理念，不断优化监管制度，完善跨境电商统计体系，积极支持跨境电商等新型贸易业态有序发展。

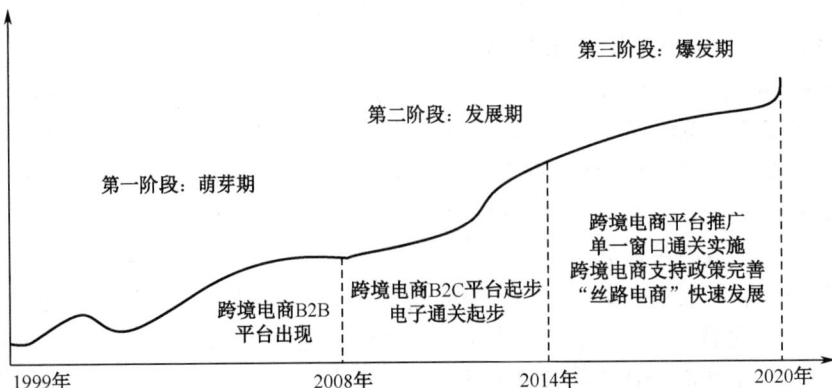

图 1-16　我国跨境电商的发展历程

（1）全面推广跨境电商出口商品退货监管措施。探索建立高效、安全、快捷的跨境电商出口退货渠道，解决跨境电商出口商品"退货难"的问题，全力支持跨境电商出口企业"卖全球"。

（2）在新批复的跨境电商综试区积极推广跨境电商 9610 直购出口模式①。2016 年，海关发布《关于跨境电子商务进口统一版信息化系统企业接入事宜的公告》（以下简称跨境统一版系统），2018 年利用该系统推出跨境电商 9610 直购出口模式。鉴于 2018 年到 2020 年连续新增三批跨境电商综试区，需要尽快推广 9610 模式，引导电商企业接入跨境统一版系统。

（3）开展跨境电商企业对企业（B2B）出口试点。增设"9710""9810"②贸易方式，在北京、天津、南京、杭州、宁波、厦门、郑州、广州、深圳和黄埔海关等 10 个海关开展试点，开启了规模化"卖全球"的跨境电商新征程。采用新模式通关的企业，可享受一次登记、一点对接、简化申报、优先查验、允许转关、退货底账管理等通关便利化措施。中小微企业

---

①　跨境电商 9610 直购出口模式是指境外个人跨境网购后，电子商务企业或其代理人、物流企业分别向海关传输交易、收款、物流等电子信息，由电子商务企业或其代理人向海关提交清单办理申报手续。综试区可享受更为便捷的"清单放行，汇总统计"简化申报模式通关。此外，综试区内跨境电子商务零售出口货物还可享受按规定免征增值税和消费税、企业所得税核定征收等支持政策，并有可能纳入跨境电子商务零售进口试点范围，支持企业共建共享海外仓等。这一业务与传统贸易方式相比，能够"化整为零"，灵活便捷地满足国外消费者需求，商品可利用快递等灵活多样的供应链网络进入国际市场，具有链路短、成本低、限制少的优势，有助于将本地优势产品通过跨境电商平台销往世界各地。

②　根据海关总署 2020 年第 75 号公告，增列海关监管方式代码"9710"，全称"跨境电子商务企业对企业直接出口"，简称"跨境电商 B2B 直接出口"，适用于跨境电商 B2B 直接出口的货物；增列海关监管方式代码"9810"，全称"跨境电子商务出口海外仓"，简称"跨境电商出口海外仓"，适用于跨境电商出口海外仓的货物。在通关管理时，跨境电商企业或其委托的代理报关企业、境内跨境电商平台企业、物流企业应当通过国际贸易"单一窗口"或"互联网+海关"向海关提交申报数据、传输电子信息，并对数据真实性承担相应法律责任；跨境电商 B2B 出口货物应当符合检验检疫相关规定；海关实施查验时，跨境电商企业或其代理人、监管作业场所经营人应当按照有关规定配合海关查验，海关按规定实施查验，对跨境电商 B2B 出口货物可优先安排查验；跨境电商 B2B 出口货物适用于全国通关一体化，也可采用"跨境电商"模式进行转关。

单票价值低的货物还可选择更加便捷的通关通道，广交会等线上会展成交的货物也适用于新规并享受通关便利。截至 2020 年 7 月 7 日试点第一周，10 个试点海关共验放跨境电商 B2B 出口报关单和申报清单 26.6 万票，货值 2.5 亿元人民币，出口货物主要有服装鞋帽、小家电、智能办公家具、手机配件、户外用品等，出口目的国主要有欧洲、美国和东南亚等国家和地区。

（4）继续主动和世界海关组织等国际组织共同研究优化跨境电子商务世界贸易规则，与万国邮联、其他国家和地区的海关就多边数据共享等方面进一步加强合作，共同构建面向全球的高质量跨境电商寄递服务网络。

▶▶ 1.4.4　跨境电子商务对国际贸易的影响

跨境电商的发展，对进出口贸易产生了一系列影响。从贸易市场、贸易主体、贸易客体、贸易方式、贸易成本到贸易风险，都发生了相当大的变化（见图 1-17）。跨境电商在促进进出口贸易发展的同时，也增加了一定的贸易风险，并向已有的贸易政策提出了新的挑战。

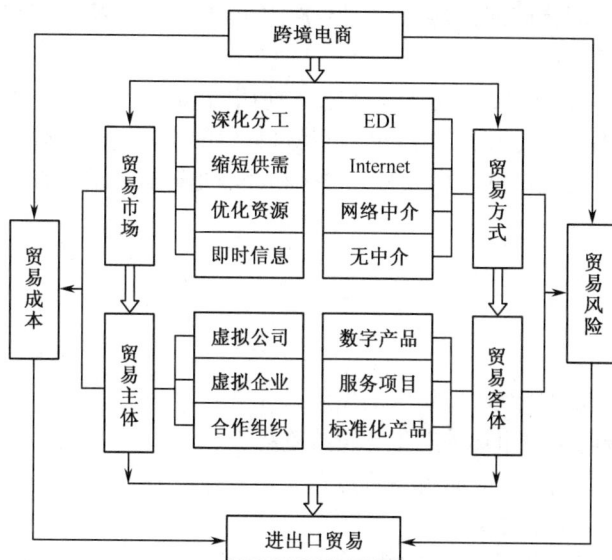

图 1-17　电子商务与进出口贸易作用机理

（1）跨境电子商务对国际贸易市场的影响。跨境电子商务的发展，深深地影响了进出口贸易的传统市场。跨境电子商务深化了国际分工，缩短了生产者和消费者之间的距离，优化了全球资源配置；需求者可以掌握更多商品相关信息，具备更广阔的选择空间；突破了时空限制，打破了区域政策限制，遵循全球贸易法则，有利于形成全球统一市场。

（2）跨境电子商务对国际贸易主体的影响。跨境电子商务的发展使国际贸易主体出现了重大变化。跨国服务公司导致信息在全球范围内加速流动，产生了虚拟公司或企业这样一种新型的企业组织形式，向世界市场提供产品或服务。在各自的专业领域拥有卓越技术的公司利用现代信息技术进行沟通协作，相互联合，形成合作组织，可以更加有效地向市场提供商品和服务，迅速扩大市场范围。

（3）跨境电子商务对国际贸易客体的影响。跨境电子商务扩大了传统进出口贸易商品范畴。跨境电子商务使一切可以数字化的产品和大多数服务项目进入了国际贸易领域，尤其是一些在传统国际贸易中不可交易的产品，或者是由于传统交易成本太高而难以进行贸易的产品。世界贸易组织积极推进的网络贸易零关税方案，使出口国能充分发挥自己在网络化产品方面的竞争优势，提升自己的外贸竞争力。

（4）跨境电子商务对国际贸易方式的影响。跨境电子商务使进出口贸易方式发生变革。跨境电子商务是一种现代化的贸易服务方式，这种方式突破了传统贸易以单向物流为主的运作格局，实现了以物流为依据、信息流为核心、商流为主体的全新战略，可以将代理、展销等传统的贸易方式融合，将进出口贸易的主要流程引入网络，为贸易双方提供服务，促进进出口贸易深入发展。贸易商品的供需双方可以通过网络直接接触，使得信息网络成为最大的中间商，贸易中间商、代理商和专业的进出口公司的地位相对降低，从而引发了国际贸易中间组织结构的革命。

（5）跨境电子商务对国际贸易成本的影响。跨境电子商务的一个突出优势是降低了进出口贸易成本。通过"无纸化广告"降低促销成本；信息传递、处理系统将产品采购过程与制造、运输、销售过程有机结合从而降低采购成本；直销方式的采用可降低外贸企业的代理成本，标准化、格式化的电子合同、单证、票据等在网络中的瞬间传递，提高了交易效率，降低了签约成本；便捷的沟通降低了售后服务成本。

（6）跨境电子商务对国际贸易风险的影响。跨境电子商务增加了进出口贸易风险。交易者、交易方式和交易标的的虚拟化都增加了国际贸易过程中的不确定性风险。同时，跨境电子商务支付与安全技术还不够完全成熟，加上黑客侵扰和经济犯罪威胁的存在，使得国际贸易还存在一定的技术风险。

复习题

1．简述电子商务在现代经济发展中的作用。
2．试述实体市场与虚拟市场的产生与发展趋势。
3．什么是跨境电子商务？它有哪些特点？
4．简述跨境电子商务的分类。
5．试述跨境电子商务对国际贸易的影响。

参考文献

[1] 杨立钒，杨坚争. 电子商务基础与应用[M]. 11版. 西安：西安电子科技大学出版社，2019.
[2] 常广庶. 跨境电子商务理论与实务[M]. 北京：机械工业出版社，2017.
[3] 王健. 跨境电子商务[M]. 北京：机械工业出版社，2020.
[4] 陈岩，李飞. 跨境电子商务[M]. 北京：清华大学出版社，2019.
[5] 高元毅. 电子商务环境下国际贸易方式的变革[J]. 辽宁经济，2007（4）：66.
[6] 张鹏. 国际电子商务发展环境分析[J]. 市场周刊：新物流，2007（2）：50-51.
[7] 杨坚争，王健，董宝青. 电子商务条件下的国际市场博弈[J]. 世界经济研究，2007（5）：32-35.

第2章

跨境电子商务发展策略

20世纪90年代以来，中国作为贸易大国，在国际贸易中发挥着越来越重要的作用。但贸易大国并不等于贸易强国，必须清醒地看到，与发达国家相比，我国跨境电子商务的应用水平还比较低，现已成为制约我国对外贸易进一步发展的瓶颈。要破除这些因素，必须采取科学的跨境电子商务发展策略。本章讨论了跨境电子商务发展策略研究的重要性和跨境电子商务的发展环境，对我国跨境电子商务发展的政策需求、总体策略和切入点进行了深入的研究。

2.1 跨境电子商务发展策略研究的重要性

通过对我国对外贸易发展的现状和电子商务的应用情况的考察，结合跨境电子商务的基本理论，我们可以发现，跨境电子商务策略的研究已经迫在眉睫。

（1）结构性矛盾的存在，国内市场供过于求矛盾的加剧，需要不断开拓国际市场。推进跨境电子商务有利于促进我国产业结构调整，推动经济增长方式由粗放型向集约型转变，提高国民经济运行质量和效率，形成国民经济发展的新动力，实现经济社会的全面协调可持续发展。

（2）我国外贸规模的扩大和外贸依存度的上升表明我国经济对国际市场的依赖程度在提高，经济增长受国际市场贸易的影响增大。利用跨境电子商务手段，捕捉贸易机会，应对经济全球化挑战，才能把握发展的主动权，提高我国国际竞争力，提升我国经济的国际地位。

（3）我国中小企业正在拓展国际市场，实施"走出去"战略，迫切需要寻找国外市场，也需要政府的协助。加强这方面的研究，将有利于解决中小企业在投资、人才等方面存在的问题，促进中小企业应用跨境电子商务，提高商务效率，降低交易成本。

（4）加入世界贸易组织后的中国，迫切需要简化海关手续，推进贸易便利化，全面实施无纸贸易，寻求便利贸易与有效监管之间的平衡。跨境电子商务策略的研究对于这一领域的发展，以及电子政务、国际贸易、电子商务三者的融合具有非常重要的作用。

（5）国际贸易市场交易方式发生了重大变化。"虚拟市场"出现后，电子商务通过网上"虚拟"的信息交换，开辟了一个开放、多维、立体的市场空间。信息流动带来的资本、商品、技术等生产要素的全球加速流动，促进了全球"网络经济"的发展。在这种网络环境下，各国间的经贸联系与合作得以大大加强，实体市场上的部分交易正在转到虚拟市场上来。因此，从整个国家的角度考虑，需要加强跨境电子商务策略的研究，以引导企业在虚拟市场上占据有利地位。

2.2　跨境电子商务的应用环境分析

跨境电子商务在总体上具有开放性、创新性和易变性的特点。这些特点使其受到诸多环境因素的制约。跨境电子商务的发展战略，必须建立在科学分析电子商务发展环境的基础上。这种分析一般包括社会政治环境分析、资源环境分析、市场环境分析、安全环境分析、企业内部条件分析等。只有搞清楚跨境电子商务发展的有利因素和不利因素，才能为电子商务的战略决策提供科学依据。

▶▶ 2.2.1　政策法律环境：受到国际组织和各国政府的高度重视

政策法律环境是跨境电子商务赖以生存和发展的基础性应用环境。随着电子商务的日益普及，国际组织和许多国家相继出台了一系列法律、法规、条约，用以营造良好的跨境电子商务发展环境。

1. 联合国

联合国十分重视跨境电子商务的政策法规环境建设，不断加强综合性和专业性跨境电商法律法规的制定工作。

在综合立法方面，1996 年联合国通过的《电子商业示范法》是世界上第一部关于电子商务的综合性示范法。该法为各国立法者提供一整套旨在为电子商务消除法律障碍并提高法律可预测性的国际公认规则，从而促成并便利使用电子手段进行商务。该法确立的不歧视、技术中性和功能等同这些基本原则被广泛视为现代电子商务法的奠基要素[1]。该法还在以下方面确立了规则：以电子方式签订的合同的有效性、数据电文的归属、确认收讫和确定发出及收到数据电文的时间和地点。

2001 年，联合国通过了《贸易法委员会电子签字示范法》（简称《电子签字示范法》）[2]。《电子签字示范法》对电子签字的适用范围、定义、签字技术的平等对待、电子签字的要求、签字人的行为、验证服务提供商的行为、电子签字的可信赖性、依赖方的行为，并对外国证书和电子签字的承认等问题做了详细的规定，为各国电子签字的立法奠定了很好的基础。2007 年，联合国国际贸易法委员会（简称联合国贸法会）又出台了相关的法律解释《增进对电子商务的信心：国际使用电子认证和签名方法的法律问题》。

---

① 不歧视原则确保不会仅仅以一份文件是电子形式为理由而否认其法律效力、有效性或可执行性。技术中性原则规定必须采用不偏重使用任何技术的条款。鉴于技术的快速进步，技术中性原则旨在适应未来的发展而无须再做立法工作。功能等同原则规定了将电子通信视为等同于纸面通信所依据的各项标准。特别是，其中规定了电子通信为满足传统的纸面系统中的某些概念（如"书面""原件""经签名的""记录"）所要实现的目的和功能而需要满足的具体要求。

② United Nations Commission. UNCITRAL Model Law on Electronic Signatures With Guide to Enactment 2001[S]. A/CN.9/WG.IV/WP.88, United Nations Commission on International Trade Law Working Group on Electronic Commerce, Thirty-eighth session New York, 12 - 23 March 2001.

2005 年，联合国通过了《联合国国际合同使用电子通信公约》[①]，对营业地位于不同国家的当事人之间订立或履行合同使用电子通信做出了具体规定，旨在对国际合同使用电子通信的情形增强法律确定性和商业可预见性。截至 2021 年 5 月，全世界共有 26 个国家同意签字、批准、加入、核准、接受或继承这份公约。

2011 年，随着网上跨境交易迅猛增加，联合国贸法会开始讨论跨境电子商务交易网上争议问题，试图针对使用电子通信订立的低价值跨境销售或服务合同所产生的网上争议，建立网上争议解决机制（Online Dispute Resolution，ODR）。通过这种机制，借助电子通信及其他信息和通信技术，便利传统的争议解决方式[②]。

2016 年 12 月 13 日，联合国大会第 62 次会议审议通过了《关于网上争议解决的技术指引》[③]，这是专门针对跨境电子商务网上交易纠纷解决的指导性文件。这个文件是中国代表团平衡美欧、协调各方、成功推动联合国贸易法委员会达成以中国方案为基础的共识文件。这是中国在联合国经贸领域引领规则制定的第一次成功突破。

2017 年，联合国通过了《电子可转让记录示范法》。该法旨在从法律上支持电子可转让记录的国内使用和跨境使用。该法适用于与可转让单证或票据功能等同的电子可转让记录。可转让单证或票据一般包括提单、汇票、本票和仓单。该法是在 1985 年《就计算机记录的法律价值向各国政府和国际组织提出的建议》的基础上提出的。

在支付领域，1987 年，联合国贸法会通过了《贸易法委员会电子资金转账法律指南》。该指南对电子处理资金划拨系统，划拨资金协定和资金划拨指示，欺诈、差错、划拨指示处理不当及有关的责任和电子处理资金划拨引起的法律问题做了较详细的规定。在《认识和预防商业欺诈：商业欺诈的标志》（2013 年）第 19 条中专门对滥用技术和电子欺诈做了阐述。

1990 年 3 月，联合国正式推出了 UN/EDIFACT 标准，并被国际标准化组织正式接受为国际标准 ISO 9735。UN/EDIFACT 标准的推出统一了世界贸易数据交换中的标准，使得利用电子技术在全球范围内开展商务活动有了可能。此后，联合国又先后制定了《联合国行政商业运输电子数据交换规则》《电子数据交换处理统一规则》等文件。1993 年联合国贸法会电子交换工作组全面审议了《电子数据交换及贸易数据通讯有关手段法律方面的统一规则草案》，形成了国际 EDI 法律基础。

2. 国际组织

国际商会、经济合作与发展组织、欧盟、亚太经济合作组织（Asia-Pacific Economic Cooperation，APEC）等国际组织积极参与电子商务立法及国家之间电子商务共同原则的探索和制定。

国际商会 1997 年 11 月 6 日通过的《国际数字保证商务通则》，试图平衡不同法律体系，为

---

① 联合国国际贸易法委员会.《联合国国际合同使用电子通信公约》（2005 年，纽约）[EB/OL].（2006-01-16）[2020-08-24]. http://www.uncitral.org/uncitral/zh/uncitral_texts/electronic_commerce/2005Convention_ status.html.

② 联合国贸法会. 第三工作组（网上争议解决）第三十三届会议工作报告[R/OL].（2016-03-11）[2016-09-02]. http://documents-dds-ny.un.org/doc/UNDOC/GEN/V16/014/72/PDF/V1601472.pdf? OpenElement.

③ 联合国国际贸易法委员会. 关于网上争议解决的技术指引[EB/OL].（2016-12-13）[2020-08-24]. https://uncitral.un.org/sites/uncitral.un.org/files/media-documents/uncitral/zh/17-00381_c_ebook_technical_notes_on_odr.pdf

电子商务提供指导性政策，并统一有关术语。2002 年，国际商会在《ICC 跟单信用证统一惯例》（UCP500）的基础上制定了《跟单信用证统一惯例关于电子交单的附则》（eUCP），并于当年 4 月 1 日生效。

世界贸易组织（WTO）1997 年达成三个协议——《全球基础电信协议》《信息技术协议》《开放全球金融服务市场协议》，为电子商务和信息技术的稳步有序发展奠定了基础。2017 年 12 月在 WTO 第 11 次部长级会议上，多个国家通过了《电子商务联合声明》，重申全球电子商务的重要性及其为包容性贸易和发展所创造的机会，特别强调电子商务为"发展中国家，尤其是那些最不发达国家，以及中小微企业"带来的机会。2019 年 1 月 25 日，在瑞士达沃斯举行的电子商务非正式部长级会议上，中国、俄罗斯等 76 个世界贸易组织成员签署《关于电子商务的联合声明》，确认有意在世界贸易组织现有协定和框架的基础上，启动与贸易有关的电子商务议题谈判①。

1998 年 10 月，OECD 公布了三个重要文件，即《OECD 电子商务行动计划》《有关国际组织和地区组织的报告：电子商务的活动和计划》《工商界全球商务行动计划》，作为 OECD 发展电子商务的指导性文件。2016 年 3 月 24 日，OECD 理事会通过了《电商环境下消费者保护建议书》，提出了电商环境下消费者保护的八大原则，包括透明和有效的保护，公平的商业、广告和营销，在线信息披露，确认交易过程，支付机制，争议解决和补偿，隐私保护与安全保障，教育、意识和数字化能力。

欧盟于 1997 年提出了《关于电子商务的欧洲建议》；1998 年发布了《欧盟电子签字法律框架指南》和《欧盟隐私保护指令》；1999 年发布了《电子签名指令》；2000 年又通过了《电子商务指令》，并于 2003 年 7 月 1 日开始施行。这些文件构成了欧盟国家电子商务立法的核心和基础。其中，《电子商务指令》全面规范了关于开放电子商务的市场、电子交易、电子商务服务提供者的责任等关键问题。《欧盟数据保护通用条例》于 2018 年 5 月全面实施，该条例的规制范围和监控行为包括利用互联网技术工具对个人网络活动进行的跟踪和分析。2018 年欧盟批准了《电子商务增值税改革条例》，在欧盟境内统一、简化各个成员国的电子商务税收制度和管理，减少不合理的税费，确保网上销售平台在跨境销售时对卖家代征增值税，在线市场将对任何增值税漏缴负责。与之配套的《电子商务增值税改革实施条例》自 2021 年 1 月起生效。2019 年 9 月 14 日，欧盟开始实施"严格的客户认证机制"（Strong Customer Authentication，SCA），该机制规定，欧洲的电商交易必须通过两种相互独立的认证形式进行验证。对支付提供商和发卡机构来说，EMV 3DS 是实施 SCA 的主要工具。

在处理与其他经济体跨境电商的关系上，2010 年签署的《欧盟－韩国自由贸易协定》在电子商务领域出台更具约束力的条款内容，双方在相互承认电子签名、互联网服务提供者责任的协调、消费者保护，以及无纸化交易领域的合作越来越紧密。2017 年生效的《欧盟－加拿大全面经济贸易协定》开始采用负面清单承诺模式对电子商务领域进行更为细致的规定，并在条款中讨论了有关电子商务信任度与隐私度的问题。

2001 年 10 月，APEC 会议发布的《领导人宣言》，明确提出"在 APEC 区域内对电子交易

---

① WTO. Joint Statement on Electronic Commerce [EB/OL].（2019-01-25）[2020-03-29]. https:// docs.wto.org/dol2fe/Pages/SS/directdoc.aspx?filename=q:/WT/L/1056.pdf&Open=True .

暂不征收关税的承诺"[1]。2004 年通过了《APEC 隐私框架》，2007 年发布了《跨境隐私规则体系"（CBPR)》等文件，推动数字贸易、网络安全、隐私保护、标准和规则制定等高层次合作。随着互联网和数字技术对经济领域的广泛渗透，APEC 根据亚太地区经济形势的变化不断开拓新的合作领域。2014 年，APEC 发布了《APEC 跨境电子商务创新与发展倡议》。2016 年 6 月，在第六届 APEC 电子商务工商联盟论坛上，论坛发出"晋江倡议：发展跨境电子商务　促进普惠贸易"，提出建立可行的 APEC 跨境电子商务法律框架、在 APEC 区域为中小微企业建立跨境电子商务信用认证体系、支持起草有助于信息技术和电子商务发展的标准[2]。2017 年 11 月第二十九届 APEC 部长级会议发布了《APEC 跨境电子商务便利化框架》。该框架将着力推动完善跨境电子商务的政策环境，提升跨境无纸贸易便利化水平，增强中小企业参与电子商务的能力，为亚太各国跨境电子商务的发展营造良好的外部环境。

2018 年 10 月，世界海关组织发布《世界海关组织跨境电商标准框架》。该框架旨在提供一个全球的基准标准，协助海关和其他政府机构制定本国的跨境电商发展战略、运营框架及行动计划和时间表。该框架共 4 章，包括概述，目标、原则和立法，实施战略，跨境电商的管理：关键原则和标准，共计 15 项标准。

3. 各国政府

世界各国政府对营造电子商务发展的社会政治环境非常重视。据不完全统计，从 20 世纪 90 年代到 2020 年，已经有 74 个国家共在 153 个法域通过了以联合国《电子商业示范法》（1996 年）为基础或在其影响下形成的立法。

美国是电子商务的主导国家之一。1997 年 7 月，美国颁布了《全球电子商务纲要》，正式形成美国政府系统化电子商务发展政策和立法规划。1999 年 7 月，美国全国统一州法委员会（National Conference of Commissioners of Uniform State Law，NCCUSL）通过了《统一电子交易法》，2000 年 9 月又发布了《统一计算机信息交易法》。对于《统一电子交易法》与《统一计算机信息交易法》中的大部分规定，美国《统一商法典》（UCC）买卖篇在 2003 年 5 月修正时加以纳入。2013 年美国实施大数据研发计划，2014 年起开始关注大数据发展中的具体问题并发布《大数据：抓住机遇，守护价值》白皮书。2016 年印发《大数据：关于算法系统、机遇、公民权利的报告》，关注大数据引发的歧视问题。

日本政府以《高度信息通讯网络社会形成基本法》作为纲领性法律，针对公平交易、产品安全出台了一系列相关的电子商务法律，如《电子签名与认证服务法》《日本电商与信息交易准则》《消费者合同法》《特别商业交易法》《关于消费者在电子商务中发生纠纷的解决框架》《完善跨国电商交易环境》《关于跨境电商交易纠纷的解决框架》《电子消费者协议以及电子承诺通知相关民法特例法律》等，对电子商务交易各方的行为进行监管以保障消费者的合法权益，维护电子商务市场的秩序，利于其电子商务的长远发展。

2001 年韩国政府提出了"韩国电子贸易动议"，促进电子贸易的普及。2018 年韩国政府对《电子用品和生活用品管理对象法》进行了大幅修改，不仅大幅减少了国外中小企业的 KC 认证

（Korea Certification）负担，新法规还取消了"必须要求 KC 认证的 250 个品类中的 215 个品类"KC 认证限制。2020 年 3 月，为了拉动外国网购者的消费，韩国政府针对美国、中国、日本、越南和印度尼西亚等国市场的网购者推出刺激网购的新计划。根据新计划，韩国会推出迎合各个市场不同偏好的产品、营销活动、支付方式和配送方式，简化网购流程，为中小型公司提供协助。在支付方面，允许信用卡公司用 exe 文件替代 ActiveX 控件，解决交易缓慢及网络兼容性差的问题。在浏览器使用方面，允许网购者使用除谷歌 Chrome 或苹果 Safari 之外的其他浏览器。

为了规范印度电子商务业务，印度消费者事务部根据《2019 年消费者保护（电子商务）条例》发布了一套实施细则，对电商企业公平竞争、消费者权益保护等领域做出了详细规定。该细则自 2019 年 11 月 11 日起生效。该细则规定，电商实体不得直接或间接影响商品或服务的价格，并应保持公平的竞争环境；禁止电商参与者在促销、使用或提供任何可能影响消费者交易决策的商品或服务时使用不公平或欺骗性做法；每个电子商务实体现在都必须显示他们和卖家之间关于退货、退款、交换、保证、交货、付款方式、申诉补偿机制等方面的合同条款，以便消费者做出明智的决定。

4. 国内环境

从 2001 年 3 月我国政府正式公布《中华人民共和国国民经济和社会发展第十个五年计划纲要》起，"十一五"规划、"十二五"规划、"十三五"规划都将大力发展电子商务放到重要的位置。

2004 年 8 月，第十届全国人大常委会第十一次会议通过了《中华人民共和国电子签名法》（简称《电子签名法》），并于 2005 年 4 月 1 日开始实施。2019 年 4 月，第十三届全国人大常委会第十次会议对《电子签名法》进行了第二次修正，允许土地、房屋等不动产权益转让使用电子签名，扩大了电子合同在实践中的适用范围。

2005 年 1 月，国务院发布了《国务院办公厅关于加快电子商务发展的若干意见》，提出"企业要强化国际竞争意识，积极应用电子商务开拓国际市场，提高国际竞争能力。有关部门要提高服务意识和服务水平，发挥信息资源优势，为企业走向国际市场提供及时准确的信息和优质的服务"。①

2015 年 6 月，国务院发布《关于促进跨境电子商务健康快速发展的指导意见》②，这是经济发展新形势常态下促进跨境电子商务快速发展的指导性文件。该意见提出了十二条具体实施意见，包括：支持国内企业更好地利用电子商务开展对外贸易；鼓励有实力的企业做大做强；优化配套的海关监管措施；完善检验检疫监管政策措施；明确规范进出口税收政策；完善电子商务支付结算管理；提供积极财政金融支持；建设综合服务体系；规范跨境电子商务经营活动；充分发挥行业组织作用；加强多边国际合作；加强组织实施。该意见要求各级人民政府根据自己地区的实际情况，落实发展计划，使得各地在跨境电子商务的发展方面都能拥有正确的指导和强有力的支持。

---

① 国务院办公厅. 国务院办公厅关于加快电子商务发展的若干意见[EB/OL].（2005-01-08）[2020-09-15]. http://www.gov.cn/gongbao/content/2005/content_63341.htm.

② 国务院办公厅. 关于促进跨境电子商务健康快速发展的指导意见[EB/OL].（2015-06-20）[2020-04-02]. http://www.gov.cn/gongbao/content/2015/content_2893139.htm.

2019 年 1 月 1 日，《中华人民共和国电子商务法》[①]正式实施。该法第七十一条明确，国家促进跨境电子商务发展，建立健全适应跨境电子商务特点的海关、税收、进出境检验检疫、支付结算等管理制度，提高跨境电子商务各环节便利化水平，支持跨境电子商务平台经营者等为跨境电子商务提供仓储物流、报关、报检等服务。国家支持小型微型企业从事跨境电子商务。

2019 年 3 月，国家邮政局、商务部、海关总署出台《关于促进跨境电子商务寄递服务高质量发展的若干意见》，提出加快创新跨境寄递服务模式、加快完善跨境寄递服务体系、加快建立数据交换机制、提升跨境寄递服务全程通关便利等 12 条意见。

2019 年 10 月，国家外汇管理局发布《关于进一步促进跨境贸易投资便利化的通知》[②]，简化小微跨境电商企业货物贸易收支手续，规定支付机构或银行办理货物贸易收付汇时，年度货物贸易收汇或付汇累计金额低于 20 万美元的（不含）小微跨境电商企业可免于办理"贸易外汇收支企业名录"登记。

2019 年 10 月，国家税务总局发布《关于跨境电子商务综合试验区零售出口企业所得税核定征收有关问题的公告》[③]，规定综合试验区内核定征收的跨境电商企业应准确核算收入总额，并采用应税所得率方式核定征收企业所得税，税率统一按照 4%确定。

2020 年 6 月，海关总署发布《关于开展跨境电子商务企业对企业出口监管试点的公告》[④]，增列代码"9710"和"9810"两种海关监管方式，推动海外仓建设，进一步促进跨境电商健康快速发展。

▶▶ 2.2.2　网络基础环境：大大改善

1. 互联网的基本状况

互联网是开展电子商务的物质基础，是跨境电子商务的生存和发展之本。截至 2020 年 6 月 30 日，全球互联网使用人数约为 48.3 亿人，已经占到世界人口的 62.0%（见表 2-1）[⑤]。如此庞大的网民人数，为电子商务的发展奠定了雄厚的交易基础。

表 2-1　全球主要地区网民数（数据截至 2020 年 6 月 30 日）

地　区	人口（人）（2020 年估算）	约占世界人口比例	网民数（人）	互联网普及率	增长率 2000—2020 年	约占全球网民比率
非洲	1 340 598 447	17.2 %	566 138 772	42.2 %	12 441 %	11.7 %
亚洲	4 294 516 659	55.1 %	2 525 033 874	58.8 %	2 109 %	52.2 %

---

① 全国人大常委会. 中华人民共和国电子商务法[EB/OL].（2018-08-31）[2020-04-02]. http://www.npc.gov.cn/zgrdw/npc/lfzt/rlyw/2018-08/31/content_2060827.htm.

② 国家外汇管理局. 关于进一步促进跨境贸易投资便利化的通知[EB/OL].（2019-10-23）[2020-09-15]. http://www.gov.cn/zhengce/zhengceku/2019/12/03/content_5457796.htm.

③ 国家税务总局. 关于跨境电子商务综合试验区零售出口企业所得税核定征收有关问题的公告[EB/OL].（2019-11-14）[2020-09-15]. http://www.gov.cn/xinwen/2019-11/14/content_5451859.htm.

④ 海关总署. 关于开展跨境电子商务企业对企业出口监管试点的公告[EB/OL].（2020-06-12）[2020-09-15]. http://www.customs.gov.cn/customs/302249/2480148/3136658/index.html.

⑤ Internetworldstats.Com.. World Internet Users and Population Stats[EB/OL].（2020-06-30）[2020-08-20]. http://www.internetworldstats.com/stats.htm.

地　区	人口（人）（2020 年估算）	约占世界人口比例	网民数（人）	互联网普及率	增长率 2000—2020 年	约占全球网民比率
欧洲	834 995 197	10.7 %	727 848 547	87.2 %	592 %	15.1 %
拉丁美洲及加勒比海	654 287 232	8.4 %	467 817 332	71.5 %	2 489 %	9.7 %
中东	260 991 690	3.3 %	184 856 813	70.8 %	5 527 %	3.8 %
北美	368 869 647	4.7 %	332 908 868	90.3 %	208 %	6.9 %
大洋洲	42 690 838	0.6 %	28 917 600	67.7 %	279 %	0.6 %
总计	7 794 949 710	100.0 %	4 833 521 806	—	—	100.0 %

根据 Netcraft 的调查，截至 2020 年 6 月底，在侦测时共收到全球 1 230 576 586 个站点的反馈信息和 261 821 287 个独立域名[①]。经过快速发展之后，近年来，全球互联网站整体规模基本稳定，能够满足全球经济发展的需求。

全球移动宽带使用比例持续增长，远高于固定宽带使用比例。国际电信联盟（ITU）统计数据显示，2019 年全球移动宽带渗透率为 83%，比全球固定宽带渗透率高出 68.1 个百分点（见图 2-1）。从每 100 名居民中活跃的移动宽带订户数量来看，2019 年同比增长 18.4%，具有较强的增长动力。97% 的世界人口都在使用移动网络，而有 93% 的人口已经使用 3G 或更高的网络[②]。

2020 年，我国已建成全球最大规模光纤和移动通信网络，行政村通光纤和 4G 比例均超过 98%；国际出口带宽数为 11 511 397Mbps，较 2019 年年底增长 30.4%；固定互联网宽带用户接入超过 4.54 亿户，移动互联网接入流量消费达 1 656 亿 GB[③]。同时，围绕高技术产业、科研创新、智慧城市等相关的新型基础设施建设不断加快，进一步加速新技术的产业应用，并推动电子商务等新的经济模式快速成长。

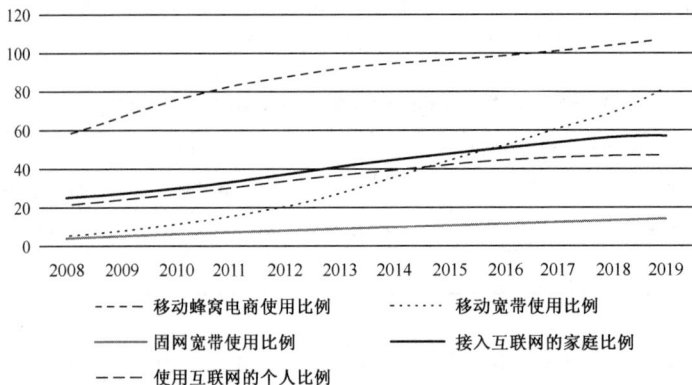

图 2-1　2008—2019 年全球主要通信信息技术变化情况

---

① Netcraft. July 2016 Web Server Survey[EB/OL].（2016-07-30）[2016-08-20]. http://news.netcraft.com/archives/category/web-server-survey/.

② ITU. New ITU data reveal growing Internet uptake but a widening digital gender divide[EB/OL].（2019-11-05）[2020-08-20]. hhttps://www.itu.int/en/mediacentre/Pages/2019-PR19.aspx/.

③ 中国互联网络信息中心. 第 47 次中国互联网络发展状况统计报告[R/OL].（2021-02-03）[2021-03-23]. http://cnnic.cn/gywm/xwzx/rdxw/20172017_7084/202102/t20210203_71364.htm.

2. 全球网络安全服务器数量大增

世界银行的数据显示，2018 年全球每百万人拥有安全互联网服务器数量为 6 172.81 台，同比增长 75.38%（见图 2-2）。从区域来看，北美地区每百万人拥有网络安全服务器数量增长达到 107.72%，东亚和太平洋地区也达到 61.6%。[①]

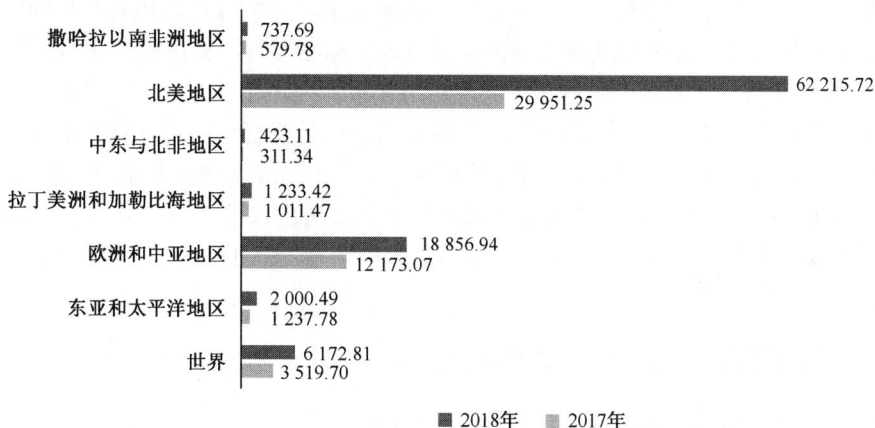

图 2-2 部分：

撒哈拉以南非洲地区　737.69 / 579.78
北美地区　62 215.72 / 29 951.25
中东与北非地区　423.11 / 311.34
拉丁美洲和加勒比海地区　1 233.42 / 1 011.47
欧洲和中亚地区　18 856.94 / 12 173.07
东亚和太平洋地区　2 000.49 / 1 237.78
世界　6 172.81 / 3 519.70

■ 2018年　　▥ 2017年

图 2-2　2017—2018 年全球安全网络服务器变化情况（每百万人）

3. 海关电子化程度大大提高

自从 20 世纪 80 年代无纸贸易产生以来，在国际贸易中减少纸面单证的应用就成为各个国家促进贸易发展计划中最具挑战性的任务。从世界范围来看，政府通常采取把电子化申报原则化、禁止纸面申报或对纸面申报收取高额手续费等各项措施来推动电子单证的普及。

从海关计算机应用历程来看，20 世纪 60 年代是以贸易统计计算机化为标志的单项应用阶段，70 年代是以货物通关计算机化为标志的多项应用阶段，而 90 年代是以高度自动化的 EDI 无纸通关为标志的综合应用阶段，21 世纪进入以互联网为基础的电子口岸为标志的高级应用阶段。今天，电子证单信息通过互联网进行电子签发、网络送达，企业足不出户即可在线签收、自助打印和查阅验证。

此外，红外测温、移动摄像、智能审图、大数据分析、数据分享等先进技术也在海关大量应用。

4. 跨境电子商务标准化建设持续推进

从 1990 年开始，我国一批 EDI 试点工程先后启动，EDI 标准建设同时展开。到 20 世纪末，我国建立的 EDI 应用标准体系主要包括 EDI 基础标准、EDI 管理标准、EDI 报文标准、EDI 通信标准和 EDI 相关标准。进入 21 世纪，我国开始推进电子商务标准化工作。通过十余年的工作，我国发布了近 100 个有关电子商务的国家标准，涉及 12 个类别，其中包括电子商务平台运营与技术规范、电子商务平台服务质量评价与等级划分、电子商务可信交易要求、电子商务企业认定规范、电子商务物流服务规范等。

---

① 世界银行. 安全互联网服务器（每百万人）[EB/OL].（2019-11-05）[2020-08-20]. https://data.worldbank.org.cn/indicator/IT.NET.SECR.P6?end=2019&start=2010&view=chart.

2015 年 12 月 17 日，国务院办公厅发布了《国家标准化体系建设发展规划（2016—2020年）》。该规划从 4 个方面部署了涉及电子商务的有关标准建设：一是电子商务属于新兴服务领域，应全面提高新兴服务领域标准化水平；二是制定基于统一产品编码的电子商务交易产品质量信息发布系列标准，加强商品条码在电子商务产品监管中的应用研究；三是推进社会信用代码在电子政务和电子商务领域的应用；四是研究制定电子商务关键技术和共性基础标准。该规划要求在电子商务物流、快递物流等优势领域争取国际标准突破，支撑物流业的国际化发展。

2016 年 4 月 6 日，全国电子商务质量管理标准化技术委员会正式成立。该委员会主要负责电子商务质量管理的基础通用、质量管理、质量诚信、质量监管、质量风险防控等领域的国家标准制修订工作。2019 年 3 月，国家标准化管理委员会在《2019 年国家标准立项指南》中强调，要进一步完善电子商务标准体系，服务好我国对外贸易及进出口等工作。2019 年，国际标准化组织发布了由我国牵头制修订的国际标准"轮胎用射频识别（RFID）电子标签编码（ISO/TC31，ISO 20910：2019）"。

▶▶ 2.2.3 市场环境：驱动跨境电商更快发展

1. 发展电子商务成为经济发展方式转变的必然选择

电子商务已经渗透到国民经济的各个领域。2019 年中国电子商务交易额（34.81 万亿元）已经达到国内生产总值（99.09 万亿元）的 35.13%。电子商务在拉动经济增长、有力地促进经济发展方式转变、加快中国经济增长等方面正在发挥越来越重要的作用。

2020 年上半年，中国经济逐步克服了重大疫情冲击带来的不利影响，实现了逐步复苏，但疫情冲击的损失尚未完全弥补。疫情期间催生了很多新产业、新业态和新模式，如远程办公、在线教育、智能施工、无人配送等有效地化解了现实生活中的一些堵点、难点，以云计算、大数据、人工智能为代表的新技术快速发展，数字经济、智能制造、生命健康等新产业形成了更多的增长极。跨境电商在疫情期间成为推动中国外贸增长的新引擎，在线成交进出口总值超过6 000 亿元，增长 6.7%，其发展增速已超过一般贸易和加工贸易，有效稳定了对外贸易。中国也成为全球最主要的跨境电商市场。

以信息技术为核心的新技术在电子商务领域的大规模应用，大大提升了企业的信息化水平，提高了企业管理、服务及流通等各环节的效率。采用先进的电子商务业务模式成为企业发展的必然选择。

2. 国际贸易的严峻形势要求加快电子商务的发展

2020 年世界范围的新冠肺炎疫情导致全球经济衰退。我国外贸发展也面临大量不确定、不稳定因素，如中美贸易摩擦、英国脱欧、美联储加息预期、地缘政治局势动荡、恐怖主义威胁等。这些因素影响了全球消费者和投资者的信心，抑制了国际间的经贸往来，我国国际贸易整体形势非常严峻，这种状况要求我们进一步加快跨境电子商务发展。

2020 年 7 月，金砖国家第十次经贸部长会议举行。会议发布了《金砖国家第十次经贸部长会议联合公报》，强调加强国际抗疫合作，承诺共同提升供应链的包容性，促进成员更好地融入全球价值链，降低疫情的不利影响；支持多边贸易体制和世界贸易组织的必要改革、反对单边主义和保护主义、保持市场开放、维护发展中成员权益。中国商务部认为，需要进一步推动金砖经贸合作走深做实。一是抓住数字经济发展机遇。当前，新经济、新业态加速发展，释放出巨大经济动能。金砖成员应当共同努力，在云计算、大数据、电子商务、平台经济等领域加强信息交流与经验分享，实现共同发展。二是把握合作发展主线。面对严峻复杂的国际经济环境，各成员在深化内部合作的同时，也要积极帮助广大发展中国家和最不发达国家，在相关领域开展能源建设、经济技术等合作，让金砖经贸合作成果在更广阔的范围内"促发展、利企业、惠民生"。三是拉紧相互利益纽带。着眼"后疫情时代"，加快推动金砖经贸合作"系统化、机制化、实心化"进程。用足用好示范电子口岸、电子商务、知识产权、贸易投资促进等合作机制，把握利益契合点，广泛调动产学界和国际组织资源，积极开展政策交流、公私对话和案例分享等合作活动，为推进合作凝聚更大合力，共同推动金砖"一体化大市场"建设。

3. 现代消费者需要电子商务提供更广阔的商品购买市场

对现代消费者来说，其消费取向正在迅速向虚拟市场转移。2020 年 6 月，我国网络视频、网络音乐、网络文学、网络游戏、网络购物、网络直播等网络使用率都超过 30%。随着消费水平和消费观念的提升，越来越多的中国人开始青睐直接上跨境电子商务网站购物，通过互联网在世界范围挑选商品已经成为现代消费者的一种追求。成本效用分析表明，这种消费观念是最合理、最经济的。要满足这些方面的需求，需要不断拓展电子商务在国际贸易领域的应用。网络海外代购就是适应这种现状而出现的一种零售新形式。

2021 年 5 月，国务院发文正式同意在河南省开展跨境电子商务零售进口药品试点，试点期为三年，试点品种为已取得我国境内上市许可的 13 个非处方药。[①] 这是我国跨境电商在医药领域的一次重大创新与突破，它将为国内消费者提供更多的医药商品购买的市场选择，也将为跨境电商拓展新的市场范围。

4. 特殊行业对跨境电子商务应用的迫切需求

（1）汽车行业跨境电子商务市场。当今的汽车市场全球化程度非常高，国际化已经成为企业发展的一种长期战略行为。2020 年上半年的疫情暴发对我国汽车产业的进出口造成了重大影响。1—6 月，汽车商品进出口总额 615.6 亿美元，同比下降 20.3%[②]。因为疫情，线下门店的客户购车人数明显减少。拼多多、大搜车等电商平台开始销售汽车，并采取团购补贴的方式吸引消费者购车。针对线上电商的冲击，各个汽车生产商也加快网络销售渠道的建设。BEIJING 汽车在维护好传统第三方电商平台旗舰店建设之外，还大力发展自建电商业务，构建自己全业务链条的电商体系，将核心产品和服务全面电商化。转变营销模式，大力发展汽车电子商务，开展网上营销，已经成为我国汽车行业打开国际市场的一项重要任务。

（2）旅游业跨境电子商务市场。在欧美发达国家，旅游电子商务已经成为整个电子商务领域最突出的部分。我国的出入境旅游也伴随经济发展而快速成长。2019 年，我国入境游客 14 531万人次，增长 2.9%；国际旅游收入 1 313 亿美元，增长 3.3%；国内居民出境 16 921 万人次，

---

① 国务院. 国务院关于同意在河南省开展跨境电子商务零售进口药品试点的批复[EB/OL].（2021-05-12）[2021-05-20]. http://www.gov.cn/zhengce/content/2021/05/12/content_5606009.htm.

② 中汽协. 1—6 月汽车商品出口金额 306.3 亿美元，同比下降 17.5%[EB/OL].（2020-07-22）[2020-08-20]. https://www.sohu.com/a/409082950_114984?_f=index_betapagehotnews_3&_trans_=000014_bdss_dkjyh.

增长 4.5%[①]。2020 年发生的新冠肺炎疫情蔓延全球，对旅游业造成了前所未有的巨大冲击。在这种情况下，既要扎根本土、研究国内旅游市场，又要放眼世界、关注国际旅游市场。要利用这段时间，解决产业结构与市场需求不匹配、旅游产品不够丰富的问题，提升国内旅游的便利度、舒适性、体验感；解决国际旅游宣传推广效果不佳、传播力不够、入境旅游手续复杂等一系列突出问题，为拓展国际旅游市场打好基础。

（3）跨境在线教育市场。随着父母教育意识的加强，英语教育需求愈加迫切，很多小朋友还未正式上学就已经踏上了学习英语的路途。数据显示，2019 年在线少儿英语国内市场品牌用户占比 TOP5 的分别为 VIPKID、阿卡索、51talk、DaDa 英语及米乐英语。这些网站大都采用一对一的方式链接国外教师，教学效果明显。2020 年受新冠肺炎疫情影响，大中小学延期开学，线下教育培训停课，在线教育消费迎来快速增长，各类新模式、新技术、新业态纷纷涌现，刷新了用户消费体验。特别是主要英语国家疫情未能有效控制，跨境英语在线学习的人数也在大量增加。

▶▶ 2.2.4 监管环境：监管措施不断改革

1.《全球贸易安全与便利标准框架》普遍实施

2005 年 6 月，世界海关组织通过了《全球贸易安全和便利标准框架》（以下简称《框架》）。截至 2019 年，世界海关组织的大多数成员都签署了实施意向书，显示了国际海关界保护合法贸易安全与便利的决心。

《框架》的宗旨是制定全球范围供应链安全与便利的标准，促进稳定性和预见性；形成对所有运输方式适用的一体化供应链管理；加强成员海关之间的合作，提高甄别高风险货物的能力；加强海关与商界的合作及通过保护国际贸易供应链的安全来促进货物畅通无阻地流动。

《框架》包括四个核心元素、两个支柱、17 项标准和关于这 17 项标准的技术性条款。

四个核心元素包括：提前递交进出口及转运货物的电子信息；采用一致的风险管理手段；应进口国的合理要求，出口国海关对出口的高风险集装箱和货物进行查验；海关要向满足该标准的商界提供相应的便利。

基于四个核心元素，《框架》提出了保障供应链安全的两个支柱。第一个支柱即海关与海关之间的合作安排，包括"海关应遵照世界海关组织在综合供应链管理指南方面规定的海关监管程序进行操作"等 11 项标准，涉及供应链管理、查验权力和查验技术、风险管理和布控、电子信息交换、绩效和安全评估及工作人员的廉政等海关监管工作的各个方面。第二个支柱即海关与商界的合作，包括 6 项标准，企业应执行以海关设定的安全标准为参数的自我评估程序、供应链经营者本身应采取的安全措施、授权认证的取得、新技术的采用、与海关的合作与交流及获取贸易便利的条件等。

围绕两个支柱，《框架》制定了 17 项标准，并提出了详细的实施细则（也称技术性规定）。

---

① 中国旅游研究院. 2019 年旅游经济运行分析[EB/OL]. （2020-03-05）[2020-08-20]. http://www.ctaweb.org/html/2020-3/2020-3-5-11-53-13616.html.

2. 网络信息安全保护提升到国家层面

我国政府十分重视信息安全保护工作。1994 年，国务院发布了《中华人民共和国计算机信息系统安全保护条例》，以国家法律的形式规定"重点保护国家事务、国家经济建设、国防建设、国家尖端科学技术等重要领域的信息系统的安全"。

1999 年 9 月，经国家质量技术监督局审查通过并正式发布了强制性国家标准——《计算机信息系统安全保护等级划分准则》（GB17859—1999），将信息系统划分为五个安全保护等级：用户自主保护级、系统审计保护级、安全标记保护级、结构化保护级和访问验证保护级。安全保护能力从第一级到第五级逐级增强。

2012 年，全国人大常委会通过了《关于加强网络信息保护的决定》。该决定从保护网络信息安全，保障公民、法人和其他组织的合法权益，维护国家安全和社会公共利益出发，规定"国家保护能够识别公民个人身份和涉及公民个人隐私的电子信息"[1]。

2014 年 2 月，中央网络安全和信息化领导小组成立。中共中央总书记、国家主席、中央军委主席习近平任组长。该小组着眼国家安全和长远发展，统筹协调涉及经济、政治、文化、社会及军事等各个领域的网络安全和信息化重大问题，研究制定网络安全和信息化发展战略、宏观规划和重大政策，推动国家网络安全和信息化法治建设。

2015 年 11 月 1 日开始施行的《中华人民共和国刑法修正案（九）》加强了对互联网的保护，对违反国家规定向他人出售或提供公民信息、网络服务提供者的信息网络安全管理义务、利用网络犯罪、利用网络传播虚假信息、协助互联网犯罪等行为纳入刑法调整范围并制定了相应的罚则。

2016 年 11 月 7 日，全国人大常委会通过了《中华人民共和国网络安全法》。这是我国第一部全面规范网络空间安全管理方面问题的基础性法律，是依法治网、化解网络风险的法律重器。该法首次提出了网络空间主权的概念，明确了网络空间治理目标，完善了网络安全监管体制，完善了网络安全义务和责任。[2]

3. 网络信任体系的建立全面启动

网络信任体系是国家信息安全保障体系的重要组成部分，是电子商务运作的重要保证。2011 年美国政府通过推出"网络身份证"构建网络生态系统，使每个网络用户都可以相互信任彼此的身份。2019 年，全球征信系统信息使用率提升，征信信息深度指数[3]达到 5.199，比 2018 年的 4.932 提高了 0.267。[4]从区域来看，北美仍是全球征信系统信息使用率最高的地区，而改善

① 全国人大. 关于加强网络信息保护的决定[EB/OL].（2012-12-28）[2020-07-23]. http://www.gov.cn/zwgk/2012-07/17/content_2184979.htm.

② 全国人大. 中华人民共和国网络安全法[EB/OL].（2016-11-07）[2020-07-23]. http://www.gov.cn/xinwen/2016-11/07/content_5129723.htm.

③ "征信信息深度指数"是世界银行用来反映一国从公共或私人征信机构获取信息的难易程度，以及所获信息的范围和质量的指标，最低分为 1 分，最高分为 8 分。分数越高表明一国的征信体系可以提供给授信机构的信用信息越多，对借款人的权益保护越完善。征信信息深度指数可以帮助世界银行决策对不同国家和地区放贷的次数和贷款金额的多少。

④ 世界银行. 征信信息深度指数（1=低至 8=高）- World, China [EB/OL].（2019-10-24）[2020-07-23]. https://data.worldbank.org.cn/indicator/IC.CRD.INFO.XQ?view=chart&locations=1W-CN.

幅度最大的是撒哈拉以南非洲地区。中国是征信信息深度指数最高的国家之一，已经连续 4 年保持了最高分（8 分）。

2019 年，中国已建立全球规模最大的征信系统，在防范金融风险、维护金融稳定、促进金融业发展等方面发挥了不可替代的重要作用。目前，征信系统累计收录 9.9 亿自然人、2 591 万户企业和其他组织的有关信息，个人和企业信用报告日均查询量分别达 550 万次和 30 万次。①

4. 监管措施改革步伐加快

世界各国已经认识到，监管的存在是为了保护劳动者、公共安全、企业和投资，但低效和不当的监管有可能扼杀创业活力和企业成长，影响营商便利度。繁重的规则可能驱使企业逃避监管和税收机构的监督，躲进非正规行业的阴影或者到国外去寻找更有利的营商环境。外国投资者可能避开那些由于监管规则阻碍经济活动蓬勃发展的经济体。繁文缛节不仅阻碍单个企业或投资者，经济可持续增长的能力也可能受到影响。做生意的经济自由与经济发展和蓬勃发展的私营部门息息相关，后者又反过来为消除贫困和促进共享繁荣提供基础。

世界银行的《2020 年营商环境报告》衡量了 190 个经济体在 12 个领域的监管效率，评估每个经济体的营商环境（见表 2-2）。《2020 年营商环境报告》是该系列年度报告的第 17 期，这一报告激励着世界各地的政府实施营商改革，目标是促进可持续的经济增长。

表 2-2 世界银行的经济体营商环境的评价指标

序　号	名　　称	主　要　内　容
1	开办企业	手续、时间、成本、最低实缴资本
2	雇用员工	审查、面试、录用
3	办理建筑许可证	手续、时间、成本、建筑质量控制
4	获得电力供应	手续、时间、成本、供电可靠性和电费透明度指数
5	登记财产	手续、时间、成本、土地管理质量
6	获得信贷	合法权利力度指数
7	保护少数投资者	披露程度指数、董事责任程度指数、股东诉讼便利度指数、股东治理指数、所有权和管理控制指数、公司透明度与性别多样性指数
8	纳税	税率、程序、时间、总税率
9	跨境贸易	货物进出境在单证及手续上耗费的时间和费用
10	与政府沟通	手续、方式、次数、时间
11	执行合同	时间、成本、司法程序质量
12	破产处置	时间、成本、结果、回收率、破产框架力度

在二级分项指标下设立三级指标项。通过若干个三级指标项的测算分值，计算出二级分项的 DTF 得分②，然后以分值高低进行前后排名。中国"跨境贸易"近三年的 DTF 得分如表 2-3 所示。

---

① 人民日报海外版. 中国建立全球规模最大征信系统[EB/OL].（2019-06-19）[2020-07- 23]. http://www.gov.cn/xinwen/2019/06/19/content_5401456.htm.

② DTF 是 Distance To Frontier 的缩写，表示和最前沿或者最好水平间的距离，根据其所具有的功能，称为"DTF 得分"。

表 2-3　中国"跨境贸易"近三年的 DTF 得分

报 告 年 份		DB2016	DB2017	DB2018
总体 DTF		69.13	69.13	69.91
指标	出口单证合规耗时（小时）	21.2	21.2	21.2
	出口边境合规耗时（小时）	25.9	25.9	25.9
	出口单证合规成本（美元）	84.6	84.6	84.6
	出口边境合规成本（美元）	522.4	522.4	484.1
	进口单证合规耗时（小时）	65.7	65.7	65.7
	进口边境合规耗时（小时）	92.3	92.3	92.3
	进口单证合规成本（美元）	170.9	170.9	170.9
	进口边境合规成本（美元）	776.6	776.6	745

中国在截止到 2019 年 4 月 30 日的 12 个月中实施了创纪录的 8 项营商环境改革，全球营商便利度排在第 31 名，在满分 100 分中得 77.9 分。[①]中国改革的亮点包括：

（1）将公司印章发放完全纳入企业注册登记一站式服务。

（2）通过要求控股股东对不公平关联方交易承担连带责任，明晰所有权和控制结构，加强了对少数投资者的保护。

（3）对小企业实行企业所得税优惠政策，降低某些行业的增值税税率，加强电子化纳税申报和缴纳系统。

（4）通过实行进出口货物提前申报、升级港口基础设施、优化海关行政管理和公布收费标准等措施，简化进出口程序。

（5）通过规定可给予的合同延期次数上限和将延期限于不可预见和例外情况，提升执行合同的便利度。

2.3　我国跨境电子商务发展策略

我国跨境电子商务对政策的需求是多方面的。根据第 2.2 节对我国跨境电子商务的应用环境分析，本节将按照"提出问题、做什么、怎么做"的思路提出政策建议。

▶▶ 2.3.1　跨境电子商务发展的政策需求

调查表明，无论是电子商务企业还是传统企业，都迫切希望政府能够在我国跨境电子商务的发展中发挥更重要的作用。东部地区和电子商务发展较快的大城市对跨境电子商务的发展环境提出较高的要求。中西部地区电子商务的发展目前仍然处于一个比较低的水平，这些地区对跨境电子商务的发展促进政策有强烈的要求。这个环境包括心理环境、法律环境、标准环境。

---

① The World Bank. Doing Business 2020–Sustaining the pace of reforms [R/OL]. （2019-10-24）[2020-07- 23].
https://www.worldbank.org/en/news/feature/2019/10/24/doing-business-2020-sustaining-the-pace-of-reforms.

各地对政策的要求主要体现在以下方面。

（1）税收政策的倾斜。跨境电子商务是创新的事物，它的发展没有模式可以借鉴，在这一新的领域中，政府的资金支持是很重要的，但更重要的是政策支持，特别是制定优惠的赋税政策。税收政策的鼓励，将比直接的政府资金支持起到更大的作用。

（2）资金支持。虽然电子商务的宣传已经深入人心，但这个新事物还有很多不规范的地方。所以，许多企业，特别是中小企业对电子商务的预期效果持怀疑态度，对于建立电子商务平台的支出能够带来多少收益不能确定。政府应该出台鼓励措施，帮助这些企业消除顾虑。例如，设立跨境电子商务发展项目，通过投标确立发展项目；建立资助资金项目，提供低息贷款或无息贷款，支持部分企业建立、管理电子商务平台。

（3）加强示范项目的建设，树立典型，总结经验，在全社会推广。目前，国家发展和改革委员会、工业和信息化部、科学技术部都有部分电子商务示范项目，但涉及面还比较窄。有关电子商务案例的研究需要深层次的挖掘和分析，有关部门还应当在这方面做更多的工作，例如，组织专门示范项目，组织人员深入企业调查研究，分析盈利模式，提出适应不同类型企业、不同类型地区、不同交易模式的电子商务运作经验，并在全国推广。

（4）对中西部地区、边远地区采用相应的区别政策和鼓励优惠措施，缩小地区、城乡之间的"数字鸿沟"。中西部地区跨境电子商务的发展仍然处于比较低的水平，这些地区希望能够加大国家、政府资金对信息化基础设施的投入；采取积极、有效的鼓励扶持配套政策，留住西部人才。

（5）加强人才培训。跨境电子商务的发展需要既懂技术又懂商务的专业人才，而目前，这方面的人才比较缺乏，需要通过培训加以培养。

（6）协调企业与有关部门的关系。在推广过程中，跨境电子商务经常与传统的体制产生冲突，需要国信办提供帮助，协调与其他部门的关系。例如，地方出口企业与中国电子口岸的关系、跨境电子商务企业与地方政府的关系等。

▶▶ 2.3.2 跨境电子商务的总体策略

跨境电子商务的总体策略应当从宏观角度，提出我国跨境电子商务指导思想、总体规划和政策导向，并设计落实措施。

（1）组织力量研究国家跨境电子商务发展战略方案。虽然各个部门、不同行业对跨境电子商务的发展战略有较大分歧，但没有国家跨境电子商务发展战略的状态严重影响了我国跨境电子商务的健康发展。我国跨境电子商务的发展战略，应当从国民经济发展的战略高度出发，研究电子商务的发展环境，针对我国目前的发展现状和存在的问题，提出跨境电子商务发展的战略目标、战略指导思想、战略重点、战略措施和组织管理体系。

（2）形成跨境出口和跨境进口双循环相互促进的新发展格局。推动形成双循环新发展格局是根据我国发展阶段、环境、条件变化提出来的，是重塑我国国际合作和竞争新优势的战略抉择。要从新发展格局的高度理解跨境进口与跨境出口的关系。前者有助于"国内大循环"，后者将促进"国内国际双循环"，不能把两个循环割裂开。要充分利用好两个市场、两种资源，促进我国经济整体水平的提高。

（3）统筹规划关系到跨境电子商务发展全局的事宜。对跨境电子商务示范点的确定，应考虑地区分布、行业分布。对电子商务发展具有共性的环节，应统筹规划，统一标准和步骤，避免各行其是。

（4）确定跨境电子商务发展的重点地区、重点城市和重点行业。沿海地区（如京津唐地区、山东、江苏、沪杭地区、广东等）、直辖市和部分省会城市、易于进行跨境电子商务交易的行业（如钢铁、石油、化工等）应当成为我国电子商务发展的重点。

（5）针对跨境电子商务的需求出台相关政策，包括税收政策的倾斜，对跨境电商出口企业的资金支持，对中西部地区和边远地区采用相应的区别政策和鼓励优惠措施，协调中央与地方、企业与管理部门的关系等，促进跨境电子商务的发展。

（6）加强不同部门的工作协调。跨境电子商务是一项巨大的系统工程，每个环节都有多个部门参加。海关、金融、税务、工商等部门都应从国家经济发展的大局出发，支持电子商务的发展，对电子商务发展过程中出现的问题积极地予以解决。

▶▶ 2.3.3 发展跨境电子商务的具体措施

1. 着力提升企业利用电子商务平台开展对外贸易的水平

（1）提高企业利用电子商务平台开展对外贸易的意识。企业特别是传统外贸企业要提高利用电子商务平台开展对外贸易的认识，加大人才、资金和技术投入，加强电子商务软硬件建设，积极利用电子商务平台开展对外贸易，不断提高利用电子商务开展对外贸易的比重。

（2）增强企业运用电子商务平台开展对外贸易的能力。培训企业深入掌握在线营销、洽谈、成交、售后服务规律，完善和提升内部管理水平；加强电子单证应用，实现操作流程的标准化和程序化；注重风险防范和控制，逐步引入比较成熟的风险控制和防范做法；及时把握目标市场需求特点，选择合适的经营方式和营销策略，不断增强竞争力。

（3）坚持诚信经营，实现可持续发展。主动、翔实、完整地披露相关信息；及时妥善地处理贸易纠纷，营造良好健康的企业形象；树立品牌意识，确保商品质量，保护知识产权，自觉维护网上贸易环境。

2. 加强对利用电子商务平台开展对外贸易的支持

（1）积极发挥电子商务平台在对外贸易中的重要作用。各级商务主管部门要积极引导企业利用电子商务平台特别是重点培育的开展对外贸易电子商务平台（简称重点平台）拓展进出口业务；支持成熟的 B2B、B2C 电子商务平台提供对外贸易服务。相关进出口商（协）会要积极地与重点平台合作，利用重点平台帮助会员企业做强做大外贸业务。对创新型、品牌产品和中西部企业开展对外贸易，鼓励重点平台减免其注册或服务费用。

（2）为电子商务平台开展对外贸易提供政策支持。各级商务主管部门要会同相关部门积极解决在利用电商平台开展对外贸易过程中的通关、退税、融资、信保等政策性问题；充分利用中小企业国际市场开拓资金；支持重点平台对企业开展人员培训、品牌培育、宣传推介等服务；鼓励企业成为重点平台会员，各地商务主管部门要结合实际情况，给予资金支持。商务部要将重点平台作为重点联系企业，重点平台所在地商务主管部门要将重点平台作为重点服务企业，协调解决其在开展对外贸易业务中遇到的重大问题，认真落实培育目标和要求。

（3）营造有利于电子商务平台开展对外贸易的环境。做好电子商务平台特别是重点平台的产品质量安全和知识产权保护工作；积极推介利用电子商务平台开展对外贸易的好做法，及时交流推广利用电子商务平台开展对外贸易的经验；引导电子商务平台与其他各种商务平台开展合作，支持平台间共享资源，共同开拓国际市场；鼓励进出口商（协）会向业内优质会员企业和国外行业组织推介电子商务平台，扩大电子商务平台在国内外的知名度和影响力。

（4）积极支持电子商务平台提高便利化水平。推动主要贸易单证的标准化和电子化进程，支持建设"单一电子窗口"平台，促进海关、检验检疫、港口、银行、保险、物流服务的电子单证协调，提高对外贸易监管效率，降低企业成本；推动知名会展平台创新服务，开展网上招商招展，搭建网络化展示平台；大力发展贸易撮合、认证征信、网商供需见面会等电子商务增值服务。

3. 大力培养跨境电商企业主体

支持国内企业更好地利用跨境电子商务开展对外贸易，包括跨境出口和跨境进口。加快建立适应跨境电子商务特点的企业政策支持体系和监管体系，提高跨境电商进出口贸易各环节便利化水平。鼓励企业间贸易尽快实现全程在线交易，不断扩大可交易商品范围。支持跨境电子商务零售出口企业加强与境外企业合作，通过规范的"海外仓"、体验店和配送网店等模式，融入境外零售体系，逐步实现经营规范化、管理专业化、物流生产集约化和监管科学化。进一步对《跨境电子商务零售进口商品清单》进行调整，通过跨境电子商务，合理增加消费品进口。

鼓励有实力的跨境企业做大做强。培育一批影响力较大的跨境电商公共平台，为更多国内外企业沟通、洽谈提供优质服务；培育一批竞争力较强的外贸综合服务企业，为跨境电子商务企业提供全面配套支持；培育一批知名度较高的自建平台，鼓励企业利用自建平台加快品牌培育，拓展营销渠道。鼓励国内企业与境外电子商务企业强强联合。

4. 优化配套的海关监管措施

进一步完善跨境电子商务进出境货物、物品管理模式，优化跨境电子商务海关进出口通关作业流程，完善跨境电子商务统计制度。

对跨境电子商务进出口商品实施集中申报、集中查验、集中放行等便利措施。加强跨境电子商务质量安全监管，对跨境电子商务经营主体及商品实施备案管理制度，突出经营企业质量安全主体责任，开展商品质量安全风险监管。进境商品应当符合我国法律法规和标准要求，对违反生物安全和其他相关规定的行为要依法查处。

5. 明确规范进出口税收政策

继续落实现行跨境电子商务零售出口货物增值税、消费税、退税或免税政策。进一步调整跨境电子商务零售进口税收政策。例如，2020 年 10 月 12 日，《财政部 国家税务总局 海关总署关于中国国际进口博览会展期内销售的进口展品税收优惠政策的通知》就明确了在中国国际进口博览会（进博会）展期内销售的进口展品税收优惠政策，同时公布了进博会享受税收优惠政策的展品清单。对进博会展期内销售的合理数量的进口展品免征进口关税、进口环节增值税和消费税。

6. 加强跨境电商综合服务体系建设

支持各地创新发展跨境电子商务综合服务体系，鼓励外贸综合服务企业为跨境电子商务企业提供通关、物流、仓储、融资等全方位服务。支持企业建立全球物流供应链和境外物流服务体系。充分发挥各驻外经商机构作用，为企业开展跨境电子商务提供信息服务和必要的协助。

7. 充分发挥行业组织作用

推动建立全国性跨境电子商务行业组织，指导各地行业组织有效开展相关工作。发挥行业组织在政府与企业间的桥梁作用，引导企业公平竞争、守法经营。加强与国内外相关行业组织交流合作，支持跨境电子商务企业与相关产业集群、专业商会在境外举办实体会展，建立营销网络。联合高校和职业教育机构开展跨境电子商务人才培养培训。

8. 加强多双边国际合作

加强与"一带一路"沿线国家和地区的电子商务合作，提升合作水平，共同打造若干畅通安全高效的电子商务大通道。通过多双边对话，与各经济体建立互利共赢的合作机制，及时化解跨境电子商务进出口引发的贸易摩擦和纠纷。

▶▶ 2.3.4　跨境电子商务发展的切入点选择

1. 充分发挥跨境电子商务综合试验区的引领作用

2020 年 4 月 7 日，国务院决定新设 46 个跨境电商综合试验区（综试区），加上已经批准的 59 个，全国拥有了 105 个跨境电商综合试验区，已经覆盖了 30 个省区市，形成了陆海内外联动、东西双向互济的发展格局。

建立跨境电商综合试验区的目的在于鼓励更多地方推动跨境电商创新发展。增设跨境电商综合试验区，就是要通过加强各综试区的体系建设、平台建设、特色建设，支持跨境电商综试区企业汇集境内境外流通要素，引导企业重新配置、整合、提升渠道资源，根据跨境电子商务发展规律和市场需求，从供应链、价值链和资源链上构建跨境电子商务综合服务体系，形成各综试区规范发展、创新发展的局面，带动中国跨境电商持续创新，走向高质量发展，从而为全球经济持续、健康发展注入新动能。

跨境电商综合试验区已成为创新创业新高地。各综试区设立"创客小镇""众创空间"等各类孵化基地、平台共 37 个，2019 年新增跨境电商企业超 6 000 家。截至 2020 年，跨境电商综合试验区企业品牌已经超过 3 000 个，综试区企业已建设海外仓超过 1 200 个。通过跨境电商的区域扩大效应和企业数量增加效应，弥补了重大疫情给传统贸易模式造成的不利冲击，实现保订单、保市场、保份额三保任务，有利于我国外贸稳定发展。

2. 积极提升电子口岸水平，提高国际贸易效率

基于国际无纸贸易的发展趋势，特别是亚太地区无纸贸易的发展目标，我国电子口岸平台基础设施进一步完善，电子口岸平台通关、物流、商务功能进一步丰富，企业通关更加高效、有序、便捷，口岸综合执法和服务能力显著提升，符合国际"单一窗口"建设管理规则和通行标准、适应经济社会发展需要的中国特色"单一窗口"工程初步建成。

（1）基本实现网络化协同口岸监管模式。口岸管理部门信息共享的深度和广度取得重大进展，联网核查和辅助决策内容不断丰富，电子口岸平台与各部门政务外网建设协调发展，口岸

管理部门联合监管执法和服务能力显著增强。

（2）基本实现大通关"一站式"服务体系。口岸大通关业务流程进一步优化，数据共享和信息资源利用水平进一步提高，与大通关相关的物流商务服务健康发展，物流协同、商务服务、配套支付等综合服务能力明显增强。

（3）基本形成与电子口岸发展相适应的技术支撑体系。电子口岸平台基础设施进一步完善，网络覆盖范围进一步扩大，平台运行维护及安全保障能力显著提高，整体运行可用率达到99.9%，有效满足了电子口岸可持续发展的需要。

3. 积极推动 B2B 跨境电子商务平台的发展

目前，国内的 B2B 网站大体上可以分为三类：企业 B2B 网站，如宝武集团的欧冶云商网站（https://www.ouyeel.com）；专门做 B2B 交易平台的网络公司，如阿里巴巴网站（https://re.1688.com）；垂直商务门户网站，如中国联合钢铁网（www.custeel.com/）、石油在线（www.chinaoilonline.com）等。B2B 交易涉及电子商务的关键环节，它不仅在电子商务中发展最快，而且与企业联系最紧密。搞好 B2B 电子商务，对电子商务交易系统的建设和企业信息化建设都具有极为重要的意义。

（1）利用经济手段（如税收、贷款等）鼓励大型企业集团利用自己的电子商务平台开展跨境电子商务，拓展对外电子商务交易；鼓励中小企业建立自己的电子商务网站，开展跨境电子商务。

（2）总结现有的 B2B 跨境电子商务网站的成功经验，积极培养、扶持新的综合性电子商务网站。

（3）动员各行业建立垂直的跨境电子商务网站，推动建设面向世界的行业、区域的企业信息化公共支撑服务平台。

（4）引导中小企业加入第三方跨境电子商务平台，缩短中小企业出口流程，提高它们的出口热情。

4. 积极营造提供外贸出口代理服务的"第三方电子商务平台"

出口代理制是国际贸易中的通用形式之一，即外贸企业或其他出口企业受委托单位委托（包括无进出口经营权企业），代办出口货物销售的一种出口业务。对上海对外经济贸易实业浦东有限公司的调查表明，一方面，由于电子商务的发展，大企业的贸易委托量逐渐减少；另一方面，各类中小企业的贸易委托量又呈现逐年增长的态势。这种情况说明，电子商务已经影响到出口代理业务，同时说明，我国中小企业出口增长很快，但出口代理仍然大量采用传统的渠道。营造基于网络系统的出口代理平台已迫在眉睫。

（1）外贸领域的第三方电子商务平台的服务已从单一的"贸易机会信息提供"向具有一定深度的"贸易作业处理环节"扩展，同时还肩负着接受订单、寻找生产企业的责任。这些平台上的贸易金融、贸易物流等服务的开发也在加快，成为电子商务服务的新亮点。政府需要明确这些亮点并加以支持。

（2）鉴于国际贸易中复杂的贸易单证种类及多环节的数据交换传输，随着跨境电子商务服务种类的增加，促进第三方电子商务平台与海关协调，简化进出口企业对政府电子单证申报的环节，加快贸易流程，尽快采取措施，力争协调发展，已成为外贸出口新的突破点。

（3）C2C 电子商务交易平台已经成为非常方便的外贸出口途径，特别是对于中小企业和个人的外贸出口具有更重要的作用。一方面，政府需要积极扶持这些平台，解决我国出口途径单一的问题；另一方面，需要积极引导企业和社会公众对第三方跨境电子商务平台新业务的关注，并采取举措，规范进出口企业的跨境电子商务服务行为，营造跨境电子商务发展的良好环境。

（4）根据出口贸易发展的要求和电子政务的实际需要，进行业务整合，按照集中管理、统一规划、统一组织开发、统一使用平台的原则，加快电子商务网络平台的建设，为企业开展跨境电子商务提供全方位的政府服务平台。为了吸引中小企业加入，政府可以降低门槛，提供免费的公共平台或政府补贴的服务会员式的网站平台。

（5）尽快建立网络环境下的外贸代理结构（见图 2-3）。

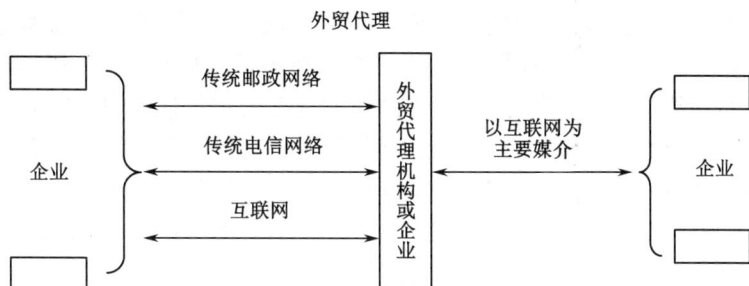

图 2-3　网络环境下的外贸代理结构

5. 利用跨境电子商务，将中国的小农生产带入国际大市场

农产品贸易一直是我国国际贸易的重要组成部分，在全国出口总额中占有一定的份额。2001 年我国加入 WTO 后，农产品市场没有受到大的冲击。但到了 2004 年，我国农产品贸易形势发生了很大变化。虽然农产品进出口额继续保持双增长，但进口增幅已大大超过出口增幅。2019 年，我国农产品进出口额为 2 300.7 亿美元，同比增长 5.7%。其中，出口 791.0 亿美元，减少 1.7%；进口 1 509.7 亿美元，增加 10.0%；贸易逆差 718.7 亿美元，增加 26.5%。[①]

我国农产品出口受阻的主要原因有三个。

（1）发达国家对农药残留等检测指标的限制十分严格，从而导致我国的农产品在国际市场上难以参与公平竞争，出口农产品因绿色壁垒屡屡遭禁、退货和索赔，损失惨重。

（2）出口的农产品结构不合理。从产品结构上讲，我国出口的大部分是一些价格较低的土地密集型产品，如谷物、油料、棉花等，而价值相对较高的劳动密集型产品，如蔬菜、鲜花、水果等出口数量有限。此外，在出口的农产品中，初加工产品占 80%，深加工产品仅占 20%。

（3）市场结构不合理。我国的农产品出口市场非常集中，大部分覆盖亚洲的近邻国家，其中日本是我国的主要出口国。由于营销手段和营销组织的问题，对于非洲、拉丁美洲等当今世界最有潜力的农产品市场，我国所占的份额却很小。

如何把我国的小农生产带入国际大市场不仅是我国农村信息化要解决的难点问题，也是涉及新农村和全面小康建设的重大问题。一方面，应积极培育外贸农民网商的成长。据 IDC 的调

---

① 农业农村部农业贸易促进中心. 2019 年我国农产品进出口情况[EB/OL].（2020-02-17）[2020-07- 23]. http://www.moa.gov.cn/ztzl/nybrl/rlxx/202002/t20200218_6337263.htm.

查，淘宝网上每十位卖家中就有一位是农民网商。[①]农民对电子商务的热情超过人们的想象。但由于农民整体文化水平还较低，开展外贸电子商务还有较大的困难，因此，需要积极培育一大批外贸农民网商，并通过他们将我国小农生产直接带入国际大市场。另一方面，要积极开发具有外贸功能的农产品网上交易平台。我国已经有多个农产品网上交易平台，如上海大宗农产品市场、寿光蔬菜网、中国水果网等。但具有外贸功能的农产品网上交易中心几乎没有，尽快开发具有外贸功能的农产品网上交易平台，对于拓展我国农产品出口渠道、发展外贸农业具有非常重要的意义。

6. 大力发展会展电子商务

电子商务应用于会展活动，其功能主要有以下三个。

（1）信息搜索功能。会展本身就是一个信息聚集的地方。网上会展可以利用多种搜索方法获取有用的信息和商机，也可以通过在线调查或电子询问调查表等方式开展市场调查。

（2）信息发布功能。通过网上会展，可以扩大商务信息的扩散范围和停留时间，延伸其效果。商务信息在网上会展上发布后，可以能动地跟踪，并进行回复后的再交流和再沟通。

（3）特色服务功能。网上会展提供的 FAQ（常见问题解答）、公众号、聊天室等各种即时信息服务，在线收听、收视功能，以及订购、付款等选择性服务，将极大地提高客户对会展的关注程度和参与程度。

由于上述功能，会展电子商务的开展不仅能在短期内为买卖双方的直接沟通创造条件，更重要的是，能够建立并培育以网络交易平台为核心的生态价值链，包括电信运营商、业务代理商、参观客商、参展商、网页制作公司、会展组委会、各地政府、行业主管部门。它们根据自身的职能和地位不同，处于价值链的不同环节，构成了价值链阶梯。通过会展电子商务的开展，充分利用、整合并激活价值链上的资源，使得处于价值链上的生态实体获得收益，促进会展行业乃至国民经济的可持续发展。

（1）发挥政府的主导作用，推动实体会展企业开展网上业务。我国每年由中央政府、各部委、省市政府举办的比较大型的会展数以千计，在国外举办的会展也有几百个。各级政府应有意识地推动不同类型的会展上网，尽可能地扩大会展的宣传效果。目前，商务部的广交会、上海的进博会、云南的昆交会、黑龙江的哈交会、吉林的冬博会都已上网，在商务信息的传播上起到了很好的作用。

（2）积极营造会展电子商务发展的良好环境。出台有关政策，支持会展电子商务的发展，规范会展电子商务主体行为，使这一新兴行业从起步时就沿着正确的轨道发展。

（3）设立会展电子商务的专项基金。目前，在国家发改委的电子商务专项和原信息产业部的电子发展基金中，对会展电子商务的支持力度都很小。应抽出部分资金，支持企业建立会展电子商务平台，推动我国会展向网络化方向发展。

（4）加强 5G 技术在网上会展中应用的研究与推广。5G 技术为实体会展转移到网上会展提供了强有力的支持。要大力开发诸如三维图像、视频、宽带等技术在网上会展中的应用，选择对口企业，开展这些技术的应用推广工作。

---

① IDC. 加速信息社会进程——电子商务和阿里巴巴商业生态的社会经济影响[R/OL]. (2012-03-01) [2012-08-23]. http://www.aliresearch.com/?m-cms-q-view-id-70896.html.

（5）重视会展后续工作。会展后续工作包括参展信息的汇集与整理、参展总结、客户关系管理等。开展这些工作在传统条件下是非常困难的。电子商务为会展信息的整理与再利用提供了很好的契机。国家应鼓励社会和企业有意识地对这些信息进行收集与整理，并在会展闭会期间重复使用这些信息。

复习题

1. 简述跨境电子商务发展策略研究的重要性。
2. 试述我国跨境电子商务的应用环境。
3. 试述我国跨境电子商务发展的总体策略。
4. 试述我国跨境电子商务发展的具体措施。
5. 试述我国跨境电子商务发展的切入点。

参考文献

[1] 杨希. 欧盟个人数据保护体系的代际发展及借鉴——内部规制与外部扩展的典范[J]. 国际商务（对外经济贸易大学学报），2019（5）：145-156.

[2] 史佳颖. APEC 数字经济合作的最新进展及展望[J]. 国际经济合作，2020（1）：37-44.

[3] 李星，裴健如. 电商平台强势入侵 后疫情时代汽车经销商如何破局？[EB/OL].（2020-09-02）[2020-10-20]. https://finance.sina.com.cn/chanjing/cskb/2020-09-02/doc-iivhuipp2173808.shtml.

[4] 雒树刚. 在 2020 中国旅游科学年会上的讲话[EB/OL].（2020-04-29）[2020-10-20]. http://www.ctaweb.org/html/2020-5/2020-5-1-16-10-70119.html.

[5] 商务部，中央网信办，发展改革委. 电子商务"十三五"发展规划[R/OL].（2016-12-29）[2016-12-30]. http://www.mofcom.gov.cn/article/ae/ai/201612/20161202425305.shtml.

[6] 商务培训网.《世界海关组织全球贸易安全和便利标准框架》简介[EB/OL].（2008-01-25）[2020-09-03]. http://www.bokee.net/bloggermodule/blog_viewblog.do?id=583202.

第3章

跨境电子商务技术基础

跨境电子商务是在电子商务基础上发展起来的。除应用电子商务的一般技术外，跨境电子商务还应用到电子通关、结汇、海外配送等方面的技术，从而形成了更为复杂的跨境电子商务系统和应用平台。本章重点对跨境电商系统和跨境电商平台做了介绍，并对互联网新技术在跨境电商中的应用做了展望。

3.1 跨境电子商务系统

▶▶ 3.1.1 跨境电子商务系统的概念

跨境电子商务的存在需要跨境电子商务系统的支持，离开了跨境电子商务系统，跨境电子商务就失去了赖以存在的物质基础与活动环境。跨境电子商务系统，从广义上讲，是指支持国际贸易活动的电子技术手段的集合；从狭义上讲，是指在互联网和其他网络的基础上，以实现企业跨境电子商务活动为目标，满足企业生产、销售、服务等生产和管理的需要，支持企业的对外贸易协作，为企业提供国际贸易智能的信息系统。

在实际生活中，许多人将跨境电子商务系统等同于跨境电子商务平台，实际上这是两个层次完全不同的概念。跨境电子商务系统是基于互联网并支持企业价值链增值的信息系统，而跨境电子商务平台仅仅是这一系统的一个部分。二者的另一个区别是目标不同。跨境电子商务平台的目标是完成外贸交易，而跨境电子商务系统的目标是提供外贸活动所需要的信息沟通与交流的软硬件环境及相关的信息流程。两者的区别如表 3-1 所示。

表 3-1 跨境电子商务平台与跨境电子商务系统的区别

	跨境电子商务平台	跨境电子商务系统
定义	以电子技术为手段的商务活动	跨境商务活动所赖以存在的环境
目标	进行商务活动	信息沟通与交流
功能	及时、准确地提供商品（有形、无形）或商务跨境服务	适时、适地地提供恰当的信息（支持跨境电子商务的运行）
内容	实体货物的生产、配销、运输、信息收集、处理、控制和传递活动	信息收集、处理、控制和传递活动

▶▶ 3.1.2 跨境电子商务系统的特性

支撑跨境电子商务的电子商务系统是一个大系统，涉及众多的层次和环节。从技术角度讲，跨境电子商务系统呈现出四个突出的特性。

1. 跨境电子商务系统是一种特殊的管理信息系统

跨境电子商务系统是一个信息系统，与传统的管理信息系统有着根本的不同。首先从信息处理的方式和目的来看，传统的管理信息系统重点在于"在正确的时间和正确的地点，向正确的人提供正确的信息"，主要目的是支持企业运作和管理决策；而跨境电子商务系统的特性在于"在正确的时间和正确的地点，与从事国际贸易的人交换正确的国际贸易信息"，主要目的在于国际贸易信息的交换。从表面上看，后者的功能要简单一些，但实际上，在跨境电子商务系统中，国际贸易信息交换之前要求即时产生正确的信息，有时还需要对信息实现语言转换；在信息交换之后又要求按照语言要求及时准确地处理信息。这种活动不仅需要传统的管理信息系统的支持，更需要实现多个系统的有效整合。表 3-2 列出了两者的区别。

表 3-2 传统的管理信息系统与跨境电子商务系统的区别

	系统需求	信息特点	技术特点	系统特点
传统的管理信息系统	管理者的信息需求分析，组织内部个体功能	信息共享，纵向加工，量大，传递信息少	数据库、模型等局域网	专用、封闭
跨境电子商务系统	业务流程分析，组织内外多方交互	信息交易，横向互动，量小，传递信息多	Web 技术等广域网、互联网	开放大系统，动态

2. 跨境电子商务系统与企业内部信息系统形成了一个整体

跨境电子商务系统不仅需要企业开展商务活动的外部电子化环境（如互联网、Web 服务器、与其他商务中介的数据接口等），还需要企业内部商务活动的电子化环境，必须将二者结合起来才能最终满足企业开展国际贸易的实际需要。

在跨境电子商务系统内，企业内部信息系统的服务对象发生了变化。企业内部信息系统通过联网的跨境电子商务系统支持企业的整个生产及管理过程，进而促使企业内部生产过程的数据采集、客户信息反馈符合国际市场的要求，并在国际市场上提供售前、售后支持。

3. 跨境电子商务系统与电子政务系统密切结合

由于涉及海关、商检等部门，跨境电子商务系统需要与电子政务系统密切结合。例如，中国（义乌）跨境电商综合服务平台（www.ywplatform.com/）是以"一点接入"为原则，融多种贸易方式为一体的一站式综合服务平台，是实现与海关、税务、外管、市场监管等政府部门之间"信息互换、监管互认、执法互助、数据共享"，提高跨境电子商务监管效率的"单一窗口"。该平台既充分发挥了政府部门的资源优势和在国际贸易中的特殊地位，又避免了在硬件、软件上的重复投入；不仅为企业提供信用、CA 安全认证、交易、电子支付、贸易金融、供应链管理、单证传输、政府业务等全流程跨境电子商务服务，也是一个覆盖全市的企业和商品信息库，有助于推动企业特别是中小企业运用现代信息手段开拓国际市场，共享各类信息资源服务。

4. 跨境电子商务系统的逻辑结构呈现出清晰的层次

美国 Sun 公司首先提出了所谓"三层架构"的现代电子商务系统的概念，利用各种网络技术和中间件技术，将电子商务系统的逻辑结构分解成表达层、应用（逻辑）层和数据层（见图 3-1）。三层之间的界面比较清晰，即表达层以 Web 服务器为基础，负责信息的发布；应用层负责处理核心业务逻辑；数据层的基础是数据库管理系统，主要负责数据的组织，并向应用层提供接口。三层架构还可以被引申和扩展，使得其在结构和性能方面更趋合理。

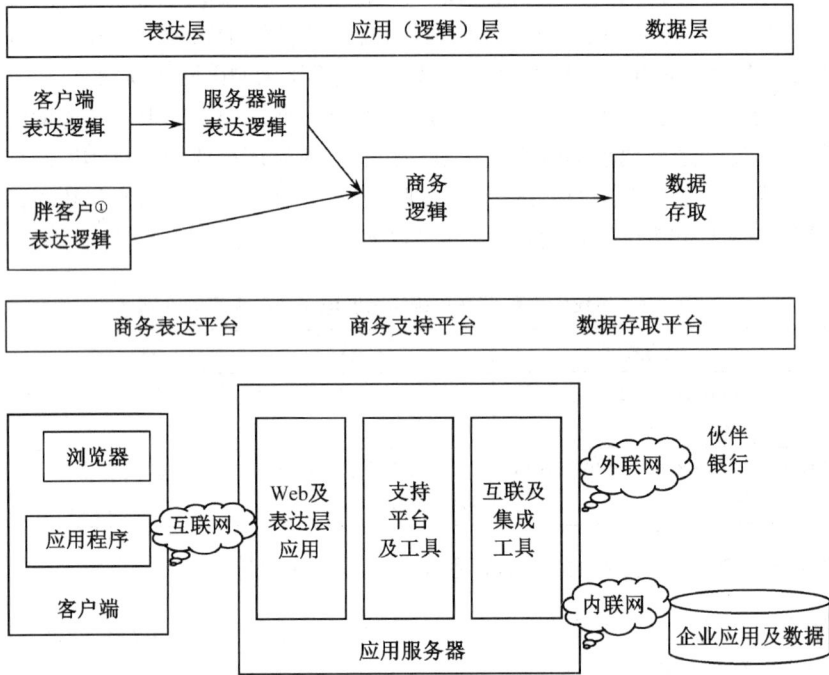

图 3-1 电子商务系统的逻辑结构

（1）表达层，是电子商务系统与用户进行交互的界面，主要为用户提供使用的接口，具体由客户端浏览器或专用的应用程序及服务器端的相关软件实现。在物理上，它牵涉前台、后台、前后台之间的通信设备；在技术上，一般要求它能支持多种标准数据格式、多种主流的数据终端、用户的个性化要求等。

（2）应用（逻辑）层，描述商务处理过程和商务业务规则，是整个商务模型的核心。该层所定义的功能是系统开发过程中需要实现的重点，也是系统建造过程中的重点和难点。企业的商务逻辑可以划分成两个层次：一个层次是企业的核心商务逻辑，需要通过开发相应的电子商务应用程序实现；另一个层次是支持核心商务逻辑的辅助部分，包括商务服务平台软件（如客户关系管理、供应链管理、市场、社区等）和支持平台软件（包含商务支持平台如内容管理、知识管理、搜索引擎、目录管理、支付接口等应用，以及基础支持平台如应用集成中间件、负

---

① "胖客户"的概念出现在客户机/服务器结构中，显示逻辑和事务处理部分均被放在客户机端，数据处理逻辑和数据库放在服务器端，从而使客户机端变得很"胖"，成为"胖客户端"，而服务器端的任务相对较轻，成为"瘦服务器"。

荷均衡、集群结构、故障恢复、系统管理等应用）。

（3）数据层，为商务逻辑层提供数据支持。一般来说，这一部分为商务逻辑层中的各个应用软件提供各种后端数据，这些后端数据具有多种格式、多种来源，如企业内部数据库、企业 ERP 系统的数据、EDI 系统的数据、企业外部的合作伙伴与商务中介的数据。因此，在技术上，要求能将这些不同的数据来源、不同的数据格式、不同的数据交换方式集成到整个系统中。

在跨境电子商务系统中，支持上面的技术平台主要有两种：基于 Microsoft 的.NET 架构和 Sun 公司的 J2EE 架构。

▶▶ 3.1.3　跨境电子商务系统的功能

跨境电子商务系统作为一个完整的大系统，不但具有相应的商务应用功能，而且具有安全、支付及目录服务等功能。考虑到与其他系统的互联，特别是与异种（网络、操作系统、数据库、应用系统）平台系统的互联，以及为了降低系统的复杂性，系统使用了一些标准的协议和中间件等技术对功能进行了分层。典型的跨境电子商务系统的功能结构如表 3-3 所示。

表 3-3　典型的跨境电子商务系统的功能结构

功能结构	作　用
社会环境	法律、税收、政策、人才等
计算机硬件和网络基础设施	计算机主机、外部设备，电信网络、无线网络、行业性数据通信网络
系统平台	操作系统、网络通信协议
数据库平台和 Web 信息平台	提供系统信息资源的管理
基础支持平台	应用开发环境与开发工具：VB、C++、Java、JSP、Servlet 等。高性能与高可靠性环境：负载均衡与错误恢复等。系统管理：主机管理、网络管理、安全管理。对象组件集成运行环境：JDBC、ODBC、EJB、XML 等
商务服务平台	CRM、SCM、市场、社区等
商务支持平台	内容管理、目录管理、搜索引擎、支付网关接口等
跨境电子商务应用	企业宣传、网上销售、网络银行等

（1）社会环境。跨境电子商务系统同其他电子商务系统一样，需要特定的法律环境，但它对法律、国家政策等的依赖性更大。电子商务的社会环境主要包括法律、税收、政策及人才等方面，它规范和约束电子商务系统的生存环境和发展模式，同时也鼓励甚至引导电子商务系统的建设。

（2）计算机硬件和网络基础设施。这是电子商务系统的底层基础。电子商务系统的硬件环境主要由计算机主机和外部设备构成，网络基础设施可以利用电信网络，也可以利用无线网络和原有的行业性数据通信网络，如铁路、石油、有线广播电视网等。由于电子商务活动的广泛社会性，电子商务系统中的应用系统大体都构造在公共数据通信网络的基础上。

（3）系统平台。它包括操作系统和网络通信协议，是系统运行和网络通信的基本保障。

（4）数据库平台和 Web 信息平台。它主要提供系统信息资源的管理。在传统的信息系统中，主要由数据库管理系统承担，但在电子商务系统中，存在大量非结构化数据，包括各种文档和各类多媒体信息，它们以超链接文件形式存储于系统中。

（5）基础支持平台。它为电子商务系统的开发、维护、运行提供基础性的平台支持，它们往往和操作系统集成在一起，同时，众多的 IT 厂家也提供了大量的基础支持平台工具。在电子商务系统的开发工具中，Java 语言及其相关产品和标准逐渐成为主流。此外，为提高软件的可重用性，组件技术发展很快，同时支持应用协同工作的一些标准也逐渐被推广。安全管理功能由相应的软件通过一系列的技术和协议来提供，用来保证电子商务的安全。

（6）商务服务平台。它为电子商务系统提供特定的高级服务功能。

（7）商务支持平台。它为电子商务系统中的公共功能提供软件平台支持和技术标准。

（8）跨境电子商务应用。它是利用电子手段开展商务活动的核心，也是跨境电子商务系统的核心组成部分，是通过编写应用程序实现的。

图 3-2 用框图描述了跨境电子商务系统的功能结构。

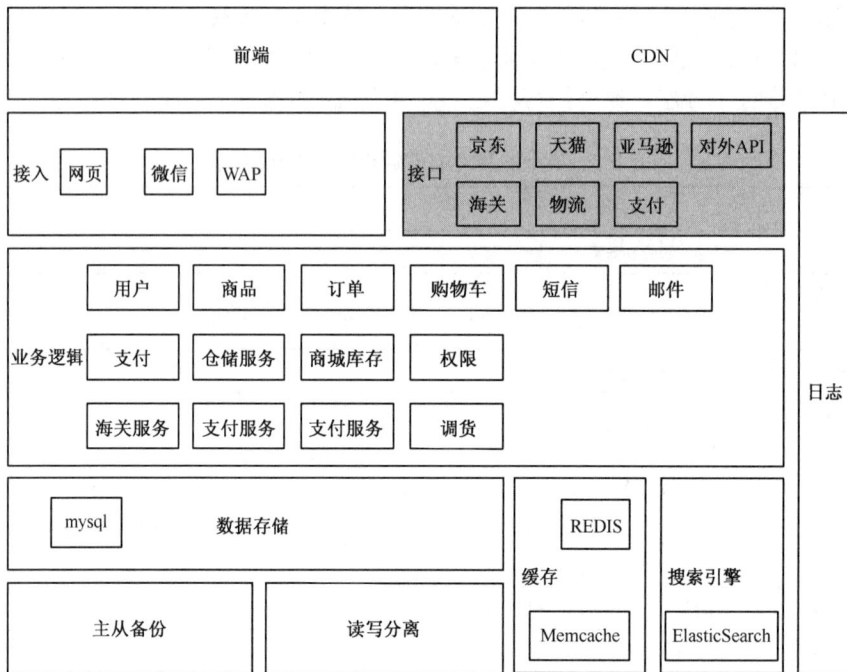

图 3-2　跨境电子商务系统的功能结构

注：CDN（Content Delivery Network），即内容分发网络；WAP（Wireless Application Protocol），即无线应用协议；API（Application Programming Interface），即应用程序接口；mysql 是最流行的关系型数据库管理系统；REDIS（Remote Dictionary Server）是一个由 Salvatore Sanfilippo 开发的 key-value 存储系统；Memcache 是一套分布式的高速缓存系统；ElasticSearch 是一个基于 Lucene 的搜索服务器。

3.2　跨境电子商务平台

▶▶ 3.2.1　跨境电子商务平台的概念

1. 计算机平台

计算机平台基本上可以分成三种类型：技术平台、业务平台、应用平台。

技术平台是一套基于快速开发目的、完整地服务于研制应用软件产品的技术体系。技术平台主要是为提高应用软件的开发速度，指导并规范应用软件的分析、设计、编码、测试、部署等各阶段工作提供技术支持。

业务平台是指基于业务逻辑，快速生成业务逻辑复用的组件。通过业务平台，可以组织、调度业务逻辑组件应用的软件工具和成熟的业务组件库。业务平台能够最大限度地实现知识的复用。

应用平台是提供用户使用的应用软件和互联网应用接入的平台。

2. 电子商务平台与跨境电子商务平台

电子商务平台是一种计算机商业应用平台。电子商务平台构建了一个可以进行商务洽谈、网络营销、合同订立、电子支付、物流信息交互的计算机软件基础环境。

跨境电子商务平台是一种专门服务于国际贸易的电子商务平台。跨境电子商务平台应有两种或两种以上的语言服务。例如，速卖通跨境电商平台已经开通了 15 种语言的服务。

2015 年 6 月，国务院发布的《关于促进跨境电子商务健康快速发展的指导意见》强调："培育一批影响力较大的公共平台，为更多国内外企业沟通、洽谈提供优质服务；培育一批竞争力较强的外贸综合服务企业，为跨境电子商务企业提供全面配套支持；培育一批知名度较高的自建平台，鼓励企业利用自建平台加快品牌培育，拓展营销渠道。"[①]

商务部统计数据显示，目前各类中国跨境电商平台企业已超过 5 000 家，通过平台开展跨境电商的外贸企业逾 20 万家。

3. 跨境电子商务平台的基本架构

图 3-3 是乾元坤和跨境电商的技术架构[②]。本部分以此为例说明跨境电子商务平台的基本架构。

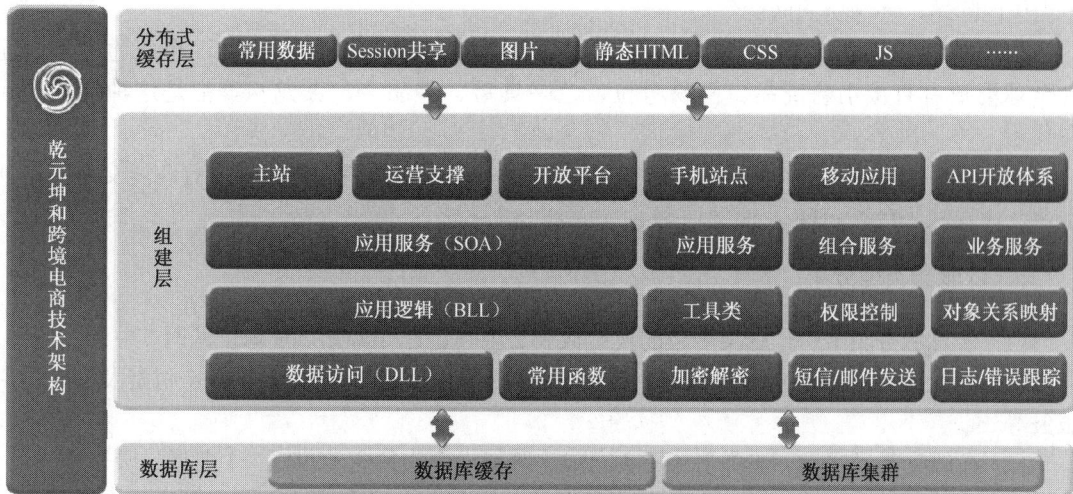

图 3-3　乾元坤和跨境电商的技术架构

---

① 国务院办公厅. 关于促进跨境电子商务健康快速发展的指导意见[EB/OL].（2015-06-20）[2016-04-02]. http://www.gov.cn/gongbao/content/2015/content_2893139.htm.

② 乾元坤和. 乾元坤和跨境电商[EB/OL].（2020-06-20）[2020-09-02]. http://www.qykh2009.com/kjds.

乾元坤和跨境电商平台采用三层架构模式。

（1）分布式缓存层。乾元坤和跨境电商平台采用分布式缓存设计模式，进行常用数据缓存、Session 共享及图片、静态 HTML、CSS、JS 等文件存储。

（2）组建层。该层集成前端站点、应用服务、应用逻辑及数据访问，并采用数据库访问、常用函数、加密解密、短信发送、短信/邮件发送、日志/错误跟踪等工具进行逻辑处理和数据读取，同时可以传递、交换分布式缓存层与数据层之间的数据，实现系统实体层之间的数据交互。

（3）数据库层。该层通过读写分离、统一数据访问和自动更新体系进行数据缓存、自动化建立和更新，同时，提供上层数据的读取、写入和查询。

各模块之间的数据交换可以通过实体层进行无缝传递与交互，既易于二次开发又使系统具备最大程度的可拓展性和灵活度。

▶▶ 3.2.2 跨境电子商务平台的基本分类

1. 以进口和出口分类

按照业务类型，跨境电商平台可以分为两大类——进口平台与出口平台。洋码头、小红书等是进口电商平台的典型代表；速卖通、中国制造网、敦煌网等是出口电商平台的典型代表。

2. 以产业终端用户类型分类

（1）B2B（Business to Business）类平台。这是协助企业之间（包括制造商与批发商之间、批发商与零售商之间）直接进行跨境交易的电商平台。代表性平台有敦煌网、中国制造网、阿里巴巴国际站、环球资源网。

（2）B2C（Business to Consumer）类平台。在 B2C 跨境商务模式中，企业通过平台面向全球消费者直接销售商品。网易考拉、兰亭集势、唯品会、大龙网等都是这种模式的典型代表。

（3）C2C（Consumer to Consumer）类平台，这是协助消费者双方直接进行跨境交易的电商平台。代表性平台有 eBay、速卖通等。

3. 以服务类型分类

（1）信息服务类平台。这类平台的典型代表有阿里巴巴国际站、环球资源网、中国制造网。会员费是此类平台的主要收入来源，也包括各种增值服务，如竞价排名、点击付费及展位推广服务等。

（2）在线交易类平台。该类平台已逐渐成为跨境电商中的主流模式，主要通过吸引制造商、批发商和零售商入驻平台，通过收取佣金费及展示费用获取盈利收入。代表性企业有敦煌网、速卖通、易宝（Deal Extreme）、炽昂科技（FocalPrice）、大龙网等。

4. 按照经营主体分类

（1）第三方平台。此类平台是通过邀请国内外商家入驻的模式来进行运营的。代表性企业有速卖通、敦煌网、环球资源网、阿里巴巴国际站、eBay、Amazon 等。

（2）自营平台。这类平台独立完成国内外采购和销售。代表性企业有网易考拉、京东全球购、兰亭集势、DX、聚美优品、小红书等。

（3）混合型（自营+第三方）平台。虽然自营平台易于把握市场热点，可以在市场细分中形成较强的竞争优势，但第三方平台更容易融合不同网商优点，丰富产品种类，拓展客户来源。因而，"自营+第三方"双重结合正在成为未来跨境电商的主流。网易考拉、京东全球购都已完成了这种混合的转型。

▶▶ 3.2.3 跨境电子商务平台的业务流程

从跨境电商出口的流程看，生产商或制造商将生产的商品在跨境电商企业的平台上展示，在商品被选购下单并完成支付后，跨境电商企业将商品交付给物流企业进行投递，经过两次（出口国和进口国）海关通关商检后，最终送达消费者或企业手中，也有的跨境电商企业直接与第三方综合服务平台合作，让第三方综合服务平台代理通关商检等一系列环节，从而完成整个跨境电商交易的过程。

图 3-4 反映了跨境电商出口的业务流程[①]。

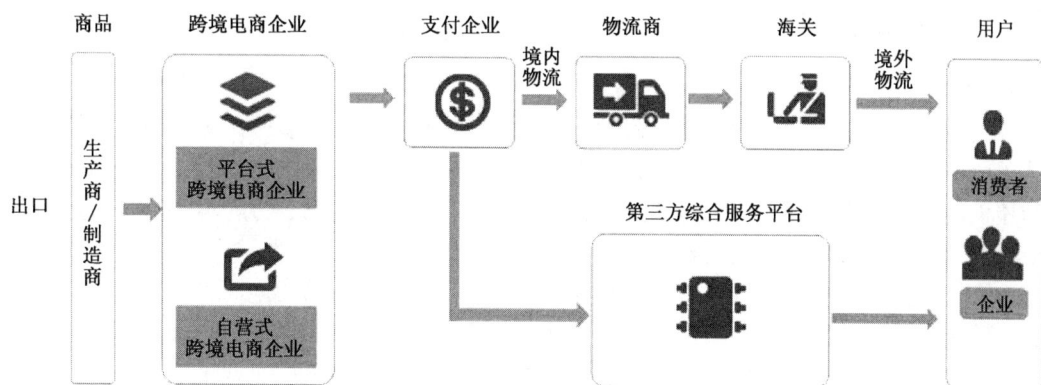

图 3-4　跨境电商出口的业务流程

跨境电商进口的流程除与出口流程的方向相反外，其他内容基本相同。图 3-5 反映了跨境电商零售进口的业务流程[②]，其中包含了保税备货、跨境直邮两种业务模式。

▶▶ 3.2.4 企业跨境电子商务平台建设的方案选择

跨境电商平台的建设有多种可选方案，主要包括入驻跨境电商平台、购买跨境电商代运营服务和自建独立平台。

---

① 艾瑞咨询. 2014 年中国跨境电商行业研究报告简版[EB/OL].（2014-12-20）[2020-09-02]. https://www.iresearch.com.cn/Detail/report?id=2293&isfree=0.

② 欧坚网络. 跨境电商清关流程（中）[EB/OL].（2019-01-25）[2020-09-02]. http://www.oujian.net/Article/kjdsqglcz.html.

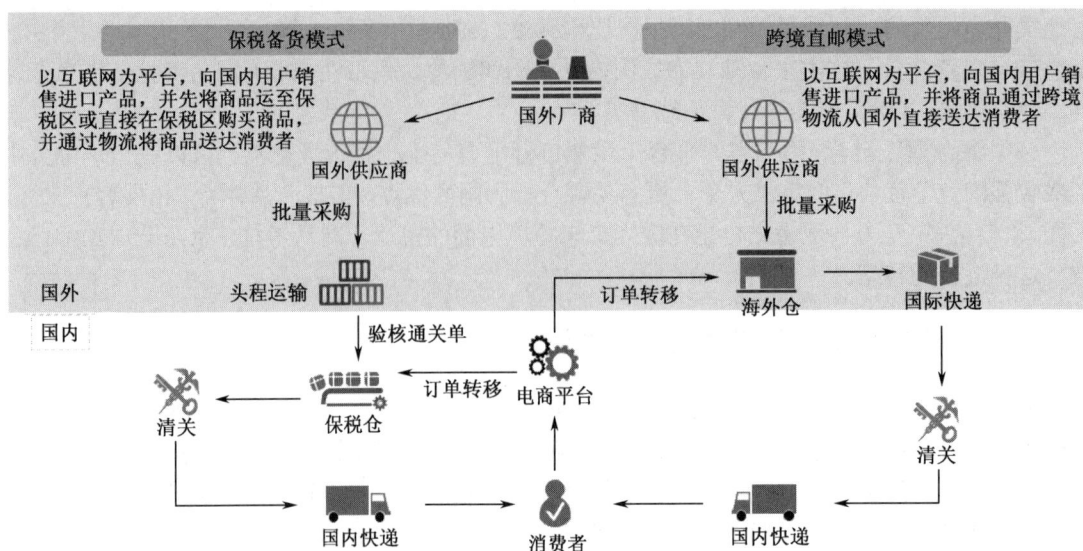

图 3-5　跨境电商零售进口的业务流程

1. 入驻第三方跨境电商平台

1）入驻第三方跨境电商平台的优势

作为全球跨境电商的核心载体，跨境电商平台已经在全球 200 多个国家和地区落地，成为当地外贸市场和消费市场主要的参与者与建设者，并涌现出诸如速卖通、亚马逊、eBay 等具有全球覆盖能力的代表平台。对于传统制造企业和外贸企业，入驻第三方跨境电商平台是进入跨境电商的一条捷径，其优势突出表现在以下几点。

（1）为入驻企业整合了各类资源。与独立平台相比，第三方跨境电商平台具有资源聚合的优势。首先，一般的第三方跨境电商平台都拥有上亿个活跃用户，这些用户来自世界各地，为入驻企业提供了不同国家、地区和人群的不同需求，同时，也为入驻企业带来了丰富的网络流量。入驻企业可以很快发现自己的客户群并开辟自己的国际市场。其次，第三方跨境电商平台整合了包括信息收集、企业认证、电子通关、电子支付、国际物流等各种资源，有效降低了入驻企业的运营成本，带动了入驻企业整体效率的提升。再次，第三方跨境电商平台千万级的数据处理记录和高效的数据分析，使入驻企业能够准确把握国际市场动向，实现精准营销。最后，政府对跨境电商的发展给予了多项优惠政策，第三方跨境电商平台大都拥有政策研究部门，能够第一时间在自己的平台上落实这些政策。入驻企业可以很快搭上政府优惠政策的"快车"，享受政策提供的各项优惠。

（2）为入驻企业打造国际品牌提供了新机会。在互联网时代，品牌、口碑是企业竞争力的重要组成部分，也是赢得消费者青睐的关键因素。当前，我国许多企业的产品和服务质量、性能尽管很好，但不为境外消费者所知。而跨境电子商务平台能够有效地打破渠道垄断，为我国企业创建品牌、提升品牌的知名度提供了有效的途径，尤其是给一些"小而美"的中小企业创造了新的发展空间，从而催生出更多的具有国际竞争力的"隐形冠军"。目前，我国已有 80% 的外贸企业开始运用跨境电子商务平台开拓海外市场。

（3）为入驻企业提供了一个相互学习的机会。很多跨境电子商务平台都建立了自己的网络大学。新入驻的企业可以在网络大学中学习跨境电商的各类技能，了解同行业企业的有效做法和国际市场最新的竞争态势，从而迅速提高自身的国际市场竞争力。

2）入驻第三方跨境电商平台的条件

第三方跨境电商平台对于入驻平台都有自己的要求，但大同小异，主要包括：

（1）公司营业执照、法人身份证或个人身份证（个人注册）、税务登记证（商业登记证，董事/法人）。

（2）签署入驻协议。

（3）开通国际版支付账户，如支付宝、Paypal，或带有 VISA 或 MasterCard 标志的信用卡。

（4）支付入驻服务费。一般第三方跨境电商平台入驻都不收费用，但大多平台每年收缴技术服务费或成交管理费。对于新手卖家，各个第三方跨境电商平台都有不同程度的优惠。

2. 购买跨境电商代运营服务

跨境电商代运营主要是指代运营公司为希望开展跨境电商但自身又没有能力和经验的传统企业提供部分或全部电子商务运营或网络营销的一种商务服务。跨境电商代运营一般表现为代运营公司帮助网店开办和经营店铺，双方约定的代运营项目可能涵盖注册网店、网店装修、效果营销、客服托管、电子通关、国际物流等一项或多项服务。这些代运营公司或收取一定的运营服务费，或根据网上销售业绩与委托企业利润分成。

目前，跨境电商代运营服务已经渗透到跨境电商的各个环节，包括网店建设、产品定位、网络营销、网络客服、电子通关、国际物流等方面都有相关公司提供服务。有的公司只提供单项的服务，也有的公司提供综合性的服务。但大部分的跨境电商代运营公司主要集中在第三方跨境电商平台上开设网店并销售产品。图 3-6 是乐沙电商（http://kuajing.leshadianshang.cn/）提供的在不同第三方跨境电商平台上的代运营项目。

图 3-6　乐沙电商提供的在不同第三方跨境电商平台上的代运营项目

跨境电商代运营公司是传统企业涉足跨境电商的重要力量，从网站建设、营销推广、数据分析、分销渠道到仓储物流，代运营公司在电子商务运作的各个环节上相对传统企业优势明显，不仅得到传统企业的倚重，也受到了资本的青睐。

需要注意的是，跨境电商代运营作为电子商务新兴分支行业，市场需求大、准入门槛低、发展参差不齐，存在监管难度大、容易被不法分子利用的问题。例如，向委托企业推荐"炒信""刷单"类网络虚假交易业务；诱惑委托企业增加某些额外服务，收取不合理费用；甚至出现少数代运营公司自身经营不善，经理人卷款逃走的情况。所以，欲开展跨境电商代运营的企业从一开始就要认真审查代运营公司的资质、经营状况和企业遵纪守法的情况。

3. 自建独立平台

自建独立平台（简称独立站）就是自己建一个展示自己的产品并让客户购买下单的平台。独立站是一个品牌和销售的综合体。与前两种方式相比，自己建立跨境电商平台的主要缺点是开发时间长，平台（特别是大型平台）的运行可能出现这样或那样的问题，但是这种方式通常能更好地满足企业的具体要求。那些有资源和时间去自己开发的公司或许更喜欢采用这种方式，以获得差异化的竞争优势。然而，自己开发跨境电商系统是极具挑战性的，因为无论是从技术方面，还是从应用方面，都会遇到大量的新问题。

一般来说，在独立站建设伊始，应当明确指导方针和整体规划，确定网站的发展方向和符合本企业特点的服务项目。

1）独立站建设目的确定

建设跨境电商网站，必须首先回答为什么要建设跨境电商网站。企业跨境电商战略的制定，为独立站的建设指明了方向，但具体应用的目的还需要认真考虑。因为针对不同的应用目的有不同的设计思路。

跨境电商独立站建设的目的一般可以分为开展网络营销、拓展企业联系渠道、用于企业形象建设等。

对于网站设计人员来说，通过与业务人员的沟通，确定网站建设目的，是一项非常重要但又往往被忽略的工作。尤其是当专业的网站设计人员帮助一个企业建立跨境电商独立站，却没有该企业所在行业的经验时，与企业业务人员的沟通就显得更加重要了。

2）独立站客户定位

跨境电商网络客户群体具有多样性，网站的设计必须与之相适应。例如，同样的 B2C 网站，针对青年客户的网站和针对老年客户的网站，在设计思路上有明显的区别。如果将针对青年客户的网站设计用于针对老年客户的网站，将可能导致以后销售的困难。又如网上银行，如果目标客户是个人，那么需要多提供一些个人理财、咨询、消费类的信息；如果目标客户是企业，那么就需要提供更多金融咨询、投资趋势之类的信息。确定客户群体，也就是要创建一个客户兴趣圈，以便在目标客户中突出网站的价值。

大型企业跨境电商独立站必须进行客户需求分析，即在充分了解本企业客户的业务流程、所处环境、企业规模、行业状况的基础上，分析客户表面的、内在的、具有可塑性的各种需求。有了客户需求分析，企业就可以了解潜在客户在信息量、信息源、信息内容、信息表达方式、信息反馈等方面的要求；有了客户的需求分析，企业网站才能够为客户提供最新、最有价值的信息。全面的客户需求分析不仅对企业网站的信息展示有很大帮助，而且能够引导企业网站进一步做好信息挖掘工作，为客户提供更有价值的信息分析报告。

3）独立站内容框架确定

确定建站目的和客户群体后，下一步工作是构架网站内容的框架，主要包括网站核心内容、主要信息、服务项目等。之后，需要将网站内容大纲交给上级或业务人员审核批准，形成网站设计的总体报告。在内容框架里，还应注明网站内容建设的信息来源，哪个部门应该提供哪方面的信息等。

确定内容框架后，就可以勾画网站建设的结构图了。结构图有很多种，如顺序结构、网状结构、继承结构、Web 结构等。网站设计图应依据自己网站的内容反复讨论后确定。多数复杂的网站会综合运用到几种不同的结构图。画出结构图的目的，主要是便于有逻辑地组织网站和链接，同时，可以根据结构图去分配工作和任务。

4）独立站盈利模式设定

没有利润的企业网站肯定是不能长期维持下去的，因此，盈利模式的设定对网站来说是十分重要的。网站的经营收入目标与企业网站自身的知名度、网站的浏览量、网站的宣传力度和广告吸引力、上网者的购买行为及其对本网站的依赖程度等因素有十分密切的关系。因此，企业网站从建设之初就应当通过上述因素的分析来寻找自己网站的盈利模式。

我国著名的携程旅行网将网民国内外旅游节目的网上预订作为网站运作和盈利的基础，在设计方案中，首先明确通过飞机票的预订、旅游景点客房的预订及组团旅行三个主导产品来获取收入；同时辅以会员制的方式收费，开展旅游景点、旅行社与宾馆网上展示和广告收费；逐步扩展到利用预订旅游景点门票、餐饮及旅游纪念品和旅游书籍等收费。由此可以看出，携程旅行网在建设之初就有了相当明确的盈利点。

5）主要业务流程设定

利用电子商务开展跨境交易是一个比较复杂的技术和商务过程，但应当通过流程的设计尽量做到整个交易过程透明，客户购物操作方便，售后服务完善，让客户感到网络购物与实体购物没有本质的差别和困难。在跨境电商网站中，上网者都可以找到"购物车""收银台""会员俱乐部"等熟悉的词汇，实际上其中每个概念的实现背后都隐藏着复杂的技术细节。必须明确的是，一个好的跨境电商网站必须做到：不论购物流程在网站内部多么复杂，其面对用户的界面必须是简单、清晰和操作方便的，还必须符合不同地区和人群的风俗习惯。

图 3-7 是中国建设银行敦煌网"e 保通"申请审核签约流程图[①]。

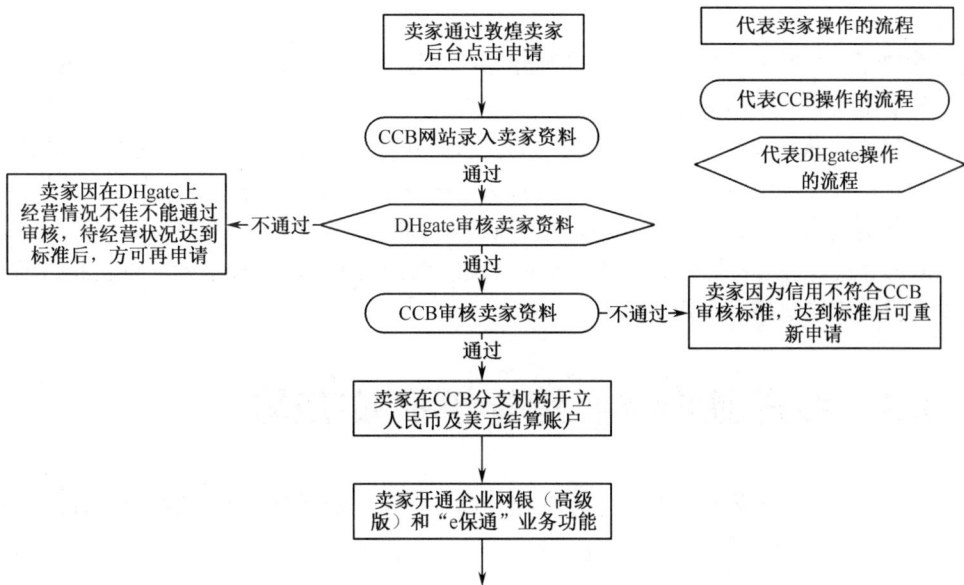

图 3-7　中国建设银行敦煌网"e 保通"申请审核签约流程图

---

① 敦煌网. 敦煌贷款 [EB/OL]. （2019-01-25） [2020-09-02]. http://seller.dhgate.com/seller/ccb/nobuyuki-help-ywcz.html.

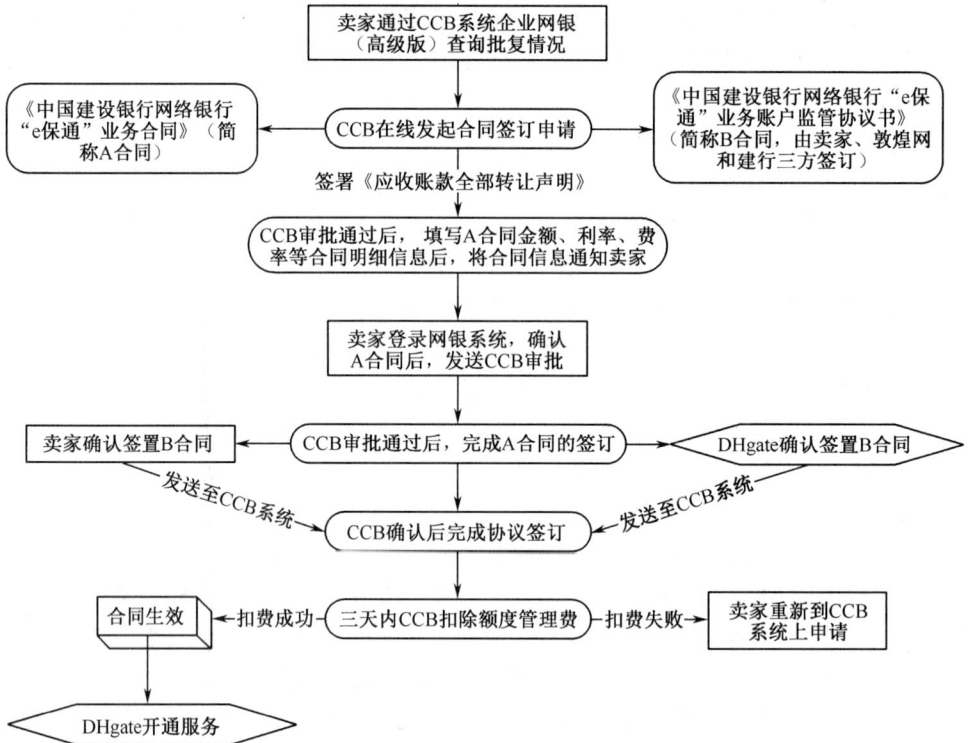

图 3-7　中国建设银行敦煌网"e 保通"申请审核签约流程图（续）

6）高素质技术团队的组建

与一般电子商务网站不同，跨境电商独立站的建设对技术团队的要求比较高。安全、流畅的运营是跨境电商独立站所必需的。

高素质技术团队首先要求网站建设观念的更新。独立站的建设要有国际视野，以国际化的设计理念和先进的互联网技术建设独立站。其次要注意各方面人员的配备，提高技术团队的综合能力，妥善解决国际营销、电子支付、电子通关、海外仓建设等方面的技术问题。最后要加强技术团队的管理，营造良性政策环境，导入合理的激励措施，培养技术人员对企业的忠诚度，提高技术人员的工作热情和创造力。

3.3　互联网新技术在跨境电商中的应用

近年来，互联网技术发展很快，不仅在电子商务领域，而且在工业互联网领域都得到广泛应用。

▶▶ 3.3.1　云计算

云计算（Cloud Computing）是一种基于互联网的计算方式，通过这种方式，共享的软硬件资源和信息可以按需求提供给计算机和其他设备。云是网络、互联网的一种比喻说法。按照美国国家标准与技术研究院的定义，云计算是一种按使用量付费的模式，这种模式提供可用的、便捷的、按需的网络访问。用户进入可配置的计算资源共享池（资源包括网络、服务器、存储、应用软件、服务），这些资源能够被快速提供，只需投入很少的管理工作，或与服务供应商进行很少的交互。

根据 Gartner 发布的报告[①]，2019 年，我国大型云服务商已经跻身全球市场前列。天翼云、阿里云、华为云榜上有名。天翼云根据传统政企市场特点，布局公私专混一体化基础设施，建立了全国范围的一省一池云资源。阿里云已经成为全球第三大云服务商，其研发的飞天大数据平台是拥有 EB 级的大数据存储和分析能力、10K 任务分布式部署和监控，经受了"双 11"购物节、12306 春运购票等极限并发场景挑战。华为云的全球市场排名上升至第六位，增速高达 222.2%。这些云服务已渗透到政府、互联网、汽车制造、金融、基因等多个行业。

目前，我国云计算发展呈现以下 4 个特点

（1）X86 服务器成为云计算硬件平台的主流选择，硬件在平台整体投入和营收中的占比较高。

（2）国内云计算服务商积极自主研发云计算，如"飞天 20""Redis5.0"等自主研发的云计算产品。

（3）安全问题虽然已经引起云计算服务商的高度重视，但安全事故仍旧频发，安全风险管控能力亟待进一步加强。

（4）边缘计算与云计算的协同将极大提升对海量数据的及时处理能力、数据存储能力和深度学习能力，从而促进物联网的进一步发展。

作为跨境电商平台，洋码头的业务模式决定了在年度最大的黑五活动期间会出现数十倍于平时的突发访问峰值，如果全部靠自建投入计算资源来解决大促的峰值压力，成本上非常不合算。因此洋码头运维团队积极和云厂商沟通实现细节，实现了在保证应用框架结构不需要改变的情况下，突发峰值的压力应用可以在云上快速自动部署上线的混合云结构。这个结构可以在黑五峰值压力来临时，只需 0.5～1 小时的提前准备，就能在云端迅速部署完成几百个应用并投入使用，保证线上访问。

▶▶ 3.3.2　移动互联网技术

目前，移动互联网技术的发展和运用日益成熟，传统互联网企业均已开始自觉地运用移动互联网技术和概念拓展新的业务方向。新型的移动互联网技术主要包括：

（1）HTML6 技术。HTML6 开发了特殊的标记语言，不但快速开发出强大的网站和手机应用程序，而且可以优化整个开发过程并最大程度降低误差。该技术还具有跨平台特性，对于需要提供跨多个平台应用的移动运营商来说是一种非常重要的技术。

（2）新的 Wi-Fi 标准。802.11ac、11ad、11aq 和 11ah 等新的 Wi-Fi 标准将提高 Wi-Fi 性能，使 Wi-Fi 成为移动应用更重要的技术部分，并且使 Wi-Fi 能够提供新的服务。

（3）虚拟现实。智能手机将成为增强现实（Augmented Reality，AR）技术主流消费应用平台。与移动应用沟通，应用增强现实技术可以将商品效果叠加真实场景，使消费者直接获得现实消费中的感觉。

（4）高精确度移动定位。移动互联网技术的发展将大大提高目前的定位精度。准确的定位

---

① Gartner. Market Share: IT Services, Worldwide 2019[R/OL].（2020-04-28）[2020-06-23]. https://www.gartner.com/en/documents/3983385.

技术与移动应用的结合将产生新一代非常个性化的服务。

（5）企业移动管理。企业移动管理包括移动设备管理、移动应用管理、包装和集装箱化及企业文件同步化和共享的一些因素。这些工具应用范围的扩大将最终解决智能手机、平板电脑和 PC 上所有流行的操作系统的移动管理需求。

▶▶ 3.3.3 大数据技术

大数据（Bigdata）一般是指在 10TB（1 TB = 1024 GB）规模以上的数据量，并且这样的数据量无法用传统数据库工具对其内容进行抓取、管理和处理。大数据技术是指综合运用采集、导入/预处理、统计/分析、挖掘等技术，通过对海量数据进行系统分析，以获得具有指导意义的数据结果。2018 年，我国已形成了以 8 个国家大数据综合试验区为引领，京津冀、长三角、珠三角和中西部四个聚集区域协同发展的格局。

大数据技术主要包括 5 个方面：

（1）可视化分析。可视化分析能够直观地呈现大数据特点，同时能够非常容易地被读者所接受，就如同看图说话一样简单明了。

（2）数据挖掘算法。各种数据挖掘算法通过不同的数据类型和格式深入数据内部，挖掘出公认的价值。

（3）预测性分析。从大数据中挖掘出特点，通过建立模型，然后通过模型带入新的数据，从而预测未来的数据。

（4）网络数据挖掘。利用数据挖掘，可以从网络用户的搜索关键词、标签关键词或其他输入语义，分析、判断用户需求，从而实现更好的用户体验和广告匹配。

（5）数据质量和数据管理。高质量的数据和有效的数据管理，无论是在学术研究还是在商业应用领域，都能够保证分析结果的真实和有价值。

图 3-8 是洋码头（www.ymatou.com）大数据应用的一个案例。洋码头通过特征和训练系统，令用户的行为数据以分钟级的速度传到日志收集服务器中，同时相关的业务系统也实时地向 Kafka 写入日志数据（如交易系统、搜索引擎等），这些数据再经过 Kafka 进入 Spark Streaming，由 Spark Streaming 中的应用去更新用户画像数据，从而快速得到几乎实时的行为反馈信息。

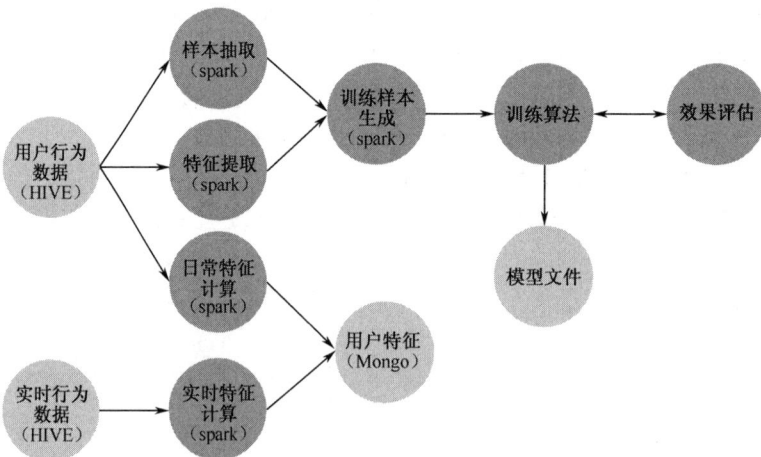

图 3-8　洋码头的大数据特征和训练系统

▶▶ 3.3.4　物联网技术

物联网（The Internet of Things）是新一代信息技术的重要组成部分。顾名思义，物联网就是物物相连的互联网。这有两层意思：其一，物联网的核心和基础仍然是互联网，是在互联网基础上延伸和扩展的网络；其二，其用户端延伸和扩展到了任何物品与物品之间，进行信息交换和通信也就是物物相息。物联网通过智能感知、识别技术与普适计算、广泛应用于网络的融合中，也因此被称为继计算机、互联网之后世界信息产业发展的第三次浪潮。

在物联网应用中有三项关键技术：

（1）传感器技术。国家标准 GB 7665-87 对传感器下的定义是："能感受规定的被测量件并按照一定的规律（数学函数法则）转换成可用信号的器件或装置，通常由敏感元件和转换元件组成。"简单地说，传感器的作用是把模拟信号转换成数字信号以便计算机处理。

（2）RFID 标签。这也是一种传感器技术。RFID 技术是集无线射频技术和嵌入式技术为一体的综合技术，RFID 在自动识别、物流管理方面有着广阔的应用前景。

（3）嵌入式系统技术。这种技术是集计算机软硬件、传感器技术、集成电路技术、电子应用技术为一体的复杂技术。以嵌入式系统为特征的智能终端产品随处可见，小到人们身边的 MP3，大到航天航空的卫星系统。

▶▶ 3.3.5　人工智能技术

人工智能（Artificial Intelligence，AI）是研究、开发用于模拟、延伸和扩展人的智能的理论、方法、技术及应用系统的一门新的技术科学，主要研究自动推理和搜索方法、机器学习和知识获取、知识处理系统、计算机视觉、智能机器人、自动程序设计等内容。人工智能具备"快速处理"和"自主学习"两种能力，并已在电子商务很多领域开始应用。

（1）客服机器人。京东开发的 JIMI 客服机器人通过大数据分析，能够自主判断出用户的需求、品位、脾气等特点，可以实现即时的个性化应答，主动地进行关怀交流，从售前到售后对用户体验给予改善。这是一个典型的人工智能在客户服务领域的应用。

（2）动态定价智能系统。定价是影响销售的一个重要因素。线上电商平台的商品品种和存量远远超过线下超市，调整商品价格工作非常复杂。利用动态定价智能系统可以从多维度进行综合分析，对库存量、价格变化、销售状况等各环节进行智能控制，并根据企业的运营策略随时调整商品的定价。

（3）精准营销智能系统。现在很多电商的个性化营销只是普通的商品推荐，而且不是实时化推荐。利用人工智能的个性化推荐不再是通过编程设定好的筛选结果，而是通过学习算法让机器自主学习，然后做出精准的推荐和预测。从发展趋势看，人工智能的精准营销具有广阔的前景。

（4）智能征信体系。普惠金融的发展对征信提出了越来越高的要求，快速授信已经成为社会的需求。京东率先推出"白条"之后，阿里的"花呗"、腾讯的"微粒贷"、苏宁的"任性付"、百度的"有钱花"等先后推出。依靠人工智能和大数据新技术，征信覆盖了更广泛的人群，提供了更即时的服务触达、更精确的需求洞悉和更强大的风险防控。

随着国内人工智能技术的成熟，未来将更多地应用于跨境电商领域。人工智能在跨境电商领域的应用主要表现在两个维度：第一，对跨境电商平台而言，通过数据与商业逻辑的深度结合，人工智能、运筹优化等技术将切实促进跨境电商零售供应链的升级。跨境电商零售供应链主要面临四大挑战——计划管理、业务监控、成本管控及客户服务，这其中涉及平台精准营销、物流优化（入库前的仓库地址选择、入库时的策略及销售预测、入库后的库存优化、仓储优化、活仓及出库时货运分配、配送路线规划）等环节。第二，是对用户体验的提升。除上述平台供应链优化带来的提升之外，还包括先进感知技术应用带来的用户体验升级。例如，美图美妆在科技测肤方面的创新。未来跨境电商领域将更多地引入人工智能技术进行效率升级和模式创新。

▶▶ 3.3.6 区块链技术

区块链（Blockchain）技术是一种按照时间顺序将数据区块以顺序相连的方式组合成的一种链式数据结构，并以密码学方式保证的不可篡改和不可伪造的分布式账本。区块链是分布式数据存储、点对点传输、共识机制、加密算法等计算机技术的新型应用模式，本质上是一个去中心化的数据库。作为互联网 2.0 的底层技术，区块链技术天然具有信用、发币和流通能力。

我国区块链技术在票据、电子存证、食品供应链、跨境支付、电子政务等领域取得一系列成果。2018 年，首张区块链电子发票在深圳问世，成为我国首个"区块链+发票"的落地应用；北京互联网法院推出"天平链"平台，用于存储案件证据，保证数据的真实性和隐私性；蚂蚁金服、京东相继使用区块链推出生鲜食品从生产到超市的溯源服务平台，以提升食品供应链透明度，保护消费者权益；中国银行通过区块链跨境支付系统，成功完成河北雄安与韩国首尔两地间客户的美元国际汇款；济南高新区上线试运行智能政务协同系统，利用区块链技术实现电子政务外网与各部门业务专网的互联互通、在线协同，提高了政府工作效率。

为了规范区块链信息服务活动，维护国家安全和社会公共利益，保护公民、法人和其他组织的合法权益，促进区块链技术及相关服务的健康发展，2019 年 2 月 15 日，我国开始施行国家互联网信息办公室颁布的《区块链信息服务管理规定》。

图 3-9 是"区块链 + 跨境电商"的框架体系。

图 3-9 "区块链 + 跨境电商"框架体系

区块链核心支撑技术					
分布式总账技术	确权凭证技术	线上化的基础合同	信用背书技术	智能合约技术	其他
网络服务	数据储存	权限管理	安全机制	合约注册	跨链协议
对等网络	数据库	财务管理	加密算法	合约执行	虚拟机执行
传播机制	文件系统	授信管理	数字签名	合约注销	数据分析
验证机制	共识机制	PBFT	Paxos	ⅡⅡ	ⅡⅡ

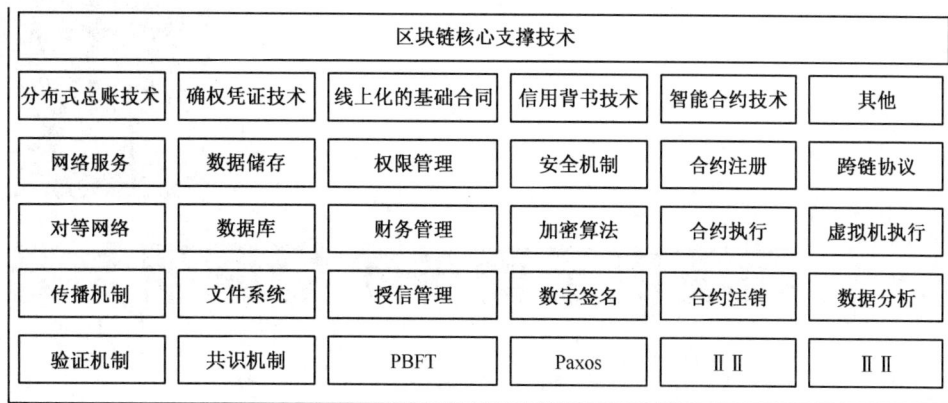

图 3-9 "区块链 + 跨境电商"框架体系（续）

复习题

1. 简述跨境电商系统的概念和特征。
2. 试述跨境电子商务平台的概念和架构。
3. 试述跨境电子商务平台的业务流程。
4. 试述企业跨境电子商务平台建设的方案选择。
5. 试述互联网最新技术在跨境电商中的应用。

参考文献

[1] 风. 跨境电商系统的一个架构演进[EB/OL]. （2017-11-21）[2020-09-20]. https://blog.csdn.net/wljk506/article/details/78590999.

[2] 财富观察家. 跨境电商平台的五种运营模式分析[EB/OL]. （2019-09-21）[2020-09-20]. https://m.sohu.com/a/342418758_207889/.

[3] 百度文库. 跨境电商平台整体技术解决方案[EB/OL]. （2019-08-28）[2020-09-20]. https://wenku.baidu.com/view/1eabf626d0f34693daef5ef7ba0d4a7302766c80.html.

[4] 乐跨境说. 几大跨境电商平台入驻详情整理完整版[EB/OL]. （2020-06-04）[2020-09-20]. https://www.cifnews.com/article/69311.

[5] 艾瑞咨询. 2014 年中国跨境电商行业研究报告简版[EB/OL]. （2020-06-04）[2020-09-20]. https://wenku.baidu.com/view/1eabf626d0f34693daef5ef7ba0d4a7302766c80.html.

[6] 焦良. 基于区块链技术的跨境电子商务平台体系构建[J]. 商业经济研究，2020（17）: 81-84.

[7] 腾讯网. 洋码头技术演进之路[EB/OL]. （2018-03-08）[2020-09-20]. https://new.qq.com/omn/20180308/20180308G19OU6.html.

第4章

跨境电子商务市场调研与开拓

面对世界性的经济衰退和 2020 年新冠肺炎疫情的影响，我国经济下行压力加大，对外贸易增速下滑。通过深入进行跨境电商市场调研，有针对性地开拓国际市场，已经成为各级政府和各类企业的重要选择。

4.1 跨境电子商务市场调研策略

从国际贸易商品进出口角度看，国际市场调研主要包括国际市场环境调研、国际市场商品情况调研、国际市场营销情况调研、国外客户情况调研等。

▶▶ 4.1.1 跨境电子商务市场调研的内容

跨境电商市场调研主要包括跨境电商市场环境调研、跨境电商市场商品情况调研、跨境电商市场营销情况调研、跨境电商客户情况调研等。

1. 跨境电商市场环境调研

（1）国外经济环境，包括一国的经济结构、经济发展水平、经济发展前景、就业、收入分配等。

（2）国外政治和法律环境，包括政府结构和重要经济政策，政府对跨境电商实行的鼓励和限制措施，如关税、配额、国内税收、外汇限制、卫生检疫、安全条例等。

（3）国外文化环境，包括使用的语言、教育水平、宗教、风俗习惯、价值观念等。

（4）其他，包括国外人口、交通、地理等情况。

2. 跨境电商市场商品情况调研

（1）跨境电商市场商品的供给情况，包括商品供应的渠道和来源、生产厂家、生产能力、数量及库存情况等。

（2）跨境电商市场商品需求情况，包括网络市场对商品需求的品种、数量、质量要求等。

（3）跨境电商市场商品价格情况，包括不同国家市场商品的价格、价格与供求变动的关系等。

3. 跨境电商市场营销情况调研

（1）跨境电商商品销售渠道，包括销售网络的设立、批零商的经营能力和经营利润、跨境电商网站的引流能力和售后服务等。

（2）跨境电商广告宣传，包括跨境电商广告内容、投放网站与时间、跨境电商广告效果等。

（3）跨境电商竞争分析，包括跨境电商竞争者产品质量、价格、政策、广告、分配路线、占有率等。

4. 跨境电商客户情况调研

（1）客户政治情况，主要了解客户的政治背景、与政界的关系、公司企业负责人参加的党派及对我国的政治态度。

（2）客户资信情况，包括客户拥有的资本和信誉两个方面。资本指企业的注册资本、实有资本、公积金、其他财产及资产负债等情况，信誉指企业的经营作风。

（3）客户经营业务范围，主要指客户的公司经营的商品及其品种。

（4）客户经营能力，指客户业务活动能力、资金融通能力、贸易关系、经营方式和销售渠道等。

5. 跨境电商消费者情况调研

（1）跨境线上消费的接受度。如爱尔兰、以色列跨境线上消费的热情非常高；中东的接受度相对来说也比较高；但日本的接受度相对比较低。

（2）跨境线上消费行为的完成方式。如北美的加拿大，移动端跨境线上消费比例很高，但有很多国家还是通过传统 PC 桌面端进行跨境线上消费的。

（3）跨境线上消费的品类，从比重方面看，服装类、饰品类占比较高。其次，一些发展中国家 3C 类和 3C 配件类需求依然强劲。

（4）跨境线上消费的主要驱动力。消费者首先关注的是商品的质量和成本；其次是物流配送；最后才是售后服务。

▶▶ 4.1.2　跨境电子商务市场调研的基本策略

跨境电子商务市场调研的目的是收集网上采购者、购物者和潜在顾客的信息，加强与消费者的沟通，改进营销方式，并更好地服务于客户。因此，只有让更多的客户访问企业的站点，接受企业的调研询问，才能使调研人员了解和掌握更多、更翔实的信息。但网络市场调研中最复杂的一个问题是调查人员从来不会确切知晓谁是本公司站点的访问者。调研人员必须采取适当的策略来识别访问者。因为在互联网上要求访问者回答有关问题不是一件容易的事，特别是当他们花时间和金钱在与市场调研无关的站点上冲浪的时候更是如此。访问者肯定不会填写一份问及他们喜欢什么或不喜欢什么的调查问卷。

进行跨境电子商务市场调研时应注意以下问题。

（1）调整调研问卷内容组合以吸引访问者。网络市场调研的最大优势是可以方便地随时调整、修改调研问卷上的内容，可以实现不同调研内容的组合，比如产品的性能、款式、价格及网络订购的程序、如何付款、如何配送产品等。时期不同，产品不同，访问者的兴趣也不同。

调研人员应通过不同的因素组合的测试，分析判断何种因素组合对访问者是最重要、最关键、最关心和最敏感的，进而调整调查问卷的内容，使调研主页对访问者更具吸引力。同时，调研的主题要明确、简洁，方便调查者正确理解和回答，同时，调查问卷也应该方便调研人员和数据统计人员的工作，便于调查结果的处理。

（2）采取适当的激励措施以吸引访问者。采取适当的激励措施是必不可少的。有些用户参与调查的目的可能是获取奖品，在网站上同一个用户多次填写调查表的现象常有发生，即使在技术上给予一定的条件限制，也很难杜绝。因此考虑吸引更多网民的同时，也要尽量减少不真实问卷发生的可能性。必要时同访问量大的网站合作以增加参与者。

（3）有针对性地跟踪目标顾客。调研人员在互联网上或通过其他途径获得了顾客或潜在顾客的电子邮件地址，可直接使用电子邮件向他们发出有关产品和服务的询问，请求他们反馈；也可以在电子调查表中设置让顾客自由发表意见和建议的板块，请他们发表对企业、产品、服务等各方面的见解和期望。通过这些信息，调研人员可以把握产品的市场潮流及消费者的消费心理、消费爱好、消费倾向的变化，根据这些变化来调整企业的产品结构和市场营销策略。

（4）用多种调研方式相结合进行市场调研。由于中国的网络环境和网络市场调研还有许多不完善的地方，在执行调研时，可以运用网络市场调研与传统市场调研相结合的方法；使用一手数据调研与二手数据调研相结合的方法。通过不同调研取得数据的对比，对数据进行必要的修正和调整，以获得有价值的市场数据。

4.2 跨境电子商务市场调研的主要方法

4.2.1 跨境电子商务市场调研方法概述

跨境电子商务市场调研的方法从总体上可分为两大类：直接调研法和间接调研法。

直接调研法指的是网上一手数据的收集。一手数据也称原始数据，它是第一次收集的信息。通过收集一手数据可以用来解决特定问题。一手数据的检索方法可分为电子邮件问卷法、在线焦点小组访谈法，以及在网站上设置调研专项的方法。

间接调研法指的是网上二手数据的收集和整理。所谓二手数据，是指以前为其他目的而收集的数据。有些二手数据是从公司内部获得的，如公司年报，股东大会报告，供新闻媒体使用的产品测试结果，公司为了同员工、顾客及其他人员沟通而编制的公司期刊等资料。这些信息往往已编入了公司的内部数据库。二手数据还有许多的外部获得渠道，主要形式是政府部门和机构汇编与出版的经济数据汇总；一些贸易团体、行业联合会也会提供经济数据。但是，大多数数据都源于定期发布的关于经济行情、专门行业甚至个别公司情况研究文章的期刊和新闻媒体。还有一些未公开发布的二手信息，如内部报告、备忘录或专门分析，这些资料只在有限的范围内流通。

二手数据的检索方法主要有三种：利用搜索引擎，访问专业信息网站，用相关的网上数据库查找资料。

▶▶ 4.2.2　跨境电子商务市场的直接调研法

1. 直接调研法的主要形式

（1）电子邮件问卷。电子邮件问卷调研法是以较为完整的电子邮件地址清单作为样本框，随机抽样，直接发送到被访问者的电子邮箱中，待被访问者回答完毕后在规定的时间内将问卷回复给调研机构。这种调查方式较具定量价值。在样本框较为全面的情况下，可以将调查结果用以推论研究总体，一般用于对特定群体网络用户的多方面的行为模式、消费规模、网络广告效果、网上消费者消费心理特征的研究。这种调研方法要求建立被调查者的电子邮件地址信息库。

（2）在线焦点小组访谈。在线焦点小组访谈调研法是直接在上网人士中征集与会者，并在约定时间利用网上会议系统举行网上座谈会。该方法适合需要进行深度或探索性研究的主题，通过座谈获得目标群体描述某类问题的通常语言、思维模式及理解目标问题的心理脉络。该方法属于定性调查方法，也可与定量电子邮件调查配合使用。

（3）在网站上设置调研专项。在那些访问率高的网站或自己的网站上设置调研专项网页，访问者按其个人兴趣，选择是否访问有关主题，并以在线方式直接在调研问卷上进行填写和选择，完成后提交调研表，调研即可完成。此方式所获得的调研对象属于该网页受众中的特殊兴趣群体，它可以反映调研对象对所调研问题的态度，但不能就此推论一般网络用户的态度。调研专项所在网页的访问率越高，调研结果反映更大范围的上网人士意见的可能性越大。

在实施网上调研时，应充分利用多媒体技术，在调研问卷上附加多种形式的背景资料，可以是文字、图片、视频或音频资料。例如，对每个调研指标附加规范的指标解释，便于调研对象正确理解调研指标的含义和口径，这对于市场调研是一项十分重要的功能。

2. 网上调查问卷的形式

（1）简单方式。网上调查问卷应该简单明了，因此，一般情况下网站在对热点新闻和突发事件进行调研时通常会采用简单方式。

（2）组合方式。由于简单方式过于简单，不能充分反映网友对一个问题多方面的态度和判断，因此可以运用组合方式来进行调查问卷的设计。组合方式是将调查主题分为若干方面，使被调查者可以从多个方面进行回答，从而使调查能够做到更全面、更深入。

（3）完整问卷方式。这种方式在网页上呈现的是一份完整问卷的形式。经常包含单选、多选及自由回答项等内容，要求被调查者填写较多的相关信息。

图 4-1 是 Datamine 网站有关商业挑战的网上调查问卷。图 4-2 是 Datamine 网站有关商业挑战的具体选项。

3. 网上调查问卷应注意的问题

（1）要明确调查目的和内容，这是问卷设计的前提和基础。调查的目的是什么，在进行问卷设计的时候必须清楚。对调查问题的说明应尽可能清晰，让被调查者正确理解问题的含义。

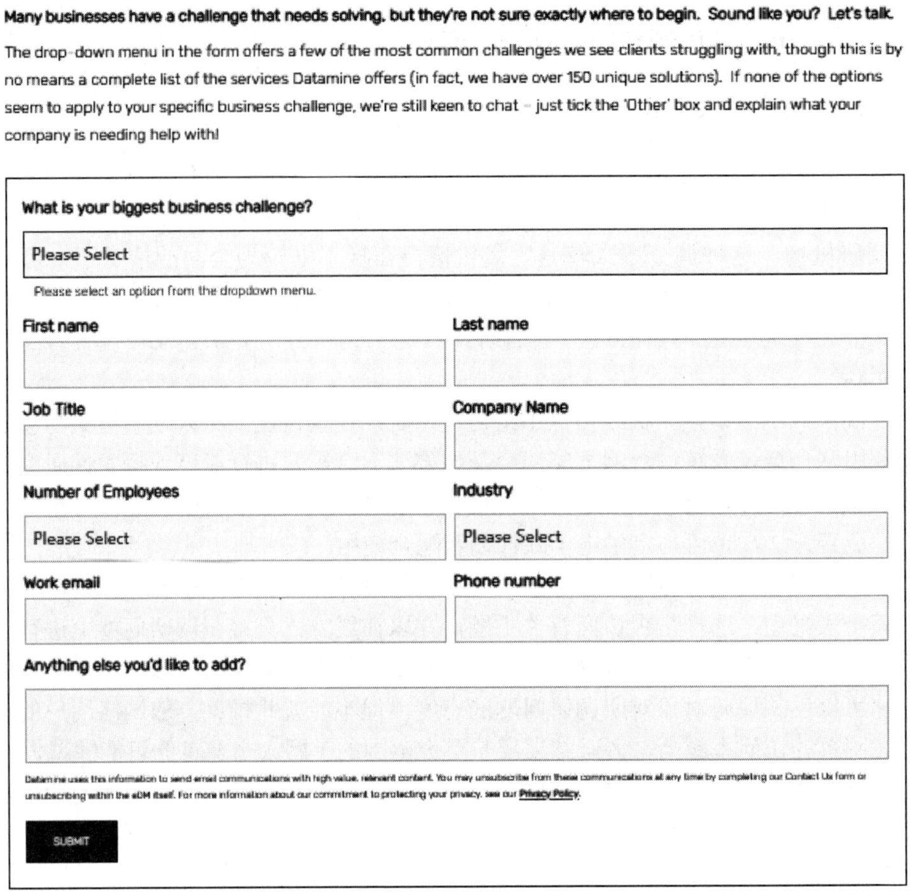

Many businesses have a challenge that needs solving, but they're not sure exactly where to begin. Sound like you? Let's talk.

The drop-down menu in the form offers a few of the most common challenges we see clients struggling with, though this is by no means a complete list of the services Datamine offers (in fact, we have over 150 unique solutions). If none of the options seem to apply to your specific business challenge, we're still keen to chat – just tick the 'Other' box and explain what your company is needing help with!

What is your biggest business challenge?

Please Select

Please select an option from the dropdown menu.

First name	Last name

Job Title	Company Name

Number of Employees	Industry
Please Select	Please Select

Work email	Phone number

Anything else you'd like to add?

Datamine uses this information to send email communications with high value, relevant content. You may unsubscribe from these communications at any time by completing our Contact Us form or unsubscribing within the eDM itself. For more information about our commitment to protecting your privacy, see our **Privacy Policy**.

SUBMIT

图 4-1　Datamine 网站有关商业挑战的网上调查问卷

（www.datamine.com/business-challenge-questionnaire）

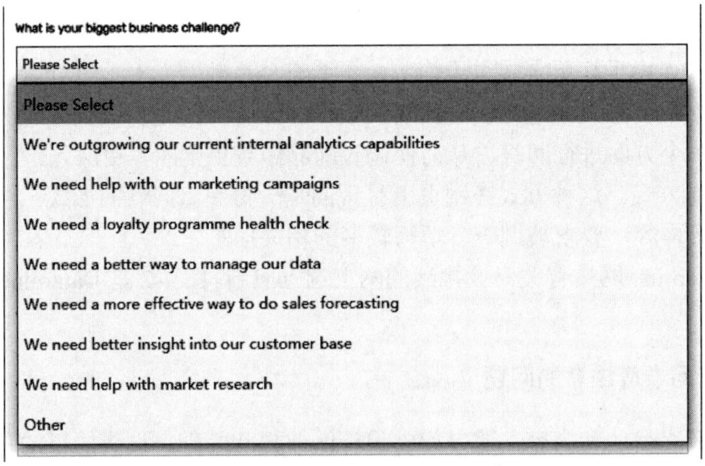

What is your biggest business challenge?

Please Select

Please Select

We're outgrowing our current internal analytics capabilities

We need help with our marketing campaigns

We need a loyalty programme health check

We need a better way to manage our data

We need a more effective way to do sales forecasting

We need better insight into our customer base

We need help with market research

Other

图 4-2　Datamine 网站有关商业挑战的具体选项

（2）调查问卷上的问题应该简明扼要，问题的数量应该合理化、逻辑化、规范化，而且合理地排列问卷问题次序。为了使被调查者能够更容易地回答问题，可以对相关类别的题目进行分类，使被调查者一目了然，在填写的时候自然就会比较愉快地进行配合。

（3）问卷设计的语言措辞选择得当。调查问卷要避免使用导向性的语句。例如，"××牌的电视机价格适中，质量一流，您会选购它吗？"这样的问题将容易使被调查人简单地得出结论，结果可信度低。用词不要生僻或过于专业，方便被调查者精确地作答。避免在调查内容上有使被调查人难以回答的问题，同时，不要把两种及以上的问题放在一个问题中。例如，"你对该产品的价格和服务满意吗？"这样的问题将使被调查者很难回答。

（4）调查问卷中不要过多地收集被调查者的个人信息及没有实际价值的数据。在调查问卷中过多地要求被调查者填写自己的个人信息，会遭到拒绝，或者填写虚假信息，这样就可能使问卷的回收率降低，影响在线调查的效率，并且可能影响调查结果的可信度。

（5）在设计问卷的时候，应该考虑数据统计和分析是否易于操作，同时调查表设计不要遗漏重要的选项。例如，在一些调查选项中，经常会设置一个"其他"选项，但如果最终的调查结果中选择"其他"的比例较高，那么就说明对这个问题的选项设置不尽合理，甚至有可能遗漏了一些重要问题。

4. 国内外可以提供调研服务的网站

国内一些网站提供市场信息的调研服务。例如，中国市场调查网调查业务主要涉及机械、能源、化工、金融、消费品、IT 产品等 100 多个行业。该网站提供一些专项调查。图 4-3 是该网站竞争对手调查的介绍。该网站还提供英文调研报告，对跨境电商营销有很大帮助。

图 4-3　中国市场调查网的竞争对手专项调查（www.cnscdc.com/newsinfo26.html）

在国际上，比较著名的商业调研公司是爱尔兰研究和市场公司。该公司成立于 2002 年，致力于将企业与市场洞察力和分析联系起来，从而实现智能决策。其客户遍布世界各地，包括《财富》500 强企业。该公司提供 800 多个行业的调查，主要涉及医疗保健、药品、化工、材料、能源、汽车、电信、食品、消费品等。图 4-4 是该公司网站主页。图 4-5 是该公司消费品调研的细目。

图 4-4　爱尔兰研究和市场公司网站主页（www.researchandmarkets.com/）

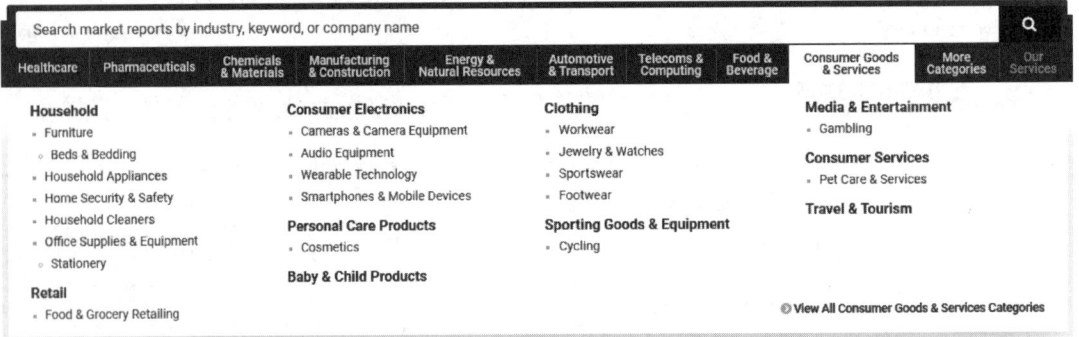

图 4-5　爱尔兰研究和市场公司消费品调研细目（www.researchandmarkets.com/categories/pharmaceuticals）

▶▶ 4.2.3　跨境电子商务市场的间接调研法

网上间接调研也就是网上二手数据的检索。这是一种有目的、有步骤地从各个网络站点查找和获取信息的行为。一个完整的跨境电子商务市场信息收集系统包括先进的网络检索设备、科学的信息收集方法和业务精通的网络信息检索员。

1. 跨境电子商务信息检索的基本步骤

1）明确检索目标

要完成一个有效检索，首先应当明确检索目标。检索目标是指要检索的主要内容及对检索深度和广度的要求。

安徽特酒集团是我国特级酒精行业的龙头企业，伏特加酒是其主打产品。1998 年该集团试图通过互联网进行伏特加酒类市场信息的检索，开辟欧美市场。为此，集团确定了信息搜集的三个目标。

（1）价格信息，如生产商报价、批发商报价、零售商报价、进口商报价。

（2）关税、贸易政策及国际贸易数据，如关税，进口配额、许可证等相关政策，进出口贸易数据，市场容量数据。

（3）贸易对象，即潜在客户的详细信息，如贸易对象的历史、规模、实力、经营范围和品种、联系方法等。

检索的深度与需求的针对性有关。如果需求的针对性较强（如伏特加酒），且涉及大量的特定领域和专业词汇，就要进行较为深入的检索。检索的广度是指信息所涉及的方面和领域。对市场一般供需状况信息的检索，在深度上不必要求太高，但是在信息的广度上应该有比较高的要求。

2）选择查询策略

不同目的的查询应使用不同的查询策略，这主要取决于是想得到一个问题的多方面信息还是简单的答案。搜索引擎的统计表明，很多用户只输入一个词来进行查询，这会带来很多不需要的匹配。要进行有效的搜索，最好输入与主题相关的、尽可能精确的词或词组。提供的词组越精确，检索结果就越好。同时，应通过不同词组的检索，逐渐缩小搜索范围。

检索概念较广，尚未形成一明确的检索概念时，或者仅需对某一专题做泛泛浏览时，可先用主题指南的合适类目进行逐级浏览，直到发现相关的网址和关键词，再进行扩检。

当用户已知检索词，但对独立搜索引擎不熟悉或想节省在多个独立搜索引擎之间的转换时间时，可选用元搜索引擎做试探性的起始检索，了解网上是否有相关信息及在哪里可找到这些信息，然后再利用独立搜索引擎进行更全面、更深入的检索。在多数情况下，要想得到相对全面的检索结果，最好熟练掌握一两个主要的独立搜索引擎，充分运用其检索功能，以提高检索质量。

3）分步细化地逐步接近查询结果

如果想查找某一类信息但又找不到合适的关键词，可以使用分类式搜索逐步深化，这样也可以得到较为满意的结果。雅虎的主页上已经将所有的信息分为 39 类，再根据各个大类分为各个小类，如在"Mobile Apps"中又细分为"Yahoo Mobile、Yahoo News、Yahoo Mall"等。在 Yahoo Mobile 栏目中，可以看到很多 Mobile 的信息，确定购买意向后，可以在 Yahoo Mall 中直接购买。

2. 价格信息的收集

价格信息的收集是至关重要的，是制定价格策略和营销策略的关键。图 4-6 是价格信息检索的途径。

1）生产商报价

仍以安特酒为例。由于安特集团是生产企业，因此来自其他生产企业的伏特加酒价格可比性很强，参考价值很高。特别是世界知名的伏特加酒生产企业的报价，更具有参考价值。这是因为世界著名的伏特加酒在国际贸易中占的比例很大，其价格能左右世界市场的价格走向。

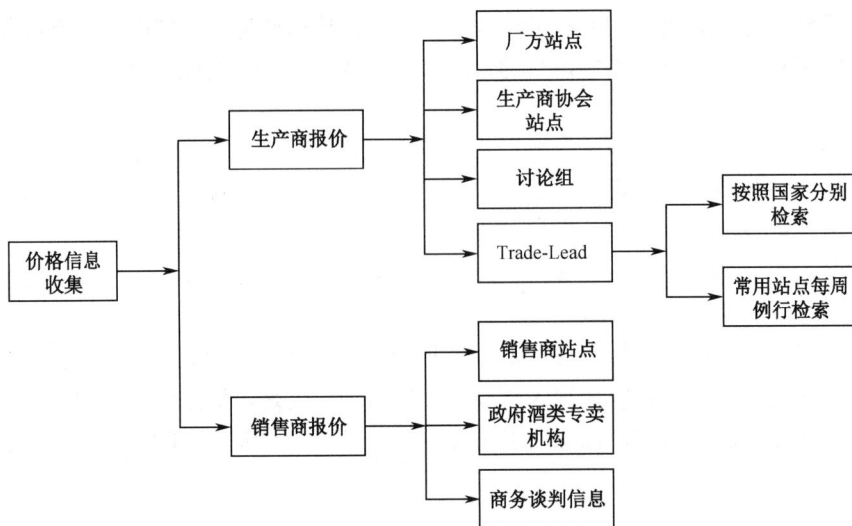

图 4-6　价格信息检索的途径

生产商的报价从以下几个方面入手。

（1）搜索厂方站点。这种方法的关键是如何查找到生产商的互联网站点，找到了厂商的站点，也就找到了报价。有的站点还提供最新的集装箱海运的运价信息，也有很高的参考价值。

（2）利用生产商协会的站点。这类站点也可通过搜索引擎查询到。通常，生产商协会的网站上都列出了该生产商协会所有会员单位的名称及联系办法，但是一般都没有列出这些会员单位自己的网站，主要原因是这类协会的网站建立时，绝大部分的协会会员还没有建立网站。此时，向这些机构发出请求帮助的电子邮件，一般都会得到满意的结果。

（3）利用讨论组。中国的讨论组现在大都采用微信、钉钉等群讨论方式。国外大都采用MSN、推特等群讨论方式。其中的报价大多是生产企业的直接报价。从事国际贸易的企业一般是加入 Business 中的 Import-Export（进出口）组。在这类专业的讨论组中，可以发现大量的关于进出口贸易的信息，然后输入关键字进行查询，可以找到所需要产品的报价。

（4）利用 Trade-Lead 网站。许多免费的 Trade-Lead（供求信息）和专业的进出口网站专门提供国际贸易的机会和投资信息，类似于国内的供求信息，如美国国际贸易协会的网站（见图 4-7）、Tradekey 的网站（见图 4-8）等。

一般来说，运用 Trade-Lead 要注意三个方面的问题。首先，根据要收集信息的特点，选择相应的站点。例如，要收集瑞典的伏特加酒的价格信息，就应该选择欧洲有关国家的 Trade-Lead站点，如瑞典的进出口贸易网站（见图 4-9）。北欧国家烈酒的生产及消费量都很大，这些国家的站点上关于伏特加酒的供求信息就多一些。其次，选择有代表性的站点作为常用站点，每周进行例行检索。这些站点的界面都比较友好，而且信息量都很大，反馈回来的搜索结果也较多。最后，要特别注意一些收费网站，虽然信息的查询、登录是有偿的，但反馈的结果让人非常满意。一方面收费较低，是可以承受的；另一方面提供了一个相对安全的贸易环境（核查客户的身份）。

图 4-7　美国国际贸易协会的网站（http://trade.gov）

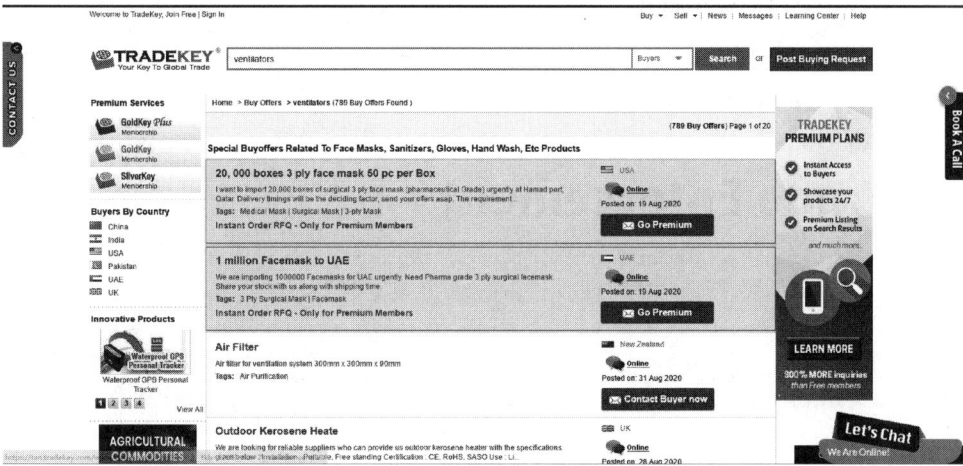

图 4-8　Tradekey 的网站（www.tradekey.com）

图 4-9　瑞典的进出口贸易网站（www.trade.swissinfo.net）

2）销售商报价

销售商包括进口商和批发商。它们报出的价格都是国内价格，一般都含有进口关税。对生产企业而言，可比性不是很强。但是它们所提供的十几甚至几十种产品，都来自不同的国家，参考价值很高。厂商可以据此确定每种产品的档次，确定不同档次产品的价格水平，还可以对不同国家的关税水平有一个大概的了解。收集销售商的报价可以从以下几个方面入手。

（1）销售商站点中的报价。找到销售商的站点，也就找到了它们的报价。也可利用各种搜索引擎的关键词搜索方法查找销售商站点。例如，（vodka or spirits or alcohol or liquor or wine）and（wholesales or agent or distributor or import or importer or imported or trade）。

（2）政府酒类专卖机构的价格。在某些国家或地区，政府的酒类专卖机构是唯一的进口商和批发商。这些机构中酒类品种多达上百种，价格中的虚头也最少，所以参考价值很高。图4-10、图4-11分别是美国加州、加拿大安大略省酒类专卖机构的网站。

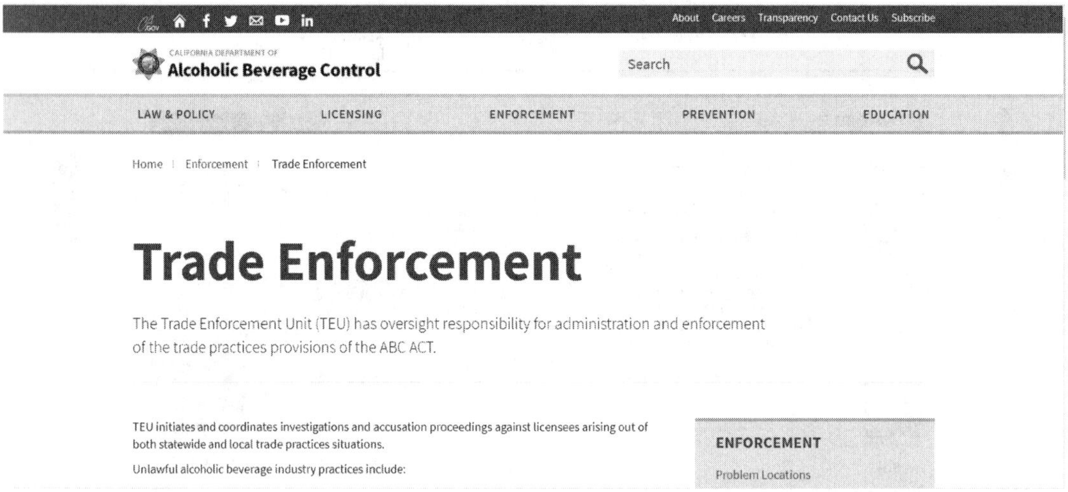

图4-10　美国加州酒类专卖机构的网站（www.abc.ca.gov）

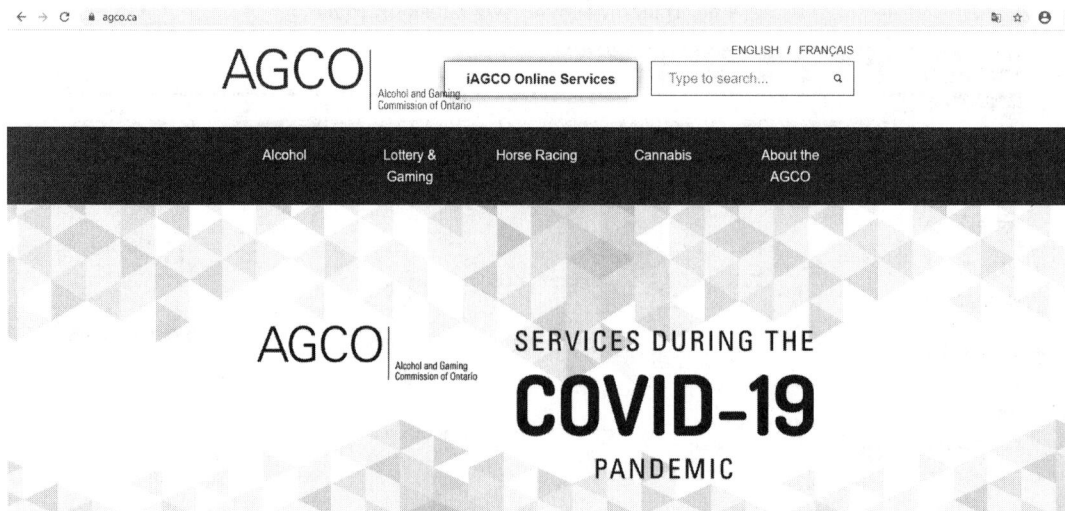

图4-11　加拿大安大略省酒类专卖机构的网站（www.agco.on.ca）

（3）商品的最终价格往往要通过商务谈判才能确定，这种方式非常复杂，耗费的时间和金钱也最多，但它是现阶段商业定价的最重要方法，也最能体现供需双方的信息。然而，商务谈判中的定价极其难以获得，有的企业甚至视其为高度商业机密。安特集团在实践中发现，搜索各种博览会、交易会的信息公告及经济类媒体的报道，可以发现有用的蛛丝马迹。

从生产商、销售商及商务谈判得到的价格信息，应该再加以整理、分析，才能确定它们之间的相互关系，最后得出完整的价格体系。

3. 关税及相关政策和数据的收集

关税及相关政策信息在国际贸易活动中占有举足轻重的地位。进口关税的高低，影响着最终的消费价格，决定了进口产品的竞争力；有关进口配额和许可证的相关政策关系到向这个国家出口的难易程度；海关提供的进出口贸易数据能够说明这个国家每年的进口量，即进口市场空间的大小；人均消费量及其他相关数据则说明了某个国家总的市场容量。图 4-12 是关税、贸易政策及国际贸易数据检索途径。

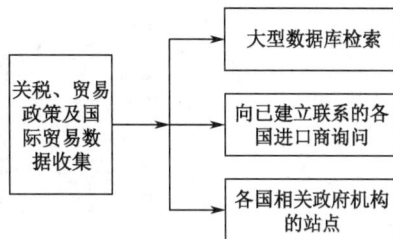

图 4-12　关税、贸易政策及国际贸易数据检索途径

1）通过大型数据库检索

互联网上的大型数据库有数百个，与国际贸易有关的数据库至少有几十个，其中有的是收费的，有的是免费的。一般来说，收费数据库的商业价值最高，想要的信息都能从其中查到；免费数据库通常都是某些大学的相关专业建立起来的，其使用价值也是很高的。

世界百科信息库（www.dialog.com）是世界上最大的数据库检索系统，包括全球大多数的商用数据库资源。另外，它提供了一套专门的信息检索技术，有专用的命令，初次使用者需要认真学习才能掌握。该网站的大多数服务是收费的。

2）向已建立联系的各国进口商询问

这是一种非常实用、高效而且一举两得的方法，不但考察了进口商的业务水平，确认其身份，而且可以收集到最直接有效的信息。企业拟定一份商业公函，发一封 E-mail 给对方，其中详细列出询问的内容，请求对方在最短的时间内给予答复。但是，进行这种询问的前提是：双方已经彼此了解，建立起了相互信任的关系。如果没有这种关系，国外的进口商一般是不愿回答的，因为这种方式有恶意收集信息之嫌。

3）查询各国相关政府机构的站点

随着电子政务的高速发展，很多政府机构都已建立了独立的网站。用户可以针对不同的问题去访问不同机构的站点，许多问题都可以得到非常详尽的解答。对于没有查到的内容，还可以发 E-mail 请求相关的职能部门或咨询部门给予答复。安特集团发出去的此类信件，基本上都得到了较为详尽的答复。

例如，美国的酒类进口管理和税收制度是世界上最复杂的，其 50 多个州中，有的州实行最严格的管制，只有政府机构才可以进口、批发甚至零售；有的州实行较宽松的管制；有的州则完全放开了对酒类的管制。这些具体、详细的信息，只有从各州的酒类管理机构的站点中才可以查到。

查询这类政府机构的常用方法主要有两种。

（1）利用搜索引擎进行关键词检索。

（2）利用目录性的搜索引擎，按照＊＊State/Government/Liquor进行查找，或者首先查到某州政府的网站，再一级一级往下查。例如，通过美国联邦政府烟、酒、武器管理局的网站（见图4-13），可以检索到有关美国酒类的法律规定。通过美国华盛顿基金会的网站可以检索到详细的商品税号及税率（见图4-14）。

图4-13　美国联邦政府烟、酒、武器管理局的网站（www.atf.gov）

图4-14　美国华盛顿基金会网站收集的有关税收政策（www.taxfoundation.org/contact/）

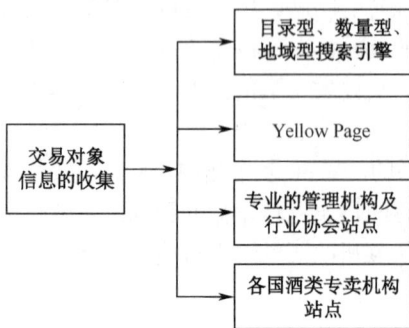

图4-15　检索交易对象信息的主要途径

4．交易对象信息的收集

交易对象信息的收集是跨境电子商务的一个重要环节，其目的是建立一个潜在客户的数据库，从中选出真正的合作伙伴和代理商。图4-15是检索交易对象信息的主要途径。

1）利用资源型搜索工具

（1）环球资源网（www.globalsources.com）。环球资源是一家B2B线上线下平台，创立至今已经50年。公司的核心业务是通过贸易展览会、环球资源网站、贸易杂志及手机应用程序，为全球专业买家和供应商、亚洲的高新技术领域专家、中国商界决策人士及中国内贸买家和全球供应商服务。图 4-16 是环球资源网为买家和供应商提供的电子贸易服务。

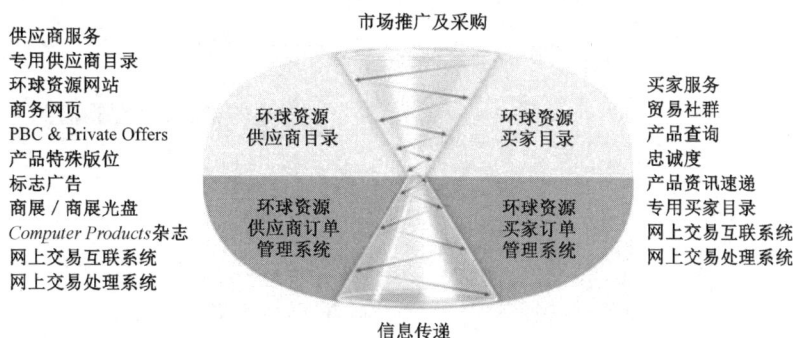

图 4-16 环球资源网为买家和供应商提供的电子贸易服务

（2）Europages（www.europages.com）。在传统的电话号码簿上，商业机构用黄色纸张，因而得名商业黄页（Yellow Page）。Europages 是欧洲一个著名的商业黄页服务网站。图 4-17 是在 Europages 上查到的车辆保养进出口产品。

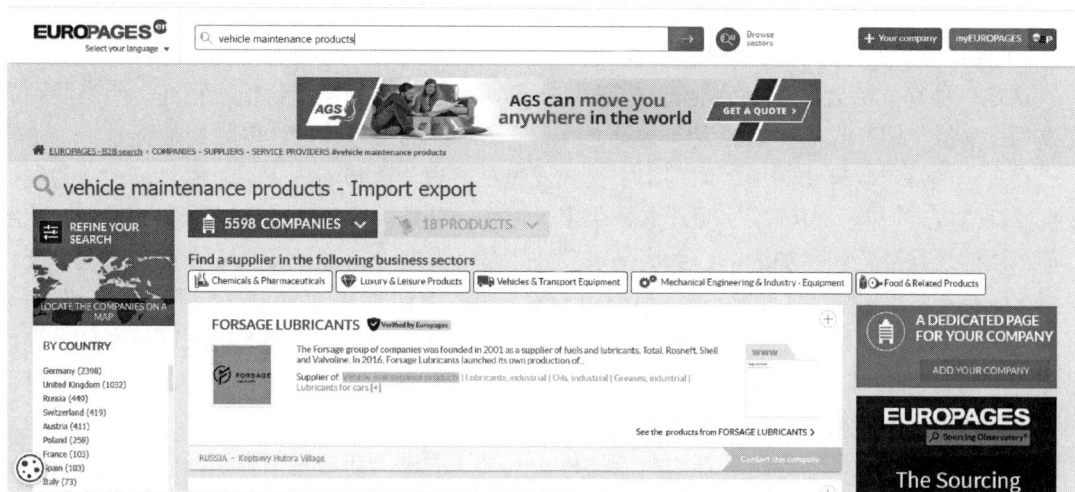

图 4-17 在 Europages 上查到的车辆保养进出口产品

（www.europages.co.uk/companies/vehicle%20maintenance%20products.html）

2）通过第三方交易平台

第三方交易平台的出现为企业信息化和电子商务提供了一个公共的服务平台。通过第三方交易平台，企业可以发现大量的供求信息，其信息检索效率可以成倍提高。

（1）阿里巴巴网站。阿里巴巴网站是世界上最大的 B2B 平台。平台上的供应商以中小企业为主。图 4-18 是通过阿里巴巴网站检索到的意大利红酒供应商名单。

（2）eBay。eBay 不仅是一个针对个人的拍卖网站，B2C 和 B2B 的交易也相当活跃。eBay 的每个分类里都有一个批发专区，可以刊登批发信息，而且 eBay 中的不少大买家采购量大得惊人，他们经常在 eBay 里采购，然后在 eBay 中零售，规模一点不亚于环球资源网中的国际买家。

通过 eBay 首页底部的全球站导航，可以进入 26 个国家检索批发信息。

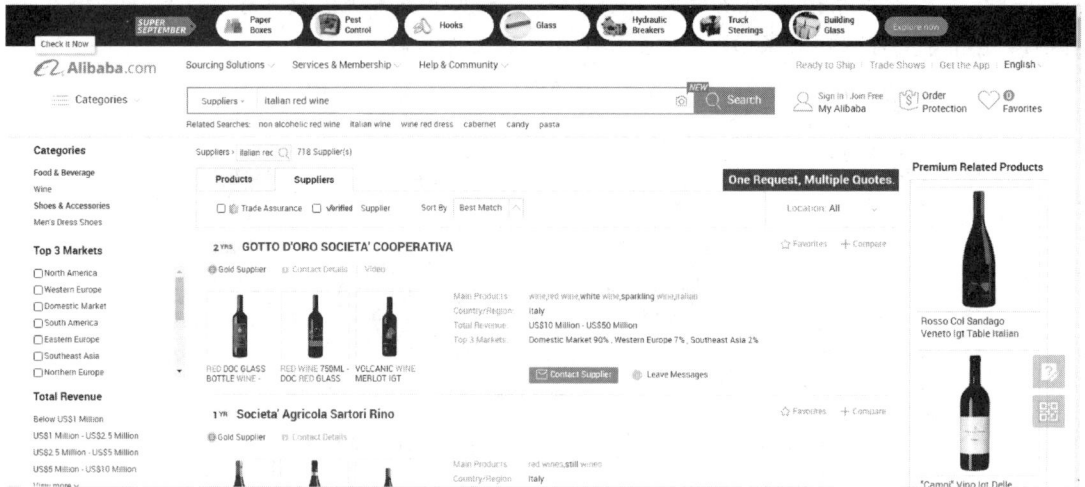

图 4-18　通过阿里巴巴网站检索到的意大利红酒供应商名单

（www.alibaba.com/trade/search?spm=a2700.supplier-normal.scGlobalHomeHeader.411.

59d219a4caAa7P&keyword=italian_red_wine&indexArea=company_en）

3）通过专业的管理机构及行业协会网站

这是一种高效快捷的查询手段，不但命中率高，而且信息的利用价值也很高，应当受到高度重视。安特集团在收集美国的生产商及进口商信息时，利用这种方法就收到了奇效。

在美国的酒类管理体制中，酒基本上被分成啤酒、葡萄酒和烈酒三类，而且每种酒的进口或批发都需要专门的许可证或执照。这就带来了很大的麻烦，因为无法确定一家公司到底是经营葡萄酒的还是经营伏特加酒的，到底是进口商还是批发商，在商业黄页中查询到的最小分类是酒（Liquor），而没有更细的分类。当找到美国加州酒类管理中心的网站（www.abc.ca.gov/）时，这些问题就迎刃而解了。这里不仅按酒的类别、字母的顺序、不同的地域对每家公司进行了分类，而且对每家公司的信息都有详尽的记录，包括公司名称、申请人姓名、地址、许可证的种类、许可证的使用期限、经营历史、电话号码等。

在酒类控制严格的国家，往往酒类专卖机构是唯一的进口商。它们也是世界上最大的购买集团。例如，瑞典酒类专卖机构，每年都要向全世界招标进口某一种类的酒，最低为每年 150 个集装箱。因此，应该特别注意定期访问其站点，以获得最新的招标信息。

有的酒类专卖机构并不直接进口酒，而是通过中介公司。这些中介公司也是经过酒类管理机构签发许可证的专业公司，其积极性比起专卖机构高得多。一般来说，它们会很高兴地向访问者介绍该国、该州的有关贸易情报。这也是信息的一个重要来源。

4）通过数据库

大型数据库常常包含丰富的市场信息。除前面介绍的世界百科信息库外，其他比较著名的商业数据库包括 Europages（www.europages.com，欧洲最大的公司数据库，有来自 25 个国家的 500 000 个公司的信息）、欧洲进出口公司数据库（www.randburg.com）、南非的公司数据库 Yellowpages（www.yellowpages.co.za）、澳洲贸易网（www.austrade.gov.au）、日本 JETRO 公司数据库（www.jetro.go.jp）、美国国内公司数据库（www.localeyes.com）等。

5）利用综合性搜索引擎

（1）Google（www.google.com）。Google 是目前世界上最大的搜索引擎，拥有上百亿张网页和图片资源。界面可用 100 多种语言表达，检索结果所采用的语言达 30 多种。Google 采用新一代的 PageRank™检索技术。该技术通过对超过 50 000 万个变量和 20 亿个词汇组成的方程的计算，能够对网页的重要性做出客观的评价，可以将最相关、最可靠的搜索结果放在首位。

（2）百度（www.baidu.com）。百度是目前全球最优秀的中文信息检索与传递技术供应商。在中国所有提供搜索引擎的门户网站中，超过 80%都由百度提供搜索引擎技术支持。百度每天响应来自 100 余个国家和地区的数十亿次搜索请求。百度的移动生态是中国最大的以信息和知识为核心的移动生态。百度知道、百度百科、百度文库等六大知识类产品累计生产超 10 亿条高质量内容，构建了中国最大的知识内容体系。

（3）Yahoo！（www.yahoo.com）。Yahoo！的优势在于其分类目录，把信息按主题建立分类索引，按字母顺序列出了 14 个大类，可以按照类别分级向下查询。Yahoo！共汇集了 30 万个左右的分类 URL，信息充沛，准确率高。但由于其建立的主页数量有限，查询反馈的结果也较少。例如，查询伏特加（Vodka）酒的进口商，其分级目录为 Yahoo/ Businessand Economy/ Companies/ Trade/ Beverage/ Liquor。这类进口商很容易找到，但它们几乎不可能同检索者做生意，因为这些著名的大公司早已是某家著名的伏特加酒品牌的全国独家代理商，而独家代理的协议规定它们不能再经营其他的伏特加酒品牌。不过这类站点也可以给一些有益的帮助，如可以发现一些世界著名的品牌及其价格。

4.3 我国企业利用跨境电商进入国际市场的途径选择

1. 借助外贸第三方电子商务平台

（1）利用外贸第三方电子商务平台来实现企业跨境电子商务的起步。借助这些平台提供的各种技术支持和服务开展跨境电子商务是企业可以选择的一条捷径。例如，阿里巴巴国际站、环球资源网、中国制造网、敦煌网等第三方平台都能够提供国际贸易中商品的展示、商家寻找、商务谈判、草签合同等方面的服务；菜鸟、圆通、顺丰等配送公司已经实现了全球超 200 个国家和地区的送达，有的国家和地区还实现了进口当日达和出口当日达；银联在线（https://merchant.unionpay.com/join/）可以即时完成国际在线支付。

（2）提升品牌知名度，借力快速发展。第三方跨境电商平台具有规模效益和品牌效益。企业可以借助像阿里巴巴的诚信通这类服务，建立企业的国际信用，提升企业商品知名度，实现跨越式发展。

（3）降低进入国际市场的前期成本。大多数中小企业开展跨境电商时都面临资金短缺的问题。在产品运营前期，进驻第三方跨境电商平台可以帮助企业快速转型，减少企业前期的运营成本，尽快熟悉跨境交易的各类程序，提高交易效率和引流效果。

2. 自建跨境电子商务平台

很多企业，特别是大中型企业在实施电子商务战略时，可以充分利用自己在产业链中的主导地位，采用自建跨境电子商务平台模式，直接为企业带来利润。例如，中国石油、宝武集团、海尔集团等企业利用其大批量物资采购的谈判优势，在买方市场或卖方市场建立独立的采购销售平台，拉动供应商或采购商商务，利用自建平台达到直接营利的目的。

3. 委托专业跨境电商服务商销售

根据《中国电子商务报告（2019）》，电子商务代运营服务[1]经历 20 多年的积累摸索，逐步走向专业化、集中化。2019 年，中国电商代运营市场交易规模达 1 135.1 亿元，增速达 18%。[2] 在这种模式下，企业与专门从事跨境电商的代运营机构建立长期合作，企业只注重生产优质的产品，其他复杂的业务如平台建设、市场营销、国际物流等交给专门从事跨境电商的代理机构负责。企业可以专注于提高产品的质量，加强科技创新，提供具有竞争力的产品，解决了中小企业订单难、客户难的问题。

4. 采用线上线下结合的模式

企业采用跨境电子商务新模式的同时，不能忽略传统市场，要把两者有机结合起来，充分发挥每种模式的优势。例如，北京天竺综合保税区发挥北京市场优势和综保区的优势，以快捷通关、直营等原则选择企业，为消费者提供新的选择，以通过线下体验，促进线上交易为原则，鼓励开设综保区进口商品展示店，引导支持企业 B2B 业务和进口商品国内销售对接。同时，综保区内还运营跨境产品体验店，项目通过智能云技术实现商品库存管理、下单、支付、配送等，实现消费者可在下单 30～60 分钟内拿到商品。Captain 平台（www.captainbi.com）深入实施本土化战略，吸纳沙特当地卖家入驻平台，将当地卖家在品牌、选品、发货时效等方面的优势与平台的品牌与流量优势充分结合，发起线上线下融合项目，拓展了与当地零售商及供应商的合作空间。Fordeal 平台（https://mai.fordeal.cn）在中东市场完成了本地化升级，建设本地仓并与当地物流商合作升级物流干线和最后一公里配送服务。速卖通与国内通信零售连锁企业迪信通合作，在西班牙开设了第一家线下门店。

5. 入驻跨境电商综试区

截至 2020 年，我国已经设立了跨境电商综试区 105 个，覆盖了 30 个省区市。开展跨境电子商务的企业可以就近入驻跨境电商综试区，不仅可以获得启动资金的支持，而且可以在技术标准、业务流程、信息获取、渠道开拓、营销推广、品牌培育、人才培养等方面获得具体指导和帮助，不断提升自身实力，加强企业在海外市场的开拓能力。

4.4 利用跨境电商第三方平台开拓国际市场

▶▶ 4.4.1 跨境电商第三方平台模式

根据服务形式的不同，跨境电商第三方平台大致可以分为三种不同的类型。

---

[1] 电子商务代运营服务是指为企业提供全托式电子商务服务的一种服务模式，即指传统企业以合同的方式委托专业电子商务服务商为企业提供部分或全部的电子商务运营服务。

[2] 商务部. 中国电子商务报告（2019）[R/OL].（2020-07-02）[2020-08-27]. http://dzsws.mofcom.gov.cn/article/ztxx/ndbg/202007/20200702979478.shtml.

（1）简单信息服务提供型。此类平台只提供外贸交易中各方的需求信息而不提供交易服务，如环球资源网、中国石油和化工网（www.chemall.com.cn）、中国贸易网（www.tradeinvest.cn/index）此类平台信息量大，信息覆盖面广，针对会员企业有专门的信息提供，非常适合产品品种多并有较强外贸能力的企业使用。

（2）线上撮合线下交易型。此类平台在提供交易信息的同时，通过技术和人工手段帮助买家寻找卖家，帮助卖家寻找买家，提高买卖双方交易撮合成功的概率，如中国制造网（www.made-in-china.com）。此类平台不仅为买家和卖家提供相互沟通的联系方式，而且提供一系列辅助交易工具，如信用服务、采购服务、销售服务等。

（3）全方位服务提供型。此类平台不但提供信息服务，而且提供全面交易服务，包括信息撮合、网上结算和配送服务等，如敦煌网（http://seller.dhgate.com/#hp-lc-1）。这类站点要求跨境电商平台对国际贸易业务更加熟悉。

▶▶ 4.4.2　跨境电商第三方平台的优势

（1）信息来源广泛。跨境电商第三方平台最大的优势是能够为企业间的外贸交易提供丰富的信息。参与外贸电子商务的企业可以在平台上发布自己的产品信息，或者从平台上发现国外的买家，并可以根据不同平台的信息来选取自己企业潜在的客户。很多平台还提供附加信息服务，即为企业提供外贸交易需要的相关经营信息，如国际市场行情、不同国家的需求情况、竞争者动态等。

（2）交易撮合便利。跨境电商第三方平台集中了买家和卖家的大量信息，并提供了各种交易撮合手段，使交易撮合的成功率大大提高，为企业，特别是中小企业走出国门提供了便利。平台提供的客户管理功能，包括企业的合同、交易记录、企业的客户资料等信息的托管服务，也为企业的外贸活动提供了很多方便。

（3）营销费用大幅度降低。选用跨境电商第三方平台使交易方无须直接连接对方网络或昂贵的增值网络，只需访问基于互联网的平台界面，节省了大量时间和费用；大量卖方通过第三方平台发布信息，可以吸引更多的买方访问平台，从而降低了卖方寻找销售信息的费用，增加了卖方的商业机会；超低"佣金+年费"的收费模式，也吸引企业进入跨境电商。

▶▶ 4.4.3　商务部重点推荐的跨境电商第三方平台

2011 年，在第 109 届广交会上，商务部公布了其重点推荐的开展对外贸易的跨境电商第三方平台名单，阿里巴巴速卖通、敦煌网、中国制造网榜上有名。

1. 阿里巴巴速卖通

1）阿里巴巴速卖通简介

阿里巴巴速卖通又称全球速卖通（https://sell.aliexpress.com），是阿里巴巴帮助中国卖家接触海外消费者、终端零售商，快速销售、拓展利润空间而全力打造的集订单、支付、物流于一体的外贸在线交易平台。该平台 2010 年成立，通过 10 年的高速发展，目前，该平台的业务范围已经覆盖全球 220 个国家和地区，主要交易市场为俄、美、西、巴、法等国，支持世界 18 种语言站点，支持全球 51 个国家的当地支付方式，海外成交买家数量突破 1.5 亿个。该平台所销售的商品囊括 22 个行业的日常消费类目，包括数码产品、计算机硬件、手机及配件、服饰、首饰及珠宝、化妆品、体育与旅游用品等，这些商品体积较小，附加值高，并且价格具有竞争优势。商品备受海外消费者欢迎。

全球速卖通提供了一个直面全球的快速小额批发平台，一般单个订单在 500 美元以下。卖方和买方通过在线沟通，可以直接下单并支付，与平台合作的快递公司提供全球快速配送服务。

图 4-19 是全球速卖通的平台主页。

图 4-19　全球速卖通的平台主页（https://sell.aliexpress.com/）

2）阿里巴巴速卖通开店流程

阿里巴巴速卖通开店分为两个阶段。一是意向准备期，包括注册申请和审查通过后 2 日；二是新店上路期，包括开店第 1 周、开店 2～3 周、开店 3～4 周。

（1）注册申请（见图 4-20）。

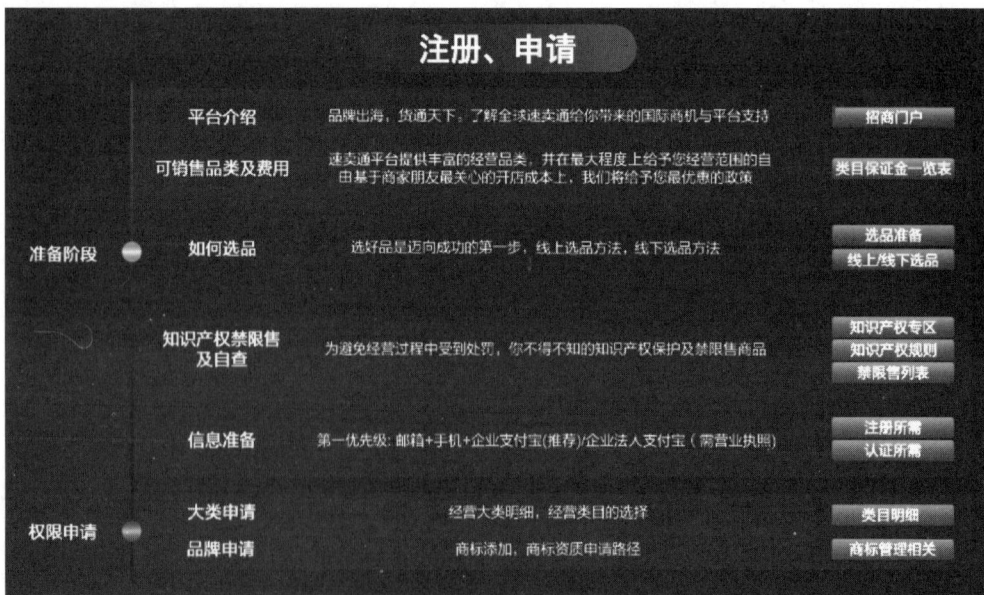

图 4-20　阿里巴巴速卖通注册申请

（2）审查通过后 2 日（见图 4-21）。

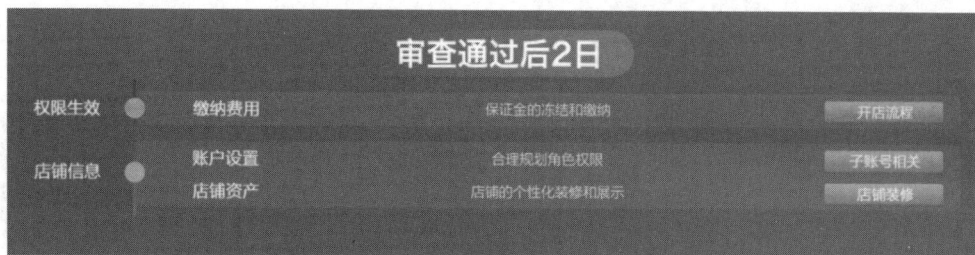

图 4-21 阿里巴巴速卖通审查通过后 2 日

（3）开店第 1 周（见图 4-22）。

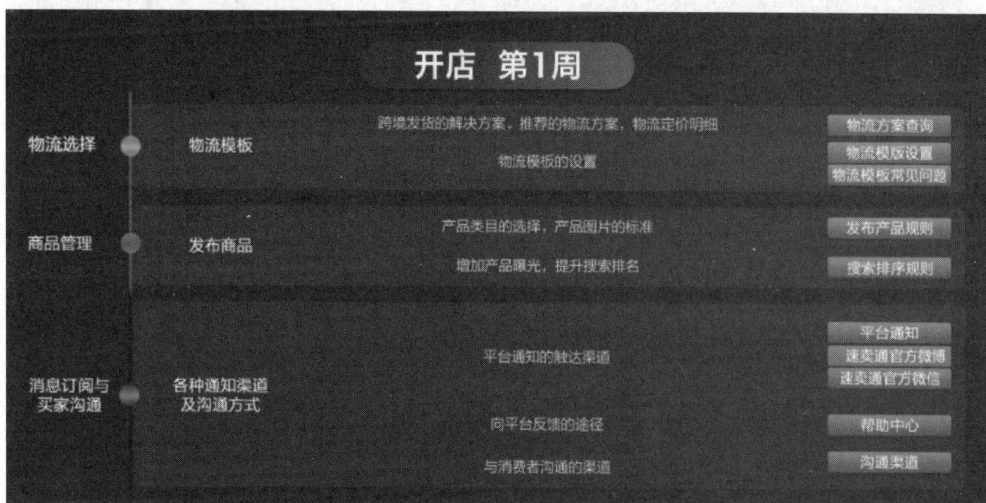

图 4-22 阿里巴巴速卖通开店第 1 周

（4）开店 2～3 周（见图 4-23）。

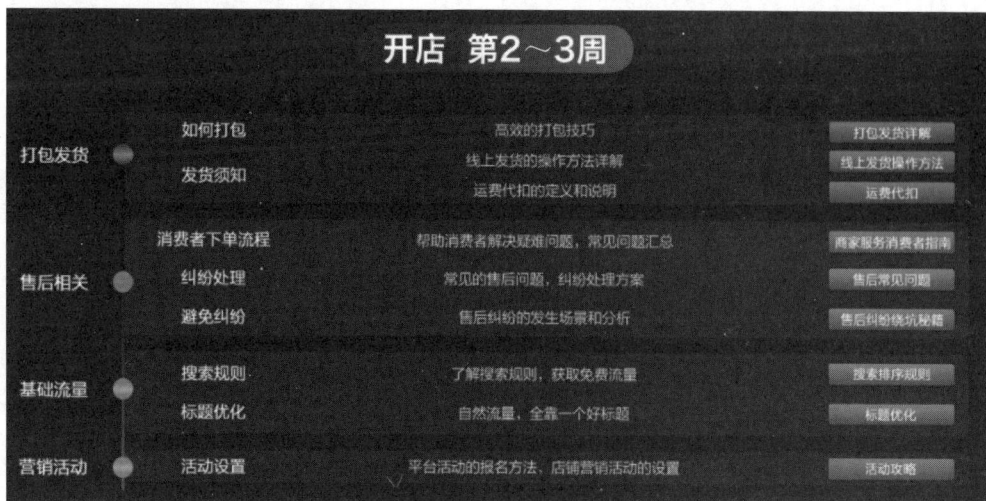

图 4-23 阿里巴巴速卖通开店第 2～3 周

（5）开店第3～4周（见图4-24）。

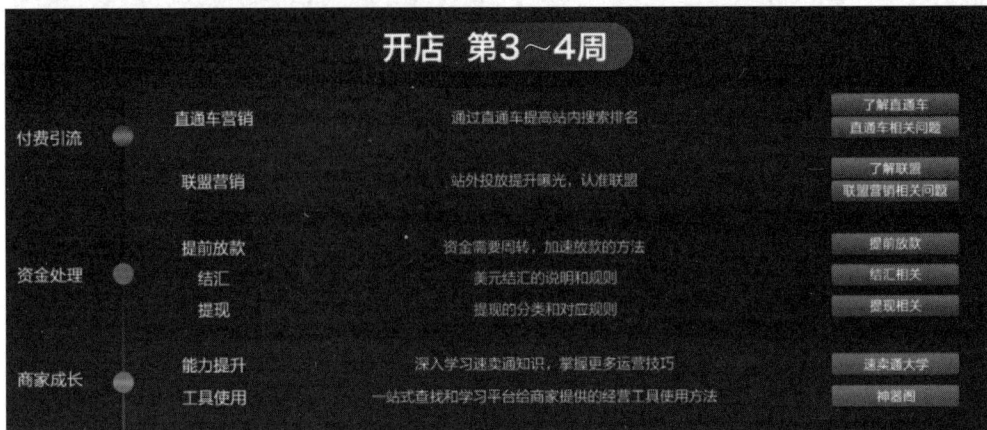

图4-24 阿里巴巴速卖通开店第3～4周

3）阿里巴巴速卖通管理规范

阿里巴巴速卖通网站设立了商家服务市场规则中心，收集了4个方面的管理规范，包括平台管理规范、公告/通知、平台协议、类目管理规则。

（1）平台管理规范，包括服务市场管理规范、服务市场的安全违规处理规范、服务市场争议处理规则。

（2）公告/通知，包括对各种管理规则变更的公示，如《电子发票类目接入规则》变更公示通知；新增管理规则的通知，如新增《阿里巴巴农村淘宝项目服务商管理规定》公示通知，等等。

（3）平台协议，包括技术服务协议（内购服务商）、阿里巴巴商家服务市场服务协议、商家服务市场各类目保证金缴纳标准等。

（4）类目管理规则，包括大数据应用类目管理细则、翻译服务类目入驻管理规范、代运营服务类目管理细则、阿里巴巴速卖通服务市场争议处理规则等。

2. 敦煌网

1）敦煌网简介

敦煌网（www.DHgate.com）是一个国内领先的专业跨境电子商务平台，聚集了中国众多中小供应商的产品，为国外众多的中小采购商提供全天候的国际网上批发交易。图4-25是敦煌网的网站主页。

作为中国B2B跨境电商领跑者，敦煌网自创办伊始就专注于中小企业出口业务。通过整合传统外贸企业在关检、物流、支付、金融等领域的生态圈合作伙伴，敦煌网打造了集相关服务于一体的全平台、线上化外贸闭环模式，极大地降低了中小企业对接国际市场的门槛，不仅赋能国内中小产能，也惠及全球中小微零售商，并成为二者之间的最短直线。

敦煌网已经建立起了品牌、技术、运营、用户四大维度上难以复制的竞争优势，目前已经拥有220万个以上的累计注册供应商，在线产品数量超过2300万种，累计注册买家超过2800

万个，覆盖全球 222 个国家及地区，拥有 50 多个国家的清关能力，200 多条物流线路，以及 17 个海外仓。

图 4-25　敦煌网的网站主页（www.DHgate.com）

2）敦煌网的交易流程

图 4-26 是敦煌网的交易流程。

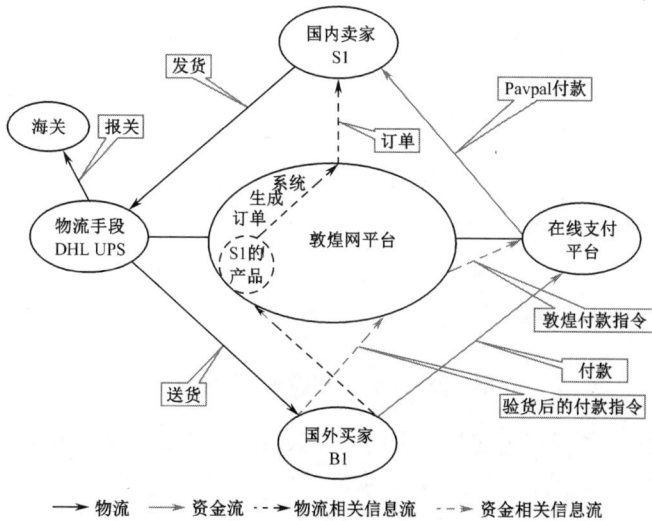

图 4-26　敦煌网的交易流程

3）敦煌网商铺的创建

（1）创建商铺。点击"我的 DHgate"—"产品"—"商铺"就会出现商铺创建页面。创建商铺的前提条件包括：①通过 DHgate 认证；②通过审核的在线产品必须大于 10 件；③至少在橱窗中设置一件产品。如果通过系统自动检测满足以上要求，点击"创建商铺"按钮，完成填写商户信息和激活账户后，就可以创建商铺（见图 4-27）。

图 4-27　敦煌网的创建商铺

（2）添加产品到橱窗。商铺创建成功后，可以选择产品添加到橱窗（见图 4-28）。橱窗内分为"New Arrivals""Hot Items""Free Shipping"三个选项。点击页面上方的标签进行各分类产品设置，可以添加产品到当前橱窗，批量修改产品有效期，批量移除产品。

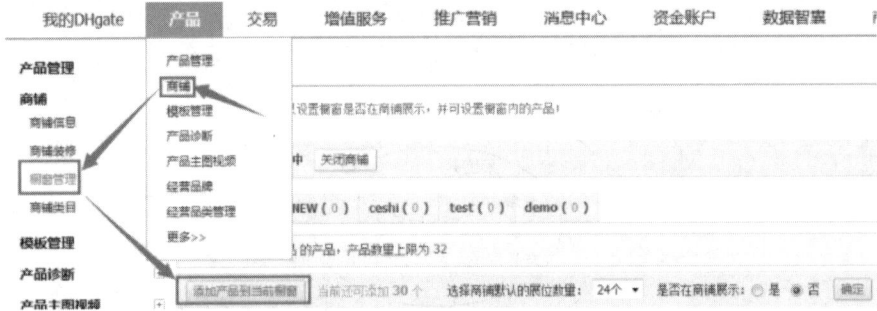

图 4-28　敦煌网的添加产品到橱窗

在产品添加页面，系统列出的是卖家所有上架且通过审核、尚未加入任何橱窗的产品。选择产品后，点击"添加"，完成产品加入橱窗的操作。

对于"Free Shipping"橱窗，添加的产品同时还要满足免运费产品的定义。"New Arrivals"橱窗中的产品，是平台"New Arrivals"的产品展示的重要参考，因此很好地应用"New Arrivals"，可以大大提高产品的曝光率。

产品加入橱窗后，可以调整产品的显示顺序。卖家自己定义的产品顺序，就是买家访问商铺时看到的产品显示顺序。

（3）预览商铺。设置好"New Arrivals""Hot Items""Free Shipping"三个特色橱窗后，就可以预览商铺并查看商铺的效果（见图 4-29）。

图 4-29　敦煌网的预览商铺

（4）开放商铺。卖家可以通过点击"开放商铺"按钮自行开放或关闭商铺。只有商铺状态为"开放"时，买家才可以浏览到您的商铺（见图 4-30）。

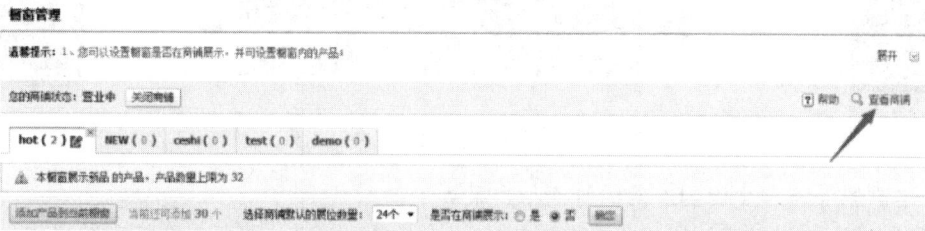

图 4-30　敦煌网的开放商铺

图 4-31 是敦煌网上一个销售山地自行车的页面。

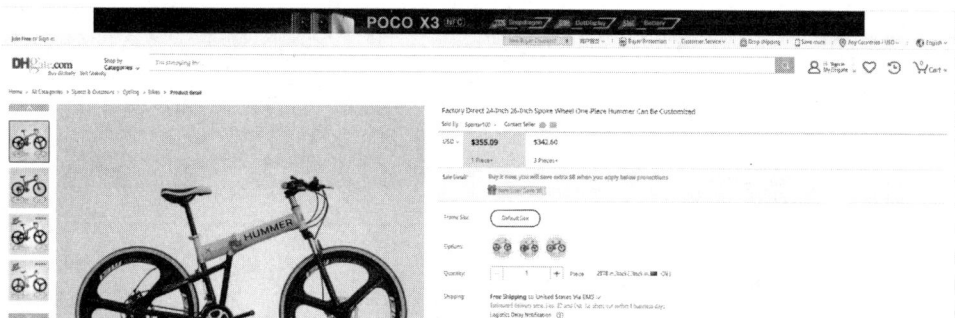

图 4-31　敦煌网上山地自行车销售页面

3. 中国制造网

1）中国制造网简介

中国制造网（www. made-in-china.com）创立于 1998 年，是由焦点科技股份有限公司旗下的百卓网络科技有限公司运营的综合性第三方 B2B 电子商务服务平台。中国制造网是一个中国产品信息荟萃的网上平台，面向全球提供中国产品的电子商务服务，旨在利用互联网将中国制造的产品介绍给全球采购商。该网站已稳定运营 20 多年，成为数百万名用户信赖的综合性电子商务网站。

（1）作为采购商，可以通过中国制造网首页输入关键词搜索产品或通过产品目录查找产品，联系供应商；采用收费的贸易服务，有效开展同中国产品供应商之间的贸易往来。

（2）作为中国供应商，可以免费注册，并将产品和公司信息加入产品目录；通过推广服务，提高产品曝光率，使产品获取商机。

（3）作为海外供应商，有机会使用中国制造网的推广服务，有效推广产品和企业品牌。

图 4-32 是中国制造网的英文网站主页。

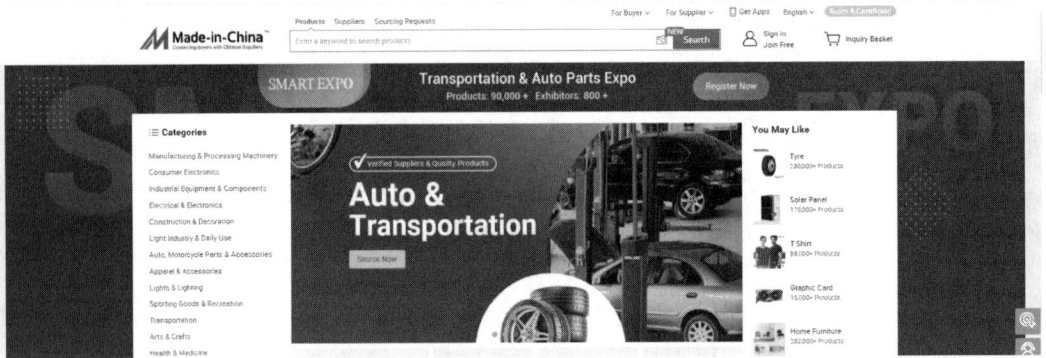

图 4-32　中国制造网的英文网站主页

2）名列前茅——中国制造网的特色推广服务

中国制造网提供搜索结果优先排名（Top Rank，名列前茅）服务，即搜索结果优先排名。推广客户购买以后，其产品图文信息将展示在相应的关键词/产品目录搜索结果前列位置，最有效地引起目标买家关注。该服务包括以下两项内容：

（1）关键词搜索优先排名。客户可以选择特定的产品关键词；每当买家访问中国制造网，使用该关键词进行搜索时，客户的公司、产品等信息即可出现在搜索结果的最前列位置（1～10位）（见图 4-33）。

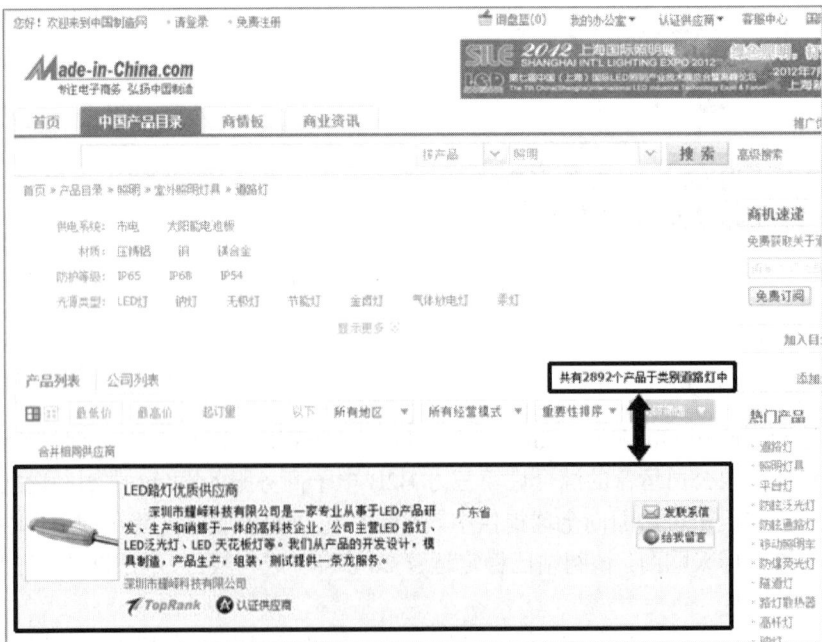

图 4-33　中国制造网的关键词搜索优先排名

（2）目录搜索优先排名。客户可以选择特定的产品目录；每当买家访问中国制造网，在该产品目录进行搜索时，客户的公司、产品等信息即可出现在搜索结果的最前列位置（1～10 位）（见图 4-34）。

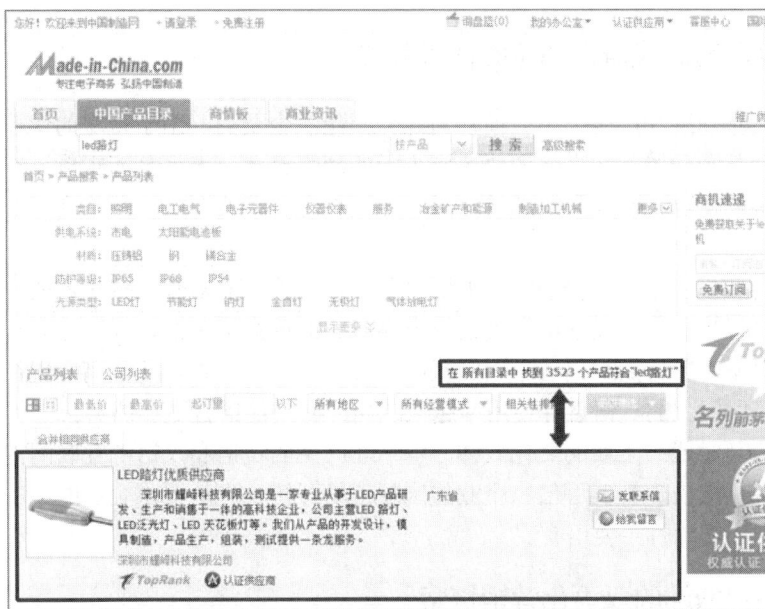

图 4-34　中国制造网的目录搜索优先排名

3）买家帮助

作为中国制造网的买家，需要解决 3 方面的问题。

（1）找供应商：使用专业的搜索工具或从产品目录中查找并发现产品和供应商，主要解决如何找到产品、如何寻找特定地区的供应商、如何查看供应商的联系方式等。

（2）双方联系：使用各种沟通方式与买家联系，提高成交机会，开启网上贸易之门，主要包括下载、安装、使用麦通[①]并管理联系人。

（3）发布采购信息：中国制造网提供免费发布采购信息，将需要采购的详细信息发布上网，可以让供应商主动查找，包括如何发布询价单、如何查看报价、如何获得更多优质报价等。

4）卖家帮助

作为中国制造网的卖家，需要解决 5 方面的问题。

（1）注册：注册为中国制造网会员、选择会员身份、密码设置等。

（2）发布公司信息：中国制造网提供免费发布公司信息，加入"中国产品目录"可以让更多的用户关注公司和联系方式。

（3）发布产品：中国制造网提供免费发布产品，让买家带着订单找上门。

（4）主动找买家：在采购信息频道搜索询价信息和招募信息，主动出击，寻找买家。

（5）双方联系：使用各种沟通方式与买家联系，提高成交机会，开启网上贸易之门。

———————————

① "麦通"是中国制造网新推出的一款即时聊天工具，它具有及时洽谈、文件传输、洽谈回顾、信息发布等多种功能。

4.5 利用企业网站开拓国际市场

▶▶ 4.5.1 互联网时代语言地位的两极分化

互联网的传播速度和广度，是之前任何媒介都无法企及的。由于带宽的快速发展，传播的形式也在进化，从刚开始的文字、图片，到今天的网络直播、串流高清视频。在巨大的技术飞跃下，沟通的多样化也不断提升沟通的深度，在线教育、在线医疗、网络会议等科幻梦想都已成为现实。

从创造内容和提供服务获得的收益方面来看，是由受众的多寡直接决定的。英语作为世界通用语，先天的优势决定了互联网的英语内容和服务的受众最多。以汉语作为母语的海量人口和中国人口相对集中的特点，也让中国的互联网市场空间大，收益非常高。现在有了人工智能自动翻译，使互联网上的英语直译使用率越来越高，而其他语言更加弱势。

互联网作为新时代最主要的文化载体，每年新产生的英语和汉语的互联网内容规模，可能是其他语言内容的十倍，甚至百倍。企业的国际市场开拓，也从要求企业网站的多语言转变为重点发展英文和中文两种主要语言。

▶▶ 4.5.2 企业网站的双语化营销探索

我国外贸份额较大的企业已经充分认识到双语种网站在国际贸易活动中的重要性。许多企业积极开展双语种网站的构建，并利用这种网站拓展世界市场。

1. 海尔集团

1）海尔集团简介

海尔集团（全称青岛海尔股份有限公司，www.haier.com）于 1984 年在中国青岛创立，是一家家电类生产商。历经名牌战略、多元化战略、国际化战略、全球化品牌战略、网络化战略和生态品牌战略等六个战略阶段，海尔集团已经渗透到全球 160 多个国家和地区，服务全球 10亿+用户家庭，连续 12 年稳居欧睿国际世界家电零售量第一品牌，入选《财富》世界 500 强。物联网时代，海尔生态品牌正在实现全球引领，构建衣食住行、康养医教等物联网生态圈，为全球用户定制个性化的智慧生活。图 4-35 是海尔集团的英文网站主页。

2）海尔集团的海外拓展

（1）积极推动全球化网络布局，全球销售网络遍布 160 多个国家和地区。其中，2019 年 9月海尔在鞑靼斯坦共和国切尔尼市建成欧洲首家智慧物联、大规模定制的智慧生态产业园。

（2）努力打造全球化品牌集群，满足全球不同区域、不同用户族群的最佳体验（见图 4-36）。

（3）形式多样的网络促销活动，不断扩大海尔的海外影响力。2020 年 8 月 8 日，海尔集团的"随手拍"2.0 活动于巴基斯坦正式开启。自 2019 年海尔集团第一次发动全球网友启动"随手拍"以来，就陆续获得了超过 100 多个国家和地区的近百万名网友参与，一张张照片记录着海尔智家在全球各地的品牌故事。为应对"后疫情时代"，海尔品牌 AQUA 积极探索销售转型之路，在日本第一时间加大了线上销售的力度以及与网上社区的用户交互，联动多个社交媒体，打造沉浸式用户体验。AQUA 联合 YouTube 平台的视频博主发布一系列 AQUA TZ 冰箱从送货上门至使用体验的全流程视频，对 AQUA TZ 的超薄、大容量冷冻、外观设计等特点进行了详细展示，并在视频下方加入了 Amazon 购物链接，从而实现了销售引流。2020 年 1—6 月，海尔 AQUA 超大型冰箱销量逆势增长 25%。在泰国，2020 年 5 月 9—19 日，海尔泰国联动线下 10 家家电门店，开启连续 10 天的线上交互活动，通过线上直播的形式吸引广大用户热情参与。

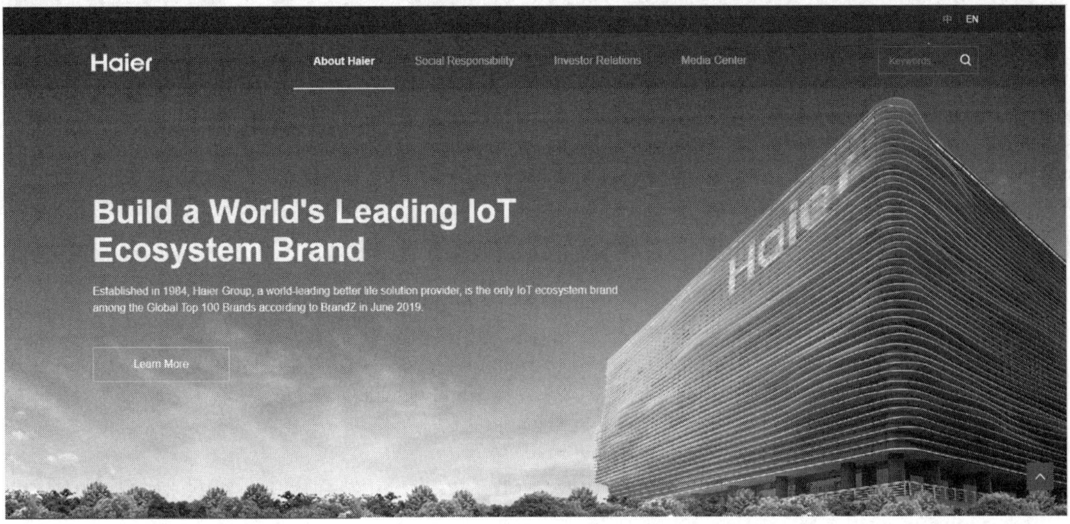

图 4-35　海尔集团的英文网站主页

（https://www.haier.com/global/about-haier/?spm=net.31999_pc.header_141693_20200720.1）

图 4-36　海尔集团的全球化品牌集群

2. 格力集团

1）格力集团简介

格力集团（全称珠海格力电器股份有限公司，http://global.gree.com/）成立于 1985 年 3 月，经过 30 多年的发展，形成了工业、房地产、石化三大板块综合发展的格局，主体资信评级达 AAA 级。2020 年格力集团凭借突出的综合实力再次上榜《财富》世界 500 强名单，2019 年公司实现营业总收入 2 005.08 亿元人民币，位列榜单第 436 位，延续了一如既往的发展韧性和发展活力。图 4-37 是格力集团的英文网站主页。

图 4-37　格力集团的英文网站主页（http://global.gree.com）

2）格力英文网站的海外拓展

（1）详细展示世界各地的销售站点。从格力英文网站可以看到格力集团的海外销售网络遍布全球，包括北美、拉美、欧洲、中东、非洲、亚洲和大洋洲。点击每个洲的图标，就可以看到当地的销售网店和相关的联系信息。

（2）详尽的产品介绍。在 Products & Services 栏目中，格力集团对销售的产品做了详尽的介绍（见图 4-38），包括 Residential Air Conditioner、Commercial Air Conditioner、Air to Water Heat Pump、Home Appliances、Refrigerator、Gree Smartphone、Industrial Products、Download Center 等 8 个系列（见图 4-39）。

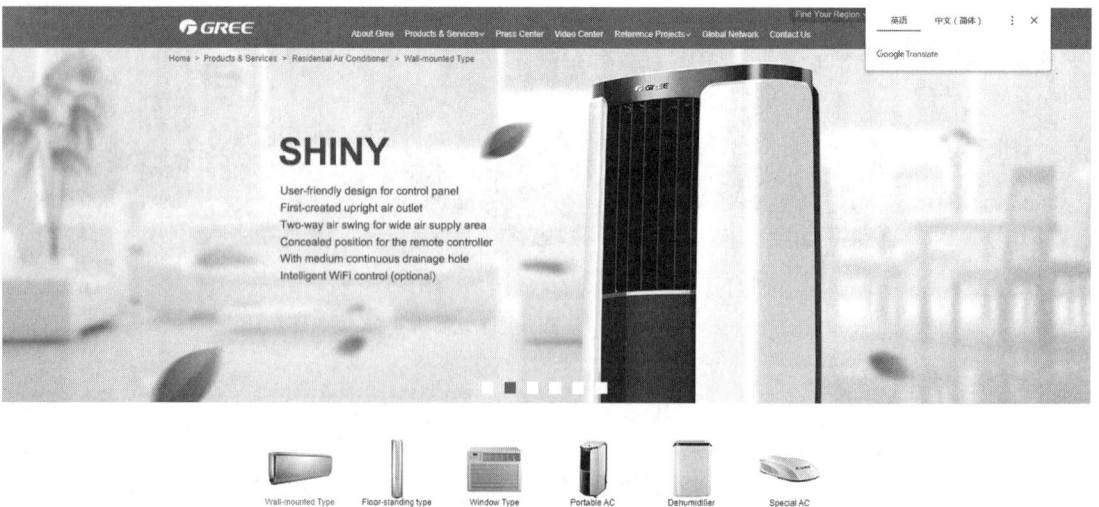

图 4-38　格力集团英文网站的产品介绍

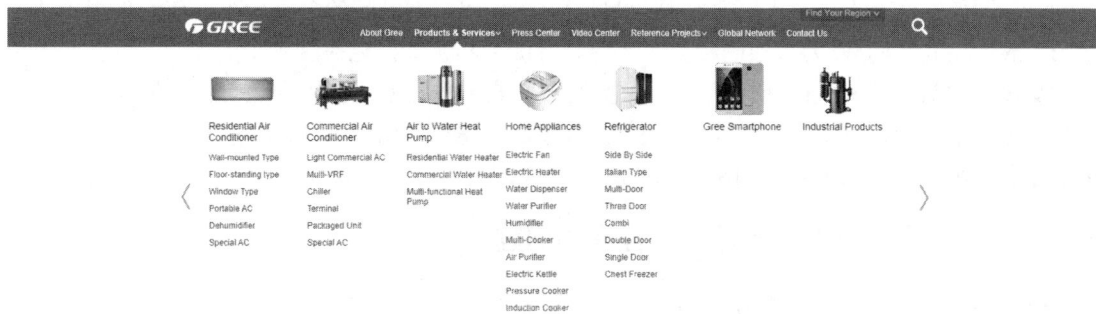

图 4-39　格力集团英文网站的系列产品介绍

3. 上汽集团

1）上汽集团简介

上汽集团（全称上海汽车集团股份有限公司，www.saicgroup.com）是国内 A 股市场最大的汽车上市公司。2019 年，上汽集团全年销售整车 623.8 万辆，国内市场占有率为 22.7%，实现整车出口及海外销售 35 万辆，同比增长 26.5%，名列《财富》世界 500 强第 52 位，在此次上榜的全球汽车企业中名列第 7 位。图 4-40 是上汽集团的英语网站主页。

2）及时向世界全面展示上汽集团的经营状况

上汽集团英文网站高度重视向世界展示企业的经营状况。在"Investor Relations"栏目中，上汽集团就展示了 2019 年和 2020 年前 8 个月的销售量统计数据，展示了 2019 年企业运作状况，以及最新的财务数据。这些重要数据对于树立上汽集团在国际汽车市场上的威信和提高消费者对上汽集团的信任度都有很大帮助。

图 4-40　上汽集团的英语网站主页（www.saicgroup.com）

3）加大线上线下全方位渠道销售力度

面对 2020 年疫情期间的市场压力，上汽集团主动展开了对营销和零售创新模式的探索和实践，通过打通线上线下的全方位渠道，搭建起"海陆空"式的多维体验平台，为消费者提供了互动看车、买车养车的一站式便捷服务。4月，上汽集团三大品牌的多款新车上市均采用了"云发布"形式，超过 4 000 万人实时观看了别克、雪佛兰和凯迪拉克品牌新车的"云上市"；另外，上汽集团加大对零售模式的新探索，凯迪拉克品牌推出"五免一无忧"（免首付、免利率、免购置税、免首年保险、免牌照、无忧保养定制销售服务）的"租啦"长租业务，全国超过 15 座城市的近百位用户已顺利加入"租啦"长租计划，成为凯迪拉克"新车主"。

▶▶ 4.5.3 企业网站双语种建设中存在的问题

从目前情况看，我国企业双语种网站建设中主要存在两个问题。

（1）网站基本停留在宣传层面，没有充分发挥网络营销的功能。调查显示，企业网站基本上停留在对企业形象的宣传和产品的展示上，网络营销的功能比较差。突出表现在没有网络营销的专门板块，没有产品的报价、产品的销售联系渠道和产品的售后服务版面。

（2）新闻更新迟缓。很多企业的外文版面新闻更新速度很慢，或者从建设之日起就没有更新。这种状况使网站的宣传作用很难得到发挥，特别是多语种的网站，这个问题更为严重。

为了解决上述问题，立讯精密（全称立讯精密工业股份有限公司，www.luxshare-ict.com）采取了两项措施：一是配备专门人员维护英文网站，保证英语网站与中文网站同步更新；二是在企业网站中将产品和开发放到重要位置，而将有关企业介绍、新闻等放到隐蔽框中。这样，客户在访问企业网站时，首先接触到的是有关网络营销的内容，从而真正将外贸业务在网上开展起来。

图 4-41 是立讯精密的英语网站主页和隐蔽栏目框。图 4-42 是立讯精密英语网站的产品页面。

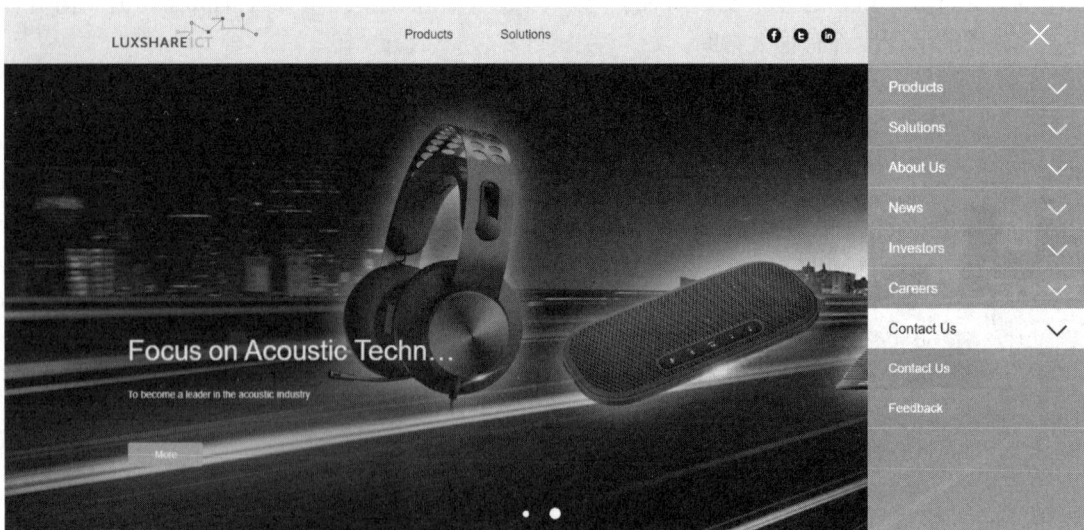

图 4-41 立讯精密的英语网站主页和隐蔽栏目框（www.luxshare-ict.com/）

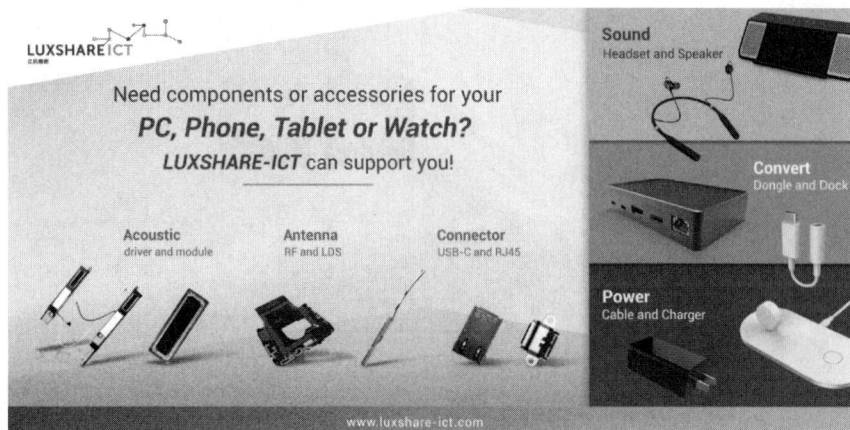

图 4-42　立讯精密英语网站的产品页面

4.6　利用国外电子商务平台开拓国际市场

目前，中国企业在考虑自身产品的出口时，首先选择的是国内的外贸电子商务平台。其实，借助国外电子商务平台也是一种很好的选择。

▶▶ 4.6.1　eBay

1. eBay 简介

eBay（www.eBay.com）是在线销售式电子商务平台的鼻祖，2020 年 9 月在全球的综合排名是第 41 位，连接着全球数百万的买家和卖家，为各种规模的个人、企业家、企业和组织创造经济机会，在全球 190 个市场运营，在世界电子商务 C2C 领域占据统治地位。[①] 其销售模式有固定价格，也有拍卖形式。在 eBay 上开店，可以在流量获取方面取得绝对优势。图 4-43 显示了 eBay 网站的主页。

2. 在 eBay 上开店

eBay 虽然是全球最大的电子商务平台，但其运作流程非常简单。花两三分钟就可以创建一个交易账户，轻松开拓海外直销渠道。每个交易账户都可以在 eBay 全球 38 个交易平台上使用。

1）启动外贸流程

在 eBay 上启动外贸流程需要三个步骤。

（1）创建 eBay 交易账户。如实填写注册资料，并使用 Facebook、Google、Apple ID、163 等国际通用的邮箱作为注册邮箱。通过信用卡完成身份验证后，可以在注册邮箱中查收到 eBay 发送的确认邮件，激活 eBay 账户并绑定一个资金账户即可开展跨国交易。

---

① Alexa．ebay.com 网站 Alexa 排名[EB/OL]．（2020-09-01）[2020-09-20]．https://alexa.chinaz.com/ebay.com．

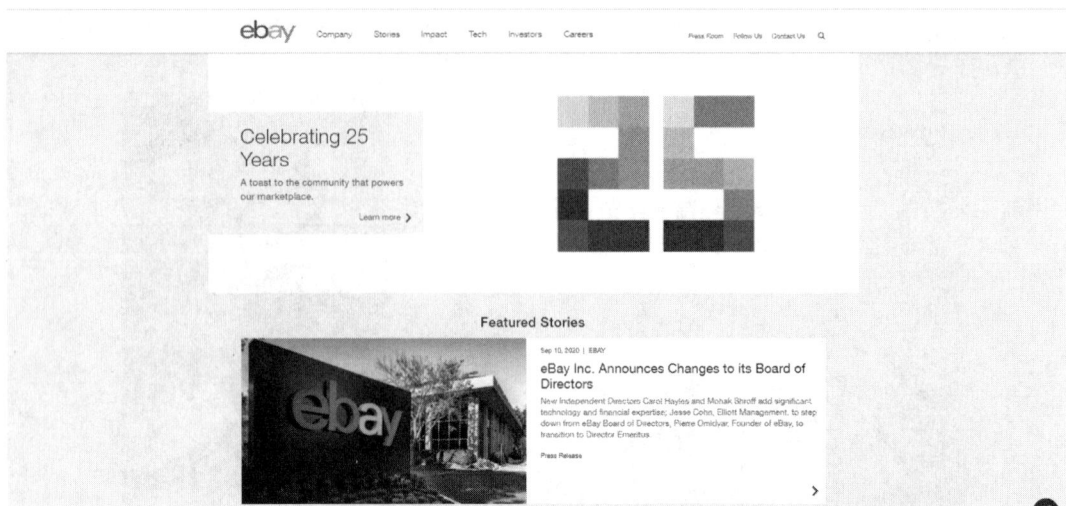

图 4-43　eBay 网站的主页（www.ebayinc.com）

（2）创建 PayPal 资金账户。eBay 平台推荐使用 PayPal 作为资金账户进行跨国收付款交易，它适用于在线购物和销售的个人。注册 PayPal 时也需要填写个人资料，并使用信用卡对账户进行认证，PayPal 将从注册填写的信用卡中扣除 1.95 美元。2～3 天后，登录信用卡网上银行查收交易代码，即完成资金账户认证。

（3）绑定交易账户与资金账户。eBay 需要把交易账户和资金账户进行绑定，这样才可让买家在购买卖家的产品后通过 PayPal 付款。登录 eBay 账户后，直接单击"连接到我的 PayPal 账户"，输入 PayPal 密码，单击"链接您的账户"，这时系统界面会提醒已经完成账户的关联，单击"返回 eBay"，即可完成 eBay 账户与 PayPal 账户的关联。

2）缴纳费用

以 eBay 美国站为例，一般 eBay 会向平台卖家收取两种类型的基础费用：

（1）创建 listing 刊登时，会收取刊登费（insertion fee）；使用 listing 的升级功能会增加相应的费用。这些费用需要根据刊登的形式、刊登时选择的分类（Category），以及账号表现（seller performance standards）来决定。

（2）产品售出时，会根据产品的售价收取成交费（finalvalue fee）。

（3）如果订购了 eBay 店铺（Store subscription），需要为店铺支付店铺费用。

（4）选择 eBay 的 Promoted listing 的广告服务，需要支付相应费用。

3）诚信与安全政策

国外电子商务网站都有一些特殊的诚信与安全政策。正式开始在 eBay 销售物品前，需要了解这些政策，包括 eBay 信用评价体系、eBay 物品刊登与销售政策，以及 eBay 对卖家表现及买家满意度方面的要求等。

3. 销售产品

图 4-44 显示了在 eBay 上销售产品的 4 个步骤。

1 刊登物品	2 买家沟通	3 售后收款	4 物流发货
• 选择刊登站点 • 在出售表格中刊登 • 撰写物品标题与描述 • 选择您的收款方式 • 设置物流服务和运费 • 明确您的退换货政策	• 通过 My Message/站内信与买家沟通 • 及时回复买家提问 • 注重买家沟通策略 • 物品成交后通知买家	• 物品售出后等待付款 • 买家直接付款至您的 PayPal 账户 • 确认收到货款后发货	• 做好跨国包裹的包装 • 联系物流商安排发货 • 上传物流追踪号 • 标记物品为已发出
了解进阶操作	了解进阶操作	了解进阶操作	了解进阶操作

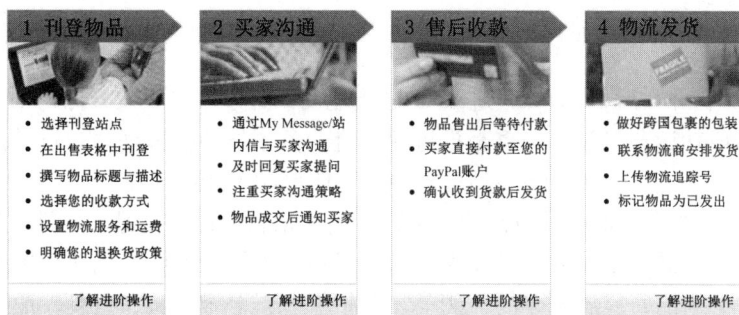

图 4-44　在 eBay 上销售产品的 4 个步骤

4.6.2　亚马逊

1. 亚马逊简介

亚马逊（Amazon）总部位于美国华盛顿西雅图。起初，亚马逊只是一个网上书店，但是很快就开始多元化发展，业务覆盖软件、电视游戏、电子产品、服装、家具、食品、玩具、珠宝。现已成为全球商品品种最多的网上零售商和全球第二大互联网企业，在全球电子商务 B2C 领域占据统治地位。2020 年 8 月，亚马逊名列 2020 年《财富》世界 500 强排行榜第 9 位。2020 年 9 月在全球网站的综合排名是第 12 位[1]。在公司名下，也包括了 AlexaInternet、a9、lab126 和互联网电影数据库（Internet Movie Database，IMDB）等子公司。图 4-45 显示了亚马逊网站的主页。

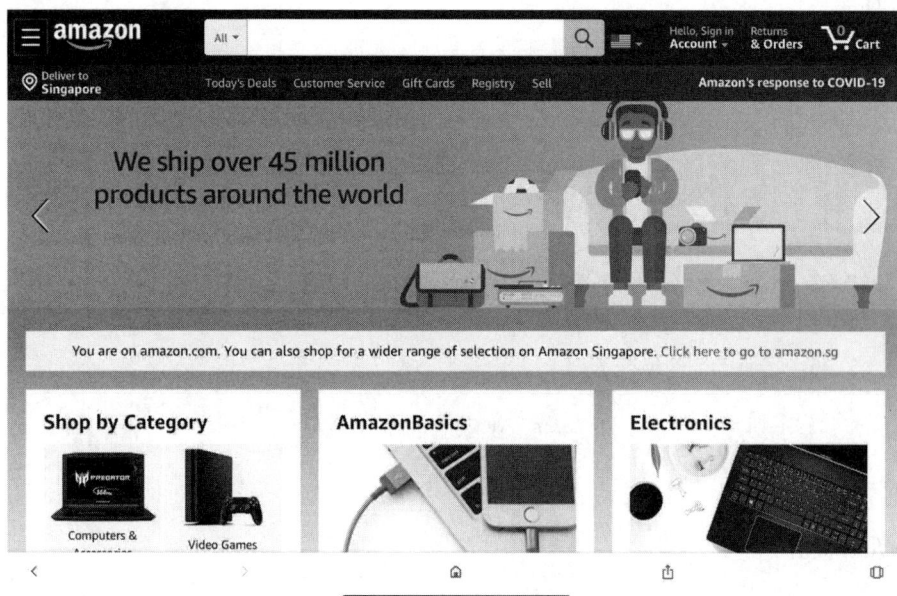

图 4-45　亚马逊网站的主页（www.amazon.com）

---

[1] Alexa．Amazo.com 网站 Alexa 排名[EB/OL]．（2020-09-01）[2020-09-20]. https://alexa.chinaz.com/amazon.com.

101

2. 在亚马逊上开店

亚马逊作为正品网络百货商城，进入 C2C 市场后，开发了"我要开店"平台。"我要开店"已在亚马逊全球成功运营多年，一直是推进亚马逊业务增长的强大动力。目前，来自全球第三方卖家的商品在亚马逊全球所销售商品总量中的占比已超过 30%。

"我要开店"允许参与企业以自己的名义在亚马逊销售自己的商品，并利用亚马逊统一的市场宣传及推广，扩大商品销量并提升品牌价值。目前，能够上架的商品包括图书、影视、手机通信、家电、办公用品、家居、食品、酒类、个护健康、美容化妆、玩具、服装鞋靴、箱包配饰、珠宝首饰等 20 余种商品，其他品类也在陆续开放中。

为了保证"我要开店"的健康运作，亚马逊设计了严格的卖家准入机制和监督机制。卖家在亚马逊销售商品，须提供相关资质文件，审核通过后方可销售商品（查看资质审核详情）；卖家加入亚马逊后，亚马逊通过完善的技术和流程监督卖家的经营行为，以保证顾客购买到正品商品。

亚马逊"我要开店"项目提供两种合作模式，满足卖家不同的业务需求。

（1）自主配送模式。在亚马逊开设网店后自己设立仓储，自行配送并提供客服。亚马逊只收取佣金。此类模式适用于季节性较强、生命周期短的产品，要求卖家具备优质的仓储配送能力，有较丰富的电子商务经验。

（2）使用亚马逊物流模式。利用此种模式，可以享受亚马逊专业的仓储、配送和客户服务，所支付的费用除佣金外，还有物流费和仓储费。此种模式适用于周转率高的商品，可以大大节省人力、物力成本，特别适合缺乏仓储、物流运营管理经验的企业。这一模式的物流服务流程如图 4-46 所示。

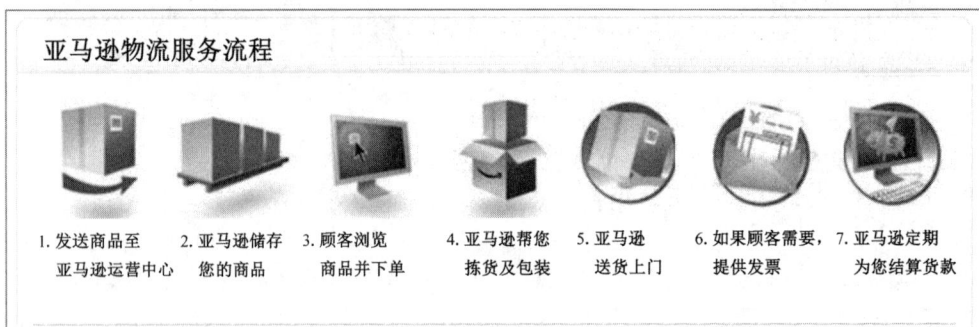

图 4-46　亚马逊物流服务流程

▶▶ 4.6.3　Wish

1. Wish 简介

Wish 2011 年成立于硅谷，是一家高科技独角兽公司，有 90% 的卖家来自中国，也是北美和欧洲最大的移动电商平台。Wish 主要是基于 App 的跨境电商平台，其移动用户有 3 亿多个，日活跃用户超过 1 000 万个，日均订单量 200 多万单。

Wish 的主要特色是物美价廉，很多产品，像珠宝、手机、服装等都从中国发货。Wish 使用优化算法大规模获取数据，并快速了解如何为每个客户提供最相关的商品。商品价格低廉，但产品质量监管非常严格，产品的质量值得信赖。

利用独特的智能性的推送技术，Wish 直接为每位买家推送喜欢的产品。这样的营销方式，吸引了大量客户，让消费者在移动端便捷购物的同时享受购物的乐趣，被评为硅谷最佳创新平台和欧美最受欢迎的购物类 App。

图 4-47 显示了 Wish 网站的主页。

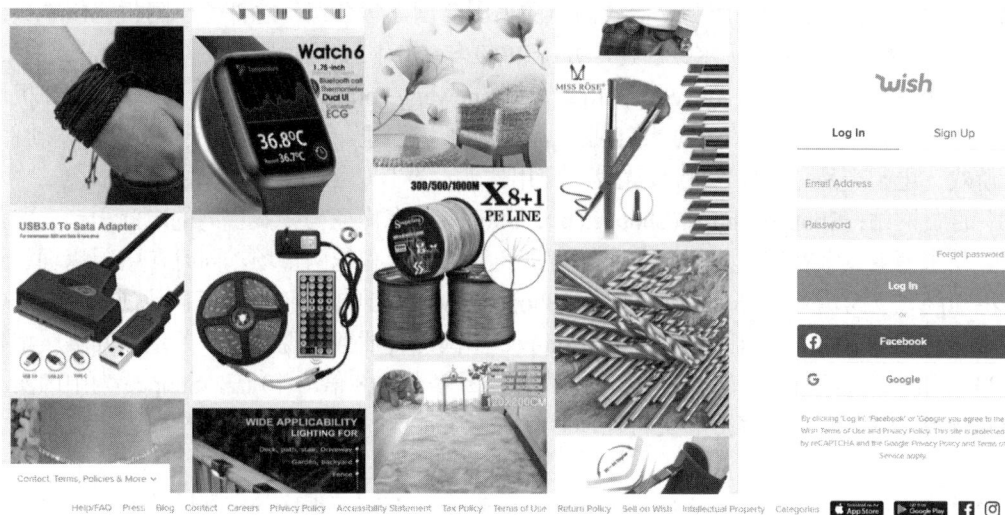

图 4-47　Wish 网站的主页（www.wish.com）

2. 在 Wish 上开店

Wish 上开店比较简单，填写注册资料，通过审核后，即可开店。新开店铺按照 Wish 的指导添加商品，获取流量，妥投订单商品，就可以进行线上货款的结算了（见图 4-48）。

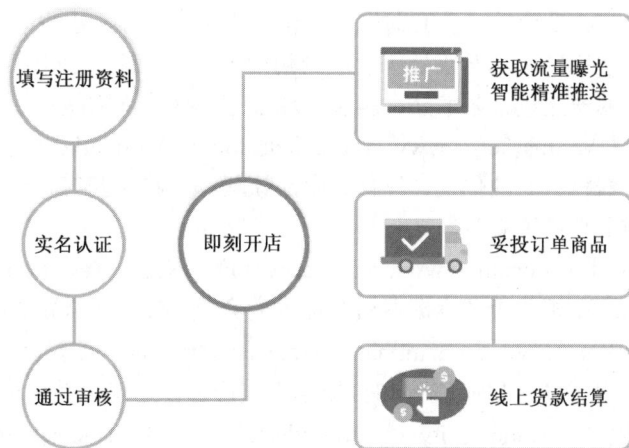

图 4-48　Wish 网站的开店流程

▶▶ 4.6.4　部分国外跨境电商网站

国外有很多从事跨境电商交易的电子商务平台，企业可以通过自己的观察选择适合自己情况的交易平台进入国外市场。

（1）百货网站：沃尔玛（Walmart，https://www.walmart.com）。沃尔玛百货有限公司（简称沃尔玛）是一家经营连锁折扣店和仓储式商店的美国跨国零售公司，总部位于阿肯色州本顿维尔。公司于 1962 年由山姆·沃尔顿创建，并于 1969 年 10 月 31 日注册成立。

（2）电子网站：新蛋网（Newegg，https://www.newegg.com）。新蛋网是一个在线计算机硬件和软件零售商。新蛋网总部位于加州工业市，于 2001 年创建。新蛋网销售计算机硬件、软件、外设、游戏、电子产品、配件、DVD 光盘、家用器皿、器具、工具、家具和办公用品等。

（3）百货网站：Shopee（https://shopee.cn）。Shopee 是东南亚与中国台湾的电商平台，覆盖新加坡、马来西亚、菲律宾、中国台湾、印度尼西亚、泰国和越南市场，同时在中国深圳、上海和香港地区设立跨境业务办公室。2018 年 Shopee GMV 达到 103 亿美元，同比增长 149.9%，App 下载量超过 2 亿次，员工超 8000 人。Shopee 中国跨境业务表现亮眼，单量涨幅屡屡跑赢大盘，2018 年"双 11"和"双 12"大促跨境卖家单量攀升至 8 倍与 10 倍。Shopee 为中国卖家提供自建物流 SLS、小语种客服和支付保障等解决方案，卖家可通过平台轻松触达东南亚 7 大市场。

（4）百货网站：Lazada（www.lazada.com）。Lazada 是东南亚地区的在线购物网站。总部设在新加坡，业务遍及整个东南亚地区。Lazada 成立于 2012 年，目前，年经营额已达 10 亿美元，日均访问量 400 万人次，入驻商家数超过 1.5 万个。其从 2015 年 2 月开始在中国招商，有超过 6 000 家中国公司入驻其平台。为跨境电商创业者打造的集训服务平台阿拉丁梦想，专注于跨境卖家的成长与盈利，成就成功未来。

（5）百货网站：Flipkart（https://www.flipkart.com）。Flipkart 由两名原亚马逊员工于 2007 年创立，网站的模式非常像亚马逊，Flipkart 也从书籍开始，现在扩展到其他产品。

（6）艺术品网站：Etsy（https://www.etsy.com）。Etsy 是一个大型的艺术品电商平台，接受卖家入驻，主要为顾客和设计师、手工制品工匠和古董收藏家等搭建桥梁。该公司成立于 2005 年 6 月，位于纽约布鲁克林，当时正处于互联网初创公司和专注于手工和复古物品的新设计趋势的高潮。Etsy 销售的产品包括艺术品、服装、珠宝和其他装饰物品及工艺品。

（7）工业品网站：Vertmarkets（www.vertmarkets.com）。Vertmarkets 是一个全球性的工业品交易市场，包括电子器材、石油化工、环保、食品饮料、生物医药等几十个分网站，提供信息发布、在线撮合和网上交易等服务。

（8）汽车：Global Car Locator（www.globalcar.com）。这是一个基于网上交易汽车相关产品和服务的 B2B 交易市场，提供全球汽车业贸易需求的商机发布、汽车贸易商名录、虚拟展示室。

（9）饮料网站：IBN（www.internationalbeveragenetwork.com）。这是全球最大的关于酒类饮料的贸易网站。它不仅方便进口商查询和直接联系供应商，还可以使供应商方便地找到买家。

（10）国际贸易网站：Traders City（www.traderscity.com/）。Traders City 是一个提供进出口贸易信息的 B2B 市场。希望进入市场的企业可以免费注册，会员包括进口商、国际代理商和经销商、供应商和制造商、出口商和国际贸易商免费会员。Traders City 提供供求信息和产品照片，提供在线商务洽谈、信息检索和统计服务，并定期提供行业竞争力的分析报告。利用 Traders City

还可以发掘国际商务旅游、国际贸易金融服务和进出口合资企业的投资机会。

（11）工业品网站：Directindustry（www.directindustry.com）。Directindustry 是全球最专业、最大的工业品在线采购平台之一，1999 年成立于法国，拥有超过 200 家世界 500 强合作客户；吸引了来自全球 200 多个国家和地区的 600 多万个采购商，其中 430 万个注册买家，有"永不落幕的汉诺威工业展""工业品牌帝国"等称号。该网站使用五大语系向全球推广，该平台的特色是只从世界各地挑选高质量的制造商，不接受贸易公司，不对经销商开放，确保平台直接供应品牌原创产品。这一优势使其在 2009 就成功获得全球最大的工业领域电子商务平台称号。

（12）工业品网站：Engineering360（https://www.globalspec.com/）。Engineering360 是全球最专业的电子及工业采购网站之一，是目前发展最迅速的技术类 B2B 媒体，拥有大量的采购工程师和技术工程师，为该网站提供最新的技术及产品信息。该网站的两大创新优势：一是引入技术规格搜索方式创新；二是采取主动被动推广相结合的方式。

（13）工业品网站：Tradekey（www.tradekey.com）。Tradekey 是全球知名度和实用性比较强的 B2B 网站，在全球工业品电商领域名列前茅，也是近年来最受工业品外贸行业关注的网站。该网站隶属于沙特阿拉伯公司，运营总部位于巴基斯坦，而服务器则位于美国，从这里面就可以看出它与全球诸多实力雄厚的集团达成了合作。其特色是一体化的网络贸易服务体系，管理十分方便；企业可在线建立网上展厅、商业机会发布、主动查询国际专业买家、买卖双方在线询价等各种不同类型的在线交易工具。

复习题

1. 简述跨境电子商务市场调研的内容。
2. 如何利用互联网开展跨境电子商务市场的直接调研？
3. 试论述利用互联网开展跨境电子商务市场间接调研的主要方法。
4. 简述我国企业利用跨境电商进入国际市场的途径选择。
5. 试述跨境电商第三方平台开拓国际市场的方法。
6. 试述利用企业网站开拓国际市场的方法。
7. 试论述利用国外电子商务平台开拓国际市场的方法。

参考文献

[1] 张斗. 让 Internet 充当商业"间谍"（上）（下）——从安徽安特集团的经验看网络营销中收集情报的方法[N]. 北京：计算机世界，2000-3-20，2000-3-27.

[2] 时启亮，王莹. 网络营销调研技术[M]. 北京：中国人民大学出版社，2006.

[3] 梁丰. 计算机网络信息检索中存在的问题及发展方向探讨[J]. 北京：信息与电脑，2020（9）：140-142.

[4] 童锡骏. 网络资源与信息检索[M]. 北京：北京师范大学出版社，2011.

[5] 毛丽佳. 互联网背景下中小企业开拓国际市场"SWOT"分析[J]. 中外企业家，2015（32）：23.

[6] 草根. 互联网双寡头垄断，英语和汉语正在收割全球文明[EB/OL].（2019-06-29）[2020-09-20]. https://www.sohu.com/a/323760981_483111.

[7] 雨果网. 海外最新跨境电商平台公司排名？国外跨境电商平台最新排行榜？[EB/OL].（2019-07-15）[2020-09-17]. https://www.cifnews.com/article/46822.

第5章

跨境电子商务营销

通过互联网进入国际市场的企业，必须面对跨境电商营销的重大挑战，尽快解决采取什么样的营销策略和营销方法的问题。特别是新接触到跨境电商的企业，更需要了解这方面的知识和技巧。

跨境电商企业应根据自身的产品与服务特点，利用网络资源创建自己的网络品牌，对在国际网络市场中获取更大流量，降低获客成本都有极大的帮助。

5.1 跨境电商营销策略

5.1.1 跨境电商的品牌营销策略

品牌营销是市场经济高度竞争的产物，经过多年实践，已经发展得相当成熟。互联网所具有的交互、快捷、全球、媒体特性等优势，对于提高企业知名度、树立企业品牌形象、更好地为用户服务等都提供了有利的条件。

1. 多种渠道推动原有品牌出海

很多中国企业在国内都有自己的品牌，在国际市场上却没有打响，需要采取多种渠道推动中国原有品牌出海。

（1）依靠第三方出口电商平台，如速卖通、亚马逊、eBay等是目前多数卖家的首选。品牌出海并非仅仅是在商品上换一个外文的Logo，它需要反映产品标志背后传达的价值。因此，跨境电商企业需要熟悉在第三方出口平台上宣传自己的各种技巧，发现产品的热卖点，引起市场的热度。

（2）利用跨境电商信息平台。中国跨境电商智能服务平台企业雨果网并购的意大利企业OBOR是一家致力于帮助全球中小企业做好跨境品牌营销的企业，该企业以品牌海外营销为核心业务，以专业的纯海外团队、国际化视角为跨境电商企业提供品牌出海、品牌内容创意、数字营销解决方案、新兴市场拓展等全球市场定制化品牌营销服务；同时，也为海外品牌提供进入中国市场的品牌推广服务。

（3）利用众筹渠道。"众筹"模式在海内外金融市场非常火热。在中国企业走向海外市场的过程中，众筹的对象已经不仅仅是缺乏资金的企业或者个人，也覆盖了品牌的推广。品牌或制造方通过"众筹"模式（如全球知名的众筹平台 Indiegogo），不仅可以直接对接海外用户，还可以第一时间获得宝贵的市场前期反馈，有利于对产品进行再度改善，同时也可以借由众筹平台提升品牌影响力和知名度，并借由众筹平台作为其产品的分销渠道。

2. 跨境电商独立站的品牌建设

（1）申请独立域名。添加独立域名后才具备向海外推广条件。海外客户也才能够尽快和网站联系。

（2）服务条款。退换货条款、隐私条款、运输条款等内容是国外客户与中国生产者开展贸易活动时非常关心的内容，也是品牌建设需要高度关注的问题。

（3）优化网站图片。不同国家的生活习惯不同，网站的画面需要根据各国的风俗习惯设计制作，以吸引国外客户。

（4）凸显联系方式。为了让潜在客户更容易与网站联系，网站应有多种联系方式，如电子邮件、咨询电话、在线客服、网络链接、二维码等。这些联系方式应有鲜明的标志，并放在比较醒目的地方。

（5）安装必要的插件。如社交账号登录、多语言、货币转换、评论插件、SEO 插件、铺货插件等。

（6）避免侵权。独立网站应注意避免品牌、专利、商标等侵权的问题，特别是对大品牌的侵权。

3. 跨境电商自主品牌的开发与维护

（1）在调查市场、了解消费者需求的基础上开发网络品牌。不管是国际实体市场品牌的创新，还是在网络上新品牌的推出，都需要有明确的需求指向，避免出现品牌开发出来却因缺少需求支持而胎死腹中的情况。

（2）有意识地利用跨境电商建立网络品牌。据统计，国内顶尖的 18 家跨境大卖家，如泽宝（www.sunvalley-group.com）、傲基（www.aukeys.com/）、环球易购（www.globalegrow.com）经过企业的努力，都创建了自己产品的品牌，不仅提升了品牌黏性，也打造了自己的私域流量，大大提升了产品复购率，并在国际跨境电商市场上占据了一席之地。

（3）通过跨境电商品牌使原有品牌的内涵得到扩充。品牌的内涵已经延伸到售后服务、产品分销、相关信息与服务等多个方面。如加拿大亨氏公司以往为了建设亨氏产品的品牌，设立了 800 免费客户服务热线，支持赞助"宝贝俱乐部"等活动。现在，该公司通过在站点（www.heinzbaby.com）中给用户提供丰富的婴幼儿营养学知识、营养配餐、父母须知等信息，开展网络营养知识的传播与营销。通过这样的沟通方式，使用户在学习为人父母、照顾婴幼儿常识的同时，建立了对亨氏品牌的忠诚度。

（4）利用互联网的交互能力维系品牌的忠诚度。与客户及时进行有效的沟通是提高品牌生命力、维系品牌忠诚度的重要环节。互联网的交互特性为跨境电商营销中的交流和沟通提供了方便。一方面，各国客户可以通过在线方式直接将意见、建议反馈给经营者；另一方面，经营者可以通过对客户意见的及时答复获得客户的好感和信任，从而增强客户对品牌的忠诚度。

（5）充分发挥社交媒体的作用。根据 Glossy data 的数据，在社交媒体 TikTok 的推动下，2020 年 4 月亚马逊的美容产品销量几乎比 2019 年同期翻了一番。I Dew Care 和 I'm Meme 这样的品牌利用 TikTok 上的热门标签 "amazonfound" 将用户引流至其亚马逊店铺，#amazonfind 标签在 TikTok 上的点击量已经超过 7.2 亿次。在新冠肺炎疫情期间，理发店和水疗中心均暂停营业，许多消费者从 TikTok 上获得灵感，在家自己动手染发、美甲，据了解，蓝色和粉色染发剂在亚马逊上一度畅销，指甲油的销量增长了一倍多。

（6）借鉴传统手段宣传跨境电商自主网络品牌。跨境电商企业在利用网络广告进行品牌宣传时，也要注意使用电视、杂志、报纸、户外等传统广告形式树立品牌形象，以使那些还没有接入互联网的用户在上网前就接受它们的品牌宣传，同时也增强那些上网用户在离线（Off-line）状态下对品牌认知的程度。

（7）制定一些特殊的品牌策略。传统企业进入跨境电商市场后，为了在跨境电商营销中取得竞争优势，必须使用户认识到在企业的跨境电商网站中同样能得到原有公司高规格的产品与服务。同时，还可以与其他知名的企业共同建设新的跨境电商品牌，使新的跨境电商品牌具有更加广泛的包容性，形成一个新的跨境电商品牌联盟。

▶▶ 5.1.2　跨境电商营销的定价策略

互联网使得单个消费者同时可以检索某种产品在某地的价格，甚至可以检索到全球不同厂家的价格，从而做出购买决策。这种情况对跨境电商企业的产品策略提出了更高的要求。企业在制定跨境电商销售价格时，应充分检查所有环节的价格构成，并参考其他企业的定价水平，以期做出合理的定价策略。

1. 低于进价销售

低于进价销售的定价方式听起来有些不可思议，但在跨境电商销售中是一种常用的定价策略。因为采取此种定价方式能吸引很多消费者。弥补价格亏空一般有两方面的考虑。一方面，低价产品可以带来大的流量，吸引更多的客户，提高整体的销售量；另一方面，跨境电商企业可以将销售的商品按功能细分，部分降价的具有连带作用的领头产品可以带动其他配套产品的销售。这种定价方式主要适用于价格弹性较大的日用品。

"秒杀"（SecKill）是低于进价销售策略最典型的应用。所谓"秒杀"，就是网络卖家发布一些超低价格的商品，公开邀请所有买家在同一时间在网上抢购。经过几年的发展，"秒杀"已经开发出多种形式，并从一般商品拓展到贵重商品。淘宝网甚至推出"淘宝一元秒杀"，即在一个固定的时间段，产品以 1 元的价格出现在网站上。最先付款的网民只用 1 元钱就可以把东西买下来（不包括邮费）。参与"秒杀"的商品大多是量少、款式新颖的商品，如尺码不全的外贸服装、限量版玩具、手工订制的饰品等。

在服务产品的定价上，"免费"成为打败竞争对手最重要的武器。淘宝用摊位的免费打败了易趣；360 用杀毒软件的免费打败了瑞星、卡巴斯基等软件；腾讯用微信的免费打败了 MSN 等通信软件；阿里巴巴的"快滴"和腾讯的"滴滴"打车软件更是用免费和补贴手段将大黄蜂等所有的打车软件挤出市场。

需要注意的是，在使用低价手段时，应当遵守各国关于价格管制的法律法规。

2. 差别定价策略

差别定价策略是希望鱼与熊掌兼得：一方面要让消费者觉得商品很便宜，要抢市场，要扩张；另一方面要赚钱，要维持利润率。价格策略的变化就会依据两方面的目标来平衡。差别定价策略在旅游网站得到充分的利用。在携程旅行网，客户可以看到机票购买的种种限制，包括机票预订时间、航程往返、热门城市、退改签规定等。这些限制成为携程旅行网差别定价的主要手段。在稳定客运量的同时，也争取到一些愿意支付较高价格机票的客户，增加销售收入。

3. 高价策略

由于网上商品价格的透明度比传统市场要高，普遍来讲，网上商品的价格会比传统营销方式的价格低。不过，有时也有部分商品价格高于传统营销方式的价格，这主要指一些独特的商品或对价格不敏感的商品。比如艺术品，在传统营销方式中，由于顾客群相对很小，因而价格上不去；在网上，却可能面向全球的买主销售，卖个好价。再如鲜花，这种产品属于情感消费，顾客在一定范围内对价格并不敏感，他们愿意为方便而支付较高的费用。

4. 竞价策略

早期的跨境电商竞价主要应用于商品的拍卖。随着跨境电商商品交易模式的日益成熟，跨境电商竞价逐渐转移到产权交易、项目交易和大型设备转让等领域。委托人可以只规定一个底价，然后通过拍卖跨境电商网站让竞买人竞价。采用竞价策略，委托人所花费用极低，甚至免费。

金马甲网（www.jinmajia.com）是一个专门从事资产与权益交易的平台。该网站采用集中竞价方式、动态竞价方式、一口价竞价方式和一次报价方式开展竞价交易[①]。2009年3月16日，90个特殊编号的"奥运缶"在金马甲竞价大厅以总价1283.65万元人民币成交，单缶成交均价达到14.26万元，这就是集中竞价方式应用的一个成功案例。

▶▶ 5.1.3 跨境电商营销的渠道策略

跨境电商营销渠道是借助于网络完成的货物或劳务的国际流通。跨境电商营销渠道策略是整个国际市场经营组合策略的重要组成部分。合理的分销渠道，一方面可以最有效地把产品及时提供给消费者，满足用户的需要；另一方面也有利于扩大销售，加速物品和资金的流转速度，降低营销费用。

1. 跨境电商直销渠道

跨境电商直销是指生产厂家通过网络直接分销渠道直接销售产品。跨境电商直销的优点是

---

① "集中竞价方式"是一种竞买人在竞价开始前，在规定的时间内履行注册报名、申请竞价、资格审核、交纳保证金、账户激活等程序，然后集中参与竞价的方式。"动态竞价方式"是一种在整个竞价过程中，竞买人可随时注册报名并参与竞价的方式。"一口价竞价方式"是一种设定了竞价标的最高成交价的竞价方式，在整个竞价过程中，竞买人可随时注册报名并参与竞价。"一次报价方式"是一种在规定时间内，各竞买人只允许进行一次有效报价的竞价方式。

多方面的。第一，跨境电商直销促成产需直接见面。企业可以直接从市场上搜集到真实的第一手资料，合理地安排生产。第二，跨境电商直销对买卖双方都有直接的经济利益。跨境电商营销大大降低了企业的营销成本，消费者也能够买到大大低于现货市场价格的产品。第三，营销人员可以利用各种网络工具，随时根据用户的愿望和需要，开展多种形式的促销活动，迅速扩大产品的市场占有率。第四，企业能够通过网络及时了解到用户对产品的意见和建议，有针对性地提供技术服务，解决疑难问题，改善经营管理。

戴尔（Dell）是美国一家专门从事计算机直销的企业，其分销渠道在网络营销渠道分类中属于典型的零级渠道（见图 5-1）。在这种分销模式中，除厂商和最终用户外，没有层层批发商、零售商，客户可以通过网络和电话，向厂商说明其所需商品，厂商按客户所需规格进行生产并提供配套服务。这种"按订单生产"的模式可以建立良好、有效的"零库存"机制。同时，戴尔也打造了配套的"VAR"（增值服务渠道），用专业的服务队伍来补充自己在市场覆盖面和服务精力上的缺陷。2019 年，在 Interbrand 发布的全球品牌百强榜中，戴尔排名第 63 位。

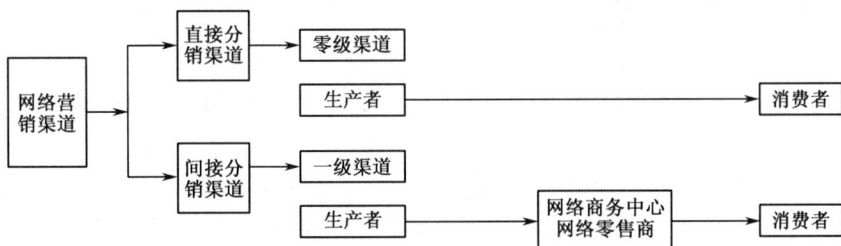

图 5-1　跨境电商营销渠道的分类

专门从事数码产品销售的新蛋网（www.newegg.com）则采用另一种直销模式。因为数码产品必须由工厂制造，所以，其销售环节比戴尔复杂。图 5-2 是新蛋网的网络销售模式。

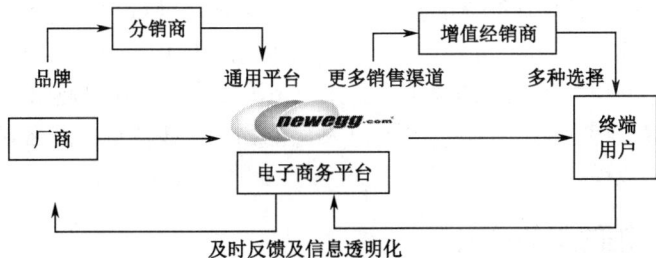

图 5-2　新蛋网的网络销售模式

2. 跨境电商间接销售渠道

为了克服网络直销的缺点，网络商品交易中介机构应运而生。这类机构成为连接买卖双方的枢纽，使得网络间接销售成为可能。阿里巴巴、中国制造网、敦煌网等都是这类中介机构。虽然这一新事物在发展过程中仍然有很多问题需要解决，但其在未来虚拟市场中的作用是其他机构所不能代替的。

在传统交易活动中，影响交易的因素不可胜数。价格、数量、运输方式、交货时间和地点、支付方式等，每一个条件、每一个环节都可能使交易失败。如果这些因素能够在一定条件下常规化，交易成本就会显著降低，从而有效提高交易的成功率。

网络商品交易中介机构在这方面做了许多有益的尝试。由于是虚拟市场，这种机构可以一天 24 小时、一年 365 天不停地运转，避免了时间上、时差上的限制；买卖双方的意愿通过固定的交易表格统一、规范地表达，避免了相互扯皮；中介机构所属的配送中心分散在全国各地，可以最大限度地减少运输费用；网络交易严密的支付程序，使得买卖双方彼此增加了信任感。很明显，网络商品交易中介机构的规范化运作，减少了交易过程中大量的不确定因素，降低了交易成本，提高了交易成功率。例如，传统的家具生产企业可以找到唯非跨境电商平台（www.cifnews.com/weifeiecommerce）在北美开展跨境销售。这是一家集家具产品销售、入驻服务、培训服务、海外仓储于一体的第三方跨境电商公司。该平台可以介绍传统家具企业入驻 Wayfair、Homedepot、Overstock 等北美家具家居电商网站。该平台也开展现货分销业务。生产企业只要提供美国现货和海外仓地点，报出仓价（Delivered Duty Paid），该平台增加部分销售利润放到平台售卖，尾程派送由平台负责。

3. 跨境移动电商销售渠道

跨境移动电子商务是基于无线网络，运用移动通信设备，如智能手机、个人数字助理（Personal Data Assistant，PDA）、掌上电脑进行的跨境商品交易或服务交易。

相对于其他跨境电子商务模式，跨境移动电子商务增加了移动性和终端的多样性。无线系统允许用户访问移动网络覆盖范围内任何地方的服务。由于智能手机在全球已经广泛普及，形成了更广泛的用户基础，特别是 90 后已经习惯了数字化环境下的工作和生活。由此，跨境移动电子商务近年来获得长足的发展。

根据 QuestMobile 的调查[①]，具体到跨境移动电商上，在求知领域，2020 年新冠肺炎疫情期间在线教育访问量大幅度增长，网易有道词典的渗透率达到 12.4%；在购物领域，综合性网站淘宝手机活跃渗透率[②]达到 73.3%，月人均使用次数接近 100 次，月人均使用时长超过 300 分钟，跨境电商网站唯品会的渗透率达到 8.0%；在休闲生活领域，视频网站受到热捧，尤其是抖音、快手，月人均使用时长均在 1000 分钟以上，月人均使用次数均超过 250 次。

很明显，跨境移动电商渠道在跨境电商全景生态流量中所占比例越来越大。充分利用移动互联网渠道，对用户，特别是"90 后"用户在网络购物、在线教育、网络娱乐领域精准营销，可以收到显著的营销效果。

▶▶ 5.1.4 网络营销的服务策略

1. 信息提供

随着时间的推移，网上商务活动相互影响的程度也在不断提高，促使企业不断提高为客户服务的价值，并且优化同每个顾客关系的收益。由于这个过程是渐进的，因而有时被称为渐进的个性化服务。

---

① QuestMobile．QuestMobile 2020 年中 90 后人群洞察报告 [EB/OL]．（2020-09-02）[2020-09-20].
https://www.questmobile.com.cn/research/report-new/123.

② 活跃渗透率=某目标活跃用户数除以该目标人群的月活跃用户数；活跃渗透率 TGI=目标人群中某个 App 媒介的月活跃渗透率除以全网中该 App 媒介的月活跃渗透率×100。

渐进的个性化服务是通过提供外在资料和内在资料而实现的。外在资料指通过调查、检索、分析所获得的市场信息，对于客户了解整个行业发展走势、市场价格波动等具有指导意义，但也存在信息不准确的风险。内在资料是指网站后端收集的数据，例如通过网站所记录的厂商和顾客交易行为、网络广告发布的数量和频率等信息。

网络客户需要一种互动性的、能够体现个性化的服务。而网络客户服务的最大优势就是能够与客户建立起持久的"一对一"的服务关系，其服务策略的思路可用图 5-3 所示的过程来表示。

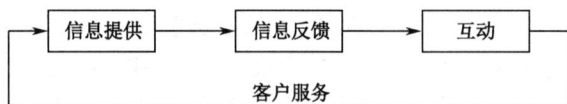

图 5-3 网络客户"一对一"的服务策略思路

2. 信息反馈

网络时代使信息渠道变得畅通无阻，信息的反馈也变得更加及时、准确。电子商务网站经常采用的信息反馈手段是电子邮件和实时客服工具。

利用电子邮件与客户建立主动的服务关系主要包括两个方面的内容。一是主动向客户提供公司的最新信息，使客户通过电子邮件了解公司的最新动态；二是公司可以通过电子邮件解答客户的问题，了解客户的需求并将其整合到营销组合中。

"在线客服"是专门为企业网站量身定制的网络实时客服工具，是目前电子商务网站客户服务中广泛推行的一种技术。"在线客服"可以帮助企业的客服人员实时监控网站访问情况，它能"看见"每个登录网站的访客，并向访客发出主动邀请，帮助企业发现访客并为访客提供服务。访客无须安装任何插件，点击页面上的漂浮框即可与网站客服进行实时的联系。企业客户只需在客服人员处安装相应客户端软件就能够处理客服问题。在网站客服离线的状态下，离线服务能保存留言，并在上线后回答访客留言。在线客服彻底改变了传统营销中被动的、静态的营销模式，成功实现网站与访客双向的、主动的交流，降低了运行成本，提高了服务质量。

3. 客户关系管理

客户关系管理（Customer Relationship Management，CRM）是指企业为提高市场占有率，利用互联网技术协调企业与顾客间在产品售前、售中和售后的沟通与交互，向客户提供个性化服务的过程。

跨境电商客户关系管理是利用当今最新的信息网络技术（包括即时通信技术、电子邮件技术、多媒体技术、数据挖掘、专家系统等）了解客户需求，加强与国内外客户的沟通，挖掘客户需求，不断改进产品与服务，提高客户忠诚度和满意度的过程。

为正确处理跨境电商中的客户关系，首先需要明确跨境电商中的客户关系。一些跨境电商网站常常用"客户忠诚度"来衡量客户关系，客户忠诚度几乎已成了跨境网上营销的格言。由于国际市场竞争激烈，吸引新客户成本高昂。因此，如何留住老客户就成了跨境电商的主要营销目标。为了留住老客户，跨境电商网站需要真正了解客户的需要，也需要提供高质量的产品或服务，同时还需要尊重个人隐私。

仅仅依靠客户忠诚度来实现企业的发展目标仍然是不够的。尽管有很多消费者同意参加某些所谓的"在线忠诚度计划"，但是影响网民产生在线购买动机的还有产品选择、询价、售后服务、退货等方面的因素。这些都需要对客户关系进行相应的管理。

客户关系管理的本质在于企业与客户之间的良性沟通，通过沟通来了解客户对于产品与服务的评价，从而对产品与服务进行调整。在客户关系管理应用结构中，以客户为中心表现在围绕客户设计客户关系管理的业务流程，使业务流程随客户的需求而变化。传统的组织结构是按照为客户提供服务的不同活动来划分的，这种划分妨碍了客户信息在企业内部的自由流动，不利于为客户提供定制服务，阻碍了更亲密的客户关系的建立。

克服这种划分方法造成的不良影响，跨境电商网站需要以整合的方式进行管理识别，彻底打破职能部门的界限，形成全流程各部门同客户交流并履行相应的职责，高质量地完成客户引导、事故处理、产品追踪、售后服务、退货换货等任务。这些不同的服务工作，保证了跨境电商网站能够尽快找到并发现客户有关诉求，解决客户问题，满足客户的各种需求，实现保留老客户，争取新客户的网站整体目标。

5.2 跨境电商营销方法

▶▶ 5.2.1 跨境电商广告营销

1. 网络广告营销简述

网络广告是指以数字代码为载体，采用先进的电子多媒体技术设计制作，通过互联网广泛传播，具有良好的交互功能的广告形式。根据美国互动广告管理署推荐的网络广告尺寸表[①]，互联网上旗帜广告的宽度一般在 400～600 像素[②]，相当于 8.44～12.66 厘米；高度一般在 80～100 像素，相当于 1.69～2.11 厘米。近年来，随着互联网技术水平的提高，1 280×720 像素的通栏广告也普遍使用。

因为网络广告的最终效果大多是通过计算机或手机屏幕显示出来的，因此，网络广告主要按照其表现形式分类，包括旗帜广告、漂移广告、跳出广告、全屏广告、按钮广告、富媒体广告等。图 5-4 是 Lazada（www.lazada.com）购物网站上的旗帜广告。

不同的网站有不同的广告系统架构，如 Facebook 广告系统由 3 部分组成：广告系列、广告组和广告。广告系列是 Facebook 广告的基础。在这一层级上，客户需要选择广告目标（如推广主页），确定希望广告达到的效果。广告组用于规定广告如何投放。在广告组层级，客户可利用 Facebook 的定位选项创建广告受众，将通过选择地区、性别、年龄及其他条件确定受众，为广告创建预算和设置排期，并选择版位。在广告层级，客户可选择广告创意，可包括图片、视频、文本和行动号召按钮等。

---

① IAB（Interactive Advertising Bureau）. Ad Unit Guidelines[EB/OL].（2009-11-12）[2010-01-25]. http://www. iab. net/iab_ products_and_industry_services/1421/1443/1452.

② 为了能用计算机进行图像处理，先要把连续图像取样为离散图像，取样点便称作"像素"（pixel）。像素有不同的坐标及灰度（参见辞海编辑委员会. 辞海. 上海：上海辞书出版社，1989：685）。

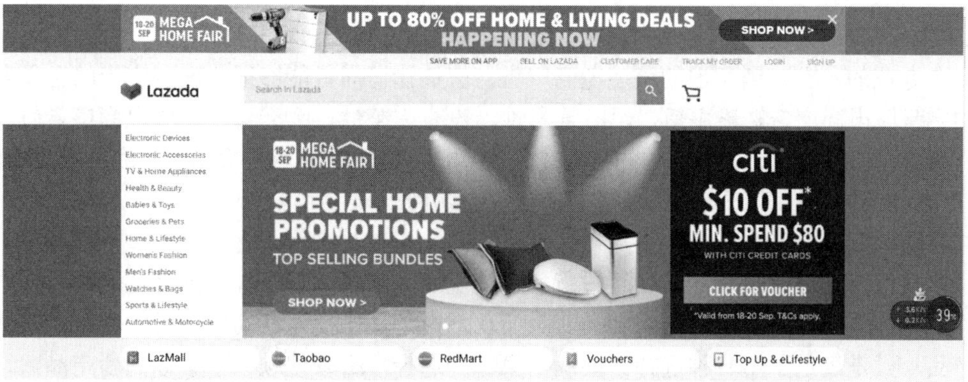

图 5-4　Lazada（www.lazada.com）购物网站上的旗帜广告

2. 跨境电商广告构思的基本思路

一个经过精心设计的横幅广告和一个创意平淡的横幅广告在点击率上将会相差很大。在构思概念上，跨境电商企业必须对网络广告所链接的目标站点内容有通盘的了解，找出目标站点最吸引访问者的地方，转换为网络广告设计时的销售理念（Selling Idea）。

1）引起注意

消费者对跨境电商广告的认识离不开对其的注意。跨境电商广告能不能引起消费者的注意是广告设计的基本要求，也是网络广告成功的第一步。因为有了注意，人的认识才能够离开周围的其他事物而集中精力到虚拟社会的广告上来。这一点对跨境电商营销特别重要。因为跨境电商广告所面对的是全球的顾客，注意点必须有特色。例如，曾经风靡不已的传统优衣库（Uniqlock）似乎已经被人们淡忘。为此，在优衣库在台湾分店开幕之际，隆重推出了"LUCKY LINE"网络排队有奖活动，将优衣库的新老客户引导到自己的跨境电商营销领域；加上可爱逗趣的人物接口、在线抽奖等活动，为优衣库实体店当天的开幕带来了大量的人气（见图 5-5）。

图 5-5　优衣库开幕当天的跨境电商广告营销

2）主旨明确

一个专业的、有营销意识的跨境电商广告，应该让访问者能够很快理解广告的含义及其业务。如果跨境电商广告缺乏主旨，没有连贯性，没有完整性，那么这个跨境电商广告就没有灵魂。也就是说，跨境电商广告宣传的主题定位要明确，诉求的重点要突出，商品的卖点要鲜明。只有这样才能够劝说目标公众购买广告主的产品和劳务。

3）内容新颖

顾客最终掏出钱来购买商品要经过货类和货主两个选择。前一种选择是究竟购买什么样的商品，后一种选择是究竟购买谁的商品。企业在掌握了需求信息和消费信息的基础上开发出一种新产品，只是满足了第一种选择。要满足第二种选择，必须使顾客了解你的新产品，这就需要进行商品销售中的广告宣传。根据心理学原理，旧的东西已经产生心理疲劳，只有独到的、新颖的刺激才容易留下深刻的记忆痕迹。所以，广告宣传要求构思别具一格，内容具有新颖的品质。

4）产品特点与企业精神相结合

跨境电商广告构思不只是一句口号、一条标语或一个画面，而是经过深思熟虑后提炼出来的企业理念和精神与产品宣传方式的完美结合。图 5-6 是美国苹果公司笔记本电脑的促销广告。广告上没有针对中国市场的字样，但家喻户晓的篮球运动员姚明的形象使人们很容易联想到针对的就是中国市场；广告上也没有企业精神的宣传用语，但两个苹果商标和光洁的笔记本外观很容易使人们对该公司精益求精的企业精神留下深刻印象。

图 5-6　美国苹果公司笔记本电脑的促销广告

3. 跨境电商广告投放方法

1）跨境电商广告投放的类型

从广告主的角度出发，网络广告的投放基本有两种类型：一种是直接投放，大多数中小企业的广告主会选择此类方式，投放的对象主要是搜索引擎、门户网站、跨境电商网站、社交网站等。另一种是通过广告代理商间接投放，投放对象主要是搜索引擎、门户网站及部分大型的垂直网站。

2）网络广告投放的网站

从目前网站的功能来看，能够提供跨境电商广告投放的网站基本有 4 种类型。

（1）网络门户站点（如 Yahoo!、美国在线）。由于网络门户站点的访问者较多，所以有较高的广告价值，但门户网站所能提供的广告位有限，因此近年来广告位价格显著飙升。

（2）专业网站（如机械网站 Thomasnet、汽车网站 Aftonbladet）。由于这类网站专业性强，受众集中，所以很受客户欢迎。

（3）搜索引擎（如 Google、Bing）。这类网站主要的推广手段是竞价排名。竞价排名价格较低且效果明显，成为众多企业广告宣传的首选，搜索引擎网站也成为收入最好的网站。

（4）社交网站（如 Facebook、Twitter、YouTube）。这类网站主要通过与网民的交互和网民之间的交互扩大广告的影响。

3）合理设定跨境电商广告的投放时间

跨境电商广告的投放时间包括广告发布的时机、时序、时限等的安排。

一些重大事件，如世界博览会、广交会、进博会等；一些重大的文体活动，如奥运会、冬运会、亚运会等，都是跨境电商广告投放的良好时机。

为了让更多的目标受众点击或浏览到网络广告，需要进一步考虑广告投放的时段安排。不同的国家和地区，由于时差的不同，投放的时间需要有区别。以 Facebook 为例，周四和周五是跨境电商广告的最佳投放日，因为这两天用户参与率比其他工作日高 3.5%；而在每一天中，最佳活跃时间段包括：13:00　分享内容的最多；15:00　阅读量最大且点赞最高；09:00—19:00　在 Fanpage 获得的用户反馈最多。

跨境电商广告投放的时限是指在一次网络广告宣传中，确定网络广告宣传时间长短和频率。跨境电商广告时限分为集中速决型和持续均衡型两种。集中速决型广告是指在短暂的时间里向目标市场大量投放广告，广告刊播的频率高，对目标公众的刺激性强，适用于新产品投入期或流行商品引入市场期；持续均衡型广告为的是不断地给消费者以信息刺激，以保持消费者对产品的持久记忆，适用于产品的成长期和成熟期。

▶▶ 5.2.2　跨境电商直播带货营销

直播带货是指销售者或网络达人通过视频直播平台宣传产品的功能和购买价值，吸引消费者参与和互动，同时现场销售产品的一种营销方法。其营销成功的关键，一是对营销内容的全新组织，实现"内容+电商"的完美结合；二是建立主播与特定群体之间的密切关系，强化"人、货、场"的关联度；三是充分利用网络互动性的优势，通过观看与参与，调动购买者的购买欲望。

1. 跨境电商直播概况

根据商务部商务大数据监测，2020 年重点监测的电商平台累计直播场次超过 2 400 万场，累计观看人次超过 1 200 亿人次，直播产品超过 5 000 万个，活跃主播数超过 55 万人。[①]

目前，海外直播带货主要有两种模式：一种是如 Youtube、Instagram、TikTok 和 Facebook

---

① 商务部. 中国电子商务报告（2020）[R/OL].（2021-06-18）[2021-06-19]. http://dzsws.mofcom.gov.cn.

等站外社媒的直播模式；另一种则是跨境电商平台如亚马逊、速卖通、Shopee 及 Lazada 等的站内直播模式。

跨境电商平台速卖通新版直播功能于 2019 年 7 月上线，以时尚服饰穿搭、模特走秀、数码评测、珠宝展示、家电功能演示为主，至今已经开展了一万多场直播秀。仅在 2019 年，速卖通平台上一共做了 8 000 多场直播，是 2017 年、2018 年直播总量的两倍。在 2020 年 6 月的年中大促活动中，近 100 万名俄罗斯人在线观看了速卖通直播，西班牙和法国市场也发展迅速。借助直播模式，速卖通平台直播商家的退货率已经从 5%降到不及 2%，且如今速卖通平台上的跨境贸易商家也开启了海外当地仓库内直播、档口直播等新颖的直播模式。

2019 年年底，亚马逊直播功能全站点上线，Amazon Live 功能允许卖家将视频内容作为促销或销售工具进行流媒体传播，消费者可以在亚马逊网站和 App 的产品详情页、亚马逊商店及亚马逊的各种广告中查看直播，主播可以与消费者聊天互动，产品会实时展示在产品详情页的显著位置，卖家还可以分享促销代码和优惠券供消费者购买。目前，亚马逊供应商和已在亚马逊品牌注册中心注册过的亚马逊卖家，以及亚马逊影响者计划的创作者都可以在亚马逊进行直播，且亚马逊直播对卖家不收取任何费用。

Shopee 于 2019 年 3 月陆续在新加坡、马来西亚、泰国、印度尼西亚、越南、菲律宾及中国台湾七大站点推出直播功能——Shopee Live。该功能允许品牌商及各类中小型企业商户通过"一键直播"向店铺粉丝和潜在客户实时分享内容，并且卖家可以邀请网络达人、消费者、员工等入驻直播间参与直播卖货。

Lazada 直播功能 Lazlive 于 2018 年推出。2019 年"双 11"期间，Lazada 东南亚六国的商家首次全面启用了直播带货功能。目前，该直播功能允许卖家免费开通，可支持消费者边看边买，整个直播生态模式与淘宝类似。数据显示，2020 年 4 月通过 LazLive 直播服务产生的 GMV 环比增长了 45%，该直播服务在 4 月共吸引了超 2700 万名活跃用户，在 5 月，Lazada 跨境商家直播场次已达 2 月的 50 倍。在泰国站点，2020 年年初跨境商家在泰国站直播场次日均还是个位数，6 月商家直播日均已超 60 场。

2. 适合跨境电商直播的商品类别

（1）从消费者喜好的货品类型来看，直播前五项的类目为手机通信、美容健康、消费电子、家居、家电。

（2）从直播场次来看，直播中出现最多的商品类目前五项为女装、家居、珠宝配件、运动及美容健康。

（3）从直播场热卖的商品维度来看，近期较为火爆的是手机品牌新机的直播发布，包括小米和优米等品牌；同时，假发、婴儿手推车，以及服饰鞋包也是在直播中成交不错的类目。

3. 海外社交媒体直播

海外社交媒体 Facebook、Twitter、Instagram、YouTube 都开通了直播功能，在这些社交媒体上开展同步直播需要注意以下 4 个方面的问题。

1）看需求

从自身业务状况和营销策略开始，问问自己改善哪个方面可以最大程度地给公司带来增长。社交媒体可以在以下方面起作用：

（1）提高品牌知名度。

（2）为客户提供更好的用户体验。

（3）创建与客户及时沟通的渠道。

（4）为网站引流。

（5）收集市场信息。

确定自己的目的之后再与每个平台的特点相匹配。值得一提的是，每个平台的粉丝数量固然重要，但绝对不是唯一指标。相比追随者的数量，看参与者更有意义，也就是查看一次直播有多少个赞，多少个评论或者转发。

2）看目标客户

网络营销有一个简单的原则，即客户群在哪里，就去哪里营销。所以，在开始直播前，一定要搞清楚，企业最大的目标客户群是谁？在哪个国家/地区？什么年龄阶段？男性女性？他们使用哪个平台最多？他们在这些平台上最爱看哪些内容？最受他们欢迎的社交媒体账号为他们提供了什么独特的价值？

同时，可以观察自己同行业里的竞争对手是如何在社交媒体上获得成功的。可以直接查看他们的网站主页，也可以用关键词检索查看相关的排名靠前的网站。

3）看内容

看自己的产品适合以什么形式营销，自己有没有这样的能力支撑这种形式？比如，在国外很流行的免费的 webinar（在线会议）或者 tutorial（个别咨询），由于存在语言障碍，对于国内客户实现起来就有一定的困难。视频也存在这样的问题。国内原创视频制作起来存在语言方面的困难。所以，在这方面需要下大气力，创作足够多的原创视频（User Generated Contents）。

4）看平台

在以上问题都清晰之后，再去寻找适合自己的直播平台。例如，Facebook 的定位很准确，与电子商务的整合程度很高，可以直接为网店引流。Instagram 上的内容以图片和短视频为主，现在还可以播发故事（Stories）和站内消息。这些功能使得 Instagram 成为一个最佳的"story telling"的平台。Twitter 有些像微博，是用户寻找热门的新闻、话题，或者某些问题的答案的集中地。Twitter 还提供一个实时交流的平台。利用 Twitter 的 hashtag，可以快速发现和跟进热点。Youtube 用户对视频内容的青睐和 Youtube 上海量的优质内容已经使 Youtube 成为全球第二大搜索平台。

4. 站内店播

1）站内店播模式

（1）商家自播：由商家自行发起直播；平台会提供全套的相关教程和一定的流量扶持；直播整个流程由商家自己设计，商家在过程中无须向平台支付任何费用，主播可以是商家自己的员工或者自己的主播资源。

（2）达人直播：通过速卖通平台寻找的达人主播进行直播，商家需要根据与达人的沟通情况支付一口价或者 CPS 佣金。商家需要提供样品的寄样和达人的直播成本。（不同达人的专业度及粉丝的量级不同。）

（3）机构直播：通过速卖通平台合作的一些国内外机构进行专场或者多品牌的混播；该类直播适用于店铺的特殊活动（如上新、新品发布或者店铺周年庆等）或者平台营销节点的活动直播。

（4）平台型专业内容：在大促或者平台营销节日中，由速卖通平台官方发起并由专业内容制作团队承接的直播内容。该类直播内容会有官方设计相关主题和内容形式，面向行业 TOP 商家进行定向招商，入选的商家仅需提供货品寄样。

2）站内店播的主要步骤

对于站内店的直播服务，其合作方式为：

（1）按各国市场要求，注册买家账号。

（2）将买家账号与店铺后台绑定（国家要对应）。

（3）申请直播权限，试播一分钟，并提交审核。

（4）申请直播权限审核通过后，即可以直播。

对于达人直播的代理服务，其合作方式为：

（1）通过工单或者对应客户经理向平台提出直播申请。

（2）加入专属直播钉钉群。

（3）了解方案与价格后选择服务商。

（4）确定直播细节。

3）站内店播的特点

（1）实时在线互动：卖家可以决定直播售卖的产品类型，以及如何在直播过程中实时与消费者互动。

（2）边看边买：在直播过程中，卖家可以标记对应直播产品以便观众立即购买，观众在购物过程中，也能继续观看直播。同时消费者也可以在收看直播的过程中参与评论，多次点赞，并将直播分享至社交平台。

（3）直播回放：消费者可以通过直播网页主页回放过去的直播节目，可以永久留存卖家的直播视频。

（4）平台会针对直播的卖家给予相应的站内流量分发。

（5）直播结束之后，商家后台会生成详细的直播数据，包括观看量、产品点击量、销量等。

（6）卖家可自己设置直播推广引流，并且直播视频会在目录页面展示 48 小时。

▶▶ 5.2.3　跨境电商 SNS 营销

1. SNS 营销的概念

社交网络（Social Network Site，SNS）营销指的是利用社交网络进行的营销活动。SNS 营销是基于人际关系网络，利用互联网社交工具（如微信、Twitter、抖音、快手等），通过分享、沟通、讨论及互动等方式进行商品营销活动，是一种电子交互手段和社交元素融合后形成的跨境电商营销新模式。

2. SNS 营销的特点

（1）转化率高。借助社交平台发表文章或图片，并在文章或图片中放入产品购买链接，可以引导消费者进入跨境电商网站。研究表明，SNS 营销本身可达到 6%～10% 的转化率，尤其社交平台上的顶级网红的电商转化率可达到 20%，而传统电商营销转化率不超过 1%。

（2）黏性大。SNS 营销与社群经济有着密切的联系。社群经济的 4 个关键要素——场景（Context）、社群（Community）、内容（Content）、连接（Connection）都在 SNS 营销中得到充分的展示。网上购物环境的绚丽多彩（场景）吸引了网民的浏览；特定的购物群体成员（社群）相互感染；具有传播力的广告、短视频和直播（内容）吸引着圈子里的每个成员；而网络信息的快速转发（连接）可以使信息获得有效扩散。因此，SNS 营销的黏性远远大于社群经济。这种黏性正是 SNS 营销快速发展的重要原因。

（3）互动性强。互动是搭建在社交场景之上，根植于网民黏性之中的。没有场景，产生不了购买激情，没有黏性，产生不了购买体验的共鸣。通过互动，才能够形成真正的购买行动。SNS 营销为客户提供了非常方便的互动渠道，良好的互动氛围影响了每个顾客的购买决策。

3. SNS 营销的主要模式

1）B2C 模式

B2C 模式指 SNS 营销针对公司产品或服务的最终用户直接进行营销活动。这种营销通过向客户提供额外折扣鼓励客户在社交媒体上发布其产品链接。目前，大量的跨境电商平台以此模式开展经营活动。

图 5-7 显示了 SNS 营销的 B2C 模式。在实际应用中，平台成为整个社交和交易的中心。

2）S2B2C 模式

S2B2C 是一种相对较新的 SNS 营销模式。在这种模式中，跨境电商公司作为供应链平台与合作商家（商业合作伙伴）利用 SNS 营销方法共同服务于最终客户。

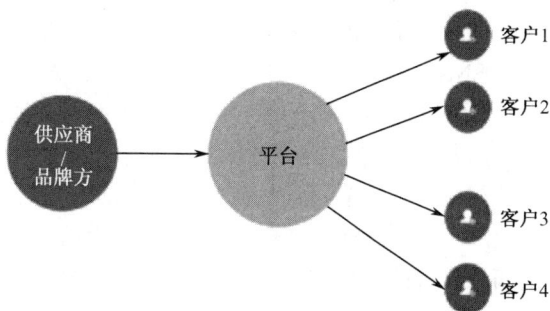

图 5-7 SNS 营销的 B2C 模式

按照 S2B2C 模式，跨境电商公司需认真选择供应商，为供应商提供全面服务（如培训、物流和客户服务）；商家则关注定期与客户亲密互动，并为跨境电商公司收集客户反馈。

由于商家无须投入大量资金开展业务，不会产生大量营销及推广开支，也无须维持大量存货，S2B2C 模式是向商家提供低风险、轻资产的大众创业新模式。

由于这些因素对商家颇具吸引力，许多经营此类模式的公司也可能向商家收取加盟费。

图 5-8 显示了 SNS 营销的 S2B2C 模式。

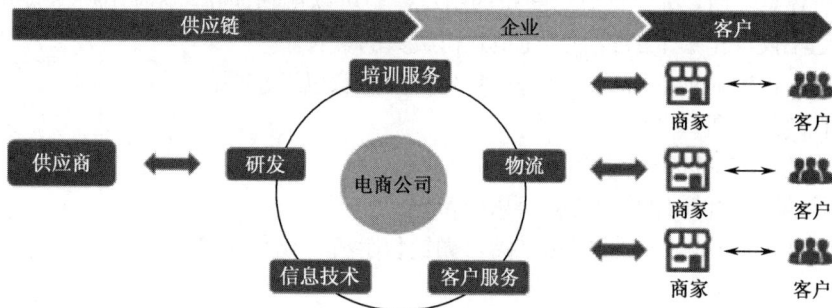

图 5-8 SNS 营销的 S2B2C 模式

4. 开展 SNS 营销的主要方式

1）选择合适的 SNS 网站发布广告

跨境电商企业根据产品及企业形象的特点可选择合适的 SNS 网站投放网络广告。目前，比较著名的 SNS 网站国外有 Twitter、Instagram、Pinterest 等，国内有微信、钉钉等。这些网站的主要用户群体也各不相同。例如，Pinterest 主要面向女性人士，Instagram 主要面向喜欢照相的人士。跨境电商企业可以根据产品特点选择合适的平台，并且在平台中选择合适的圈子。在 SNS 网站上投放的广告因为目标群体的特征十分清晰，企业可以最大限度地降低网络广告的无效投放，因此其网络广告的投资收益率较一般门户网站会高出很多，可以将网络营销的效力发挥到极致。

2）在 SNS 网站上建立自己的关系网络，进行关系型营销和病毒式营销

跨境电商企业可以选择合适的营销人员（最好组成一个营销团队）在不同的 SNS 网站上注册为会员，然后营销人员开始有意识地建立自己的关系网络。因为 SNS 网站上的会员都是真实的，而且每个会员都有一些简单的个人资料可供他人查看。营销人员要根据企业产品的特点选择合适的对象交流并尽量与他们建立起长期的联系，使他们成为营销人员关系网络中的成员。因为 SNS 具有强大的人脉扩展功能，营销人员只要采取合适的策略就可以迅速建立起一个庞大而且用户群体特征明确的社会关系网络，这为企业的关系营销打下了基础。然后，营销人员可以利用 SNS 的个人关系管理功能不断维持和促进与用户的关系，逐渐建立起用户与营销人员之间的信任关系。营销人员要在与他们的个人关系网络中的成员建立信任关系的同时，不断地将企业的产品信息通过"软文广告"[①]的形式传递给这些用户，以此来扩大企业品牌的影响力，达到病毒式营销的目的。在营销人员成功地将他们个人关系网络中的部分成员转化为企业的消费者后，还可以利用 SNS 维护和巩固企业与消费者之间的关系，培养用户的忠诚度，并让用户成为企业产品的口碑营销者。

3）建立品牌企业专区

对于一些比较知名的或者有一定影响力的跨境电商企业而言，在 SNS 网站上建立专门的企业专区是一种很好的营销手段。品牌企业专区能吸引特定的人群（往往是品牌的忠实消费者或者爱好者）的关注，并使他们积极参与到这个专区中，成为专区的成员。

这些对企业品牌具有特殊个人喜好或者共同用户体验的用户群体可以通过这个虚拟社区，建立起某种经常性的联系。当虚拟社区的参与者分享个人喜好或者共同体验，并通过网络跟帖或发表新帖表述意见时，浏览信息所获得的用户体验可以得到提高。这种用户体验分享的方式，达到的效果已不仅仅是单个的累加，而是几何级数的增长。

在企业专区内对企业品牌或产品进行宣传时要注意以下事项：

（1）要杜绝纯广告。

（2）提供的内容必须有特点和吸引力。

（3）品牌的形象和延伸必须符合娱乐的特点。

（4）尽量通过互动娱乐方式宣传产品，如销售手机、化妆品等。

---

① 软文广告是指企业通过策划在报纸、杂志或网络等宣传载体上刊登的可以提升企业品牌形象和知名度，或者可以促进企业销售的一些宣传性、阐释性文章，它的特点是通过一些文章来影响消费者的行为。

5. 国外可以开展 SNS 营销的主要网站

1）Twitter

Twitter 是提供全球实时事件和热议话题讨论的网站。在 Twitter，从突发事件、娱乐信息、体育消息、政治新闻，到日常资讯、实时对话，全方位地展示了故事的每一面。在这里，参与者可以加入开放的实时对话，或观看活动直播。

Twitter 可以让客户播报短消息瞬时传给自己的"关注人（followers）"，也可以允许客户指定哪个是自己想跟随的 Twitter 用户，这样，就可以在一个页面上读取他们发布的信息。

Twitter 对于跨境电商客户群的联系是非常有用的。一条有价值的销售信息可以迅速传递给每一个具有类似需求的客户，并引起他们之间的深度沟通，影响他们的决策行为。

2）Instagram

Instagram（www.cifnews.com/instagram）是 Facebook 公司旗下一款免费提供在线图片及视频分享的社区。利用 Instagram，参与者可以自己进行拍照—滤镜特效—添加说明/添加地点—分享等操作。可以共享到 Twitter、Facebook、Tumblr、Flickr 及 Foursquare，甚至新浪微博这些主流社交网络。同时 Instagram 基于这些照片建立了一个微社区，在这里参与者可以通过关注、评论、点赞等操作与其他用户进行互动。

截至 2018 年 6 月，Instagram 社区的月活跃用户（MAU）已经从 2013 年 1 月的 9000 万个增长到 10 亿个；日活跃用户已经突破 5 亿个，超过 Twitter（3.26 亿个活跃用户）、Snapchat（1.5 亿个活跃用户）和 Pinterest（2.5 亿个活跃用户）。

3）Pinterest

Pinterest 公司采用的是瀑布流的形式展现图片内容，无须用户翻页，新的图片不断自动加载在页面底端，让用户不断地发现新的图片。网民可以将感兴趣的图片在 Pinterest 保存，其他网友可以关注，也可以转发图片。索尼等许多公司都在 Pinterest 建立了主页，用图片营销旗下的产品和服务。

Pinterest 用户大多是女性，被舆论描述为家庭妇女和主妇的天堂。2011 被评为"美国最受欢迎的十大社交网络"，并以月增长 45%的速度赶超 Google。

▶▶ 5.2.4　跨境电商大数据营销

1. 大数据营销的概念

大数据营销是数据库技术和市场营销有机结合后形成的一种营销方法，也叫网络环境下的"一对一营销"或"精准营销"。一对一营销的概念是 20 世纪 90 年代提出来的，主要是强调针对每个客户创建个性化的营销沟通，但由于通信手段的局限性，始终没有形成大范围的应用。随着互联网与数字化信息的迅速发展，人类产生和储存的数据量呈现爆发式增长[①]，大数据系统日益成熟，一对一营销得以方便、快捷地实现。

大数据营销是基于用户与商家互动时产生的数据而实行的营销。用户每次搜索网页，每次消费，每次评价，都会留下重要的、能够反映自身行为习惯的数据。商家搜集这些数据，并对

---

① 全球的总存储数据量的量级已突破艾字节（EB），甚至泽字节（ZB）（1ZB=1024EB，1EB=1024PB，1PB=1024TB）。

其进行分析关联，就能了解消费者的行为习惯，并对消费者群体进行细分，最终实现精准营销。

大数据营销可以从社交类平台、网络零售平台、搜索引擎及其他来源中获取数据。

2. 大数据营销的步骤

（1）数据采集。大数据营销的采集包括一手数据和二手数据的采集。电子商务网站的交易数据是主要的一手数据来源；而客户的调查、社交网站的数据是主要的二手数据来源。两个方面数据的汇总将对网民的行为刻画得更加全面而准确。

（2）预处理。将收集来的模糊数据导入到一个集中的大型分布式数据库，或者分布式存储集群，并且可以在导入基础上做一些简单的清洗和归类。也有一些用户会在导入时使用来自Twitter 的 Storm 对数据进行流式计算，来满足部分业务的实时计算需求。

（3）统计分析。统计分析是从已经获得的数据中提炼出有重大营销机会的信息。利用统计分析方法，可以更好地了解公司的客户和潜在客户，了解企业产品的销售情况和地区分布，以便促进产品的销售并发现新的市场营销机会。现在的许多跨境电商网站都提供方便的统计分析工具。例如，阿里巴巴的客户通就有全店的客户分析/客群分析。

（4）挖掘。在现有数据上面进行基于各种算法的计算，从而实现一些高级别数据分析的需求，如用户行为与特征分析、竞争对手监测与品牌传播、企业重点客户筛选、发现新市场与新趋势等。

3. 大数据营销的应用

从首创网上售书开始，亚马逊就彻底颠覆了从图书行业开始的很多行业的市场规则及竞争关系。亚马逊取胜的根本原因在于通过对获取的极其丰富的用户行为信息进行深度分析与挖掘，为客户提供个性化的贴心服务，从而实现精准营销。

阿里巴巴拥有的数据主要是交易数据及信用数据，其特点在于数据覆盖了从浏览到购物到支付的整个行为链，对电子商务营销具有较强的针对性和指导性。阿里巴巴对于大数据的应用在营销方面则是陆续推出数据魔方、淘宝指数、聚石塔等数据产品，从不同维度对数据进行挖掘和分析，其最终目的是使阿里巴巴成为数据集散中心。

大数据背景下的跨境电商营销应注意 3 个方面。

（1）受众精准。大数据技术为营销找到更能满足业务需求的受众。通过对数据的整合分析，我们可以得出清晰的用户画像，了解用户的个性与需求，从而实现一对一的精准投放和服务。如拥有强大的数据管理平台的 TalkingData，能对超过 20 亿移动受众人群的数据进行汇聚、清洗、萃取，结合一系列算法模型，输出人群分类标签数据体系和目标受众分析工具。由此，企业可以更加精准地找出目标受众，进行有针对性的广告投放。

（2）成本精准。大数据技术使广告投放更加精准，提升了广告的转化率和回报率，大大节约了成本。在大数据的支持下，我们能挖掘大量与消费者相关的数据信息，从中分析出消费者的基本属性、兴趣爱好、消费习惯、消费需求等，更加准确地定位目标受众并进行细分。再运用人群定向技术，精准地向受众投放有针对性的广告。这样的精准投放，改变了以往大范围无目的的广泛投放模式，大大节约了广告投放成本，避免了浪费。同时，精准的广告信息往往能主动迎合消费者的需求，更容易使其对产品和服务产生好感，从而大大提高了广告的转化率和回报率。企业通过大数据进行精准营销，可最大限度地降低营销成本，提升品牌价值。

（3）效果精准。运用大数据对消费者的需求进行筛选跟聚合，使精准营销的层次得到进一步提高。 在大数据技术的支撑下，我们可以得到清晰的目标受众定位，有效细分人群，提供针对性较强的个性化聚合服务，改变了以往精准营销提供综合化服务的局面，大大提高了营销的效果。例如，卓战科技通过对用户线上线下的数据进行只能筛选，为不同的使用情境建构了不同的推荐机制，使推荐引擎从以往的综合化服务转向个性化聚合服务。由此，商品导购更加智能化，消费者好感度增强，有效提高产品和服务的销量，增强了营销的效果。

▶▶ 5.2.5　跨境电商电子邮件营销

1. 电子邮件营销简述

电子邮件营销是电子商务中使用时间最长、最经济的一种营销方法。电子邮件之所以能够长期流行并成为一种营销工具，主要是因为电子邮箱使用广泛且价格便宜。虽然近年来即时通信工具发展迅速，替代了部分电子邮件的功能，国内电子商务中电子邮件的使用量有所减少，但在跨境电商活动中，电子邮件仍然是一种非常有效的营销工具。因为即时通信工具，如微信，很难实现与国外客户的直接沟通。电子邮件营销既可以直接对自己所掌握的所有客户广泛发送商业邮件，也可以针对特定的人群发送特定邮件，文字内容准确，能够使国外客户易于理解，从而提高广告邮件的营销效率。例如，大量的国内外会议邮件营销都收到了有效的反馈。而且，电子邮件的信息保存稳定，信息影响力长久，能够增加客户的忠诚度，从而发挥了其他营销手段无法替代的作用。

电子邮件（E-mail）营销分为许可电子邮件营销和未许可电子邮件营销。许可电子邮件营销是指用户事先允许营销公司给他发送相关方面信息的电子邮件，而未许可电子邮件营销是指未经过收信人的许可向他发送电子邮件。未许可电子邮件营销又可以分成垃圾电子邮件和一般的商业电子邮件。垃圾电子邮件就是不管收信人的年龄、性别、从事的行业，向他们发送大量的电子邮件，发送量巨大，发送频率极高，这种电子邮件已经引起相关部门的关注，采取了各种法律和技术措施制止这种行为。

2. 电子邮件的群发

邮件群发是电子邮件营销最重要的促销功能。以网易 163 邮箱为例，联系组的领先邮支持一次性发送 100 个收件人；尊享邮支持一次性发送 200 个收件人；尊藏邮支持一次性发送 400 个收件人。

建立联系组首先要登录 163 邮箱，点击上方的"通信录"，在通信录页面，点击"联系组"后的"+"（见图 5-9）。

在通信录的"联系人"中勾选联系人，然后点击页面上方的"复制到组"。群发邮件时，在写信窗口点击对应联系组名括号里的数字，该联系组所有人的邮件地址将出现在"收件人"栏目中。

目前的邮件群发已经实现了智能化，可以对邮件自动分类，按关键词、地区、行业批量发送，目标定位准，覆盖范围广。同时，可以通过共享用户在网站邮箱中的历史行为数据，建立并不断完善用户的 e-ID 电子档案，并利用大数据的预测模型进行个性化的内容推送，真正实现网络促销的自动化和智能化。图 5-10 显示了 QQ 邮箱的大数据分类。

图 5-9　163 邮箱邮件群发分组功能

图 5-10　QQ 邮箱的大数据分类

3. 电子邮件营销的注意点

应用许可电子邮件营销需要注意以下问题：

（1）未经互联网电子邮件接收者明确同意，不得向其发送包含商业广告内容的互联网电子邮件，也不得故意隐匿或者伪造互联网电子邮件信封信息。

（2）明确电子邮件广告内容的主题。电子邮件广告的主题必须高度明确、集中。电子邮件可以容纳的字数有限。在有限的篇幅里面，撰写的电子邮件必须有非常强的针对性，特别强调要有一个明确的主题，还要找出合理的市场切入点。

（3）要有新颖、富有创意的销售推广文案。电子邮件的销售推广文案要考虑用最好的形式去表现其主题。撰写电子邮件需要有一定的创意，充分考虑它的新颖性、可读性、趣味性、知识性。电子邮件在写作上可以不拘泥于一定的形式，但是任何电子邮件如果不能吸引读者，不能捕捉到读者猎奇、求知、愉悦的心态，就很难引起读者的兴趣。

（4）电子邮件要符合人们的规范和习惯。虽然说电子邮件没有统一的格式，但作为一封商业函件，至少应该参考普通商务信件的格式，包括对收件人的称呼、邮件正文、发件人签名等因素。

▶▶ 5.2.6 跨境电商短视频营销

1. 短视频营销的概念与特点

短视频是一种集视频拍摄与社交功能于一体的基于智能移动终端的应用程序，其视频长度以秒计数，依托移动智能终端完成快速拍摄和编辑上传，通过多种网络社交媒体平台实现分享与互动的社交功能。短视频营销指以娱乐、时尚、热点等形式为基础构成的短视频媒体为载体的营销活动。通过短视频营销，受众可以在获取视频内容和信息的同时，对其附加的宣传内涵给予快速注意，形成偏好，从而促进消费行为的形成。

截至 2020 年年底，我国短视频用户规模为 8.73 亿人，较 2020 年 3 月增长 1 亿人，占网民整体的 88.3%。[①] 短视频用户猛增的原因是受新冠肺炎疫情影响，网络视频应用的用户规模、使用时长均有较大幅度提升，以优质内容为基础的付费模式逐渐获得用户认可。据艾瑞网估计，2020 年短视频营销市场规模达到 1 506 亿元，同比增长率达到 49.7%[②]。短视频营销的特点主要表现在以下 3 个方面。

（1）社会化。移动短视频具备天然的社交属性。新媒介技术的进步改变了人类的消费偏好及习惯。网民在手机上看到一段感兴趣的短视频，很自然地按下转发键发给自己的亲朋好友。随着 4G 和 5G 网络的全面覆盖，网络速度不断提升，为短视频的广泛传播和分享提供了充分的外部条件。而短视频制作，特别是移动视频制作技术的普及又使得普通网民都能够成为短视频内容的制作者。制作者与消费者融为一体，使得短视频成为全社会关注的焦点。

（2）内容化。在传统的电视中，内容和与广告是分离的。而在短视频中，二者可以很好地结合起来。只要经过精心的策划，可以在一个很短的时间里，将娱乐、知识或资讯与企业营销信息很好地结合起来，从而引发受众的共鸣。同时，由于移动短视频涉及的内容非常广泛，甚至自编自演的小情景故事也可以吸引相应的受众群体，因此传播的速度和范围都是其他视频媒体无法比拟的。

（3）场景化。每个利用短视频开展营销的推销者在制作短视频前，都对自己的受众做了精准的细分。所以，他们所制作的短视频受众是一个非常精准的群体，短视频所展示的场景可以很好地迎合销售对象的偏好，满足他们碎片化、分众化的消费需求。短视频平台为激发用户的创作兴趣，也主动打造特定的场景来刺激用户产出。例如，美拍平台曾发起过"全民社会摇"的话题活动，吸引了来自数十个国家的超过 100 万个用户的参与，通过全民娱乐化的特定场景，让用户产出短视频内容的内容具有很高的趋向性。

---

① 中国互联网信息中心. 第 47 次中国互联网络发展状况统计报告[R/OL].（2021-02-23）[2021-03-23]. http://cnnic.cn/gywm/xwzx/rdxw/20172017_7084/202102/t20210203_71364.htm.

② 艾瑞网. 2018 年中国短视频营销市场研究报告[EB/OL].（2018-12-03）[2019-02-24]. http://report.iresearch. cn/report/201812/3302.shtml?s=enable.

2. 短视频营销的主要模式

1) 广告植入模式

广告植入是短视频最早出现的营销形式，也是目前常用的模式之一。其表现形式相当丰富，包括道具植入、台词植入、题材植入、场景植入、音效植入等。由于短视频内容时长很短，内容高度浓缩，更容易在瞬间抓住用户注意力，并且迅速完成内容传达。因此，与传统广告植入追求显著度和契合度的平衡不同，短视频在广告植入上具有天然的优势，受众本身对短视频内容中广告的感知非常明显。同时由于碎片化的消费习惯，受众对广告的包容度和接受度也更大。所以，短视频是广告植入非常好的载体。销售者一方面可以更加大胆地通过多频次等方式进一步强化广告显著度，另一方面可以通过趣味化、段子化的方式扩大消费者对品牌和产品的好感度和长效记忆。

图 5-11 是抖音平台联合国际奢侈品牌 MICHAEL KORS 携手制作的短视频。合作双方以此为契机，开展了"THE WALK"营销活动。除邀请抖音达人参加潮人盛会外，MICHAEL KORS 与抖音还合作举办了"城市 T 台，不服来抖"主题挑战赛，开启了中国市场的短视频社交营销尝试。该挑战赛于 2018 年 11 月 15 日上线，短短一周就吸引了 3 万多个抖音用户自发创作的短视频，收获超过 2 亿次播放量、850 万个点赞数，大幅提升了 MICHAEL KORS 在中国时尚年轻群体中的品牌影响力。

图 5-11　抖音平台联合国际奢侈品牌 MICHAEL KORS 携手制作的短视频广告

2) 内容定制模式

短视频内容定制不同于传统广告片制作。传统广告片通常作为硬广告投放于各类视频媒体，包括电视、电影贴片、视频网站贴片等，属于单向传播，重点在于传达品牌信息和广告诉求。而短视频内容定制通常作为内容原生广告在全网分发，包括短视频平台、社交媒体等，属于互动传播，因此，需要更加注重内容的完整性和品牌信息的原生性，需要通过拍摄、剧情、创意等一系列的内容定制创作，实现短视频的自发性传播。

相对于广告植入模式，内容定制的要求较高。销售者在选择内容定制方式进行短视频营销时，需重点考虑以下三个要素。

（1）内容情节：只有紧跟潮流、具备精彩剧情内容的短视频作品才能吸引客户观看并产生购物冲动，这是短视频营销成功的关键。相对于传统广告片，短视频的制作应更加注重捕捉热点或突发事件，并注意其中的细节，力求在较短的播放时间里形成一个可带动消费的故事情节，产生广告促销作用。

（2）话题热度：短视频定制营销内容要获得好的传播效果，除被更多人看到外，还需要更多人的讨论，可采用热门话题增加社交互动。

（3）渠道兼容性：短视频营销的一大优势是互动传播和二次传播，因此在内容定制的过程中，需要更多地考虑内容在各个渠道传播的兼容性。

图 5-12 是风行美盏×京东短视频内容定制的案例。

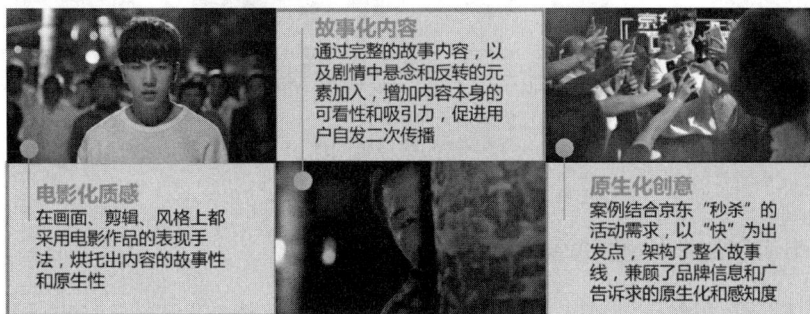

图 5-12　风行美盏×京东短视频内容定制的案例

（资料来源：艾瑞咨询，中国短视频营销市场研究报告。）

3）网络达人传播模式

网络达人活动的营销价值主要体现在网络达人的影响力和 UGC 内容的互动性上，一方面通过网络达人触达其背后的群体，另一方面通过互动元素的加入激发用户的深度参与。

推销者在短视频网络达人活动营销策划和执行中，通常分为 4 个步骤：

（1）确认营销目标。推销者在进行短视频网络达人活动营销前，一定要有清晰的营销目标，这将直接成为指导后面环节的标准。

（2）选择合作的网络达人资源。推销者在选择网络达人资源时，不要一味地追求大流量的头部网络达人，垂直领域的网络达人对其群体的触达力和影响力更大。如果是大传播声量[①]的营销需求，选择多个垂直领域的网络达人共同发力，触及范围和力度更佳。

（3）策划活动方案。短视频网络达人活动营销的重要营销价值在于跟用户的互动和沟通，进而鼓励用户生产相关主题的 UGC 内容来进一步扩大活动声量。因此，在活动策划中，参与门槛和社交属性是重要的策划因素。

（4）推广活动信息，激励用户参与。短视频网络达人活动营销最难的在于起步阶段，当活动热度到达阈值后，便会呈现出病毒式传播的特征。因此，运用各种激励手段，促进早期的用

---

① "声量"一词源自传播领域，用来描述与衡量信息传播的影响力大小。

户参与成为关键，如设置奖励机制等。

在上述 4 个环节中，网络达人资源环节对整个营销活动的影响最大，因此，选择合适的网络达人合作尤为重要。除网络达人自身的群体数量和影响力外，网络达人领域和品牌个性的一致性、网络达人风格与活动内容的契合度、网络达人主要入驻的平台等都是需要重点考虑的因素。

图 5-13 是微播易×苏宁易购短视频网络达人活动流程案例。

图 5-13　微播易×苏宁易购短视频网络达人活动流程案例

(资料来源：艾瑞咨询，中国短视频营销市场研究报告。)

3. 跨境电商企业使用短视频营销应当注意的问题

（1）科学设计短视频营销策略。开展短视频营销需要根据企业及产品特点，从产品属性、各国风俗、受众人群、用户行为特征、用户体验、国际市场管制等诸多方面，在内容、渠道、场景、转化等四个维度实现有针对性的营销策略布局。

（2）丰富短视频内容，提高可视性。对内容形式而言，应使营销内容中符合短视频产品的娱乐产品特性，以幽默、炫酷、青春时尚等为主题特色，促使用户在看过短视频后仍然通过自主查阅信息的方式来获取更多信息。

（3）精心选择投放渠道。在投放渠道的选择上，应选择更有利于增加营销效果与接收度的营销渠道。一方面，选择的投放渠道应具有很强的社交属性，容易介入熟人关系链；另一方面，应选择在用户信任度较高的渠道上投放，或者在用户喜爱的渠道（如针对青年人的网站）上投放。

（4）捕捉用户产品使用需求高峰，实现定向补给。对于用户而言，在其使用需求强烈、广告推送偏好的时间段实施营销策略将更有效触达用户，加深宣传效果，最终实现用户转化。数据调查显示，短视频用户在睡前、通勤、间歇时间段使用频率较高，跨境电商企业需要根据不同国家和地区的时差在特定时间段实现定向补给。

5.3　跨境电商客户服务方法

▶▶ 5.3.1　跨境电商客户服务的分类

按照服务的方式不同，跨境电商客户服务（简称客服）可分为人工客服和在线智能客服。

其中，人工客服又可细分为文字客服、视频客服和语音客服三类。

文字客服是指主要以打字聊天的形式进行的客户服务；视频客服是指主要以语音视频的形式进行客户服务；语音客服是指主要以电话、移动电话或网络通话的形式进行的客服服务。其中，网络客服既可以是即时交互，也可以是延时交互，即顾客在网站上留言提出问题，人工客服汇总提炼后给予回答。

在线智能客服也称为人工智能客服。它是指通过人工智能的方法所进行的客服。融合了人工智能技术的智能客服系统能够实现智能访客分流、自动回复、智能辅助人工、智能监控和智能质检等，使客服工作的各个环节实现自动化和智能化，从而降低人工客服成本、提升客户服务质量。

根据跨境电商产品的营销过程，跨境电商客服一般分为三类，即售前服务、售中服务、售后服务。

售前服务一般是指跨境电商企业在销售产品之前为顾客提供的一系列活动，如网络市场调查、网络广告推广、产品设计意见征集、产品在线问题解答、在线咨询等服务；售中服务是指在产品交易过程中跨境电商网店向购买者提供的服务，如订单处理、商品调拨、物流配送需求等服务；售后服务是指凡与所销售产品有连带关系的服务，如产品的质量保修、产品的使用反馈、退货换货等。

▶▶ 5.3.2　跨境电商客服的工作内容

1. 售前服务

主要解答客户对产品的各种问题，指导客户熟悉支付、物流配送各环节的操作，宣传产品的优势和网店的信誉，提高客户购买意愿，促成订单的形成。在这个阶段，需要建立一个完整全面的常见问题回复文档，这样在页面直接回复或电子邮件回复都可以大大提高客服的回复效率，节省编辑时间。

2. 售中服务

主要执行订单跟进，回答客户在下订单过程中遇到的疑难问题，处理订单换货和订单取消，处理地址变更、物流跟踪等问题。

（1）已发货通知。发货后，应在第一时间给买家发送信息，告知客户物流渠道及物流跟踪号，最好能有一个预计到达的时间，让买家感受到客服无比贴心的服务。

（2）未发货通知。因特殊情况延迟发货的订单，客服应及时主动地联系买家，道歉并说明情况。如遇到买家催发货应尽全力安抚情绪。

（3）催付提醒。有的买家已经下单但还未付款，这时需要发送催付信息。这种情况经常会遇到。一般情况下，买家收到客服温馨的提醒后一定会尽快付款，这种做法不仅给客户留下了良好的印象，也会大大提升转化率。

3. 售后服务

（1）邀请买家留评。买家确认收货后，客服应积极引导买家留下好评，以提高店铺的信誉级别。

（2）建立黑名单。当遇到一些不良买家的恶意诈骗或威胁，或者故意给差评时，客服应妥善应对。在处理差评时，应当筛选出少数恶意买家，建立一个黑名单库，做好记录和防范。

（3）纠纷处理。买家收到货物后不满意，可能提出换货、退货或退款，客服人员需要详细了解客户问题的症结所在，提出解决的建议和协调的方法，有效处理客户与网店或生产厂家的纠纷。

4. 问题收集与总结

客服人员在服务过程中，应及时收集、反馈客户提出的问题，结合本网店的运营情况，主动向客服负责人反映，督促有关部门尽快解决客户在购买过程中出现的各类问题。

▶▶ **5.3.3 跨境电商客服人员的技能要求**

相对于一般电商客服人员，跨境电商对客服人员的要求比较高。

（1）具有良好的外语表达能力。跨境电商涉及跨国交易，对语言要求非常高。客服人员至少应掌握一门外语。

（2）具有良好的沟通能力和热情耐心的服务态度。由于在跨境电商平台上，客户看到的是一张张商品图片和一般段文字描述，既看不到商家本人，也看不到产品实物，无法了解各种实际情况，因此往往会产生距离感和怀疑感。这个时候，客服就显得尤为重要。客户通过与客服的交流，可以逐步了解商家的服务和态度，让网店在客户心目中逐步树立起良好的形象。

（3）具有丰富的国际贸易知识。客服人员应对跨境电商和外贸通关的相关政策有深入了解，应对平台和网店规则非常熟悉。同时，还应了解销售国的风土人情，以解答不同国家客户的问题。

（4）掌握基本的计算机和网络软件操作技能。客服人员应了解本平台和网店的技术架构和操作流程，熟悉常用软件的操作，能够开展防范安全风险的操作，能够熟练运用人工智能客服系统。

复习题

1. 试述跨境电商营销品牌策略的基本思路与方法。
2. 试述跨境电商营销定价策略的基本思路与方法。
3. 试述跨境电商营销渠道策略的基本思路与方法。
4. 试述跨境电商营销服务策略的基本思路与方法。
5. 简述跨境电商广告营销方法。
6. 简述跨境电商直播营销方法。
7. 简述跨境电商电子邮件营销方法。

参考文献

[1] 杨立钒，杨坚争，李学迁. 网络广告学[M]. 4 版. 北京：电子工业出版社，2015.

[2] 知乎. 海外社交媒体选择的 4+1 步指南 [EB/OL].（2019-03-06）[2020-10-25].

https://zhuanlan.zhihu.com/p/58428571.

[3] 雨果网. 如何在海外主流社交平台上打广告[EB/OL].（2020-02-20）[2020-10-25]. https://www.cifnews.com/article/60911.

[4] 杨立钒，杨坚争. 电子商务基础与应用[M]. 11 版. 西安：西安电子科技大学出版社，2019.

[5] 任倩文. 这些跨境电商平台正在海外复制"淘宝直播"[EB/OL].（2020-09-07）[2020-09-15]. https://mp.weixin.qq.com/s/PRzWULCsZIWMe_btMs6UdQ.

[6] 艾瑞咨询. 2019 中国短视频企业营销策略白皮书 [EB/OL].（2019-12-20）[2020-10-25]. http://report.iresearch.cn/report/201912/3504.shtml.

第 6 章

跨境电子支付

电子支付是跨境电商中的一个极为重要的、关键的组成部分。电子商务较之传统商务的优越性，成为吸引越来越多的商家和个人上网购物和消费的原动力。然而，如何通过电子支付安全地完成整个跨境交易过程，又是人们在选择网上交易时所必须面对的而且是首先要考虑的问题。在国际贸易中，又常常利用电子信用证进行交易。本章对什么是电子支付、电子支付的方式与特点、电子信用证的应用等问题进行较为深入的探讨。

6.1　跨境支付的相关概念

电子支付的技术设计是建立在对传统支付方式的深入研究基础上的，这是因为人们总是通过传统支付方式来比较电子支付。因此，在讨论电子支付之前，有必要对跨境支付的相关概念进行梳理。

▶▶ 6.1.1　现金

现金有两种形式，即纸币和硬币，由国家组织或政府授权的银行发行。纸币本身没有价值，它只是一种由国家发行并强制通用的货币符号；硬币本身含有一定的金属成分，故具有一定的价值。

▶▶ 6.1.2　票据

"票据"一词，可以从广义和狭义两种意义上来理解。广义上的票据包括各种记载一定文字、代表一定权利的文书凭证，如股票、债券、货单、车船票、汇票等，人们笼统地将它们泛称为票据；狭义上的票据是一个专用名词，专指票据法所规定的汇票、本票和支票等票据。①

在跨境商业交易中，一旦成交，就要向外地或外国输送款项供清偿之用。在这种情况下，如果输送大量现金，不仅十分麻烦，而且途中风险很大。但如果以票据的转移代替实际的金钱

---

① 根据《中华人民共和国票据法》，汇票是出票人委托他人于到期日无条件支付一定金额给受款人的票据；本票是出票人自己于到期日无条件支付一定金额给受款人的票据；支票则是出票人委托银行或其他法定金融机构于见票时无条件支付一定金额给受款人的票据。因此可以说，票据是出票人依票据法发行的、无条件支付一定金额或委托他人无条件支付一定金额给受款人或持票人的一种文书凭证。

的转移，则可以大大减少上述麻烦或风险。汇票出现以后，便成为异地交易中代替现金支付的最佳工具。

作为支付手段，各种票据都可以使用。例如，买主支付价款给卖主，可以直接签发支票或本票，也可以签发汇票。但不论何种形式，都需有出票人的签名方能生效。

▶▶ 6.1.3　信用卡

信用卡是银行或金融公司发行的，授权持卡人在指定的商店或场所进行记账消费的信用凭证。

信用卡最早诞生于美国。1915 年美国的一些百货商店尝试发放信用筹码，约期付款。1946 年，美国狄纳斯俱乐部和运通公司开始发行旅游、娱乐信用卡。1952 年，美国加州富兰克林国民银行首先发行银行信用卡。20 世纪 80 年代后，信用卡在美国、西欧、日本等国已成为一种普遍采用的支付工具，逐步取代了现金和支票。Master、VISA 等都是普及率较高的信用卡。

信用卡进入中国是在改革开放之后。随着对外经贸往来的扩大及旅游事业的发展，客观上要求我国改革传统的结算方式。1985 年，中国银行珠海分行发行了我国第一张人民币信用卡——中银卡。之后，我国其他几家银行也先后发行了自己的信用卡。截至 2020 年一季度末，全国银行卡在用发卡数量 85.28 亿张，其中，借记卡在用发卡数量 76.80 亿张，全国人均持有银行卡 6.09 张[①]

信用卡之所以能在世界范围内被广泛使用，与其本身的特点是分不开的。信用卡具有转账结算、消费借贷、储蓄和汇兑等多种功能。它能够为持卡人和特约商户提供简化高效的结算服务，减少现金货币流通量；还可以避免随身携带大量现金的不便，为支付提供较好的安全保障。

▶▶ 6.1.4　支付、结算与清算

1. 支付

支付又称付出、付给，多指付款，是发生在购买者和销售者之间的金融交换，是社会经济活动所引起的货币债权转移的过程，一般是指个人之间、机构之间、个人与机构之间的直接货币给付。

2. 结算（Settlement of Accounts）

根据《中国银联银行卡联网联合技术规范 V2.1》的定义，结算是指完成客户账户间资金划拨的全过程。通俗地讲，结算是通过银行将款项从付款单位账户划转入收款单位账户。

3. 清算（Settlement）

根据《中国银联银行卡联网联合技术规范 V2.1》的定义，清算指根据清分结果对交易数据进行净额轧差和提交并完成资金划拨的全过程。通俗地讲，清算是指银行对相互间的资金往来进行划拨结算。[②]

---

① 中国人民银行. 2020 年第一季度支付体系运行总体情况 [EB/OL].（2020-06-09）[2020-08-22]. http://www.pbc.gov.cn/zhifujiesuansi/128525/128545/128643/4036580/index.html.

② 在法律上，清算是为了终结现存的法律关系、处理其剩余财产、使之归于消灭而进行的一个程序，包括计算、核实等。

清算包括清分和结算两个阶段。

清分=记账+发送指令+算账。此阶段主要由清算企业参与，如银联、网联。例如，消费者 A 刷 POS 机向商场 B 付款 5 000 元，A 的开户行在建行（发卡行），B 的开户行在工行（收单行）。在清分阶段，银联系统记下这笔交易并计算出这笔交易中发卡行、银联、收单行各自收取多少手续费，然后分别向发卡行与收单行发起交易指令。

结算=扣费+转账。此阶段主要由清算企业与人民银行的支付系统共同参与。例如，发卡行根据交易指令从 A 的银行卡账户扣除 5 000 元，并从 5 000 元中扣除相应的手续费。剩余的钱银联再扣除相应的手续费，通过人民银行大额支付系统转给收单行，收单行再扣除相应的手续费将剩下的钱打入 B 的账户。

4. 清算系统

清算系统是一套银行的账户体系及相互间资金划拨交割的会计规则。清算体系有独立的系统，如中国的大额支付系统、人民币跨境支付系统（Cross-border Interbank Payment System，CIPS），美国的纽约清算所银行同业支付系统。在这类系统中，有指定的清算银行。有些国家或地区，为了规范本国或本地区内的外汇清算秩序，也会指定特定币种的清算银行。此外，在一定区域内，为了提高区域内外汇清算效率，许多小银行会自发地以某家大银行作为账户行进行区域内的外币清算。

图 6-1 是 CIPS 模式下人民币跨境清算系统的基本架构。

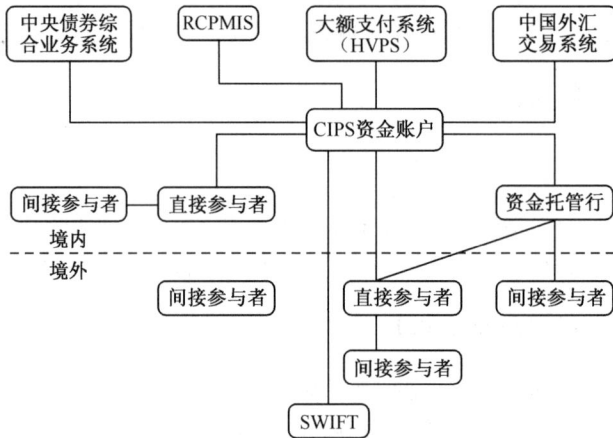

图 6-1　CIPS 模式下人民币跨境清算系统的基本架构

在图 6-1 中，RCPMIS 是人民币跨境收付信息管理系统（RMB Cross Border Payment & Receipt Management Information System）；CIPS 是跨境人民币支付系统（Cross-border Interbank Payment System）。

▶▶ 6.1.5　跨境支付购汇与结汇

跨境支付购汇方式包括通过国内银行购汇汇出、第三方购汇支付、境外电商接受人民币支付等；跨境收入结汇方式包括通过国内银行汇入、第三方收结汇、以结汇或个人名义拆分结汇流入等。

购汇是转账交易，是指企业或个人用自己账户上的本币兑换外币，相当于外汇买卖，兑换后的外币还在自己的账户上或银行卡上，不提取现金。

结汇指企业或个人按照汇率将买进外汇和卖出外汇进行结清的行为。如跨境电商公司，根据进口业务需要，以本国货币按照国家公布的外汇牌价，向外汇专业银行购买外币汇往国外，或者将出口所得外币，按照牌价售与外汇银行而折合成本国货币，均称为结汇。

银行是跨境电商进行购汇、结汇的主要途径。国内银行普遍开展了购汇、结汇业务。例如，登录中国银行网上银行，可以找到 "购汇结汇" 栏目，按照提示即可进行货币兑换。

国内企业或个人在境外购物网站消费时，需要用当地货币结算，也可以通过第三方支付工具，直接用人民币完成支付。第三方支付企业给国内消费者提供的这种用人民币购买、用外汇结算的服务叫作第三方购汇支付。

与购汇支付相反，境内企业在出口业务时从外商处收取款项，境外消费者用外币支付，转到国内账户用人民币结算，第三方支付企业为境内企业提供的这种结算服务称为收汇支付。

6.2　电子支付

▶▶ 6.2.1　电子支付的概念及特征

美国对电子支付的定义为：电子支付是支付命令发送方把存放于商业银行的资金，通过一条线路划入收益方开户银行，以支付给收益方的一系列转移过程。[①]

按照中国人民银行的定义，电子支付是指单位、个人直接或授权他人通过电子终端发出支付指令，实现货币支付与资金转移的行为。[②]具体到统计口径上，电子支付是指客户通过网上银行、电话银行、手机银行、ATM、POS 和其他电子渠道，从结算类账户发起的账务变动类业务笔数和金额，包括网上支付、电话支付、移动支付、ATM 业务、POS 业务和其他电子支付等六种业务类型[③]。

电子支付从基本形态上看是电子数据的流动，它以金融专用网络为基础，通过计算机网络系统传输电子信息来实现支付。按照电子支付指令发起方式，电子支付的类型可以分为网上支付、电话支付、移动支付、销售点终端交易、自动柜员机交易和其他电子支付；按照支付指令的传输渠道，电子支付的类型可以分为卡基支付、互联网支付和移动支付（见图 6-2）。

与传统的支付方式相比，电子支付具有以下特征。

（1）电子支付是采用先进的技术通过数字流转来完成信息传输的，其各种支付方式都是采用数字化的方式进行款项支付的；而传统的支付方式是通过现金的流转、票据的转让及银行的汇兑等物理实体流转来完成款项支付的。

（2）电子支付的工作环境是基于一个开放的系统平台（互联网）之中的；而传统支付是在较为封闭的系统中运作的。

---

① 1989 年美国全国统一州法专员会议和美国法律学会批准的 "统一商业法规" 第 4A 编。

② 中国人民银行. 电子支付指引（第一号）[EB/OL]. （2005-10-31）[2019-08-20]. http://www.gov.cn/ztzl/2005-10/31/content_87377.htm.

③ 中国人民银行．2020 年第一季度支付体系运行总体情况[EB/OL]. （2020-06-09）[2020-08-22]. http://www.pbc.gov.cn/zhifujiesuansi/128525/128545/128643/4036580/index.html.

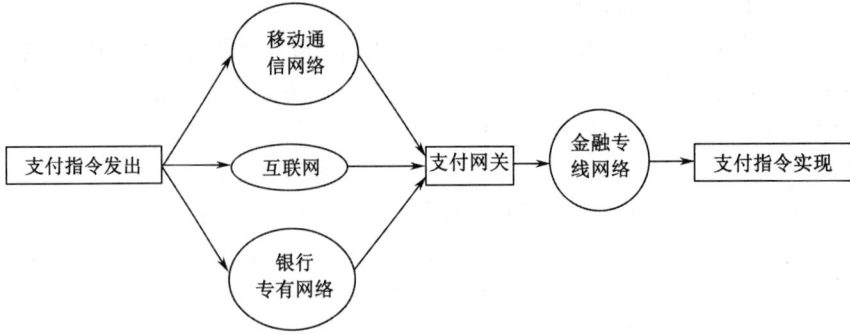

图 6-2　基于支付指令传输渠道划分的电子支付类型

（3）电子支付对软、硬件设施的要求很高，一般要求有联网的计算机、相关的软件及其他一些配套设施；而传统支付没有这么高的要求。

（4）电子支付具有方便、快捷、高效、经济的优势。用户只要拥有一台上网的计算机，便可足不出户，在很短的时间内完成整个支付过程。支付费用仅相当于传统支付的几十分之一，甚至几百分之一。

▶▶ 6.2.2　电子支付的类型

当前流行的电子支付类型主要是支付指令在用户和电子支付机构之间或相互之间的流转。对这些支付类型进行分类，可以分析和归纳电子支付的各方主体在支付各环节的角色定位，提炼出民事权利义务关系。

1. 基本类型

线上支付可以分为 5 种类型，即网络银行、非金融支付机构、移动支付、虚拟货币、其他形式（见图 6-3）。

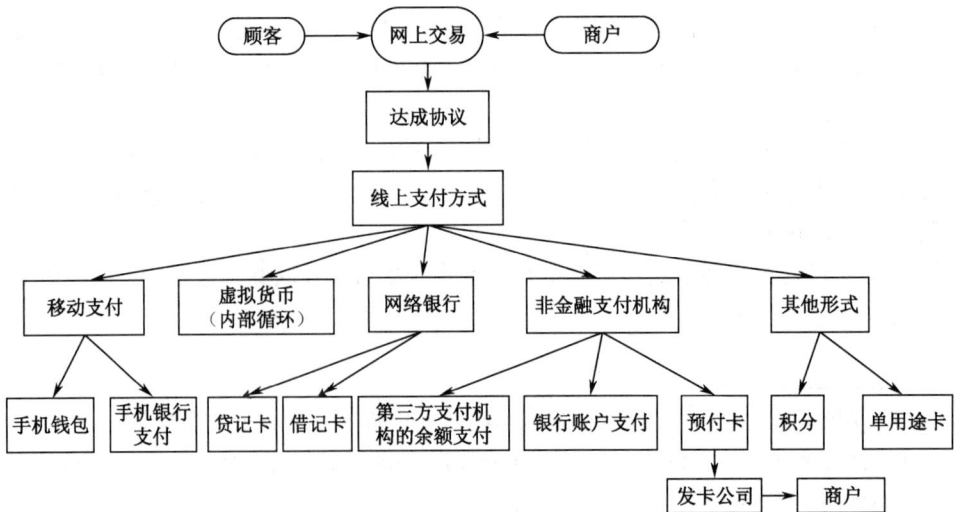

图 6-3　线上支付分类

2. 网络银行支付

网络银行是传统银行转型的一种新形态。图 6-4 反映了网络银行（含支付网关代理）的支付流程。

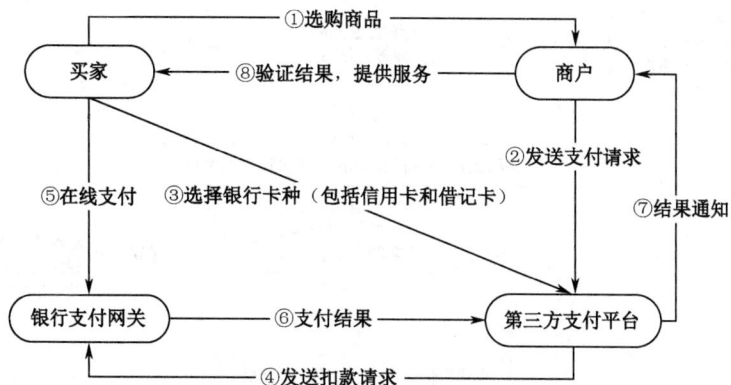

图 6-4　网络银行（含支付网关代理）的支付流程

3. 非金融机构支付

非金融机构支付（又称第三方支付）的特点是绑定银行账户，其支付流程如图 6-5 所示。从规制对象的角度看，主要应对买家、商户、第三方支付机构、网上银行 4 个参与者进行规制。而从支付流程的角度看，主要包括支付账户开户、指令执行、支付完成三个阶段。

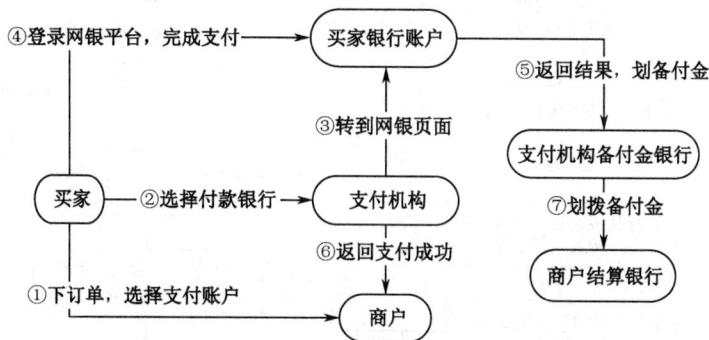

图 6-5　第三方支付：绑定银行账户的支付流程

4. 移动支付

移动支付是近两年发展特别迅速的一种电子支付形式。图 6-6 反映了移动支付的详细流程。

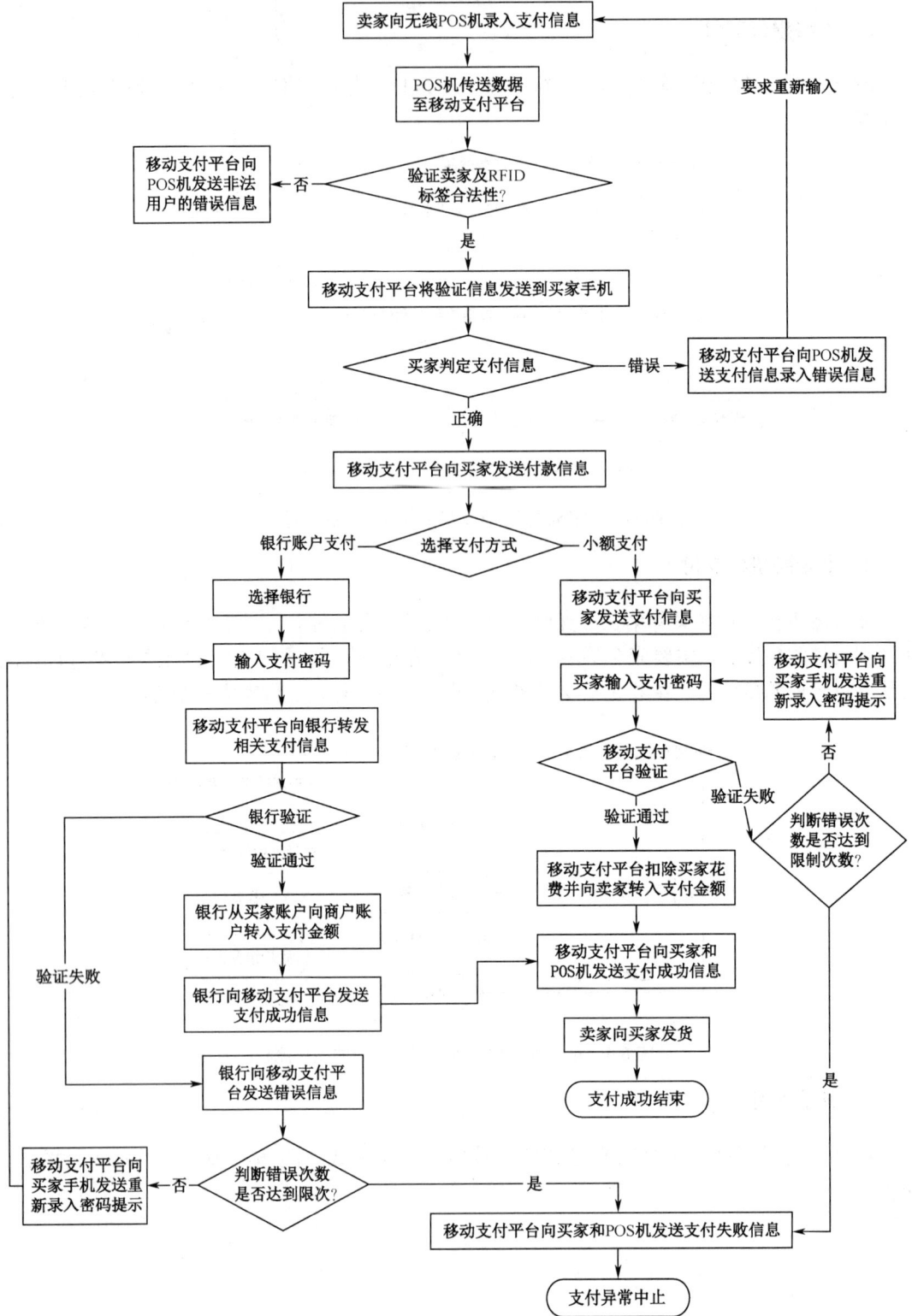

图 6-6 移动支付的详细流程

▶▶ 6.2.3　电子支付的工具

1. 银行卡支付

在所有传统支付方式中，银行卡（主要是信用卡和借记卡）最早适应了电子支付的形式。支付者可以使用申请了在线转账功能的银行卡转移小额资金到另外的银行账户中，完成支付。

VISA 银行卡是发卡银行与 VISA 国际组织联合发行的银行卡。这种银行卡可以在全球范围内的 VISA 特约商户进行消费。信用卡卡面上印有 VISA 国际的标志。[①]

银行卡电子支付的参与者包括付款人、收款人、认证中心，以及发卡行和收单行。其支付流程如图 6-7 所示。

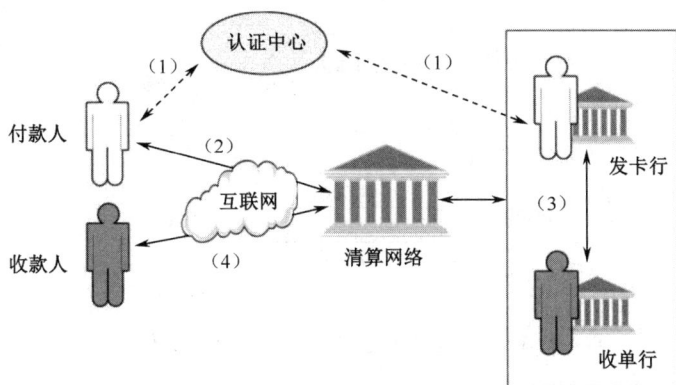

图 6-7　银行卡电子支付流程

图 6-7 中数字序号含义如下。

（1）付款人和发卡行申请认证，使得支付过程双方能够确认身份。

（2）付款人通过电子钱包软件登录发卡行，并发出转账请求。转账请求包括汇入银行名称、汇入资金账号、支付金额等信息。

（3）发卡行接受转账请求之后，通过清算网络与收单行进行资金清算。

（4）收款人与收单行结算。

2. 电子现金与电子钱包支付

1）电子现金

所谓电子现金（E-cash），是一种以电子数据形式流通的、能被客户和商家普遍接受的、通过互联网购买商品或服务时可以使用的货币。电子现金是现实货币的电子化或数字模拟，它把现金数值转换为一系列加密序列数，通过这些序列数来表示现实中各种金额的币值。电子现金以数字信息形式存在，存储于电子现金发行者的服务器和用户计算机终端上，通过互联网流通。

---

① VISA 国际组织本身并不直接发卡，VISA 品牌的银行卡是由参加 VISA 国际组织的会员（主要是银行）发行的。在亚太区，VISA 国际组织有超过 700 个会员金融机构发行各种 VISA 支付工具，包括信用卡、借记卡、公司卡、商务卡及采购卡。这些产品都能让顾客在国际交易时倍感安全、便利和可靠。

电子现金既具有现钞所拥有的基本特点，又由于和网络结合而具有互通性、多用途、快速简便等特点，已经在国内外的跨境电商支付中广泛使用。中国银联在大陆发行有单币种电子现金卡，电子现金主应用币种为人民币，电子现金余额上限定为 1 000 元人民币；在香港、澳门等地发行双币种电子现金卡，电子现金主应用币种为当地货币，第二币种为人民币，电子现金余额上限定为 1 000 个当地货币单位。银联卡电子现金支持消费交易、退货交易、现金充值交易和自动圈存交易，不支持取现交易。电子现金是目前在小额支付领域的主要产品。中国银行发行的电子现金支付流程如图 6-8 所示。

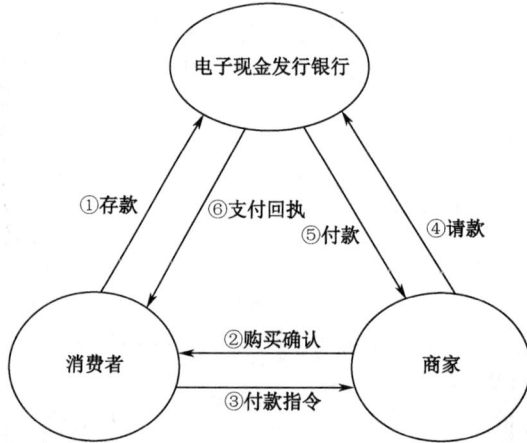

图 6-8　中国银行发行的电子现金支付流程

一般来说，银行借记卡和信用卡均可以与电子现金账户进行绑定，绑定后可以对电子现金账户进行充值。客户可以通过网上银行对电子现金账户进行交易明细查询、充值账户绑定及充值等操作。

2）电子钱包

电子钱包（Electronic Purse）是一种为方便持卡人小额消费而设计的金融 IC 卡应用。它支持圈存、消费等交易，消费不支持个人识别码保护。[①] 我国目前使用的公交卡和社保卡都属于电子钱包的范畴。

使用电子钱包购物，通常需要在电子钱包服务系统中运行。电子钱包软件通常免费提供，顾客可以直接使用与自己银行账号相连接的电子商务系统服务器上的电子钱包软件，也可以采用各种保密方式调用互联网上的电子钱包软件。

在电子商务服务系统中设有电子现金和电子钱包的功能管理模块，叫作电子钱包管理器（Wallet Administration），顾客可以用它来改变保密口令或保密方式，用它来查看自己银行账号上的收付往来的电子货币账目、清单和数据。电子商务服务系统中还有电子交易记录器，顾客通过查询记录器，可以了解自己都买了什么物品，购买了多少，也可以把查询结果打印出来。

---

① 中国人民银行．中国金融集成电路（IC）卡规范[EB/OL]．（2019-02-18）[2020-08-20]. https://wenku.baidu.com/view/c4927a61a517866fb84ae45c3b3567ec102ddc82.html．

图 6-9 是 MasterCard 电子钱包的运作流程。

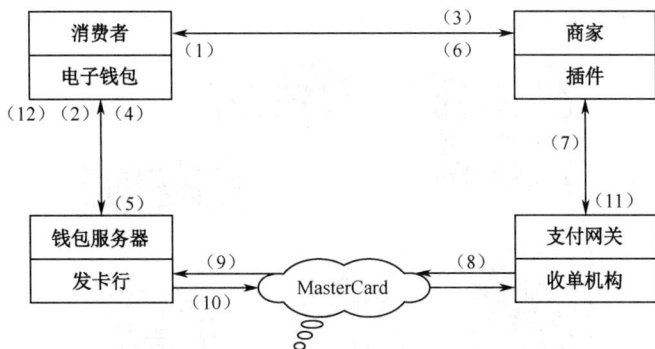

图 6-9 MasterCard 电子钱包的运作流程

图 6-9 中各数字含义如下：

（1）消费者在商家页面完成订单并确认结账。

（2）消费者登录电子钱包。

（3）电子钱包从商家网站支付页面读取相关信息。

（4）电子钱包向发卡行钱包服务器发送授权请求。

（5）钱包服务器生成认证记号并发送至消费者电子钱包。

（6）电子钱包将认证记号作为隐含字段向商家提交支付表单。

（7）商家向收单机构发送支付请求与认证记号。

（8）收单机构通过 MasterCard 网络向发卡行发送支付请求与认证记号。

（9）发卡行接收认证记号并与保存在钱包服务器中的认证记号进行对比检验。

（10）发卡行返回支付授权信息。

（11）收单机构向商家返回交易信息。

（12）消费者电子钱包接收交易收据。

3）电子现金与电子钱包的区别

站在应用的角度，电子现金和电子钱包都是为小额支付而开发的。拿着一张 IC 卡去超市的 POS 机上消费，或者坐公交车，一般人不会关心是基于电子现金的应用还是基于电子钱包的应用。两者的差别主要表现在以下两个方面。

（1）在交易流程上，电子现金是基于借记/贷记的，完全遵守借记/贷记规范。电子钱包本身是独立于借记/贷记的。

（2）在安全管理方面，电子现金的交易要具备终端风险管理、终端行为分析、卡片行为分析等操作，而电子钱包没有这些要求。基于电子现金的 POS 终端要求具有脱机数据认证能力，这种认证的原理是基于非对称的 RSA 加密技术的，而电子钱包的终端没有这个限制。

3. 移动二维码支付

1）二维码简介

二维条码（2D Barcode，简称二维码）的英文标准名称是 417 Barcode（见图 6-10），它是在水平和垂直方向的二维空间存储信息的条码。它可存放 1KB 字符，储存数据是一维条码的几十倍到几百倍；它可通过英文、中文、数字、符号和图形描述货物的详细信息，并采用原来的标签打印机打印；同时还可根据需要进行加密，防止数据被非法篡改。

图 6-10　二维条码

二维条码是 20 世纪 90 年代初产生的。目前，我国已批准使用 4 种二维条码标准，其中 PDF417 条码标准使用最为普遍，[①]也是我国电子支付领域广泛采用的二维条码。

1997 年 12 月，中国物品编码中心正式颁布了以国际自动识别制造商协会（AIMI）发布的《PDF417 规范》为基础的国家标准 GB/T 17172—1997《四一七条码》；2000 年 12 月又颁布了基于日本 QR Code 的国标 GB/T 18284—2000《快速响应矩阵码》。这两个标准主要是以国外标准为基础的。2006 年 5 月 25 日，《二维条码网格矩阵码》SJ/T 11349—2006（简称 GM 码）和《二维条码紧密矩阵码》SJ/T 11350—2006（简称 CM 码）正式成为国家电子行业标准，并于 2006 年 5 月 30 日起实施，成为我国具有自主知识产权的二维条码标准。

2011 年 7 月 1 日，支付宝正式推出了手机 App 二维码支付业务，进军国内线下支付市场。2013 年 8 月 5 日，腾讯正式发布微信 5.0 版本，开启了微信二维码支付功能。2017 年 12 月 27 日，中国人民银行发布了《条码支付业务规范（试行）》[②]，规范了二维码支付的信息传输标准、支付标记化技术应用、二维码时效性、交易限额、交易验证等，于 2018 年 4 月 1 日起实施。

2）二维码支付系统架构

二维码支付的系统架构如图 6-11 所示，它与其他的移动支付形式很相似，主要区别在于二维码的使用、支付指令的生成和传输，一旦支付指令进入支付接入系统，二维码支付就与其他移动支付没有本质上的区别了。

---

① PDF 是英文 Portable Data File 的首字母缩写，意为"便携数据文件"。因为组成条码的每一符号字符都是由 4 个条和 4 个空构成的，如果将组成条码的最窄条统称为一个模块，则上述的 4 个条和 4 个空的总模块数一定为 17，所以称为 417 码或 PDF417 码。

② 中国人民银行. 中国人民银行关于印发《条码支付业务规范（试行）》的通知[EB/OL].（2017-12-27）[2019-08-31]. http://www.pbc.gov.cn/goutongjiaoliu/113456/113469/3450002/index.html.

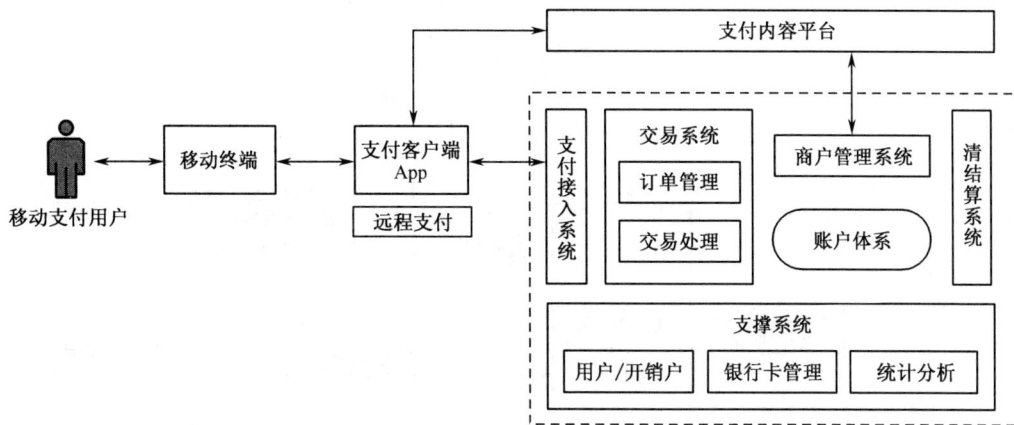

图 6-11　二维码支付的系统架构

3）二维码支付交易流程

支付二维码的使用方式有两种：一种是付款方主扫模式，另一种是收款方主扫模式。

在付款方主扫模式中，付款方使用支付客户端 App 内置的二维码识读软件（扫一扫）扫描包含支付链接的二维码进行支付。收款方二维码中包含的是支付接入系统 URL 和访问参数，支付指令是付款人主动发起的（见图 6-12）。

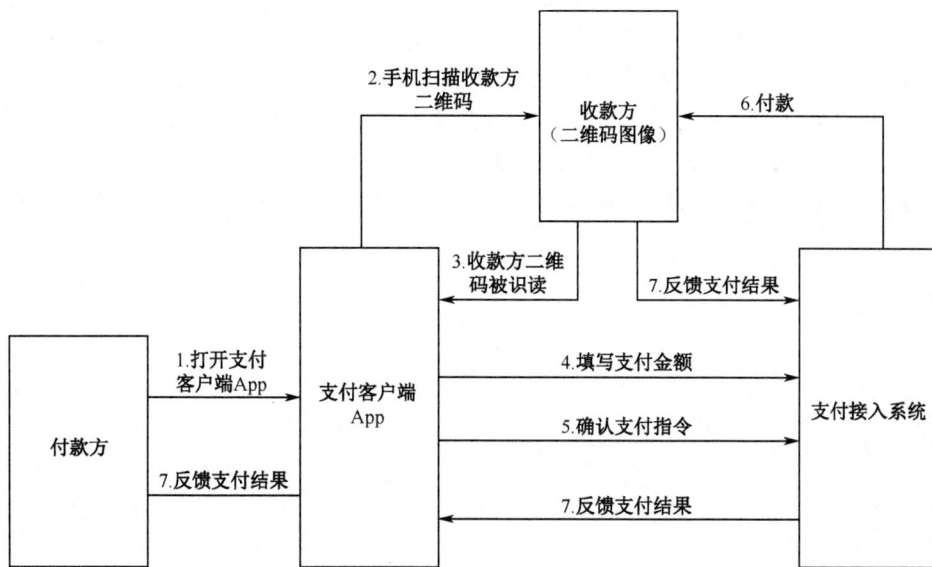

图 6-12　二维码支付中的付款方主扫模式

在收款方主扫模式中，收款方使用扫描枪扫描付款方的二维码。付款方二维码中包含的是支付凭证，可能是一串数字或其他信息。付款方二维码被识读后，收款方向支付系统直接提交支付请求，支付系统处理完支付请求后，将支付结果反馈给付款方和收款方（见图 6-13）。

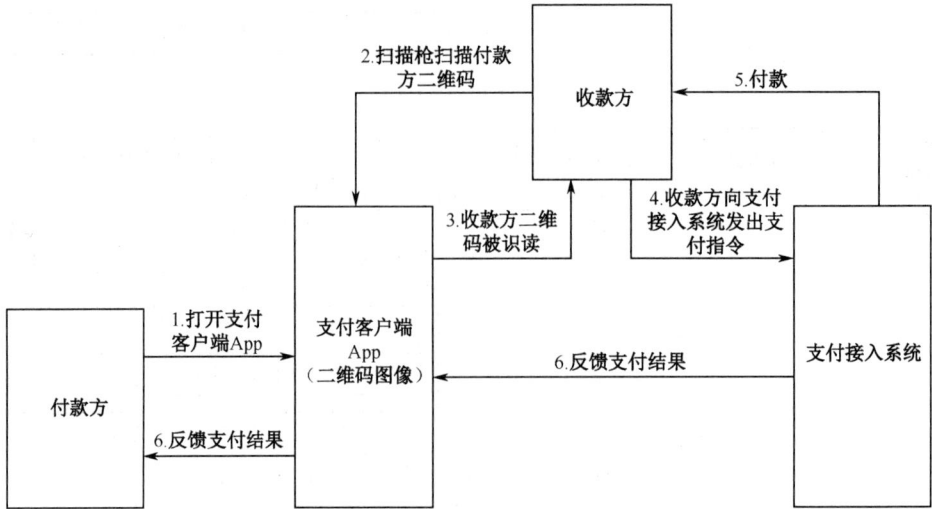

图 6-13　二维码支付中的收款方主扫模式

4. 电子票据支付

1）电子支票简介

电子支票是一种借鉴纸张支票转移支付的优点，利用数字传递将钱款从一个账户转移到另一个账户的电子付款形式。这种电子支票的支付主要是通过专用网络及一套完整的用户识别、标准报文、数据验证等规范化协议完成数据传输的。用电子支票支付，事务处理费用较低，而且银行也能为参与电子商务的客户提供标准化的资金信息，故而可能是目前最有效率的支付手段之一。图 6-14 是 Authorize 电子支票的应用页面。

图 6-14　Authorize（www.authorize.net）电子支票的应用页面

根据支票处理的类型，电子支票可以分为两类：一类是借记支票（Credit Check），即债权人向银行发出支付指令，以向债务人收款的划拨；另一类是贷记支票（Debit Check），即债务人向银行发出支付指令，以向债权人付款的划拨。

电子借记支票的流转程序如图 6-15 所示。

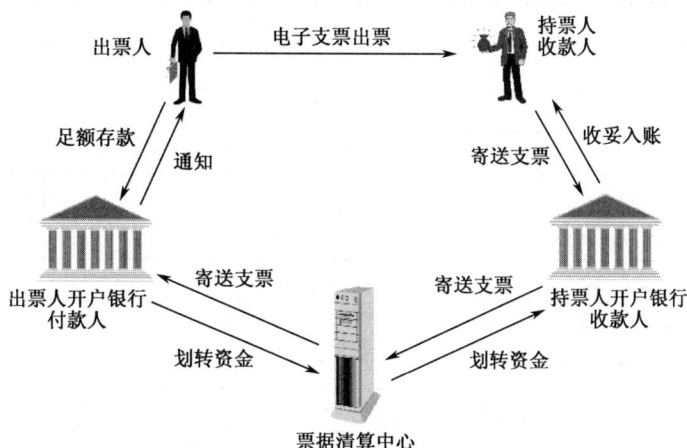

图 6-15　电子借记支票的流转程序

电子贷记支票的流转程序如图 6-16 所示。

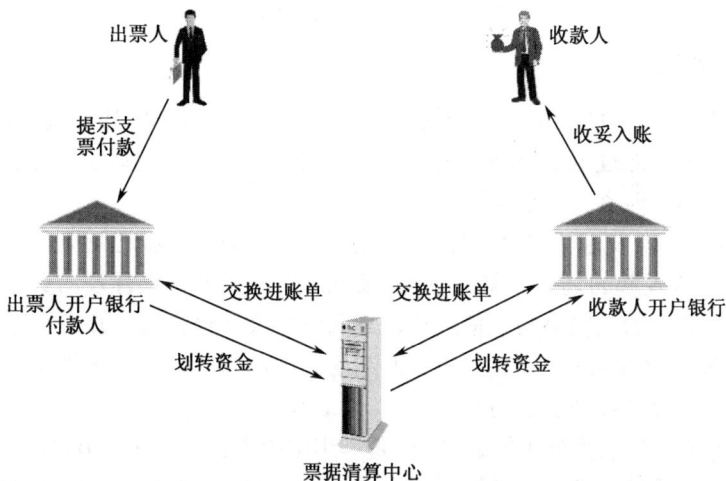

图 6-16　电子贷记支票的流转程序

2）电子商业汇票

电子商业汇票是指出票人依托电子商业汇票系统，以数据电文形式制作的，委托付款人在指定日期无条件支付确定的金额给收款人或持票人的票据。电子商业汇票分为网上银行承兑汇票和电子商业承兑汇票，网上银行承兑汇票由银行或财务公司承兑，电子商业承兑汇票由银行、财务公司以外的法人或其他组织承兑。

电子商业汇票以数据电文形式代替原有纸质实物票据，以电子签名代替实体签章，以网络传输代替人工传递，以计算机录入代替手工书写，实现了出票、流转、兑付等票据业务过程的完全电子化，确保了电子商业汇票使用的安全性。电子商业汇票的使用，提高了企业资金周转速度，畅通了企业的融资渠道。图 6-17 是电子商业汇票的票样。

电子商业汇票

| 出票日期 | | 票据号码 | | | | | | | | | | | | | | | |

出票人	全称					收款人	全称										
	账号						账号										
	开户银行						开户银行										
出票保证信息		保证人名称：				保证人地址：				保证日期：							
出票金额	人民币（大写）		元整					亿	千	百	十	万	千	百	十	元 角 分	
承兑信息	出票人承诺：本汇票请予以承兑，到期无条件付款					承兑行	全称										
	承兑行承兑：本汇票已经承兑，到期无条件付款 承兑日期						行号										
							地址										
承兑保证信息		保证人名称：				保证人地址：				保证日期：							
汇票到期日						备注											
评级信息（仅供参考）	出票人：		评级主体：			评级等级：			评级到期日：								
	承兑行：		评级主体：			评级等级：			评级到期日：								

图 6-17 电子商业汇票票样

5. 电子资金划拨

根据美国 1978 年发布的《电子资金划拨法》，电子资金划拨是"除支票、汇票或类似的纸质工具的交易以外的，通过电子终端、电话工具，或计算机或磁盘命令、指令，或委托金融机构借记或贷记账户的任何资金的划拨"。[①]

电子资金划拨根据发起人的不同，可以分为贷记划拨和借记划拨。贷记划拨（Credit Transfer）是由债务人发起的划拨，即债务人（支付人）向其开户银行发出支付命令，将其存放于该银行账户的资金，通过网络与电信线路，划入债权人（收款人）开户银行的一系列转移过程。借记划拨（Debit Transfer）是由债权人发起的划拨，即债权人（收款人）命令开户银行将债务人（支付人）资金划拨到自己的账户。

目前，我国电子资金划拨有 4 种渠道。一是利用中国人民银行于 2005 年 6 月建设运行的大额实时支付系统。该系统连接了与各银行业金融机构行内支付系统、中央债券综合业务系统、银行卡支付系统、人民币同业拆借和外汇交易系统等多个系统及香港、澳门的人民币清算行，是金融基础设施的核心系统。二是利用中国人民银行于 2006 年 6 月建成的小额批量支付系统。该系统支撑多种支付工具的使用，实行 7×24 小时连续运行，为银行业金融机构的小金额、大批量跨行支付清算业务提供了一个低成本的公共平台。三是利用中国人民银行的全国支票影像交换系统。该系统于 2007 年 6 月在全国推广，实现了支票的全国通用。四是利用中国人民银行 2008 年运行的外币支付系统，实现境内外币跨行资金支付的实时到账。

电子资金划拨系统根据服务对象的不同与支付金额的大小分为小额电子资金划拨系统和大额电子资金划拨系统。前者的服务对象主要是广大消费者个人，特点是交易发生频繁，交易金

[①] U.S. Congress. Electronic Fund Transfer Act [EB/OL]. （1978-11-10）[2020-08-20]. https://www.fdic.gov/regulations/laws/rules/6000-1350.html.

额小且多样化；后者的服务对象包括货币、黄金、外汇、商品市场的经纪商与交易商，在金融市场从事交易活动的商业银行及从事国际贸易的工商企业，其特点是金额巨大，对支付的时间性、准确性与安全性有特殊要求，在电子资金划拨中处于主要地位。图 6-18 显示了大额实时支付系统的业务处理流程。

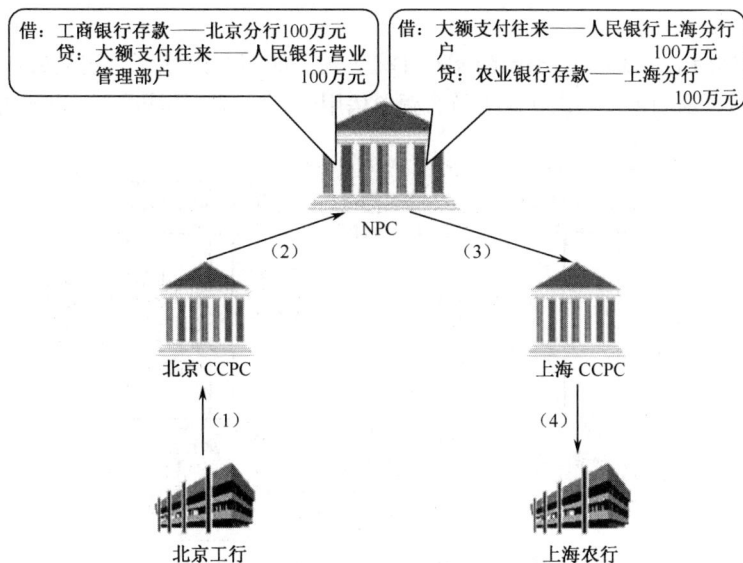

图 6-18　大额实时支付系统的业务处理流程

在图 6-18 中，中国工商银行北京分行通过大额支付系统向中国农业银行上海分行支付一笔金额为 100 万元的大额汇款，历经发起行、发起清算行、发报 CCPC[①]，经 NPC[②]清算资金后实时转发收报 CCPC、接收清算行、接收行，全过程自动化实时处理。具体步骤有以下 4 个。

（1）工商银行北京分行将大额支付指令实时发送至北京 CCPC。

（2）北京 CCPC 将大额支付指令实时转发至 NPC。

（3）NPC 实时全额完成资金清算后转发至上海 CCPC。

（4）上海 CCPC 将大额支付指令实时转发至农业银行上海分行，完成资金汇划。

6.3　电子信用证

▶▶ 6.3.1　信用证的沿革

1. 商业信用证

信用证的前身大概可以追溯到 12 世纪。当时，作为一种最简单的"商业信用证"，其运作方式是以支付汇票换取所有权单据。这种支付要通过第三方"开证人"进行，开证人充当的是

---

① CCPC, City Clearing Processing Center，即城市处理中心。

② NPC, National Processing Center，即国家处理中心。

中介人的角色。

有银行承担义务的现代商业信用证出现于 19 世纪。20 世纪初，国际商会制定了《跟单信用证统一惯例》。现在使用的是 2007 年的修改版本，即 UCP600，据此规则运作的信用证称为跟单信用证。在具体的使用中，又衍生出即期信用证、远期信用证、不可撤销信用证、可撤销信用证等多种形式。

常用的跟单信用证（Documentary Credit，D/C）流程如图 6-19 所示。这是买方要求银行（开证银行）签发的文件，证明银行承诺在卖方符合跟单信用证具体规定的情况下，向卖方支付指定金额。

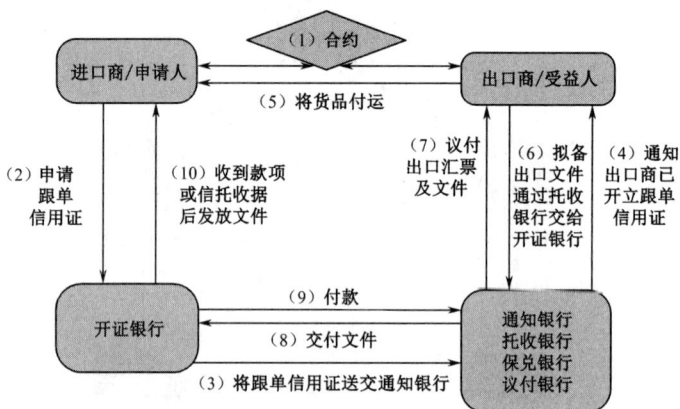

图 6-19　跟单信用证（D/C）流程

流程中的每个步骤及其涉及的对象如表 6-1 所示。

表 6-1　跟单信用证各步骤说明

步　骤	程　序	涉 及 对 象
（1）	确认销售合约及交易条款（特别是付款方式）	出口商及进口商
（2）	进口商向开证银行申请开立以出口商为受益人的跟单信用证	进口商及开证银行
（3）	申请一经批核，开证银行便会开立一份以出口商为受益人的信用证，送交通知银行	开证银行
（4）	开证银行通过通知银行通知出口商已开立跟单信用证	开证银行/通知银行
（5）	将货品付运	出口商
（6）	货品付运后，出口商拟备出口文件，通过托收银行交给开证银行（在很多情况下，出口商可通过其他银行交付文件，不一定通过通知银行）	出口商及通知银行
（7）	出口商可与通知银行洽谈议付出口汇票及文件事宜，通知银行转而担任议付银行的角色。议付银行负责为收证公司查核文件与信用证（如不需议付过程，通知银行转而担任托收银行的角色）	议付银行
（8）	议付银行负责将文件送交开证银行，并向其索回所议付的金额	议付银行
（9）	开证银行审核出口商通过议付银行提交的文件，在核实与规定完全一致后，便向议付银行付款	开证银行
（10）	开证银行在收到款项或信托收据后向进口商发放文件，以便进口商提货	开证银行

2. 电开信用证

信用证最初是以纸制、手工开证等方式运作的。20 世纪 70—80 年代，随着通信技术的发展，信用证的开证、通知、修改等方式可以通过电报、电话、电传的方式进行，被称为电开信用证。

20 世纪 90 年代，通过环球同业银行金融电讯协会（Society For Worldwide Interbank Financial Telecommunication S.C.，SWIFT）[①]系统开立的电开信用证（SWIFT 信用证）已被广泛使用。SWIFT 系统实现了跨境金融交易的自动化和标准化，银行的结算提供了安全、可靠、快捷、自动化的通信业务，从而大大提高了银行的结算速度。全球 205 个国家和地区的 1 万多家金融机构和企业使用该系统，每天交换数百万条标准化金融报文。

图 6-20 是基于信用证（Letter of Credit，L/C）和赊销（Open Account，OA）的 SWIFT 系统的基本运作流程。

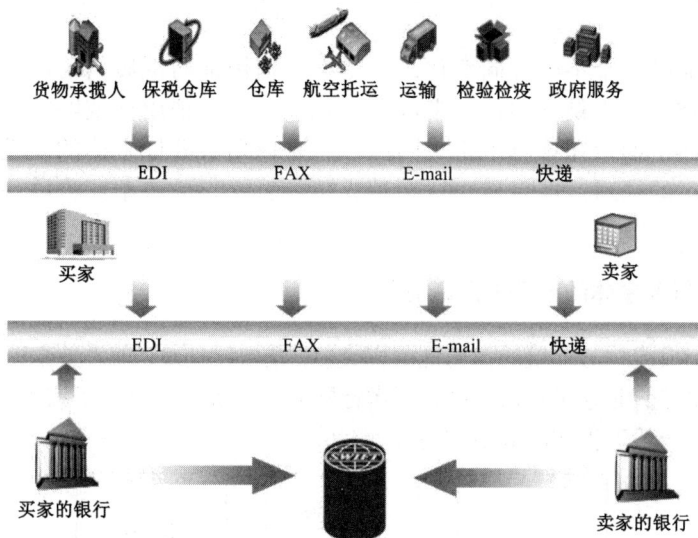

图 6-20　基于信用证和赊销的 SWIFT 系统的基本运作流程

▶▶ 6.3.2　电子信用证

1. 电子信用证的产生与发展

早在 1989 年国际商会通过的《INCOTERMS 1990》就认可了电子信息传输的使用，并在《INCOTERMS 2000》中继续认可了电子单证的效力。1993 年，国际商会发布了第 500 号出版物《跟单信用证统一惯例》（Uniform Customs and Practice of Documentary Credits，UCP 500）。该惯例制定了一套能够约束信用证有关当事人并能为各方共同遵守的统一、明确的规则，同时也为从事国际结算的银行和国际贸易的相关人士提供了处理实际业务和解决有关纠纷案例的依据。国际商会银行委员会于 1999 年起草了《电子贸易和支付统一规则》。2006 年，国际商会对 UCP 500 进行了修订，发布了 UCP 600。

[①] SWIFT 是一个由多家银行参与的合作组织。

　　根据国际商会的规定，很多国家针对电子单证制定了专门的立法，使得信用证的电子化成为可能。《中华人民共和国民法典》（2020 年）中的合同篇也将合同从传统的书面合同形式扩大到数据电文形式。第四百六十九条规定："书面形式是指合同书、信件和数据电文等可以有形地表现所载内容的形式。"[①]

　　2019 年 12 月 9 日，经中国人民银行批准，中国人民银行清算总中心建设的国内电子信用证信息交换系统（以下简称电证系统）正式投产上线。上线首日，招商银行广州分行作为通知行，通知了由中国银行宁波分行开立的远期国内电子信用证，金额 500 万元。这是电证系统上线后，全国首笔跨行国内电子信用证。清算总中心建设的电证系统是将国内信用证信息以电子数据形式存储于系统中，实现信用证开立、修改、通知、交单、承兑、付款、议付等全流程电子化。电证系统第一阶段上线功能主要包括国内信用证基础交易信息收发和资金清算等功能，2020 年电证系统第二阶段上线包括线上交单在内的更多重要功能。电证系统上线运行，对于丰富中小企业结算工具、便利中小企业融资、拓展国际市场、降低业务操作风险具有重要意义。

　　目前，信用证向三个不同方向变化：一是电子信用证与纸质信用证并行不悖，这只是过渡，而非最终结果；二是信用证的彻底电子化，即电子信用证或网络信用证，局限于外部基础设施及法律层面，在推行上仍有障碍；三是信用证开证主体的多元化，这将改变传统信用证银行信用的性质，或者也可以理解为传统意义上的信用证将被其他形式的信用证逐渐替代。

2. 以商业银行为主体的电子信用证业务

　　这类业务的一般流程与传统的信用证流程类似，主要区别是，前者整个流程实现了电子化。也就是说，买卖双方的业务谈判、订单、买卖合同的签署等是通过电子信用证系统进行的。

　　电子信用证的一般流程如图 6-21 所示。

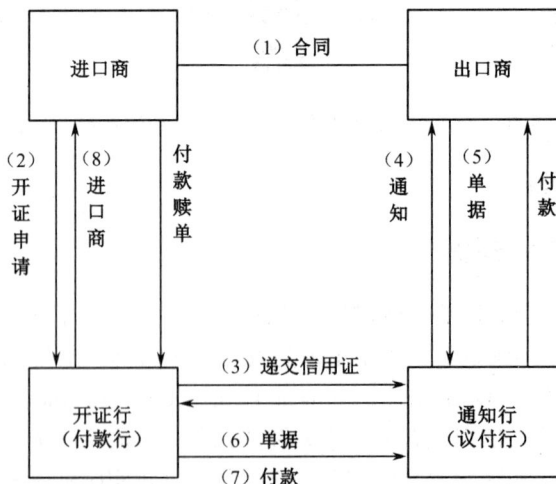

图 6-21　电子信用证的一般流程

---

　　① 全国人大常委会. 中华人民共和国民法典[EB/OL]. （2020-05-28）[2021-05-30]. http://www.npc.gov.cn/npc/c30834/202006/75ba6483b8344591abd07917eld25cc8.shtml.

图 6-21 中的标号说明如下：

（1）买卖双方通过电子信用证系统互通信息并商讨进出口业务，达成协议后，将订单输入 EDI 系统，EDI 系统自动检查订单是否符合要求，自动制作合同并经网络发给进口商。进口商经电子签名后再经通信网络传回合同，双方在合同规定下使用信用证的方式。

（2）进口商通过信息系统将电子开证申请书递交给开证行，请银行（开证行）开证。

（3）开证行根据给客户核定得到授信额度的情况，按申请书的内容，向出口商（受益人）开出信用证，并通过内部作业系统与外务网络系统的接口，将信用证发给出口商所在地的通知行。

（4）通知行核对印鉴无误后，将电子信用证转发到出口商的电子邮箱。

（5）出口商收到电子信用证后，EDI 系统自动审核信用证与合同，相符后，再由 EDI 系统自动生成全套单据并通过通信网络传递至各有关部门，如运输公司、保险公司、海关及商检机构等，并要求这些机构根据信用证的内容和实际货物的情况出具电子单据，如提单、保险单、海关发票、质检单等。出口商按照信用证的规定装运货物以后，以上这些机构再通过通信网络把提单交给出口商。出口商将各类电子单据备齐以后，开出电子汇票，通过通信网络送给议付行请求付款。议付行 EDI 系统按照信用证条款审核单据，无误后将货款垫付给出口商。

（6）议付行将电子汇票货运单据通过电子邮件转发给开证行（或其指定的付款行）。

（7）开证行向通知行付款。

（8）开证行通知进口商付款赎单。进口商付款后，开证行将各类电子单据转发给进口商，进口商再将电子单据通过网络转发给承运人，换取货物。

3. 以电子商务公司为主体的电子信用证业务

以电子商务公司为主体的电子信用证业务有 4 个影响较大的系统。

1）TSU

贸易服务设施平台（Trade Services Utility，TSU）非常好地适应了现代贸易发展的方向。它不仅为企业客户提供基于传统信用证（L/C）的服务，而且提供更广泛的基于 TSU 的赊销（OA）供应链融资服务平台。

2007 年 SWIFT 正式推出了 TSU。目前，参与 TSU 的银行已经达到了 59 家，它们分布在 25 个国家和地区。我国有 7 家银行和 TSU 进行合作。

图 6-22 是 TSU、韩国国际贸易协会（Korea International Trade Association，KITA）与 U-Trade Hub 电子商务平台共同合作的电子信用证流程，它是基于传统信用证（L/C）模式的。

图 6-23 是 TSU、KITA 与 U-Trade Hub 电子商务平台共同合作的电子信用证流程，它是基于赊销（OA）模式的。

2）Bolero 金融供应链管理系统

Bolero（www.bolero.net）公司以提供安全电子金融服务驰名世界，是由总部设在伦敦的运输业与保险机构 T.T.CLUB 和 SWIFT 合资成立的。

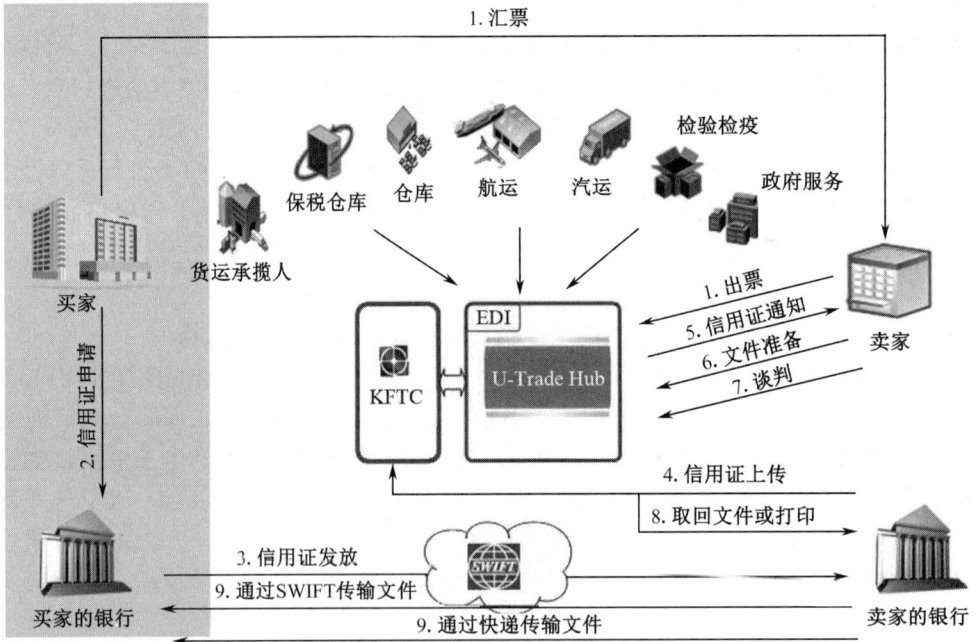

图 6-22　以 L/C 为基础的电子信用证流程

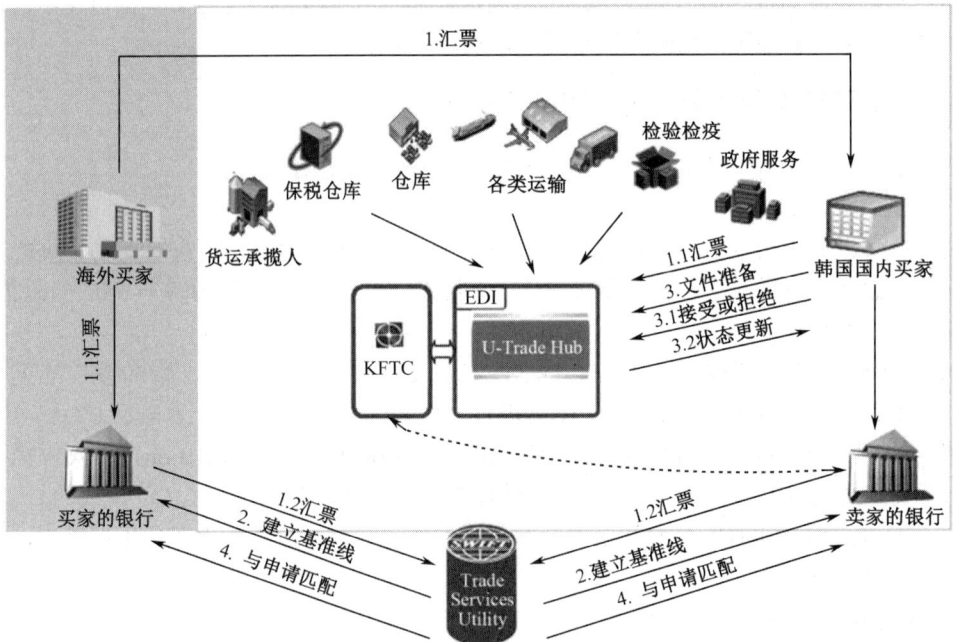

图 6-23　以 OA 为基础的电子信用证流程

Bolero Advise 系统是 Bolero 公司向出口商和银行提供与出口信用证相关的标准化解决方案，是一个实物供应链和金融供应链相互结合的应用系统，符合 EUCP 与 SWIFI 标准。该系统以互联网为基础，支持国际贸易流程参与各方包括进出口商、银行、保险公司、运输行、承运人、港务机构、海关、检验机构等传输、交换电子单据与数据。国际结算环节中的各家银行业务人员经授权进入 Bolero 中心注册系统，进行开证、通知信用证、审单，并与银行自身的电子结算系统连接完成付款清算等系列信用证操作。上海电子口岸数据处理平台都提供 Bolero 电子信用证通知系统服务。

Bolero Advise 系统的信用证申请/信用证通知流程如下。

（1）买方企业通过 Bolero Advise 客户端进行在线信用证信息填写。

（2）买方发送信用证申请信息表单到 Bolero Advise 服务器。

（3）Bolero 公司通过 SWIFT 标准 Category 7 Messages 跟买方企业发证银行通信并处理。

（4）Bolero Advise 服务器将发证银行的返回信息以规范格式发送给卖方开户银行（信用证通知银行）。

（5）Bolero Advise 服务器接到卖方的通知银行回执后，返回信息给卖方企业。整个信用证申请和信用证通知流程完成。

Bolero Advise 系统与具有电子信用证手段的银行相连接，出口商能够实时收到建议，下载集成信息并以电子方式与受影响的部门进行研究。图 6-24 是 Bolero Advise 系统管理模型。

图 6-24　Bolero Advise 系统管理模型

（资料来源：Bolero 公司。）

3）Tradecard 系统

美国纽约的 Tradecard 系统的运作流程包括交易撮合、货物运输、货款支付几个阶段。Tradecard 除提供电子市场撮合契约外，其付款审核单据机制整合 Coface 付款保证机制与 Thomas Cook 汇兑转账机制，进行创新的财务供应链管理，整合谈判、订约、付款及运送的信息管理作业，大幅降低了贸易文件的使用成本。同时，Tradecard 系统在贸易中使用电子文件作为买卖双方履约运送及付款的查核参考，避免了实体交易中贸易文件的使用及其电子化所面临的可能困扰。

4）CCE Web 系统

加拿大电子商务软件公司开发的 CCE Web 系统将信用证的功能和信用卡相结合，集成了基于互联网的贸易支付、贸易流程和单证管理等多项功能，可进行全球贸易。该系统的核心是"单据清算中心"，其功能类似于银行的融资部，将贸易、运输、保险、融资等各类单据集中处理并进行传递。信用证项下的支付通过单据清算中心进行，运作方式和银行处理信用证交易一样，中心将检查受益人所提交单据的表面一致性，并在支付受益人后结束整个交易过程。CCE Web 系统提供了一个安全的电子交易平台，但没有提供一个权利登记中心来实现买卖双方之间的物权转移。

▶▶ 6.3.3　网上信用证

网上信用证是指以商品交易双方签订的有效合同为基础，买方（申请人）通过网上企业银行向开证行提交开立国内信用证申请，经开证行审核后，开证行系统内联网开立和传送网上信用证，通知行据此通知卖方（受益人），并凭与信用证相符的单据对受益人付款的网上支付结算方式。

网上信用证是电子信用证的高级阶段。网上信用证具有以下优点。

（1）电子化物流采购支付手段，体现银行信用、付款承诺。

（2）通过票据质押开证，有效解决企业异地票据管理难题，帮助企业实现商流销售货款的安全迅速回笼。

（3）应用于上下游供应链企业，促进企业业务流程优化，提升企业供应链管理效能。

（4）完善的 B2B 电子商务在线支付工具，以银行信用确保电子商务交易资金按条件、按期限、按金额地结算支付。

（5）提供多种融资便利，对申请人提供非全额保证金、授信项下等开证融资便利及远期付款便利等，对受益人提供信用证打包放款、信用证项下单据议付、商业汇票承兑、转开信用证等。

图 6-25 是招商银行网上信用证业务流程示意图。

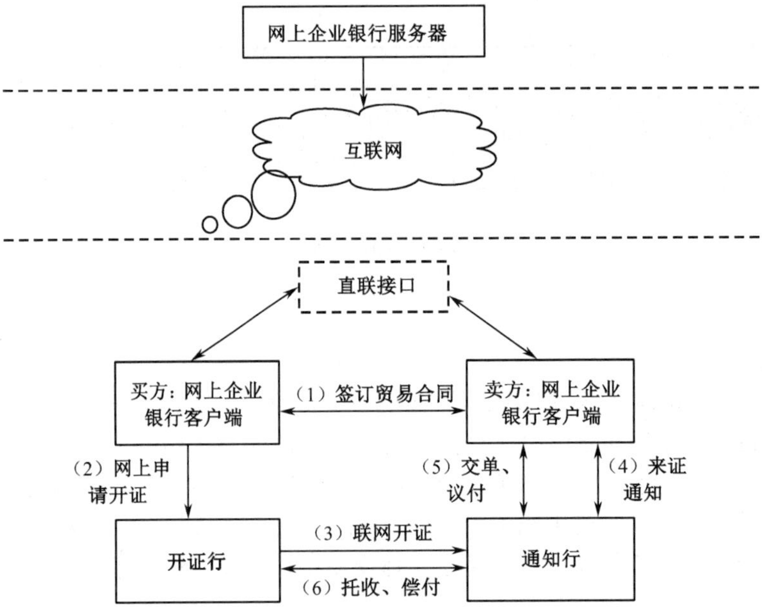

图 6-25　招商银行网上信用证业务流程示意图

（资料来源：招商银行。）

6.4　网上银行及其跨境支付业务

自 1995 年全球第一家网上银行——"安全第一网络银行"[①]在美国诞生后，网上银行以极

[①] 美国安全第一网络银行（Security First Network Bank，SFNB），其网址为：https://www.sfnb.net/。

为迅猛的速度在全球普及。随着网上银行业务量的快速上升，网上银行业务已经成为商业银行的一项重要业务，在商业银行的发展战略中占有重要地位。

▶▶ 6.4.1 网上银行和网上银行系统

网上银行（Internet Banking）又称网络银行、虚拟银行，是指商业银行等银行业金融机构通过互联网、移动通信网络、其他开放性公众网络或专用网络基础设施向其客户提供的网上金融服务。[①]

网上银行系统是将传统的银行业务同互联网技术融合的新型系统，主要由客户端、通信网络和服务器端组成，并可通过不同类型的通信网络连接到外部系统。图 6-26 是网上银行系统组成示意图。

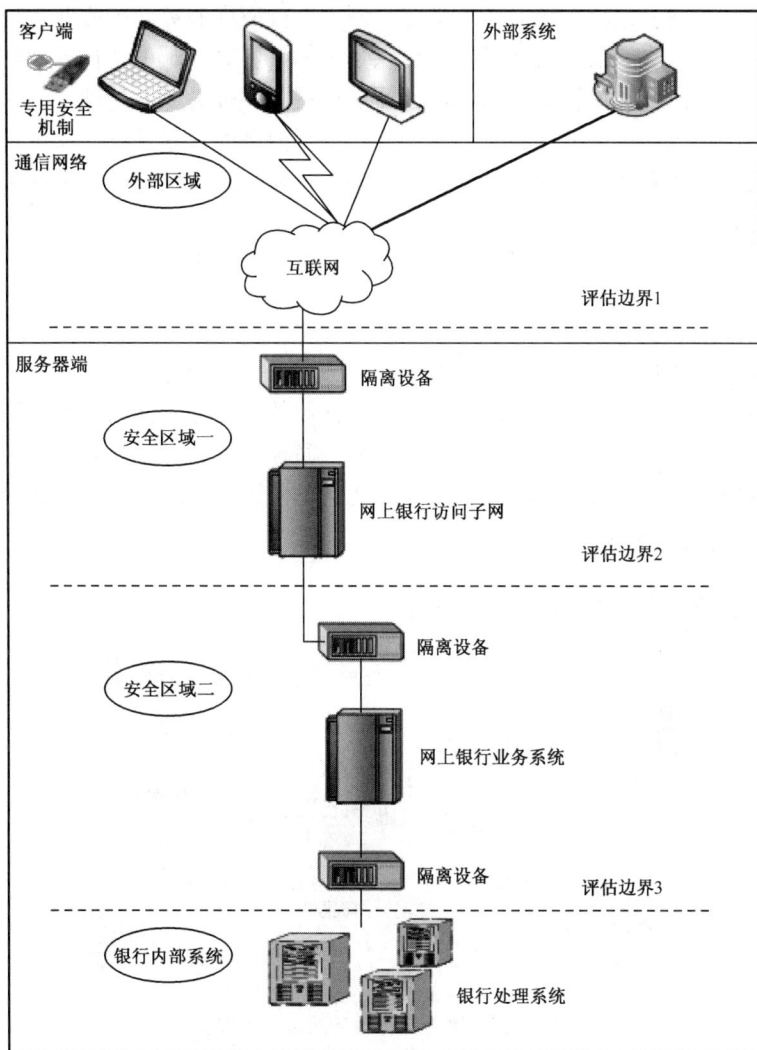

图 6-26 网上银行系统组成示意图

（资料来源：中国人民银行。）

---

① 中国人民银行. 网上银行系统信息安全通用规范[EB/OL].（2020-09-09）[2021-03-04]. http://www.pbc.gov.cn/zhengwugongkai/4081330/4081395/4081686/4085099/2020030414523024962.pdf.

在图 6-26 中，有关名词说明如下。

（1）客户端：主要包括客户端程序和客户端环境。客户端环境是指客户端程序所在的硬件终端（目前主要包括 PC、手机、平板电脑、智能电视、可穿戴设备等终端，将来可能包括其他形式的终端）及该终端上的操作系统、浏览器和其他程序所组成的整体运行环境。

（2）通信网络：指网上银行向客户提供金融服务所借助的互联网、移动通信网络等信息网络。

（3）外部区域：网上银行的用户或外部机构，利用网上银行客户端，通过互联网、移动通信网络、其他开放性公众或专用网络访问网上银行业务系统。

（4）服务器端：网上银行系统服务器端提供网上银行应用服务和核心业务处理功能。

（5）安全区域一：网上银行访问子网，提供基于 Web、客户端的访问或跳转服务。

（6）安全区域二：网上银行业务系统，主要进行网上银行的业务处理。

（7）银行内部系统：银行处理系统，主要进行银行内部的数据处理。

（8）隔离设备：不限于硬件或软件等具体形态，主要起到隔离不同安全区域的作用。

▶▶ 6.4.2 网上银行的业务与流程

1. 网上银行业务的主要内容[①]

（1）利用计算机和互联网开展的银行业务（简称网上银行业务）。

（2）利用电话等声讯设备和电信网络开展的银行业务（简称电话银行业务）。

（3）利用移动电话和无线网络开展的银行业务（简称手机银行业务）。

（4）其他利用电子服务设备和网络，由客户通过自助服务方式完成金融交易的银行业务。

2. 网上银行服务的基本流程

网上银行服务的基本流程如图 6-27 所示。

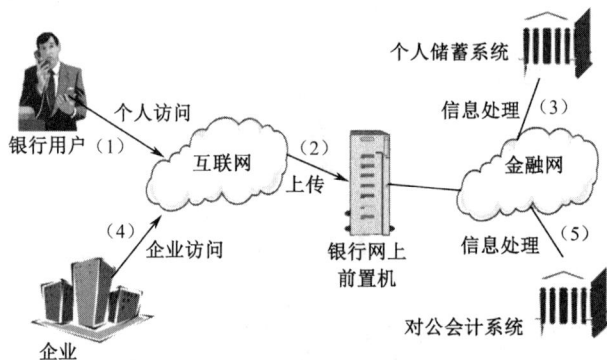

图 6-27　网上银行服务的基本流程

3. 网上银行的跨境支付服务

以中国银行为例，其电子商务跨境支付服务包括 B2B 协议支付、B2C 商户服务、B2B 直付、

---

① 中国银行. 企业网上银行——电子商务[EB/OL].（2020-09-01）[2020-09-16]. https://www.bankofchina.com/ebanking/bocnet_cb/cb7/.

B2B 保付、报关即时通等。

1）B2B 协议支付

（1）服务简述：B2B 协议支付服务可支持国际贸易进出口交易中海运费等费用支付，支付币种支持人民币、外币（英镑、香港元、美元、瑞士法郎、新加坡元、瑞典克朗、丹麦克朗、挪威克朗、日元、加元、澳大利亚元、欧元、澳门元、新西兰元）。

（2）服务功能：该服务目前主要为进出口企业及货代公司提供多币种支付业务，用于支付海运费等进出口费用。客户在我行进行企业信息维护并通过我行合作的支付平台完成账户备案后，可通过电子化的处理流程完成支付交易（其中人民币业务全自动处理，外币业务需到柜台进行单据审核），提升企业的进出口业务效率。

（3）适用对象：具有多币种支付业务的进出口企业及货代公司。

2）B2C 商户服务

（1）服务简述：B2C 商户服务是中国银行特别针对 B2C 网上支付行业客户开发的网上银行产品，为商户提供订单查询、批量退货及业务对账文件、清算对账文件和退货反馈文件的查询及下载等多种功能。

（2）服务功能。

a．订单查询：商户可使用中国银行企业网上银行，进行单笔或多笔网上支付订单的查询。"多笔订单查询"可以根据商户号和订单日期、订单时间批量查询今日或前一日的多笔订单信息；"单笔订单查询"可以根据商户号和订单号查询该商户一年内的单笔订单信息。

b．订单批量退货：个人客户提出退货请求且商户同意后，商户可登录中国银行企业网上银行，编制并上传退货文件，进行批量退货。

c．文件下载：商户操作员可使用中国银行网上银行下载财务对账文件、业务对账文件和退货反馈文件，满足商户多种对账需求。

（3）适用对象：主要适用于开办 B2C 网上支付业务的各类公司，包括第三方网上支付公司、在线商品或服务销售公司等。

（4）操作流程：开办 B2C 网上支付业务的各类公司签约成为中国银行网上支付商户，并申请开通"B2C 商户服务"后，即可进行单笔或多笔订单查询、批量退货，以及业务对账文件、清算对账文件和退货反馈文件的查询和下载功能。

3）B2B 直付

（1）服务简述：B2B 直付服务为进行 B2B 电子商务交易的企业双方提供在线支付、资金结算、订单查询、交易对账、订单退货等功能。B2B 电子商务平台企业（或第三方支付公司）签约成为中国银行 B2B 网上支付商户后，中国银行对基于商户电子商务平台（或第三方支付公司支付服务）进行 B2B 交易的买方企业客户和商户之间提供交易资金结算服务。

（2）服务功能。

a．订单采购：买方企业操作员可使用中国银行网上银行在 B2B 商户网站上完成订单的确定和采购工作。

b．订单复核：买方企业操作员可使用中国银行网上银行对已采购订单进行复核，并选定企业支付账户。

c．订单授权：买方企业操作员可使用中国银行网上银行对复核通过的订单进行授权，并确认支付。

d.订单查询：买方企业操作员及商户操作员可使用中国银行网上银行对订单信息进行查询，查询方式包括单笔订单查询和多笔订单查询。

e. 文件下载：商户操作员可使用中国银行网上银行下载财务对账文件、业务对账文件和退货反馈文件，满足商户多种对账需求。

f. 订单批量退货：买方企业提出退货请求且商户同意后，商户操作员可登录中国银行网上银行，编制并上传退货文件，进行批量退货，批量退货可实现实时到账。

g. 订单联机退货：买方企业提出退货请求且商户同意后，商户操作员可使用中国银行网上银行进行订单联机退货。联机退货是通过商户系统与中国银行网上银行系统直连的方式实现的。

h. 订单时效控制：可根据商户需求设置"订单失效时间"，实现在途订单支付时效控制。

（3）适用对象：中国银行 B2B 直付通产品面向通过自有 B2B 电子商务平台直接向买方企业客户提供商品及服务的电子商务企业，也面向为 B2B 电子商务平台企业提供支付服务的第三方支付公司。

（4）开办条件：

a. 在中国银行开立结算账户。

b. 申请成为中国银行企业网上银行客户。

c. 满足中国银行对该项业务的其他条件要求。

（5）操作流程：买方企业采购人员在商户网站上选购商品，选择"中国银行网上银行"作为支付方式，并下订单；买方企业财务人员登录企业网银对订单进行复核、授权，确定支付；支付成功后，资金会从买方账户直接划转至商户账户。

4）B2B 保付[①]

（1）服务简述：B2B 保付服务为进行 B2B 电子商务交易的企业双方提供在线支付、资金结算、订单查询、订单实付、交易对账等功能。B2B 保付通产品不仅能够保证买方企业资金的安全性，同时也能对卖方企业提供商品或服务后的货款回收提供保障。

（2）服务功能。

a. 订单采购：买方企业操作员可使用中国银行网上银行在 B2B 商户网站上完成订单的确定和采购工作。

b. 订单复核：买方企业操作员可使用中国银行网上银行对已采购订单进行复核，并选定企业支付账户。

c. 订单授权：买方企业操作员可使用中国银行网上银行对复核通过的订单进行授权，并确认支付。

d.订单查询：买方企业操作员及商户操作员可使用中国银行网上银行对订单信息进行查询，查询方式包括单笔订单查询和多笔订单查询。

e. 文件下载：商户操作员可使用中国银行网上银行下载财务对账文件、业务对账文件和跨行付款退回文件，满足商户多种对账需求。

---

① 保付是指支票的一种附属行为。付款银行在支票上加盖"保付"戳记，表明在支票提示时一定付款。支票经过保付，付款责任即由银行承担。对支票加以保付，是收款人或持票人为防止出票人开立空头支票而采取的一种手段。

f. 订单实付：买方企业客户在商户平台上进行确认付款操作，商户系统根据买方企业客户的操作向中国银行系统发送实付指令，实付指令中包括付款金额和返款金额。系统根据实付指令向卖方企业进行付款，向买方企业进行返款。订单实付功能是通过商户系统与中国银行网上银行系统直连的方式实现的。

g. 订单时效控制：可根据商户需求设置"订单失效时间"，实现在途订单支付时效控制。

（3）适用对象：主要面向通过自有 B2B 电子商务平台面向买方和卖方企业客户提供电子交易渠道，但自身不直接面向客户提供商品及服务的独立第三方 B2B 电子商务平台企业。

（4）开办条件：

a. 在中国银行开立结算账户。

b. 申请成为中国银行企业网上银行客户。

c. 满足中国银行对该项业务的其他条件要求。

（5）操作流程：买方企业采购人员在商户网站上选购商品，选择"中国银行网上银行"作为支付方式，并下订单；买方企业财务人员登录企业网银对订单进行复核、授权，确定支付；支付成功后，资金会从买方账户划转至银行监管账户；待买方验货完毕并通知商户、商户向中国银行发送实付指令后，中国银行根据商户的指令，再将款项从监管账户实付至卖方账户，完成整个支付过程。

5）报关即时通

（1）服务简述：报关即时通是中国银行于 2002 年率先推出的、用于进出口企业缴纳海关税费的网上支付服务。在与海关总署的长期深度合作过程中，中国银行全新推出"报关即时通——税费 e 支付"，服务内容更丰富、签约流程更简便，可以为客户提供更加方便快捷的网上缴纳税费服务。

（2）服务功能。

a. 即时报关：企业通过网上报关，即可免除奔波海关和银行的烦恼。

b. 网上税费支付担保：不仅可以网上报关，而且可享受"先通关，后缴税"的即时通关便利，以及银行担保和资金融通服务。

（3）服务特色。

a. 简化通关手续：客户可随时随地提交网上支付指令，全天候即时获取银行反馈，减少银行与海关之间的两地奔波，从而加快报关速度，轻松通关。

b. 提供缓税便利：最长 15 个自然日的关税支付宽限期，减少企业在途资金占用，提高资金使用效率；客户还可根据通关安排和资金运作需求，提前支付税费、释放缓税额度，以实现额度的最大化运用。

c. 方便异地报关：实现一地一行付款，多地报关，便于客户办理异地报关。

d. 提高资金效率：加速资金周转，减少资金占用，提高资金使用效率。

e. 交易权限控制：客户付款指令分为指定缴款单位、指定缴款银行、审核、确认四个步骤，可赋予不同操作员，方便客户分级管理，防范风险。

f. 税费种类丰富：涵盖"进口关税、出口关税、反倾销税、进口增值税、罚没收入、关税缓税利息、消费税缓税利息、增值税缓税利息、监管手续费、保证金、滞报金、邮递物品进口消费税、补税、滞纳金、监管手续费"等税费项目，方便客户缴纳各种进出口通关环节的税费。

g. 提供代理支付：报关行等代理报关企业可直接查询到委托单位的税费单，并进行网上税费支付。

h. 签约手续简便：客户可在海关指定的支付平台上签署企业、电子口岸与支付平台三方协议，实现协议签署电子化。

i. 功能全面实用：提供分级授权审批、异地支付、银行代取税费单、银行代核单、退款自动返还、相关法规查询等服务。

j. 税单流转简化：客户可在海关当场取回税单客户联，方便高效。

k. 技术安全可靠：中国银行内部采用多层防火墙，与电子口岸的数据传输采用总参开发的高级别加密技术，安全可靠。

（4）申请流程（见图6-28）。

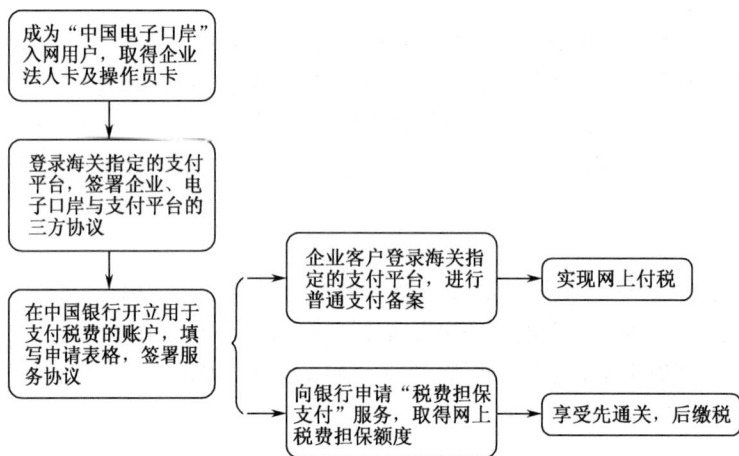

图6-28　中国银行报关即时通申请流程

（5）操作流程（见图6-29）。

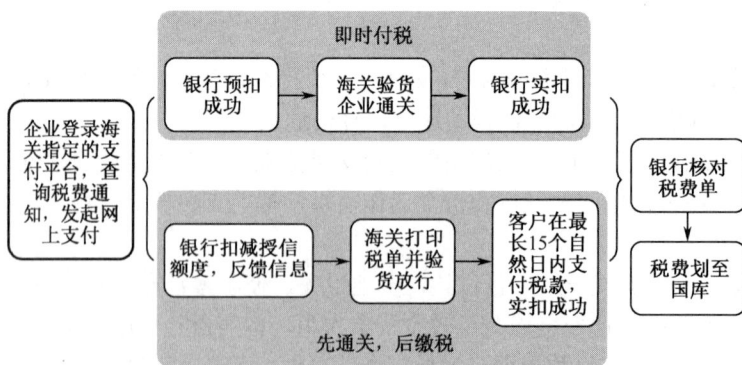

图6-29　中国银行报关即时通操作流程

▶▶ 6.4.3　支付网关

支付网关是银行金融系统和互联网之间的接口，是由银行操作的将互联网上的传输数据转换为金融机构内部数据的设备。支付网关也可以是指派的第三方支付平台，通过设在第三方支付平台的接口处理商家的支付信息和顾客的支付指令，或者由指派的第三方处理商家的支付信息和顾客的支付指令。支付网关是网上银行的关键设备，离开了支付网关，网上银行的电子支付功能就无从实现。

银行使用支付网关可以实现以下功能。

（1）配置和安装互联网支付能力。

（2）避免对现有主机系统的修改。

（3）采用直观的用户图形接口进行系统管理。

（4）适应诸如扣账卡、电子支票、电子现金及微电子支付等电子支付手段。

（5）通过采用 RSA 公共密匙加密和安全电子交易协议（Secure Electronic Transaction，SET），确保网络交易的安全性。

（6）提供完整的商户支付处理功能，包括授权、数据捕获和结算、对账等。

（7）通过对网上交易的报告和跟踪，对网上活动进行监视。

（8）使互联网的支付处理过程与当前支付处理商的业务模式相符，确保商户信息管理上的一致性。

随着网上银行业务的发展，支付网关已经广泛应用在各个领域。图 6-30 反映了支付网关在网上商城中的应用。

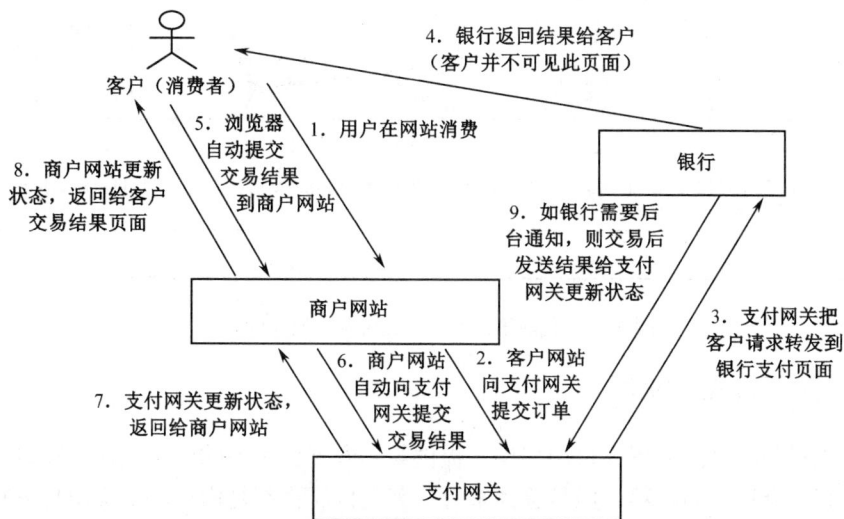

图 6-30　支付网关在网上商城中的应用

6.5　非金融机构支付及其跨境支付业务

▶▶ 6.5.1　非金融机构支付简介

非金融机构支付（俗称第三方支付）服务是指非金融机构在收付款人之间作为中介机构提供下列部分或全部货币资金转移服务：网络支付、预付卡的发行与受理、银行卡收单和中国人民银行确定的其他支付服务。[①]

由于第三方支付平台是架构在虚拟支付层上的，本身不涉及银行卡内资金的实际划拨，信息传递流程在自身的系统内运行，因此第三方支付服务商可以有比较大的发展空间。截至 2020 年年底，中国人民银行根据《非金融机构支付服务管理办法》的要求，分批给 237 家企业发放了第三方支付牌照[②]，其业务已经涉及货币汇兑、互联网支付、移动电话支付、固定电话支付、数字电视支付、预付卡发行与受理和银行卡收单等七大业务类型。2019 年非银行支付机构发生网络支付业务 137 199.98 亿笔，金额 249.88 万亿元，同比分别增长 35.69%和 20.10%[③]。图 6-31 反映了我国第三方电子支付服务发展的状况[④]。

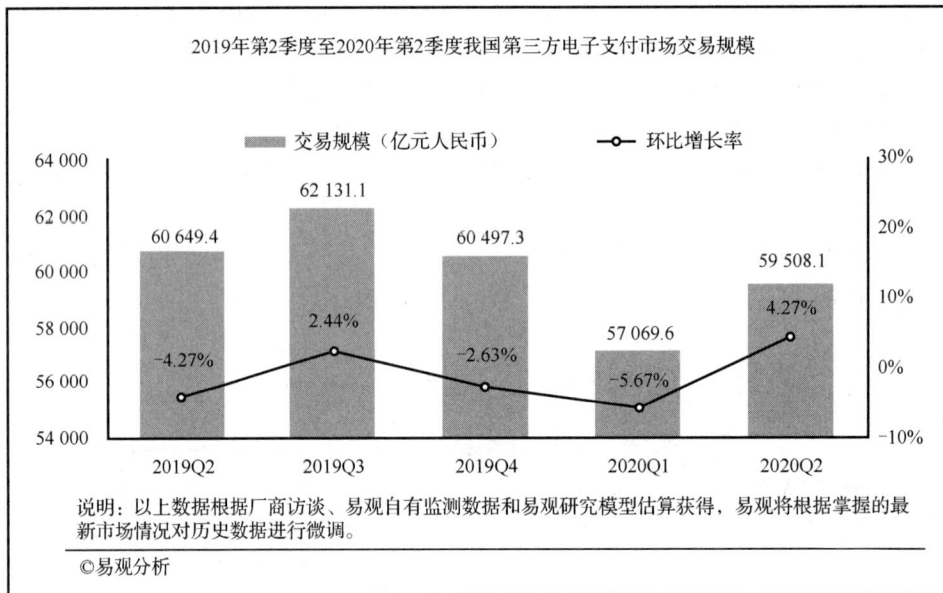

图 6-31　我国第三方电子支付服务发展的状况

▶▶ 6.5.2　第三方支付流程

第三方支付是典型的应用支付层架构。提供第三方支付服务的商家往往会在自己的产品中加入一些具有自身特色的内容。但是总体来看，其支付流程都是由付款人提出付款授权后，平台将付款人账户中的相应金额转移到收款人账户中，并要求其发货。有的支付平台会有"担保"业务，如支付宝。担保业务是将付款人将要支付的金额暂时存放于支付平台的账户中，等到付

① 中国人民银行. 非金融机构支付服务管理办法[EB/OL].（2010-06-24）[2012-08-20]. http://www.pwccn.com/home/chi/pr_170712_chi.html.

② 中国人民银行. 已获许可机构（支付机构）[EB/OL].（2020-03-31）[2020-04-20]. http://www.pbc.gov.cn/zhengwugongkai/127924/128041/2951606/1923625/1923629/d6d180ae/index1.html.

③ 中国人民银行. 2019 年支付体系运行总体情况[EB/OL].（2020-03-17）[2020-04-22]. http://www.pbc.gov.cn/zhifujiesuansi/128525/128545/128643/3990497/index.html.

④ 易观智库. 互联网支付行业数字化进程分析[EB/OL].（2020-09-30）[2020-08-01]. https://www.analysys.cn/article/detail/20019935.

款人确认已经得到货物（或服务），或者在某段时间内没有提出拒绝付款的要求，支付平台才将款项转到收款人账户中。

第三方平台结算支付模式的资金划拨是在平台内部进行的，此时划拨的是虚拟的资金。真正的实体资金还需要通过实际支付层来完成（见图 6-32）。

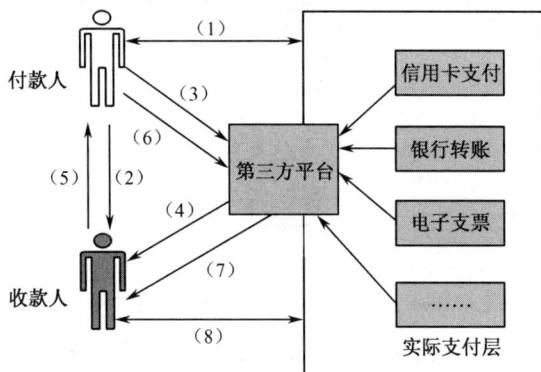

图 6-32 第三方支付平台结算支付流程

图 6-32 中数字序号的含义如下。

（1）付款人将实体资金转移到支付平台的支付账户中。

（2）付款人购买商品（或服务）。

（3）付款人发出支付授权，第三方平台将付款人账户中相应的资金转移到自己的账户中保管。

（4）第三方平台告诉收款人已经收到货款，可以发货。

（5）收款人完成发货许诺（或完成服务）。

（6）付款人确认可以付款。

（7）第三方平台将临时保管的资金划拨到收款人账户中。

（8）收款人可以将账户中的款项通过第三方平台和实际支付层的支付平台兑换成实体货币，也可以用于购买商品。

图 6-33 描述了 PayPal 作为第三方支付平台在支付过程中所处的位置。

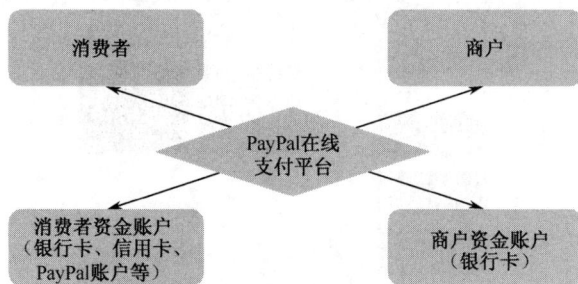

图 6-33 PayPal 作为第三方支付平台在支付过程中所处的位置

▶▶ 6.5.3 第三方支付机构的跨境支付流程

第三方支付机构参与的跨境电商的结算方式有两种：跨境支付购汇方式和跨境收入结汇方式。

跨境支付购汇业务由支付机构独立向其注册地人民银行申请，主要流程是"收取客户人民币、代理客户购汇、向境外商家结算外币"（见图6-34）。

图6-34　第三方支付机构参与的跨境支付购汇方式

跨境收入结汇业务是支付机构依托商业银行，由其和商业银行共同向当地的人民银行提出业务申请，业务区域主要集中在"一带一路"沿线对人民币接受度比较高的国家和地区（见图6-35）。

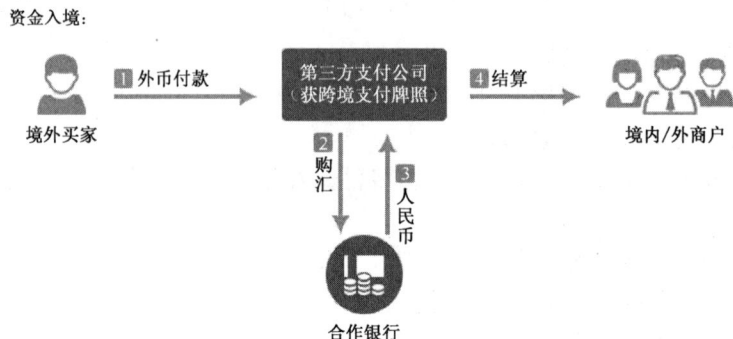

图6-35　第三方支付机构参与的跨境收入结汇方式

图6-36显示了Alipay Account（国际支付宝）的主要业务领域。

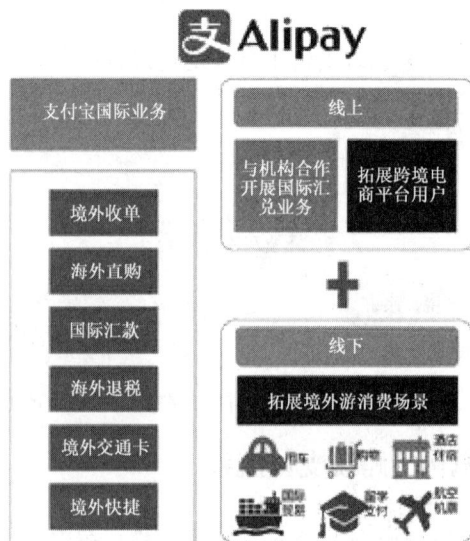

图6-36　Alipay Account（国际支付宝）的主要业务领域

6.6　国际电子支付体系

第二次世界大战后，商品生产的规模和交换方式都发生了很大的变化。科学技术的发展促使劳动生产率迅速提高和国际贸易急速发展，从而使商品流动和货币流动急速加大。通过电信和手工处理纸基票证这种传统的转账方式，已经不能适应时代发展的要求。为适应国际贸易急速发展的需要，从 20 世纪 60 年代末开始，国际银行界纷纷研究建立各种国际资金调拨系统。在诸多国际资金调拨系统中，最重要的是 SWIFT 系统和 CHIPS 系统。SWIFT 系统主要提供通信服务，为其成员金融机构传送各种标准的国际资金调拨信息，而国际间的资金调拨处理主要由 CHIPS 系统完成。

▶▶ 6.6.1　SWIFT——环球同业银行金融电讯协会

SWIFT（Society for Worldwide Interbank Financial Telecommunication）又称"环球同业银行金融电讯协会"，是国际银行同业间的国际合作组织，成立于 1973 年，为全球用户提供报文传输、网络连接、标准和业务应用服务，连接全球近 120 个支付清算系统，是全球跨境支付业务的重要通信渠道[①]。

目前，全球大多数国家大多数银行已使用 SWIFT 系统。SWIFT 全球支付创新服务（Globle Payment Innovation，GPI）已经渗透到全球 220 个国家和地区，服务成员超过 3 900 家，每天的支付记录超过 1 000 亿美元。2019 年，有近 77 万亿美元的跨境支付通过 SWIFT 的 GPI 转移[②]。我国已有 27 家中资银行签约加入 SWIFT GPI。[③]

SWIFT 分配给每个成员银行的份额是由该成员实际使用 SWIFT 网的通信量来决定的。占系统总交易量 1.5%以上的国家或国家集团才有资格被任命为董事会成员。每个成员行在参加 SWIFT 时，需要一次性支付参加费、安装费，支付用于购买接口设备的费用；支付的培训费，由每家银行采用的实现手段而定。

SWIFT 的成员行每个季度支付一次通信费。通信费是基于路由和通信量定价的。传输比 325 个字符长的信息（有的财务报表可长达 2 000 个字符）时，按比例增加费用。高优先权的信息增收特别费。

----

① 通俗地说，SWIFT 就是一群银行抛开邮电系统，自己搞了个电报系统，相互间的业务信息都通过这个系统传输。因为价格比邮局便宜、效率比邮局高（收发报机都在各家银行内部，不需邮递员传送）、安全（减少了传送过程中的遗失）、规范（按银行业务的特点和需要，统一报文格式）等，现在几乎所有开办国际业务的银行都加入了这个系统。在这个系统中传输的都是银行间的业务信息及相关的交往信息，包括企业跨境结算信息和银行之间跨境清算信息（支付清算指令）。但这不是货币支付、结算、清算本身。

② SWIFT．SWIFT gpi traffic soars to \$77 trillion in 2019[R/OL]．（2020-03-02）[2020-09-16]. https://www.swift.com/news-events/news/news-overview/swift-gpi-traffic-soars-77-trillion-2019.

③ 一些业务人员认为 SWIFT 和美元清算系统是一体的。这是业务人员对 SWIFT 具体业务不了解造成的。因为现在在岗位上做国际结算和清算业务的人员，大多数做这项业务时就是使用的 SWIFT，因此在他们眼里，做国际结算和清算，就是通过 SWIFT 做的。实际上，美元的跨境结算、跨境清算，大多数结算、清算的信息是通过 SWIFT 传输的，但美元资金的结算和清算是通过美元清算银行和美元清算系统完成的。两者不可混为一谈。

SWIFT 的目标是为其成员提供低成本、高效率的通关服务，以满足成员金融机构及其终端客户的需求。现在，全球的外汇交易电文基本上都是通过 SWIFT 传输的，但 SWIFT 仅为全球的金融系统提供通信服务，不直接参与资金的转移处理服务。

SWIFT 提供的服务包括：

（1）提供全球性通信服务，为金融机构建立 SWIFT 网络连接。

（2）提供接口服务，使用户能低成本、高效率地实现网络存取。

（3）存储和转发电文（Store-and-forward Messaging）服务。

（4）交互信息传送（Interactive Message）服务。

（5）文件传送服务。

（6）电文路由（Message Routing）服务。通过 SWIFT 传输的电文可同时拷贝给第三方，以便能由第三方进行电子资金转账处理；或者转去另一网络完成支付结算，或证券交易结算，或外汇交易结算处理。

（7）具有冗余的通信能力则为客户提供通信服务。

SWIFT 提供 240 种以上电文标准。SWIFT 的电文标准格式已经成为国际银行间数据交换的标准语言。鉴于 SWIFT 在外汇交易中的重要作用，我国银行的电文，或者直接采用 SWIFT 格式，或者基于 SWIFT 格式开展支付、证券、债券和贸易等业务电文的通信。图 6-37 显示了 SWIFT 报文传递的基本流程。

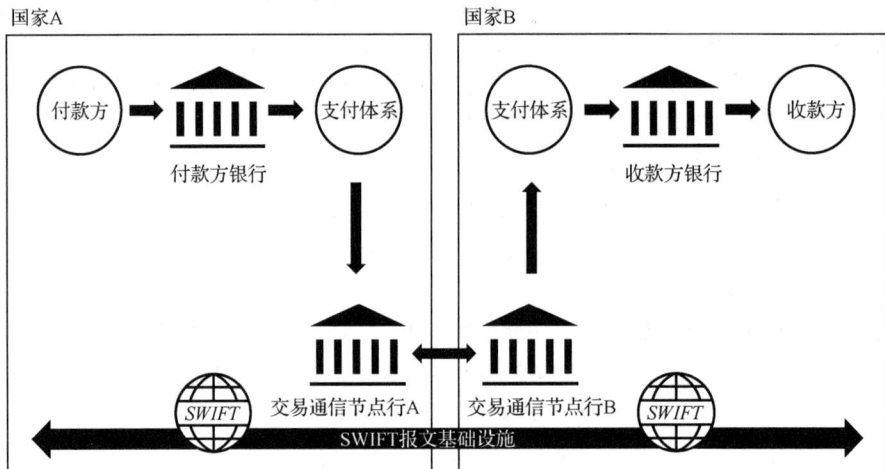

图 6-37　SWIFT 报文传递的基本流程

SWIFT GPI 采用了分布式簿记技术（一种区块链技术）、云存储技术等，可以实现银行之间的快速到账，银行扣费透明、汇兑信息无损，并且支付状态可以随时跟踪。从目前银行升级的结果来看，客户不仅可以通过手机收到资金汇出和到账情况，以及费用情况；收款方还可以收到资金到账的提醒。

▶▶ 6.6.2　CHIPS——纽约清算所银行同业支付系统

CHIPS（Clearing House Interbank Payment System）系"纽约清算所银行同业支付系统"的简称。纽约是世界上最大的金融中心，是外国客户和往来银行进行票据交换和清算的场所，因此，由纽约清算所建立的 CHIPS 系统也就成为世界性的资金调拨系统。

纽约清算所于 1970 年建立 CHIPS 系统。当时采用联机作业方式，通过纽约清算所的交换中心同 9 家银行的 42 台宝来 TC 500 终端相连。到 20 世纪 90 年代初，CHIPS 发展为由 12 家核心货币银行组成，有 140 家金融机构加入的资金调拨系统。2007 年，CHIPS 成为全球最大的私营支付清算系统之一，主要进行跨国美元交易的清算，拥有安全、可靠、高效的特点，处理全球 95%左右的国际美元交易。截至 2015 年，CHIPS 每天结算超过 25 万笔交易，在国内和跨境交易中价值超过 1.5 万亿美元。

通过 CHIPS 系统的国际资金调拨处理过程并不复杂。例如，纽约的 A 行从 SWIFT 网等国际线路接受的某国甲行的电报付款指示，要求 A 行于某日（Value Date，即生效日）扣其往来账，并将此款拨付给在纽约 B 行设有往来账户的其他国际某乙银行。若 A 行和 B 行均为 CHIPS 的成员行，则这笔资金可以通过图 6-38 所示的方法完成。

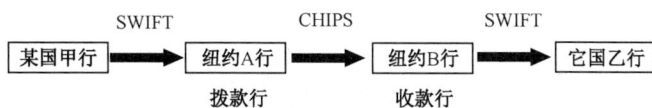

图 6-38 通过 CHIPS 的资金调拨过程

A 行从 SWIFT 网接到甲行的上述付款通知后，核对电文的信息识别码无误，A 行操作员根据发来的电文、依据纽约清算所规定的标准格式，将有关数据（包括 A 行、B 行、甲行和乙行的编号，付款金额，Value Date 等数据）录入计算机终端。该电文经 CHIPS 网传送到 CIHPS 中央计算机系统存储起来。只当 CHIPS 中央计算机系统稍后接到 A 行下达的"解付"（Release）命令后，才将此付款通知传送到 B 行（收款银行）的计算机终端。

每个营业日终了，CHIPS 中央计算机系统对各参加银行（如上述的 A 行和 B 行）当日生效的每笔交易进行统计，得出各参加银行应借或应贷的净金额。中央计算机系统除要给各参加银行传送当日交易的摘要报告外，还需于当日下午 4:30 后，通过 FedWire 网将各参加银行应借或应贷的净金额通知纽约区联邦储备银行。该银行利用其会员银行的存款准备金账户完成清算。清算完成后，通知 CHIPS，CHIPS 则于下午 5:30—6:30，用 1 小时的时间轧平账务。因此，通过 CHIPS 系统进行的电子资金转账，都得到最终的清算。

利用 CHIPS 进行国际间的资金转账是很方便的。因此，外国银行都愿意在纽约设立分行，并且都想加入 CHIPS 系统。面对日益增多的参加银行，为了清算能快速完成，纽约清算所决定，该所会员银行可利用其在纽约区联邦储备银行的存款准备金账户，代理各参加银行结算。目前，参加清算的银行除纽约清算所 12 家会员银行外，另有 Bank of America 及 Continental Bank International 加入，总共 14 家。因此，在 CHIPS 清算体制下，非参加银行代理清算，参加银行又由会员银行代理清算，这种层层代理机制，就构成了庞大复杂的国际清算网。

CHIPS 系统有如下几个特点：

（1）允许事先存入付款指示。参加银行除可在当日调拨资金外，CHIPS 还允许参加银行事先将付款指示存入中央计算机系统，在拨款银行下达"解付"命令后，CHIPS 的中央计算机系统才会于解付日将此付款通知传送给收款银行。未下达解付命令前，拨款银行有权取消该笔付款指示。

（2）完善的查询服务功能。由于中央计算机系统能即时将每笔资金调拨情况存入文件，因此各参加银行的账务管理员可随时查询自己银行的每笔提出或存入的金额，并及时调整自己的头寸。

（3）自动化程度高。CHIPS 设计了一个灵活的记录格式，以方便发报行和收报行进行计算机自动处理。这样参加银行的支付信息可在不同系统之间流动，而无须人工干预。例如，CHIPS 接受 SWIFT 的标识码，并自动地与 CHIPS 的通用标识码相互参照。

（4）安全性好。CHIPS 两套系统互为备份，每套系统又是双机互为备份。两套系统分别安装在不同的地方，并用高速线路连接。为保证电源的不间断供应，由蓄电池储备电能，并以双内燃发电机系统来保证。保密性是通过保密模块、保密设备和一系列规定来实现的。每个成员行均有 1 台专门设计的保密机，该保密机遵守 ANSI X9.9 金融机构保密检测标准。付款电文都经保密机加密并加 MAC 传送，以保证电文的传输安全。

复习题

1．简述电子支付的概念与特征。
2．试述网上信用证的业务流程。
3．简述网上银行的跨境支付业务。
4．试述第三方支付的跨境支付流程。
5．试述以商业银行为主体的电子信用证业务。
6．简述 SWIFT 报文传递的基本流程。

参考文献

[1] 杨立钒，万以娴. 电子商务安全与电子支付[M]. 4 版. 北京：机械工业出版社，2020.

[2] 刘晓春. Swift、国际清算系统和数字货币[N]. 经济观察报，2020-07-27（10）.

[3] 中国银联. 中国银联银行卡联网联合技术规范 V2.1[EB/OL].（2014-04-18）[2020-08-22]. https://download.csdn.net/download/ytandwy/7211215.

[4] 四九八网络. 二维码扫码支付的技术原理[EB/OL].（2018-03-07）[2020-08-22]. http://www.498.net/cpzx/article-583.html.

[5] 无忧支付网. 第三方跨境人民币支付流程改进分析[EB/OL].（2017-09-05）[2020-08-22]. http://www.wyzhifu.com/yjwendang/1378.html.

[6] 无忧支付网. 跨境支付业务与流程介绍，跨境支付概念[EB/OL].（2014-11-19）[2020-08-22]. http://www.wyzhifu.com/zfchangshi/559.html.

[7] 中国人民银行. 支付清算系统知识问答（系列）[EB/OL].（2013-11-22）[2020-08-20]. http://wzdig.pbc.gov.cn:8080/search/pcRender?pageId=fa445f64514c40c68b1c8ffe859c649e .

[8] Efraim Turban, Dennis Viehland, David King, etc. Electronic Commerce: A Managerial Perspective 2008[M]. Prentice Hall, 2007.

第7章

电子通关

口岸是国家对外开放的门户,是进出境人员和交通工具、外贸货物进出的通道;口岸通关环境的优劣和通关效率的高低直接影响国家的形象和经济发展。认真研究分析我国口岸电子通关建设的现状和存在的问题,进一步探讨推进电子通关建设应采取的对策措施,使我国口岸电子通关建设迈上新台阶,对促进我国外向型经济的持续、快速发展,更好地实现信息化与国际化的融合具有重要的现实意义。

7.1 电子通关的基本程序

进出口通关一般需要经过 8 个基本步骤(见图 7-1)。

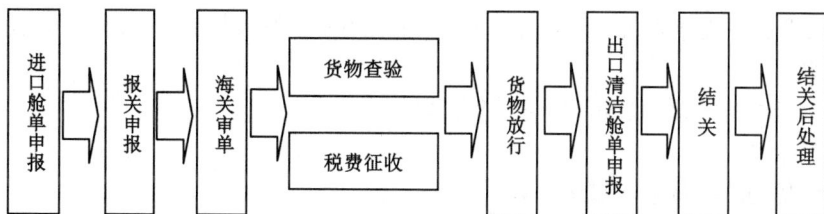

图 7-1 进出口通关的基本步骤

7.1.1 进口舱单申报

进口舱单由船公司录入申报。舱单(Manifest)是船公司或其船代按照货港逐票罗列全船载运货物的汇总清单。它是在货物装船完毕之后,由船公司根据收货单或提单编制的。其主要内容包括装卸港、提单号、船名、托运人和收货人姓名、标记号码等货物详细情况,此单作为船舶运载所列货物的证明。船方发送舱单电子数据给海关,说明进境货物配载情况。舱单数据不准确将影响企业的正常通关。

▶▶ 7.1.2 报关申报

1. 报关申报流程

报关申报是指进口货物的收货人、出口货物的发货人或他们的代理人以书面或电子数据交换（电子口岸）方式向海关报告其进出口货物情况，申请海关审查、放行，并对所报内容的真实准确性承担法律责任的行为。报关申报流程如图 7-2 所示。

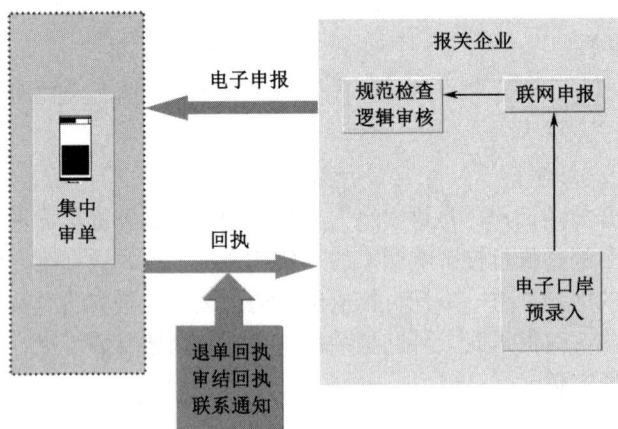

图 7-2　报关申报流程

2. 进口货物报关时需要提供的单证

（1）由报关员自行填写或由自动化报关预录入人员录入后打印的报关单。进口货物的纸质报关单一式五联：海关作业联、海关留存联、企业留存联、海关核销联、证明联（进口付汇用）。

（2）进口合同。

（3）进口货物的发票、装箱单（装箱清单）。

（4）进口舱单。

（5）进口货物的提货单（或运单）。

（6）代理报关授权委托协议。

（7）进口货物属于国家限制或控制进口的，应交验对外经济管理部门签发的进口货物许可证或其他批准文件。

（8）对应实施商品检验、文物鉴定、动植物检疫、食品卫生检验或其他受管制的进口货物还应交验有关主管部门签发的证明。

（9）海关要求的加工贸易手册（纸质或电子数据的），以及减税、免税或免验的证明文件。

（10）海关认为必要时，可以调阅贸易合同、原产地证明和其他有关单证、账册等。

（11）其他有关文件。

3. 出口货物报关时需要提供的单证

（1）由报关员自行填写或由自动化报关预录入人员录入打印的报关单，出口货物的纸质报关单一式六联：海关作业联、海关留存联、企业留存联、海关核销联、证明联（出口收汇用）、证明联（出口退税用）。

（2）出口合同。

（3）货物的发票、装箱清单。

（4）出口载货清单。

（5）装运单。

（6）代理报关授权委托协议。

（7）出口货物属于国家限制出口或配额出口的应提供许可证件或其他证明文件。

（8）商检证明等。

（9）出口收汇核销单。

（10）其他有关文件。

4. 报关期限

进口货物的报关期限为自运输工具申报进境之日起 14 日内。最后一天为法定节假日或休息日的，顺延至节假日或休息日后的第一个工作日。进口货物的收发货人或其代理人超过 14 天规定期限未向海关申报的，由海关征收滞报金。滞报金应当按日计征，以自运输工具申报进境之日起第 15 日为起征日，以海关接受申报之日为截止日，起征日和截止日均计入滞报期间，另有规定的除外。逾期每日征收进口货物到岸价格的万分之五的滞报金。

按照海关现行法规要求，出口货物的发货人及其代理人，除海关特准外，应当在货物运抵海关监管区后、装货的 24 小时以前向海关申报。但目前许多特殊商品，如某些鲜活商品、冷冻商品、电子产品，从签订合同，到完成生产，到发货出运，时间很短（有的甚至整个过程不到24 小时）。因此，经海关特准，这些商品可以实行提前报关，货到放行。

5. 申报人

（1）自理报关企业。自理报关企业是仅为本单位办理进出口货物报关纳税等事宜的企业，主要包括有进出口经营权的内资企业、外商投资企业等。这类单位均拥有进出口经营权或有权从事进出口业务。

（2）代理报关企业。代理报关企业是指经营国际货物运输代理、国际运输工具代理等业务，兼营进出口货物的报关纳税等事宜的企业，如存在时间较长的对外贸易运输公司和外轮代理公司等。

（3）专门报关企业。专门报关企业是专门接受委托，代为办理进出口货物和进出境运输工具报关纳税等事宜的企业。

▶▶ 7.1.3　海关审单

海关审单是指当企业将报送数据传送至海关后，海关进行规范检查、逻辑审核，并做出不受理申报、现场海关验放指令的过程。海关审单包括四个步骤。

（1）接受申报，审核单据是否齐全、有效。

（2）逐项审核报关单，确定申报是否属实，与商业单证是否相符。

（3）审核归类，申报价格。

（4）通过审核，发现走私、违规行为。

海关审单的基本流程如图 7-3 所示。

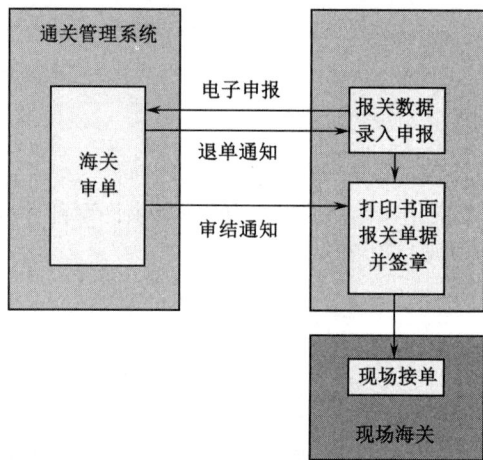

图 7-3　海关审单的基本流程

▶▶ 7.1.4　货物查验

1. 电子报检流程

海关货物查验是海关代表国家行使货物监管权的有效体验，是海关依法为确定进出境货物的性质、原产地、货物状况、数量、价值等是否与货物的申报单上已填报的详细内容相符，对货物进行实际检查的行政执法行为。海关查验分彻底查验、抽查、外形查验三种方式。

为方便企业，提高检验检疫报检工作效率，我国近年来大力推行电子报检制度。电子报检是指报检人使用电子报检软件通过检验检疫电子业务服务平台将报检数据以电子方式传输给检验检疫机构，经 CIQ 2000 业务管理系统和检务人员处理后，将受理报检信息反馈报检人，实现远程办理出入境检验。

电子报检流程如图 7-4 所示。

2. 电子报检的申请

申请电子报检的报检人应具备下列条件。

（1）遵守报检的有关管理规定。

（2）已在检验检疫机构办理报检人登记备案或注册登记手续。

（3）具有经检验检疫机构培训考核合格的报检员。

（4）具备开展电子报检的软硬件条件。

（5）在国家市场监督管理总局指定的机构办理电子业务开户手续。

报检人在申请开展电子报检时，应提供以下资料。

（1）在检验检疫机构取得的报检人登记备案或注册登记证明复印件。

（2）《电子报检登记申请表》。

（3）《电子业务开户登记表》。

检验检疫机构应及时对申请开展电子报检业务的报检人进行审查。经审查合格的报检人可以开展电子报检业务。实行电子报检的报检人的名称、法定代表人、经营范围、经营地址等变更时，应及时向当地检验检疫机构办理变更登记手续。

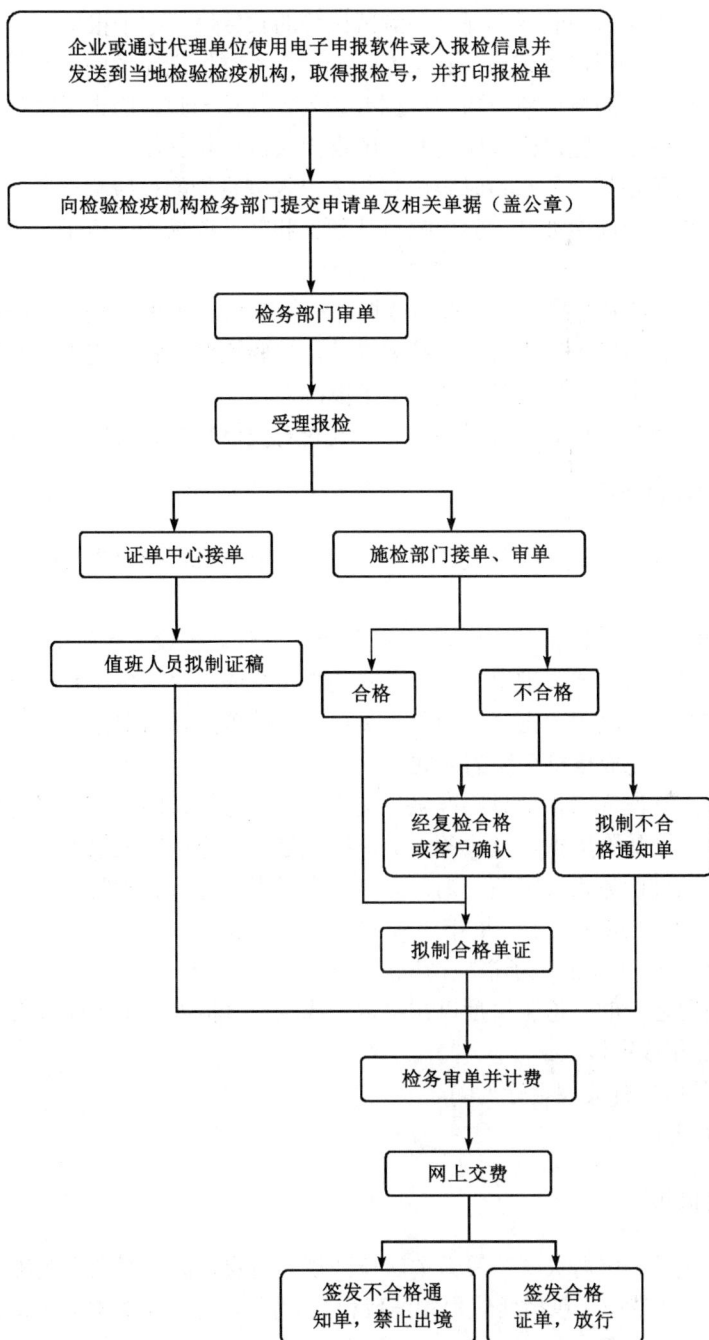

图 7-4　电子报检流程

3. 电子报检的相关规定

（1）电子报检人应使用经国家市场监督管理总局评测合格并认可的电子报检软件进行电子报检，不得使用未经国家市场监督管理总局测试认可的软件进行电子报检。

（2）电子报检人应确保电子报检信息真实、准确，不得发送无效的报检信息。报检人发送的电子报检信息应与提供的报检单及随附单据有关内容保持一致，因电子报检信息与报检单等书面单据不一致而造成不受理报检等后果的，由报检人自负其责。

（3）电子报检人须在规定的报检时限内将相关出入境货物的报检数据发送至报检地检验检疫机构。对于合同或信用证中涉及检验检疫特殊条款和特殊要求的，电子报检人须在电子报检申请中同时提出。

（4）检验检疫机构应及时接收电子报检数据并进行审核。对报检数据的审核采取"先机审，后人审"的程序进行。对经审核不符合报检要求的，检验检疫机构应将不受理报检信息和不受理报检的原因及修改要求等信息同时反馈给电子报检人。

（5）电子报检人可按照检验检疫机构的有关要求对报检数据修改后，再次报检。

4. 电子报检的监督管理

（1）自理报检人及负责报检、验货、取单等主要环节的代理报检人可按规定采用电子报检方式。

（2）只负责向检验检疫机构送交报检单及随附单据的代理报检人暂时采取准电子报检方式，条件成熟后转为电子报检方式。准电子报检方式是指报检人将报检电子数据发送至检验检疫机构后，还需提交报检单及随附单据，由检务人员审核报检单及随附单据与有关电子数据是否一致，审核通过后，方可完成报检手续的方式。

（3）对于连续五次发生报检信息不准确，造成报检信息错误的，自动降为准电子报检方式报检，需提交报检单及随附单据，经检务人员审核通过后，方可完成报检手续。若连续十次保持数据准确，顺利通过检务人员审核，则自动转为电子报检方式。检验检疫机构对电子报检人实施年度核查制度。电子报检人应于每年3月31日前向检验检疫机构提交上一年度的"年度审核报告书"，报告其上一年度的电子报检情况。

（4）有下列情况之一的，检验检疫机构可暂停或取消报检人电子报检资格：

a. 逾期未参加年度审核的。

b. 有违反检验检疫有关规定行为的。

c. 被撤销、解散的。

▶▶ 7.1.5　税费征收

按照《中华人民共和国海关法》等有关法律法规的规定，海关对准许进出口的货物、物品征收关税，代征进口环节税（包括增值税和消费税）。另外，海关还对部分进口减税、免税和保税货物征收海关监管手续费。

（1）关税是专以进出境的货物、物品为征收对象的一种国家税收。目前，我国的关税征收对象分为进口关税和出口关税。

（2）进口环节税是指进口货物在办理报关纳税手续后，允许在国内流通，应与国内产品同等对待（缴纳国内税），为简化手续，进口货物的国内税一般在进口环节由海关征收，简称进口环节税。

（3）监管手续费是指海关按照有关规定，对减税、免税和保税货物实施监督、管理所提供服务征收的手续费。

海关税费的电子支付是从网上支付税费业务开始的。2005 年，网上支付税费业务成为国家"十五"科技攻关项目"金关工程"的重要组成部分。经过几年的实践，我国海关基本形成了网上税费支付模式。自 2010 年 9 月起，海关总署在长三角、珠三角和环渤海地区 16 个直属海关试点推广海关税费电子支付系统。在此基础上，自 2012 年 2 月 29 日起在全国推广税费电子支付系统。该系统是由海关业务系统、中国电子口岸系统、商业银行业务系统和第三方支付系统四部分组成的进出口环节税费缴纳的信息化系统。进出口企业通过电子支付系统可以缴纳进出口关税、反倾销税、反补贴税、进口环节代征税、缓税利息、滞纳金、保证金和滞报金。图 7-5 是中国海关税费的电子支付流程。

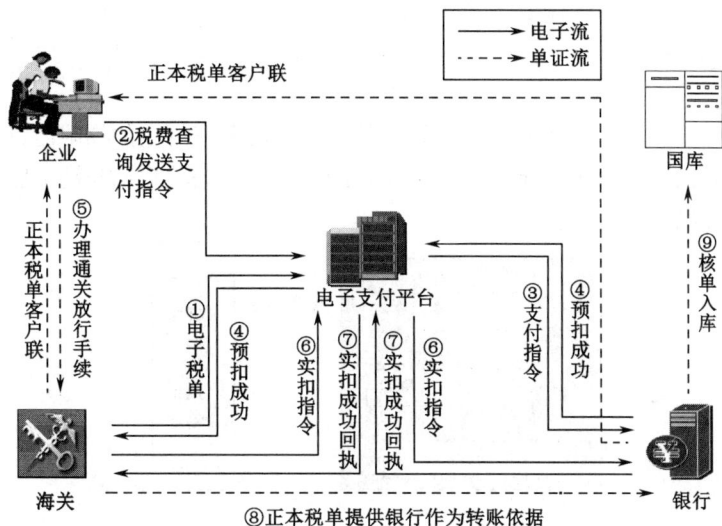

图 7-5 中国海关税费的电子支付流程

为规范海关税费电子支付业务，保证海关税费电子支付系统的顺利运行，海关总署公布了《海关税费电子支付业务操作规范》[①]。

（1）参与电子支付业务的商业银行和进出口企业应向直属海关进行备案。

（2）参与电子支付业务的各方应保守进出口企业的商业秘密。

（3）对违反相关法律法规的商业银行和进出口企业，海关有权终止其开展电子支付业务。

该规范还对电子支付的税（费）预扣、税（费）单打印、数据丢失、电子支付参与情况的监控做了具体规定。

2017 年，海关总署决定简化海关税费电子支付作业流程，取消了现场海关通过打印税款缴款

---

① 海关总署. 海关总署关于开展海关税费电子支付业务的公告[EB/OL].（2011-03-11）[2020-08-20]. http://www.customs.gov.cn/customs/302249/zfxxgk/gkml287/index.html?callbackUrl=/tabid/1165/InfoID/3237/Default. aspx.

书（简称"税单"）触发税款实扣的操作，即进出口企业、单位选择以海关税费电子支付方式缴纳税款的，税款预扣成功后，海关通关业务系统自动发送税款实扣通知，税款扣缴成功且报关单符合放行条件的，系统自动放行[①]。目前，新一代海关税费电子支付系统支持的税费种类已经扩大到船舶吨税、税款类保证金、滞报金等方面。其他事项按照海关总署公告 2018 年第 74 号执行。

▶▶ 7.1.6　货物放行

货物放行是指海关在接受进出口货物的申报，经过审核报关单据、查验货物、依法征收税费后，对进出口货物做出结束海关现场监管决定的行为。

▶▶ 7.1.7　出口清洁舱单申报

出口清洁舱单由船公司向海关申报。舱单数据申报的准确与否，直接影响着企业报关单的正常结关。

▶▶ 7.1.8　结关

结关是指经口岸放行后仍需实施后续管理的货物，海关在规定的期限内进行核查，对需补证、补税的货物做出处理直至完全结束海关监管的行为。报关单数据与清洁舱单数据需完成对拼。结关操作流程如图 7-6 所示。

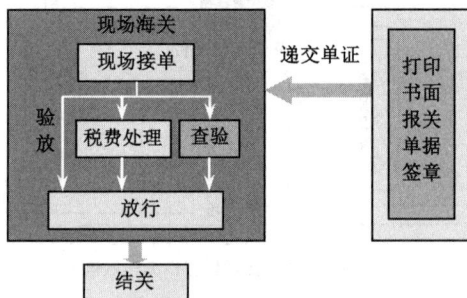

图 7-6　结关操作流程

▶▶ 7.1.9　结关后处理

结关后的处理工作包括打印证明联（核销单、退税单、付汇单），使用电子口岸传送有关数据，结关数据上报，前往外汇、国税等部门办理相关手续等。

📝 7.2　中国海关的电子通关改革

近年来，中国海关大力推进信息化建设，已经逐步建立起以"电子海关"和"电子口岸"

---

① 海关总署. 海关总署关于简化海关税费电子支付作业流程的公告 [EB/OL]. （2017-09-19）[2020-08-20]. http://www.customs.gov.cn/customs/302249/zfxxgk/gkml287/index.html?callbackUrl=/tabid/1165/InfoID/28255/Default.aspx.

为主要标志的中国海关信息管理系统，海关信息化水平不断提高，海关的执法水平和管理水平也随之不断提高。

7.2.1　实施电子通关改革的必要性和可行性

实施电子通关改革是海关主动适应形势发展需要，不断推进通关业务改革，实现机制和手段创新的一项重要措施，电子通关改革不仅仅是通关监管作业手段的简单改变，更是对海关通关监管管理理念、作业模式、流程管理的一次重大变革，通过突破传统监管理念，将监管的时空"前推后移"，充分体现守法便利导向，以风险管理为核心，简化纸质单证审核的工作环节，减少纸质单证处理的工作量，打破通关"瓶颈"。

从海关内部来看，随着 H2000 通关管理系统在全国海关的全面切换，全国海关通关作业系统集中式管理的条件已经具备；从海关外部来看，中国电子口岸建设不断完善，与海关、商务、市场监督、外汇、税务、银行等相关部门的电子数据联网交换取得了显著成效，为电子通关改革的实施提供了可行的技术基础。

7.2.2　电子口岸改革的总体目标

2016 年 11 月海关总署发布了《国家口岸发展"十三五"规划》[①]。该规划提出，2016 年重点完善沿海地区口岸"单一窗口"功能，提高企业应用率，选择有条件的内陆和沿边地区口岸开展"单一窗口"试点，力争 2017 年在全国所有口岸建成"单一窗口"。在此基础上，进一步深化"单一窗口"应用，2020 年年底前，逐步覆盖到国际贸易链条各主要环节，积极推进与其他国家和地区"单一窗口"互联。同时，在报关、报检、税单和许可证等环节实施无纸化，进一步完善海关报关单随附单证传输方式和联网核查管理，逐步取消人工验核纸质单证，加快推进许可证件无纸化和税费电子数据联网进程，大力提升报检、施检、放行等环节的无纸化覆盖率。

2019 年 6 月，国务院常务会议决定进一步推进通关便利化，持续优化口岸营商环境；要求更大力度对外开放，促进进出口多元化发展。下一步，要按照推动更高水平对外开放的要求，一是继续简化一体化通关流程，实施进口概要申报、完整申报"两步申报"通关模式改革，大幅压缩通关时间。2019 年年底前做到国际贸易"单一窗口"对主要业务应用率达到 100%。二是进一步简化进出口环节监管证件，年底前对除安全保密等特殊情况外的监管证件，提前一年全部实现网上申报、网上办理。三是各地要抓紧公布口岸经营服务企业操作时限标准，提高口岸作业效率。强化口岸收费目录清单管理，落实降费措施，兑现承诺，强化责任，并依法查处垄断收费行为。

7.2.3　电子通关改革的推进

1. 扎实开展国际贸易"单一窗口"建设

所谓国际贸易"单一窗口"，就是大通关流程集成货物申报、舱单申报、运输工具申报、许可证件申领、原产地证书申领、企业资质办理、查询统计、出口退税、税费支付等 9 项业务功

---

① 海关总署. 国家口岸发展"十三五"规划[EB/OL].（2016-11-23）[2020-08-20]. http://www.cssinglewindow.com/news/info/285 .

能，实现一点接入、一次提交、一次查验、一键跟踪、一站办理。企业通过"单一窗口"可一次性提交海关、海事、边检等口岸管理和国际贸易相关部门要求的标准化单证和电子信息，各口岸相关部门管理平台实现互联互通和数据共享。

海关总署高度重视国际贸易"单一窗口"建设工作，2014年2月在上海启动了国际贸易"单一窗口"建设试点。之后，海关总署牵头18家口岸和贸易管理相关部门加快推进"单一窗口"建设。2015年4月，国务院发布《关于改进口岸工作支持外贸发展的若干意见》，提出："积极推进国际贸易'单一窗口'建设；依托电子口岸公共平台，推进国际贸易'单一窗口'建设，加快推进形成电子口岸跨部门共建、共管、共享机制。"各地按照2015年年底在沿海口岸、2017年在全国所有口岸建成"单一窗口"的目标，加快了建设"单一窗口"的步伐。海关总署深化"单一窗口"建设方案，将海关特殊监管区、跨境电商综合试验区、自贸试验区、自由贸易港相关服务功能纳入"单一窗口"；对标国际先进，深入推进通关数据、单证、流程协调简化，进一步推进部门间数据在"单一窗口"落地和充分共享。进一步完善"单一窗口"口岸通关时效评估系统功能，加快在全国各口岸推广应用。

2. 加强各部门的配合

为推动国际贸易"单一窗口"的实施，公安部下发了《关于配合做好国际贸易"单一窗口"标准版试点工作的通知》，要求各出入境边防检查总站积极配合标准版试点工作；交通运输部为适应与标准版"总对总"对接需要，主动将船舶安全监督管理系统由分布式升级改造为集中式；市场监督管理总局为提高标准版报检时效性和用户体验度，对ECIQ主干系统功能进行优化；农业农村部、与海关合作，开通了农副产品快速通关"绿色通道"；商务部2019年实现了90%该部门签发的许可证通过"单一窗口"申领。

3. 稳步构建与电子口岸发展相配套的基础设施

（1）扩大网络覆盖范围。充分利用国家电子政务外网，建立电子口岸中央和地方两级平台"上下贯通、左右互联"的网络服务体系，探索实现电子口岸平台与口岸监管服务相关物联网平台，以及与中国台港澳地区和其他国家口岸物流信息网络的互联互通和数据交换。

（2）加强平台支撑体系建设。优化整合平台服务器、存储设备、数据库等资源，全面提升平台的可扩展、可管理和可用性。构建完善企业服务总线、数据交换、统一安全认证、统一通信服务、即时通信等基础支撑平台，优化平台应用架构，有效提升平台服务支撑能力。

（3）强化信息安全保障。加强对系统、网络和数据的安全防护和应急管理，建立健全安全管理制度、协调机制和应急处理机制。建立完善符合国家电子认证体系要求的认证系统及安全应用支撑平台。

（4）探索建立电子口岸云服务机制。整合电子口岸系统、网络、安全、项目与服务资源，探索应用云计算、云存储等新技术手段，业务规模小、建设资金不足的地方电子口岸不再自建基础设施，可采用协商使用服务或购买服务等方式获取基础支撑服务。

（5）推进电子口岸一体化客户服务体系建设。构建覆盖全国电子口岸客户的服务网络，建立统一的话务和工单接转流程，采用统一的知识库和问题回复标准，实现全国电子口岸客服部门统一的服务接入号码、管理和服务标准，进一步提升客户服务水平。

4. 加强国际合作

我国在亚欧范围内各区域性组织之间、国家之间的国际贸易互联互通合作也取得了积极进展，为进一步深化亚欧"单一窗口"务实合作打下了良好基础。2020 年，海关总署从 4 个方面继续加强这方面的工作。一是保持合作的开放性，将"单一窗口"打造成亚欧成员之间互联互通的便捷工具；二是保持合作的平等性，推动亚欧会议成员平等参与标准和规则制定；三是保持合作的创新性，创新合作模式和技术手段，切实加强"单一窗口"互联互通；四是保持合作的持续性，推动建立亚欧会议成员"单一窗口"合作工作机制，加快开展"单一窗口"互联互通项目试点。

▶▶ 7.2.4 中国电子通关的新发展

经过几年的努力，国际贸易"单一窗口"取得了减单证、优流程、提效率、降成本的显著成效，提前落实了世界贸易组织《贸易便利化协定》"单一窗口"措施。截至 2019 年年底，国际贸易"单一窗口"已建设 12 项基本服务功能、开发应用系统 60 个，对外提供服务 495 项，覆盖了全国 31 个省（区、市）所有口岸范围和特殊监管区、自贸试验区、跨境电商综试区，实现了与 25 个部委的系统对接和共享，累计注册用户已达 220 多万家，日申报业务量 500 余万票。此外，全国海关通过开展机检设备集中图像和智能判图实用化攻关，由机器学习分析非侵入检查设备产生的海量图像，实现对目标物更为精确、快速的智能判断，已采图 714 万幅、标图 79.4 万幅，形成算法训练的样本库。

通过优化作业流程，企业可以选择在全国任一海关报关，任一口岸通关；推进海关、边检、海事一次性联合检查；通过压减监管单证，商品进出口环节验核的监管证件已从 86 种减至 44 种；通过完善收费目录清单制度、精简口岸收费项目、整治口岸环节违法违规收费问题等措施，企业进出口通关费用大大降低。根据世界银行的数据，到 2019 年，我国跨境贸易出口合规成本已从 2017 年的每个标准集装箱 568.7 美元降至 330 美元，降幅达 42%；进口合规成本从 2017 年的每个标准集装箱 915.9 美元降至 318 美元，降幅达 65.3%。2020 年 7 月，全国进口整体通关时间 38.5 小时，出口整体通关时间 2.2 小时，比 2017 年分别压缩 60.4% 和 82.2%。

2020 年，广州"单一窗口"跨境贸易电子商务公共服务平台上线全国首个电商出口退货功能，推出零售进口申报清单修撤单流程简化、商品入区单自动化审核、物流辅助系统对接跨境系统、商品 24 小时自动出区放行等海关通关流程，减少人工干预与审核环节。南京海关以跨境电商 B2B 出口试点为契机，创新采用"拼箱出海"查验方式，首开全国市场采购贸易与跨境电商融合监管的先河。河南开发"单一窗口"快件通关辅助系统，与郑州邮政口岸通关系统实现对接，帮助郑州邮政口岸同时开展国际邮件、国际快件、跨境电商三种业务模式。

2020 年，面对突如其来的新冠肺炎疫情，海关迅速开发上线船舶疫情风险预警、经停港手机查询功能，结合大数据应用、船舶 AIS（Automatic Identification System）、核辐射监测、红外监测、生物化学微小气候在线监测、人脸识别、护照识别、健康申报卡识别、自动录像等，将全球疫情较为严重的国家和港口纳入风险管理，进一步提高了卫生监测的精准度。

截至 2020 年 10 月底，我国已经与智利、新加坡、格鲁吉亚、新西兰、巴基斯坦、韩国、印度尼西亚等十余个国家的原产地电子信息交换系统实现了实时传输原产地证书和流动证明电子数据。

7.3 电子通关模式探索

▶▶ 7.3.1 中国电子口岸模式

1. 中国电子口岸的优势

中国电子口岸是利用现代信息技术，将各部门分别管理的进出口业务信息流、资金流、货物流电子底账数据，集中存放在公共数据库中，为政府管理机关提供跨部门、跨行业的联网数据底账核查或数据交换服务，并为企业提供门户网站，联网办理各种进出口业务的信息系统。图 7-7 是中国电子口岸的网站首页。

图 7-7　中国电子口岸网站首页（www.chinaport.gov.cn）

2. 中国电子口岸建设的基本构想

中国电子口岸是海关联合其他涉外部委进行的一次电子通关改革。其建设的基本构想是按照"电子底账+联网核查+网上服务"的新型管理模式，建立集中式的公共数据中心，即：

（1）一个数据库——集中存放电子底账，信息共享。

（2）一个交换中心——优化数据采集、汇总、分发途径。

（3）一个服务窗口——提供企业电子商务门户网站。

3. 中国电子口岸的主要应用项目

（1）电子底账联网，包括外汇核销单联网、外汇底账联网、退税底账联网、监管证件联网。

（2）办理有关手续，包括运输工具舱单申报、报关申报、网上支付、担保、加工贸易备案核销。

（3）资料法规查询，包括制度规定、分析统计资料、代码、参数、手续办理状态。

4. 中国电子口岸的联网模式

中国电子口岸依托互联网，将进出口信息流、资金流、货物流集中存放于一个公共数据平台，实现了口岸管理相关部门间的数据共享和联网核查，并向进出口企业提供货物申报、舱单申报、运输工具申报、许可证和原产证书办理、企业资质办理、公共查询、出口退税、税费支付等"一站式"窗口服务，是一个集口岸通关执法服务与相关物流商务服务于一体的大通关统一信息平台，其业务覆盖了国际贸易各主要服务环节，实现了国际贸易"单一窗口"功能。

中国电子口岸的联网模式如图 7-8 所示。

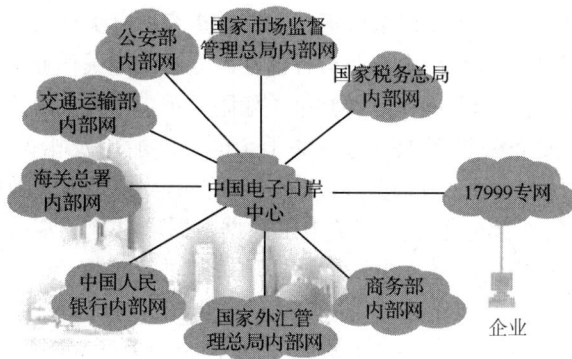

图 7-8　中国电子口岸的联网模式

▶▶ 7.3.2　无纸通关模式

无纸通关是利用中国电子口岸及现代海关业务信息化管理系统功能，改变海关凭进出口企业递交书面报关单及随附单证办理通关手续的做法，直接对企业联网申报的进出口货物报关电子数据进行无纸审核、验放处理的通关方式。

1. 无纸通关的优势

（1）通关效率大大提高。出口无纸通关可随时登录电子口岸申报出口货物，在通关过程中只需在货物验放环节到海关办理查验、放行手续，整个通关过程以信息化处理手段为主，大大提高了处理速度，使企业通关更加快捷、便利。

（2）降低通关成本。简化了出口通关作业流程，改变了海关凭出口单证审核、验放的作业模式，而采取电子数据审核、电子放行信息验放货物的作业模式，除海关查验外，出口通关过程中企业无须到海关办理书面单证的交验手续。

（3）扩展了企业通关的空间。在时间上，24 小时报关，不受时间限制；在地域上，采用互联网远程申报，不受地域限制。

（4）带动了口岸大通关机制的建立。实施无纸通关，将有力推动已实现电子发证的口岸管理部门实施数据联网传输管理，同时也带动了场站、港区及船代公司的同步改革，使口岸整体大通关机制得以建立。

2. 我国海关无纸通关历程

2007 年年底，上海海关正式启动了全国海关首个"通关无纸化"试点，在管理机制上从管理通关物品转为管理通关企业。

2012 年 7 月，海关总署《关于在全国海关试点开展通关作业无纸化改革工作》[①]发布，要求从 2012 年 8 月 1 日起，无纸化通关试点在北京、上海等 12 个城市全面铺开。此次通关无纸化改革的重点是：在分类通关的基础上，除报关单实现电子化外，与该票报关单相关的随附单证也全部实现电子化，实现全程无纸化通关和海关作业的差别化管理。

此次通关改革与以往的改革有着明显的区别。在以往的改革中，电子报关的方式虽然实现了报关单的电子化，但随附单证还需要以纸质形式向海关提交；分类通关虽然实现了通关过程中的无纸化，但纸质单证需要事后提交或由企业自行保存。而本次通关作业无纸化改革试点，就是在电子报关、分类通关改革的基础上进一步做到报关随附单证电子化，从而实现通关全程无纸化。

2018 年，海关总署发布公告第 180 号（关于全面开展舱单及相关电子数据变更作业无纸化）。[②]公告规定，从 2019 年 1 月 1 日起，向海关办理舱单及相关电子数据变更手续，无须提交纸质单证资料。同时，公告对部分舱单及相关电子数据数据项进行调整；对"变更原因描述""变更申请联系人姓名""变更申请联系人电话"数据项填制进行了规范。

通关作业无纸化的改革收到显著效果。截至 2020 年 7 月，我国进口和出口整体通关时间分别比 2017 年压缩 60%～80%。表 7-1 显示了 2019 年 12 月及全年四川省整体通关时间的变化[③]。

表 7-1　2019 年 12 月及全年四川省整体通关时间的变化

运输方式	进口整体通关时间（小时）						出口整体通关时间（小时）			
	2019 年	2019 年 12 月	2017 年	对比 2017 年当月压缩比（%）	扣除国内运输段后 2019 年整体通关时间	扣除国内运输段后 2019 年 12 月整体通关时间	2019 年	2019 年 12 月	2017 年	对比 2017 年当月压缩比（%）
整体	43.86	41.65	121.02	65.58	33.05	30.52	1.36	1.37	3.67	62.77
海运	179.55	165.68	386.20	57.10	73.82	77.38	7.09	6.67	13.42	50.32
陆运	92.05	86.51	233.99	63.03	59.86	44.41	1.48	1.41	1.22	−15.46
空运	27.64	26.87	90.24	70.23	26.21	25.44	0.88	0.96	3.08	67.82

3. 无纸通关的实现步骤

（1）与海关签订无纸通关协议书。

（2）借助"中国国际贸易单一窗口"的联网报关实现企业无纸申报。

（3）利用现行海关系统实现无纸审单。

（4）海关与港区、场站联网，关员驻站监管，实现凭海关电子放行信息查验放行货物。

（5）实行事后交验报关单证并签证，保留纸面单证以备核查。

---

① 海关总署. 关于在全国海关试点开展通关作业无纸化改革工作[EB/OL]. （2012-07-31）[2012-08-20]. http://www.customs.gov.cn/publish/portal0/tab399/module1147/info382886.htm.

② 海关总署.海关总署公告 2018 年第 180 号（关于全面开展舱单及相关电子数据变更作业无纸化)[EB/OL]. （2018-12-03）[2020-08- 20]. http://www.customs.gov.cn/customs/302249/302266/302267/2138824/index.html.

③ 成都海关. 2019 年 12 月及全年四川省整体通关时间情况表[EB/OL]. （2020-09-23）[2020-10-20]. http://chengdu.customs.gov.cn/chengdu_customs/519425/fdzdgknr1/zttgsj/3300986/index.html.

4. 无纸通关的作业流程与联网申报系统

无纸通关的作业流程如图 7-9 所示。无纸通关的联网申报系统如图 7-10 所示。

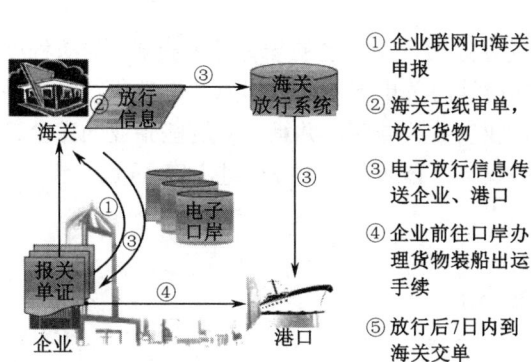

① 企业联网向海关申报

② 海关无纸审单，放行货物

③ 电子放行信息传送企业、港口

④ 企业前往口岸办理货物装船出运手续

⑤ 放行后7日内到海关交单

图 7-9　无纸通关的作业流程

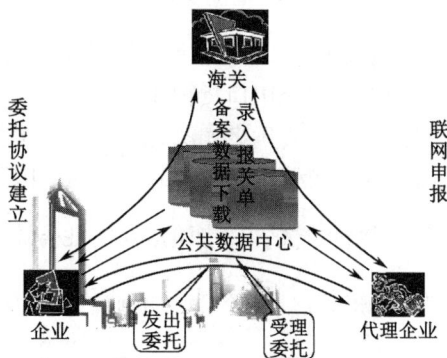

图 7-10　无纸通关的联网申报系统

▶▶ 7.3.3 "多点报关，口岸验放"模式

1. "多点报关，口岸验放"的优势

"多点报关，口岸验放"模式是指企业对其在口岸海关进出口的货物可以自主选择关区内任一海关（简称"申报地海关"）报关，由申报地海关办理接单审核、征收税费等通关手续，口岸海关对货物进行实货验放的一种通关方式。

"多点报关，口岸验放"的优势主要表现在以下 5 个方面：

（1）内陆海关负责单证审核、单证放行，口岸海关负责实货监管、实货放行。

（2）大大缩短通关时间。

（3）降低通关费用。

（4）运输方式放开。

（5）企业直接在当地海关申领退税、结汇等结关单证。

2. "多点报关，口岸验放"的业务流程

图 7-11 反映了青岛海关"多点报关，口岸验放"的业务流程。

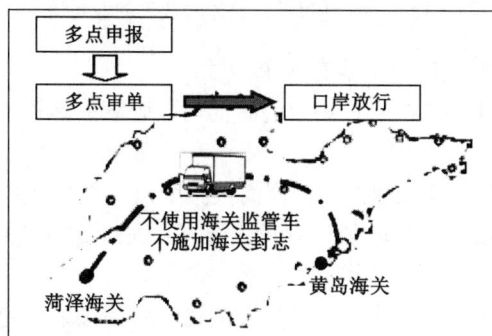

图 7-11　青岛海关"多点报关，口岸验放"的业务流程

▶▶ 7.3.4 "属地报关，口岸验放"模式

1. "属地报关，口岸验放"的特点

"属地报关，口岸验放"是针对守法程度较高的企业实行跨关区的一种通关模式。守法程度高的企业在办理进出口货物通关手续时，可选择向属地海关申报，在口岸海关办理货物验放手续。属地海关负责确定守法企业名单，维护适用企业参数数据库，并承担对这些企业的完全管理责任。对有特殊规定的商品，仍应按国家的有关规定，必须在口岸办理进出口手续。

2. "属地报关，口岸验放"的业务流程

"属地报关，口岸验放"的业务流程如图 7-12 所示。

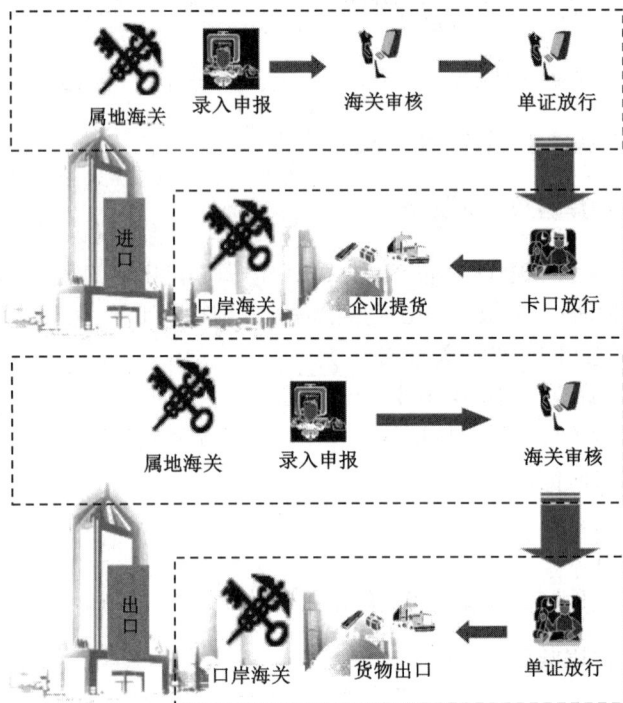

图 7-12　"属地报关，口岸验放"的业务流程

从图 7-12 可看出，对于进口，主要有 4 个步骤：

（1）运输工具进境前（时），在海关规定的时间内，运输工具负责人或其代理人向口岸海关传输进口舱单电子数据。

（2）进口货物的收货人或其代理人在口岸海关接受进口舱单数据申报后（海关另有规定的除外），即可选择"属地申报，口岸验放"方式，录入《进口货物报关单》电子数据，向属地海关进行申报。

（3）报关单电子数据经海关审结后，报关人在属地海关接单点递交纸质报关单证，并办理有关税费手续。

（4）报关人向口岸海关办理进口货物的查验、放行手续，海关对进出口货物进行风险分析后确定货物是否需要查验，不需要查验的货物直接予以放行。

对于出口，主要有 3 个步骤：

（1）出口货物的发货人或其代理人在取得出口口岸订舱数据后（海关另有规定的除外），即可选择"属地申报，口岸验放"方式，录入《出口货物报关单》电子数据向属地海关进行申报。

（2）报关单电子数据经海关审结后，报关人在属地海关接单点递交纸质报关单证，并办理有关税费手续。

（3）报关人向口岸海关办理出口货物的查验、放行手续，海关对进出口货物进行风险分析后确定货物是否需要查验，不需要查验的货物直接予以放行。

7.4　海关电子报关单及数据填制

7.4.1　进出口货物报关单的定义与分类

进出口货物报关单是指进出口货物收发货人或其代理人，按照海关规定的格式对进出口货物的实际情况做出书面申明，以此要求海关对其货物按适用的海关制度办理通关手续的法律文书。它在对外经济贸易活动中具有十分重要的法律地位。它既是海关监管、征税、统计及开展稽查和调查的重要依据，又是加工贸易进出口货物核销及出口退税和外汇管理的重要凭证，也是海关处理走私、违规案件，以及税务、外汇管理部门查处骗税和套汇犯罪活动的重要证书。

按货物的流转状态、贸易性质和海关监管方式的不同，进出口货物报关单可以分为以下几种类型。

（1）按进出口状态分类，可以分为进口货物报关单、出口货物报关单。

（2）按表现形式分类，可以分为纸质报关单、电子数据报关单。

（3）按使用性质分类，可以分为进料加工进出口货物报关单、来料加工及补偿贸易进出口货物报关单、外商投资企业进出口货物报关单、一般贸易及其他贸易进出口货物报关单、需国内退税的出口贸易报关单。

（4）按用途分类，可以分为报关单录入凭单、预录入报关单、电子数据报关单、报关单证明联。

7.4.2　进出口货物报关单的一般样式

我国进口货物报关单样式和出口货物报关单样式，如表 7-2 和表 7-3 所示。

表 7-2　中华人民共和国海关进口货物报关单

预录入编号：　　　　　　　　　　　　　　　海关编号：

进口口岸	备案号	进口日期	申报日期
经营单位	运输方式	运输工具名称	提运单号
收货单位	贸易方式	征免性质	征税比例
许可证号	起运国（地区）	装货港	境内目的地

续表

批准文号		成交方式		运费		保费		杂费	
合同协议号		件数		包装种类		毛重（千克）		净重（千克）	
集装箱号		随附单据						用途	
标记唛码及备注									
项号	商品编号	商品名称、规格型号	数量及单位	原产国（地区）		单价	总价	币制	征免
税费征收情况									
录入员		录入单位		填制日期		申报单位		海关审单批注栏	

表 7-3　中华人民共和国出口货物报关单

预录入编号：　　　　　　　　　　　　　　　　海关编号：

出口口岸		备案号		出口日期		申报日期	
经营单位		运输方式		运输工具名称		提运单号	
发货单位		贸易方式		征免性质		结汇方式	
许可证号		运抵国（地区）		指运港		境内货源地	
批准文号		成交方式		运费	保费		杂费	
合同协议号		件数		包装种类	毛重（千克）		净重（千克）	
集装箱号		随附单据						
标记唛码及备注							
项号	商品编号	商品名称、规格型号	最终目的国（地区）	数量及单位	单价	总价	币制	征免
税费征收情况								
录入员		录入单位		填制日期	申报日期		海关审单批注栏	

▶▶ 7.4.3　海关电子报关数据填制规范

电子报关实行集中审单模式，报关企业向海关传送的电子报关数据的正确与否，直接影响通关效率。为统一进出口货物报关单填报要求，保证报关单数据质量，中国海关编写了进出口货物报关单填制规范[①]。

（1）预录入编号：指预录入报关单的编号，一份报关单对应一个预录入编号，由系统自动生成。

（2）海关编号：指海关接受申报时给予报关单的编号，一份报关单对应一个海关编号，由系统自动生成。

（3）境内收发货人：填报在海关备案的对外签订并执行进出口贸易合同的中国境内法人、其他组织名称及编码。

（4）进出境别：根据货物实际进出境的口岸海关，填报海关规定的《关区代码表》中相应口岸海关的名称及代码。

---

① 海关总署. 关于修订《中华人民共和国海关进出口货物报关单填制规范》的公告（2019 年第 18 号）[EB/OL].（2019-01-22）[2020-09-17]. http://www.gov.cn/zhengce/zhengceku/2019/11/04/content_5448488.htm.

（5）进出口日期：填报运载进口货物的运输工具申报进境的日期。进出口日期为 8 位数字，顺序为年（4 位）、月（2 位）、日（2 位）。

（6）申报日期：指海关接受进出口货物收发货人、受委托的报关企业申报数据的日期。申报日期为 8 位数字，顺序为年（4 位）、月（2 位）、日（2 位）。

（7）备案号：填报海关核发的《加工贸易手册》、海关特殊监管区域和保税监管场所保税账册、《征免税证明》或其他备案审批文件的编号。一份报关单只允许填报一个备案号。

（8）境外收发货人：指签订并执行出口贸易合同中的买方或合同指定的收货人，境外发货人通常指签订并执行进口贸易合同中的卖方。

（9）运输方式：包括实际运输方式和海关规定的特殊运输方式。

（10）运输工具名称及航次号：填报载运货物进出境的运输工具名称或编号及航次号。

（11）提运单号：填报进出口货物提单或运单的编号。一份报关单只允许填报一个提单或运单号，一票货物对应多个提单或运单时，应分单填报。

（12）货物存放地点：填报货物进境后存放的场所或地点，包括海关监管作业场所、分拨仓库、定点加工厂、隔离检疫场、企业自有仓库等。

（13）消费使用单位/生产销售单位：填报已知的进口货物在境内的最终消费、使用单位的名称。

（14）监管方式：填写海关对进出口货物的管理方式。

（15）征免性质：根据实际情况按海关规定的《征免性质代码表》选择填报相应的征免性质简称及代码。一份报关单只允许填报一种征免性质。

（16）许可证号：填报进（出）口许可证、两用物项[①]和技术进（出）口许可证、两用物项和技术出口许可证（定向）、纺织品临时出口许可证、出口许可证（加工贸易）、出口许可证（边境小额贸易）的编号。

（17）启运港：填报进口货物在运抵我国关境前的第一个境外装运港。

（18）合同协议号：填报进出口货物合同（包括协议或订单）编号。

（19）贸易国（地区）：发生商业性交易的进口填报购自国（地区），出口填报售予国（地区）。

（20）启运国（地区）/运抵国（地区）：启运国（地区）填报进口货物起始发出直接运抵我国或者在运输中转（地）未发生任何商业性交易的情况下运抵我国的国家（地区）。运抵国（地区）填报出口货物离开我国关境直接运抵或者在运输中转国（地区）未发生任何商业性交易的情况下最后运抵的国家（地区）。不经过第三国（地区）转运的直接运输进出口货物，以进口货物的装货港所在国（地区）为启运国（地区），以出口货物的指运港所在国（地区）为运抵国（地区）。经过第三国（地区）转运的进出口货物，如在中转国（地区）发生商业性交易，则以中转国（地区）作为启运/运抵国（地区）。

（21）经停港/指运港：经停港填报进口货物在运抵我国关境前的最后一个境外装运港。指运港填报出口货物运往境外的最终目的港。

（22）入境口岸/离境口岸：入境口岸填报进境货物从跨境运输工具卸离的第一个境内口岸的中文名称及代码；采取多式联运跨境运输的，填报多式联运货物最终卸离的境内口岸中文名称及代码；过境货物填报货物进入境内的第一个口岸的中文名称及代码；从海关特殊监管区域或保税监管场所进境的，填报海关特殊监管区域或保税监管场所的中文名称及代码。离境口岸

---

① 两用物项是指军民两用的敏感物项和易制毒化学品。

填报装运出境货物的跨境运输工具离境的第一个境内口岸的中文名称及代码；采取多式联运跨境运输的，填报多式联运货物最初离境的境内口岸中文名称及代码；过境货物填报货物离境的第一个境内口岸的中文名称及代码；从海关特殊监管区域或保税监管场所离境的，填报海关特殊监管区域或保税监管场所的中文名称及代码。

（23）包装种类：填报进出口货物的所有包装材料，包括运输包装和其他包装，按海关规定的《包装种类代码表》选择填报相应的包装种类名称及代码。

（24）件数：填报进出口货物运输包装的件数（按运输包装计）。

（25）毛重（千克）：填报进出口货物及其包装材料的重量之和，计量单位为千克，不足一千克的填报为"1"。

（26）净重（千克）：填报进出口货物的毛重减去外包装材料后的重量，即货物本身的实际重量，计量单位为千克，不足一千克的填报为"1"。

（27）成交方式：根据进出口货物实际成交价格条款，按海关规定的《成交方式代码表》选择填报相应的成交方式代码。

（28）运费：填报进口货物运抵我国境内输入地点起卸前的运输费用，出口货物运至我国境内输出地点装载后的运输费用。

（29）保费：填报进口货物运抵我国境内输入地点起卸前的保险费用，出口货物运至我国境内输出地点装载后的保险费用。

（30）杂费：填报成交价格以外的、按照《中华人民共和国进出口关税条例》相关规定应计入完税价格或应从完税价格中扣除的费用。

（31）随附单证及编号：根据海关规定选择填报除许可证件以外的其他进出口许可证件或监管证件、随附单据代码及编号。

（32）标记唛码及备注。

（33）项号：分两行填报。第一行填报报关单中的商品顺序编号；第二行填报备案序号，专用于加工贸易及保税、减免税等已备案、审批的货物，填报该项货物在《加工贸易手册》或《征免税证明》等备案、审批单证中的顺序编号。

（34）商品编号：填报由 10 位数字组成的商品编号。前 8 位为《中华人民共和国进出口税则》和《中华人民共和国海关统计商品目录》确定的编码；9、10 位为监管附加编号。

（35）商品名称及规格型号。

（36）数量及单位。

（37）单价。

（38）总价。

（39）币制。

（40）原产国（地区）。

（41）最终目的国（地区）。

（42）境内目的地/境内货源地。

（43）征免：填报相应的征减免税方式。

（44）特殊关系确认。

（45）价格影响确认。

（46）支付特许权使用费确认。

（47）自报自缴。

（48）申报单位。

（49）海关批注及签章。

7.5 中国国际贸易单一窗口的进出口申报

7.5.1 单一窗口架构

《中国国际贸易单一窗口》（简称单一窗口，www.singlewindow.cn）是为了响应联合国倡导的国际贸易便利通关号召，落实国务院口岸工作部际联席会议办公室《关于国际贸易"单一窗口"建设的框架意见》，提升中国国际贸易通关水平及履行中国加入 WTO 的承诺，按照国务院统一安排和部署，在国家口岸管理管理办公室的直接领导下，依托中国电子口岸平台，各口岸管理和国际贸易相关部门共同参与建设的国家"十三五"规划重大项目。该项目于 2016 年 12 月启动建设，2017 年 5 月试点，目前已在全国范围推广上线。

单一窗口实现了申报人通过电子口岸平台一点接入、一次性提交满足口岸管理和国际贸易相关部门要求的标准化单证和电子信息，相关部门可通过电子口岸平台共享数据信息、实施职能管理，处理状态（结果）可以统一通过单一窗口反馈给申报人。单一窗口的功能范围已覆盖国际贸易链条各主要环节，逐步成为企业面对口岸管理相关部门的主要接入服务平台。通过单一窗口提高了国际贸易供应链各参与方系统间的互操作性，优化了通关业务流程，申报效率显著提高，通关时间大幅度缩短，企业通关成本降低，促进了贸易便利化。

国际贸易单一窗口架构如图 7-13 所示。

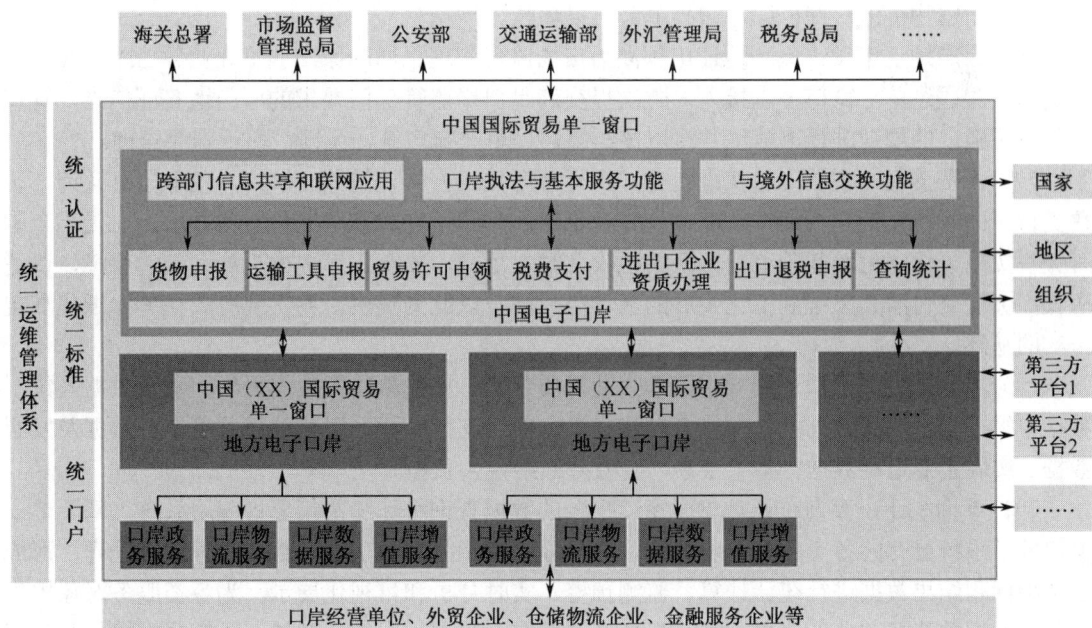

图 7-13 国际贸易单一窗口架构

▶▶ 7.5.2 单一窗口主要功能

单一窗口为企业提供一站式的通关服务，其主要涵盖货物申报、舱单申报、运输工具申报、企业资质办理、进出口许可证申报、原产地证申领、税费支付、出口退税、查询统计等九大核心应用。

（1）货物申报：货物申报实现一般进出口货物的一表录入（或导入），分别向海关、市场监督管理部门申报，同时实现海关、市场监督管理部门各类通关状态信息的查询。同时提供报关单修撤单功能，实现企业修撤单的网上操作。

（2）舱单申报：舱单申报实现原始/预配舱单、理货报告、运抵报告、装载舱单、改靠港申请、落装改配申请、分拨分流申请、空箱调用、国际转运准单等单证信息一表录入（或导入）分别向海关、市场监督管理部门申报。

（3）运输工具申报：船舶运输工具申报实现了船舶代理单位备案、运营单位备案、船舶信息备案、进出境（港）动态申报、进出境（港）单证申报、在港移泊申报、供退物料申报、船供申报等功能。企业所有的作业只面对一个窗口，执法单位的执法信息也只通过这一个窗口反馈给企业。此外，执法部门可以通过该系统实现联合执法。

（4）企业资质办理：企业资质办理实现商务部的对外贸易经营者备案、海关总署的海关注册登记、市场监督管理总局的报检资质申请等企业备案功能，实现从事外贸进出口的企业通过单一窗口一点接入、一次提交资质申请及变更信息，各监管部门接收并审批后，将审批结果通过单一窗口统一反馈，便于企业查询。

（5）进出口许可证申报：许可证申报实现农业农村部监管的农药进出口许可证、生态环境部监管的有毒化学品进出口许可证、商务部监管的机电/非机电进出口许可证、林业和草原局监管的濒危动植物进出口许可证等核心单证申报功能。

（6）原产地证申领：原产地证申领涵盖市场监督管理总局的原产地签证业务功能，实现国际贸易企业通过单一窗口一点接入，一次提交满足口岸监管部门要求的原产地签证信息，管理部门按照确定的规则进行审核，并将审核结果通过单一窗口统一反馈，便于企业查询。

（7）税费支付：税费支付实现企业、银行和海关三方协议签约、解约、税单信息查询、税费支付、关区备案信息查询等功能，让企业足不出户即可完成税费支付业务办理，在提高全国海关税费电子化支付率基础上，为海关税收及时、足额、安全入库提供更加有效的保障，以适应我国金融支付清算系统规范化发展的新形势。同时以此为契机，为实现海关税单无纸化奠定坚实的基础。

（8）出口退税：出口退税实现退税企业资质备案、报关单结关数据采集、发票数据采集、数据申报校验、退税数据汇总等核心功能；单一窗口支持企业一键获取报关单结关数据及发票数据，实现企业退税数据"零"采集，有效降低纳税人负担。

（9）查询统计：查询统计是单一窗口平台的数据查询统计和决策分析应用系统，基于单一窗口各子系统已有的各类历史业务数据，对国际贸易相关的各项业务数据进行加工处理，形成各类指标和结果数据进行统计计算、监测预警、实时分析和可视化展示，为各类服务对象提供国际贸易相关信息的业务信息查询、报表查询发布、数据综合统计及辅助决策分析提供等应用功能。

▶▶ 7.5.3　单一窗口货物申报

货物申报是电子通关中最重要的业务功能。通过单一窗口货物申报企业可以实现一点接入、一次性完成报关申报、报检申报、报关报检回执查询。

（1）图 7-14 是基于单一窗口的货物进出口报关报检流程。执行该流程有两种模式：一次录入模式和分次录入模式。

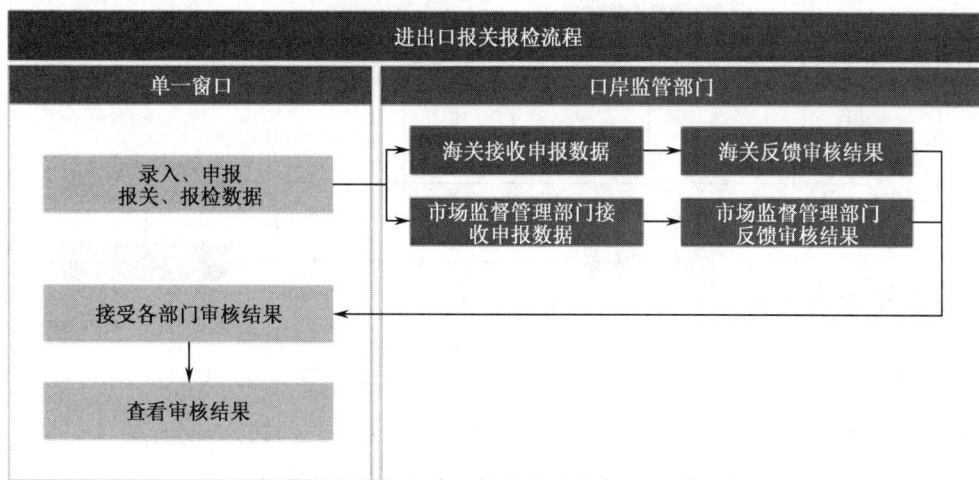

图 7-14　基于单一窗口的货物进出口报关报检流程

（2）单一窗口货物申报系统包括货物申报、报关申报、报检申报、数据查询、数据交换 5 项功能（见图 7-15）。

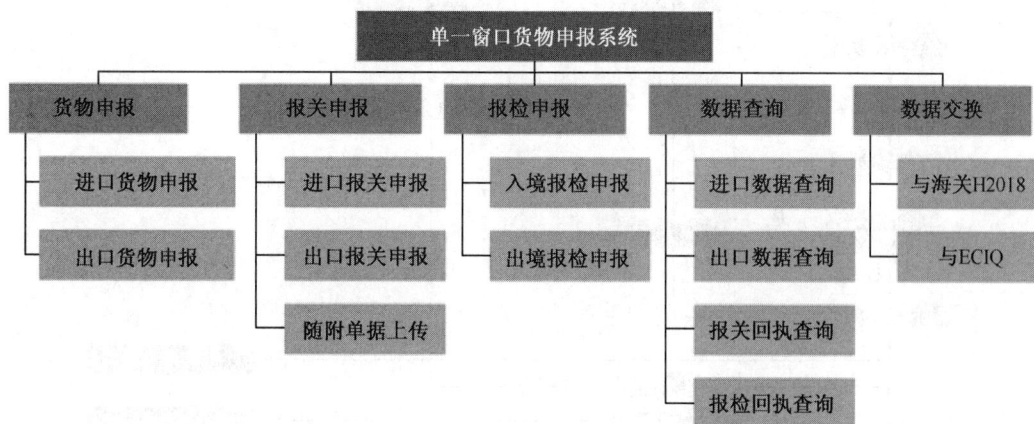

图 7-15　单一窗口货物申报系统功能

（3）图 7-16 是一次录入模式的主要操作步骤。

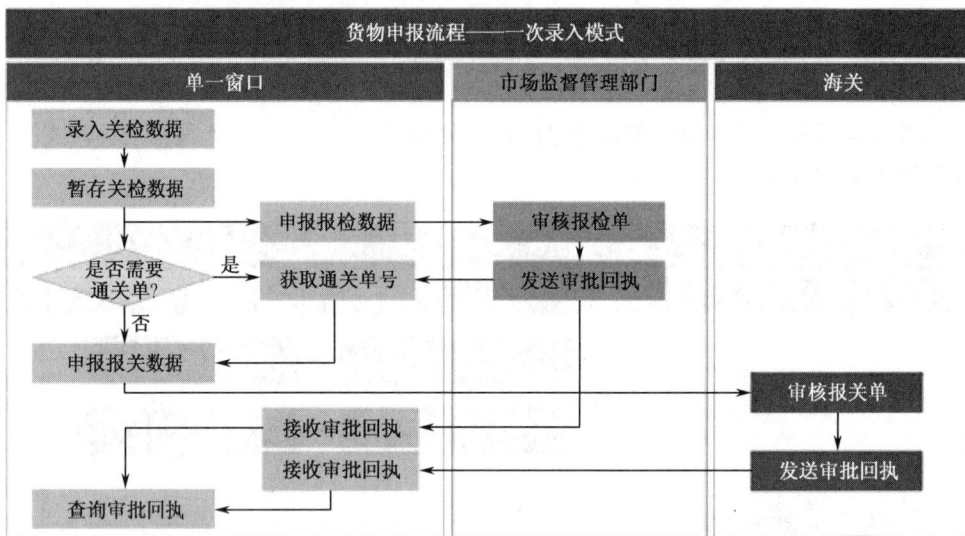

图 7-16　一次录入模式的主要操作步骤

（4）图 7-17 是分次录入模式的主要操作步骤，这里以先录入报检数据为例。

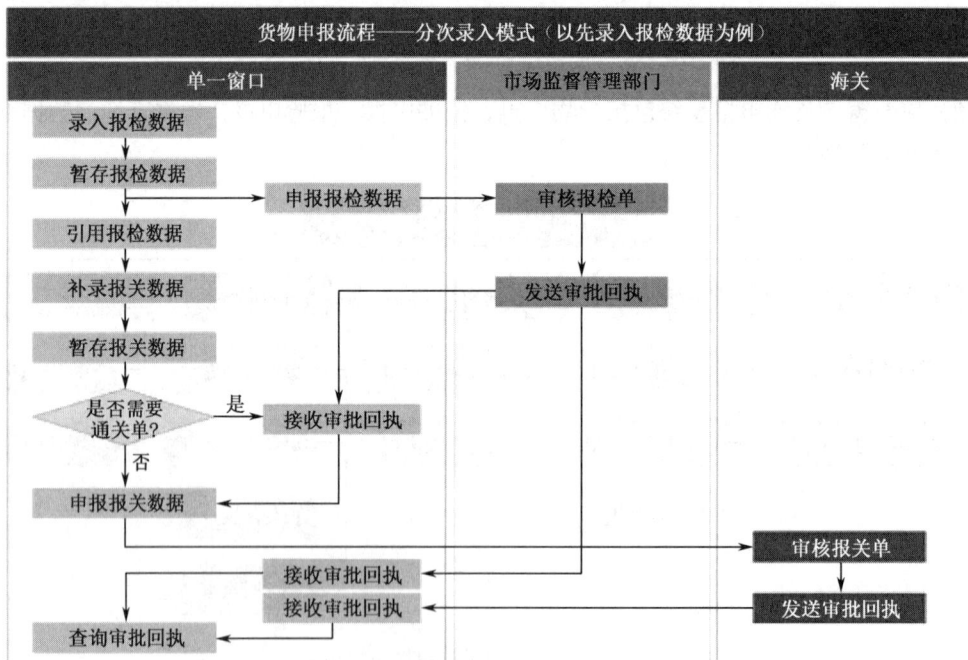

图 7-17　分次录入模式的主要操作步骤（以先录入报检数据为例）

▶▶ 7.5.4　单一窗口跨境电商进出口申报

（1）进入单一窗口主页面，可以在主页面上找到"标准版应用"。点击标准版应用，出现"应用列表"，其中有"跨境电商"条目，包括进口申报、出口申报、公共服务 3 个子系统（见图 7-18）。

图 7-18 单一窗口的应用列表

（2）分别点击进口申报、出口申报、公共服务 3 个子系统，按照提示可以完成进出口申报。其操作与货物申报基本相同。

复习题

1. 试述电子通关的基本程序。
2. 简述电子口岸改革的总体目标。
3. 试述"多点报关，口岸验放"与"属地报关，口岸验放"的异同点。
4. 简述进出口货物报关单主要填制项目。
5. 简述"单一窗口"的主要功能。
6. 试述单一窗口货物申报流程和填制模式。

参考文献

[1] 青岛市商务局. 海关通关业务简介[EB/OL]. （2012-08-28）[2012-09-17]. http://www.boftec.gov.cn/uploads/20080717110153344.ppt.

[2] 黄熠. 实施无纸审核中国海关的电子通关改革 [EB/OL]. （2005-09-21）[2012-09-17]. http://miit.ccidnet.com/art/18423/20050921/337953_1.html.

[3] 商务部. 中国电子商务报告（2019）[R/OL]. （2020-07-02）[2020-08-27]. http://dzsws.mofcom.gov.cn/article/ztxx/ndbg/202007/20200702979477.shtml.

[4] 雨果网. 9610 跨境电商零售出口业务流程 [EB/OL]. （2019-11-15）[2020-09-17]. https://www.cifnews.com/article/54455.

[5] 海关总署. 关于修订《中华人民共和国海关进出口货物报关单填制规范》的公告（2019 年第 18 号)[EB/OL]. (2019-01-22)[2020-09-17]. http://www.gov.cn/zhengce/zhengceku/2019-11/04/content_5448487.htm.

[6] 中国国际贸易单一窗口. 跨境电商进出口申报培训 [EB/OL]. （2018-08-14）[2020-09-17]. http://www.singlewindow.cn/cebserver/3883.jhtml.

第8章

跨境电子商务物流

物流产业被认为是国民经济发展的动脉和基础产业。近年来，物流占国民经济的比重逐渐扩大，成为国民经济一个新的增长点。2020 年，我国社会物流总额为 300.1 万亿元，同比增长 3.5%[①]；全国快递服务企业业务量完成 833.6 亿件，同比增长 31.2%。其中，国际/港澳台业务量完成 18.4 亿件，同比增长 27.7%[②]。物流服务已经从原来的"货物配送"发展到集物流、信息流、资金流为一体的全方位服务。本章在介绍跨境电商物流基本知识的基础上，对其模式和技术进行了专门研究。

8.1 跨境电子商务物流系统

8.1.1 国际物流

1. 物流的概念

物流的概念最早是在美国形成的，起源于 20 世纪 30 年代，原意为"实物分配"或"货物配送"（Physical Distribution，PD）。1963 年被引入日本，日文译为"物的流通"。20 世纪 70 年代以后，日本的"物流"一词逐渐取代了"物的流通"。当时的物流被理解为"在连接生产和消费间对物资履行保管、运输、装卸、包装、加工等功能，以及作为控制这类功能后援的信息功能，它在物资销售中起了桥梁作用"。

我国是在 20 世纪 80 年代才接触"物流"这个概念的，此时的物流被称为 Logistics，已经不是过去的 PD 概念了。Logistics 的原意为"后勤"，它是第二次世界大战期间军队在运输武器、弹药和粮食等给养时使用的一个名词，后来转用于物资的流通中。现代的物流不单纯是考虑从生产者到消费者的货物配送问题，而且要考虑从供应商到生产者对原材料的采购，以及生产者本身在产品制造过程中的运输、保管和信息等各个方面，全面地、综合性地提高经济效益和效

---

① 国家发展改革委，中国物流与采购联合会. 2020 年全国物流运行情况通报[EB/OL].（2021-02-23）[2021-04-22]. http://www.chinawuliu.com.cn/lhhzq/202102/23/541805.shtml.

② 国家邮政局. 2020 年邮政行业发展统计公报[EB/OL].（2021-05-12）[2021-05-27]. http://www.spb.gov.cn/xw/dtxx_15079/202105/t 20210512_3901027.html.

率等问题。

1999 年，联合国物流委员会对物流做了新的界定："物流"是为了满足消费者需要而进行的从起点到终点的原材料、中间过程库存、最终产品和相关信息有效流动和存储计划、实现和控制管理的过程。现代物流是指"物"在一定时间内的空间移动，以及在物的移动过程中动态及静态的管理。这个定义强调了从起点到终点的过程，提高了物流的标准和要求，确定了未来物流的发展，较传统的物流概念更为明确。

2. 国际物流的概念

国际物流是物流活动的国际化，也就是物流业务跨越国界，在全球范围内的运作。其实质就是为国际贸易和跨国经营服务，根据国际分工协作的原则，依照国际惯例，利用国际化的物流网络、物流设施和物流技术，选择最佳的方式与路径，以最低的费用和最小的风险，实现货物在国际间的流动与交换。

▶▶ 8.1.2 国际物流系统

1. 物流系统的概念

物流系统是指在一定的时间和空间里，由所需输送的物料和包括有关设备、输送工具、仓储设备、人员及通信联系等若干相互制约的动态要素构成的具有特定功能的有机整体。随着计算机科学和自动化技术的发展，物流管理系统也从简单的方式迅速向自动化管理演变，其主要标志是自动物流设备，如自动存储、提取系统，以及物流计算机管理与控制系统的出现。

2. 国际物流系统的运作内容

跨国运行的物流系统是由一系列相互影响、相互制约的环节构成的一个有机整体。图 8-1 简单描述了一个包括在起运地的发货和报关、国际间运输、到达目的地的报关和送货等环节的国际物流运作系统。显然，国际货物运输、仓储、通关和国际货运代理等是国际物流的主要环节。这些环节在国际市场上信息的引导下，按照国际惯例和国际上通行的运作规程运作，从而使整个物流系统协调、高效地运行。

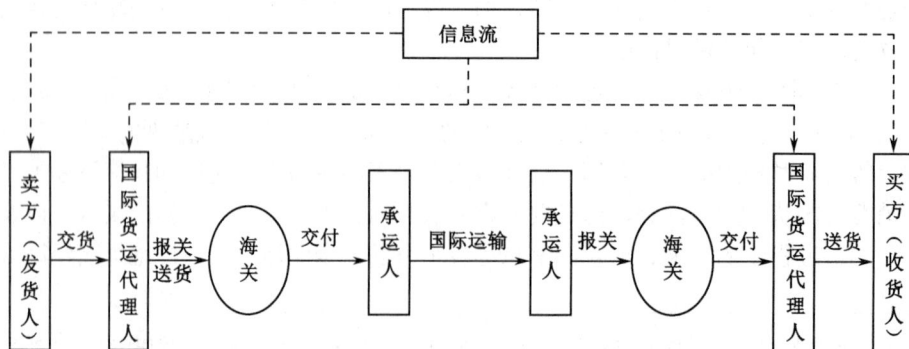

图 8-1　国际物流系统的运作内容

▶▶ 8.1.3　电子商务物流系统

1. 电子商务物流的概念

物流作为"四流"中最特殊的一种，涵盖了商品或服务的流动过程，包括运输、储存、配送、装卸、保管等各种活动。对少数商品和服务来说，可以直接通计算机网络传输的方式进行商品配送，如各种电子出版物、信息咨询服务、计算机软件等。而对大多数实体商品和服务来说，其配送仍要经过物理方式传输，但由于一系列机械化、自动化工具的应用，准确、及时的物流信息对物流过程的监控，将使物流的流动速度加快、准确率提高，能有效地减少库存，缩短生产周期。因此可以说，电子商务物流是指基于信息流、商流、资金流网络化的物资或服务的配送活动，包括软体商品（或服务）的网络传送和实体商品（或服务）的物理传送。

2. 电子商务物流系统的构成

电子商务物流系统由物流作业系统和物流信息系统两个部分构成。

（1）物流作业系统。在采购、运输、仓储、装卸搬运、配送等作业环节中使用各种先进的技能和技术，并使生产据点、物流据点、输配送路线、运输手段等网络化，以提高物流活动的效率。

（2）物流信息系统。在保证订货、进货、库存、出货、配送等信息通畅的基础上，使通信据点、通信线路、通信手段网络化，提高物流作业系统的效率。

电子商务物流系统的目的在于以速度（Speed）、安全（Safety）、可靠（Surely）和低费用（Low）的 3S1L 原则，即以最少的费用提供最好的物流服务：按交货期将所订货物适时而准确地交给用户，尽可能地减少用户所需的订货断档；适当配置物流据点，提高配送效率，维持适当的库存量，提高运输、保管、搬运、包装、流通加工等作业效率，保证订货、出货、配送信息畅通无阻，使物流成本降到最低。

跨境电商物流系统是典型的物流设备与计算机网络结合的产物。在这一系统中，半自动化、自动化以至于具有一定智能的物流设备受到计算机网络系统的控制，不同阶段的物流信息也由计算机加以管理控制。跨境电商物流系统的构成如图 8-2 所示。

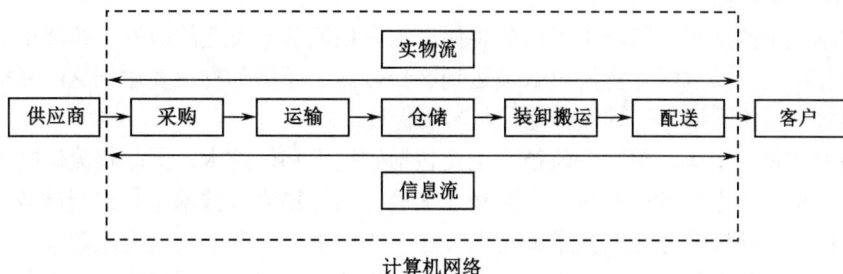

图 8-2　跨境电商物流系统的构成

▶▶ 8.1.4　跨境电子商务与国际物流的协同发展

跨境电子商务是利用最新的商务技术网络，实现全球国际商务运营，国际物流则是合理组织货物以低成本、高效率、适时、适量地在国际间流动，因此两者间需要以信息化为基础，实现配送效率、网络运营、综合服务、物流业态的变革，这样才能取得双赢和共同发展。

1. 跨境电子商务对国际物流的依存关系

跨境电子商务使跨国交易变得高效而便捷，但在货物送达阶段，尽管网络构建了虚拟的信息交易平台，最终还要通过商品实体的转移来实现。因此，国际物流系统的效率高低是跨境电子商务成功与否的关键。当今，跨境电子商务的发展对国际物流提出了更高的要求。

（1）国际物流是实现跨境电子商务交易的需要。在国际竞争日益激烈的情况下，国际贸易中的需求方越来越多地选择多批次、少批量的进货来回避库存风险。跨境电子商务能够准确、快速地反映市场需求，使企业根据所获得的市场信息进行生产调节或控制采购量。这就需要建立一套集成化、规模化的国际物流配送体系，进行网络化递送，才能使跨境电子商务所具有的新优势得到有效发挥。

（2）国际物流是跨境电子商务实现高利润的保证。就我国现阶段情况看，虽然物流费用在整个 GDP 中的比重持续降低，但仍有 14.8%左右，而"单位 GDP 货运量"则 4 倍于美日等发达经济体。[①]这主要是因为中国供应链环节众多，导致了多次货物运输。从整个国际供应链效率的角度看，我国跨境电商物流费用仍然可以有较大幅度的降低，这对于提高跨境电商利润率具有重要意义。

（3）国际物流是跨境电子商务取得良好信誉的关键。高效的国际物流是跨境电子商务实现"以顾客为中心"理念的最终表现。跨境电子商务在最大程度上方便了各国的最终消费者，使他们节省了大量金钱和精力。缺少了现代化的国际物流体系，跨境电子商务给消费者最终带来的购物便利就要大打折扣。所以物流配送效率也就成为客户评价跨境电子商务满意程度的重要标志之一。

2. 跨境电子商务使国际物流业发生了质的变革

（1）运作方式的变革。跨境电子商务使国际物流实现了网络的实时控制。在跨境电子商务下，国际物流的运作是以信息为中心的，信息不仅决定着物流的运动方向，而且决定着国际物流的运作方式。在实际运作过程中，通过网络上的信息传递，可以有效地实现对国际物流的实施控制，实现国际物流的合理化。

（2）物流设施的变革。跨境电子商务将促进国际物流基础设施的改善。跨境电子商务高效率和全球性的特点，要求国际物流也必须达到这一目标。而国际物流要达到这一目标，良好的交通运输网络、通信网络等基础设施是最基本的保证。

（3）物流技术的变革。国际物流技术主要包括硬技术和软技术。国际物流硬技术是指在组织国际物流过程中所需的各种材料、机械和设施等；国际物流软技术是指组织高效率的物流所需的计划、管理、评价等方面的技术和管理方法。跨境电子商务的发展要求建立一个适应跨境电子商务运作的高效率的国际物流系统，要求国际物流尽可能地采用最先进的现代物流技术，如条形码技术、EDI 技术、地理信息系统技术、GPS 技术等。

（4）物流管理的变革。跨境电子商务网络在组织现有物流资源的规模、速度、效率方面要

---

① 梁晓. 物流界最大认知误区：中国物流费用占 GDP 比例高=中国物流成本高？[EB/OL].（2020-01-08）[2020-08-20]. https://www.sohu.com/a/365447549_343156.

比传统物流配送方式优越得多。国际配送企业可以通过统一的国际虚拟电子平台，将分散在世界各地的仓库和多种运输工具通过网络系统连接起来，进行最科学的管理和调配，做到尽量缩短运输距离，减少货物在途时间。只有提高国际物流的管理水平，建立科学合理的管理制度，将科学的管理手段和方法应用于国际物流管理当中，才能确保国际物流适应跨境电子商务发展的要求。

3. 加强我国跨境电商物流建设

目前，我国跨境电商物流的发展存在以下几个问题。

（1）我国物流枢纽发展还存在一定差距。一是系统规划不足；二是空间布局不完善，物流枢纽分布不均衡；三是资源整合不充分，部分物流枢纽存在同质化竞争、低水平重复建设问题；四是发展方式较为粗放，一些已建成的物流枢纽经营方式落后，无法开展多式联运。

（2）货物运输企业的信息化、网络化水平不能满足跨境电商物流运输业发展的需求。我国企业应在实现全国范围物流信息联网运行的基础上，逐步向国外发展，实现物流信息在世界范围内的迅速传递，为参与国际竞争、实现物流国际化创造一个良好的环境。

（3）跨境电商物流人才培养亟待加强。跨境电商物流业是一个兼有知识密集和技术密集、资本密集和劳动密集特点的外向型和增值型的服务行业，目前我国在这方面的教育和培养还比较落后，还没有形成以物流科技创新和知识型物流人才为核心的物流教育目标体系。

20 世纪 90 年代后，电子商务物流和国际物流已被我国政府高度重视。2014 年 10 月，国务院印发的《物流业发展中长期规划(2014—2020 年)》[1]提出，到 2020 年，全社会物流总费用与国内生产总值的比率由 2013 年的 18%下降到 16%左右，物流业对国民经济的支撑和保障能力进一步增强。2018 年 12 月，国家发展改革委、交通运输部《国家物流枢纽布局和建设规划》[2]印发，电子商务物流被作为一种专门的物流形式加以强调：鼓励和支持国家物流枢纽增强电子商务物流服务功能；增强国家物流枢纽在跨境电商通关、保税、结算等方面的功能，提高枢纽支撑电子商务物流一体化服务的能力。

2020 年 9 月 10 日，国家发展改革委等 14 个部门联合印发《推动物流业制造业深度融合创新发展实施方案》[3]，方案对国际物流提出了明确的要求。一方面，要加强顶层设计，构建现代国际物流体系，保障进口货物进得来，出口货物出得去。另一方面，培育一批具有全球采购、全球配送能力的国际供应链服务商，促进"买全球""卖全球"。具体措施包括以下几个方面。

① 加强顶层设计，构建现代国际物流体系，保障进口货物进得来，出口货物出得去。

② 加强国际航空、海运、中欧班列等国际干线物流通道，以及物流枢纽、制造业园区统筹布局和协同联动，支持外向型制造企业发展。

---

① 国务院. 国务院关于印发物流业发展中长期规划（2014—2020 年）的通知[EB/OL].（2014-10-04）[2014-10-20]. http://news.xinhuanet.com/local/2014-10/04/c_1112713252.htm.

② 国家发展改革委，交通运输部. 国家发展改革委 交通运输部关于印发《国家物流枢纽布局和建设规划》的通知[EB/OL].（2019-01-16）[2019-07-20]. http://xxgk.mot.gov.cn/jigou/zhghs/201901/t20190117_3157819.html.

③ 国家发展改革委 工业和信息化部 公安部 财政部 自然资源部 交通运输部 农业农村部 商务部 市场监管总局 银保监会 国家铁路局 民航局 国家邮政局 中国国家铁路集团有限公司. 关于印发《推动物流业制造业深度融合创新发展实施方案》的通知[EB/OL].（2020-08-22）[2020-10-20]. http://www.gov.cn/zhengce/zhengceku/2020-09/09/content_5541919.htm.

③ 加快培育与我国生产制造、货物贸易规模相适应的骨干海运企业和国际海运服务能力。

④ 围绕国际产能和装备制造合作重点领域，鼓励骨干制造企业与物流、快递企业合作开辟国际市场，培育一批具有全球采购、全球配送能力的国际供应链服务商。

⑤ 发展面向集成电路、生物制药、高端电子消费产品、高端精密设备等高附加值制造业的全流程航空物流，促进"买全球""卖全球"。

⑥ 支持邮政、快递企业与制造企业深度合作，打造安全可靠的国际国内生产型寄递物流体系。

8.2 跨境电子商务物流模式

▶▶ 8.2.1 电子商务物流的一般模式

电子商务物流的一般模式包括自营物流、物流联盟、第三方物流和第四方物流。

1. 自营物流

自营物流是指电子商务企业借助自身物质条件（包括物流设施、设备和管理机构等）自行组织的物流活动。对电子商务企业来说，自营物流启动容易，配送速度快，但配送能力较弱，配送费用不易控制。如果电子商务企业有很高的顾客服务需求标准，其物流成本占总成本的比重较大，自己的物流管理能力又比较强，一般不会选择外购物流服务，而采用自营物流的方式。

在自营物流方式中，电子商务企业也会向运输公司购买运输服务或向仓储企业购买仓储服务，但这些服务一般只限于一次或一系列分散物流功能，而且是临时的、纯市场交易的服务。物流公司并不按照电子商务企业独特的业务程序提供独特服务，即物流服务与电子商务企业的价值链是松散的。

2. 物流联盟

物流联盟是指电子商务网站、电子商务企业、物流企业等各方面通过契约形成优势互长、要素双向或多向流动、互相信任、共担风险、共享收益的物流伙伴关系。组建物流伙伴可以降低成本，减少投资，获得管理技术，提高为顾客服务的水平，取得竞争优势，降低风险和不确定性。

组建物流联盟可以吸收不同企业的优势和长处，在物流设施、运输能力、专业管理技巧上互补，取得较好的经济效益。

3. 第三方物流

第三方物流（Third Party Logistics，TPL）是近年来广泛流行的新概念，是指物流渠道中的专业化物流中间公司以签订合同的方式，在一定期间内，为其他公司提供的所有或某些方面的物流业务服务。如果物流在电子商务企业中所占比重不大，且该企业自身物流管理能力也比较欠缺，采用某个"第三方物流"模式是最佳选择，它能够大幅度降低物流成本，提高为顾客服务的水平。

从广义的角度和物流运行的角度看，第三方物流包括一切物流活动，以及发货人可以从专业物流代理商处得到的其他一些增值服务。提供这一服务是以发货人和物流代理商之间的正式合同为条件的。这一合同明确规定了服务费用、期限及相互责任等事项。

狭义的第三方物流专指本身没有固定资产但仍承接物流业务，借助外界力量，负责代替发货人完成整个物流过程的一种物流管理方式。

图 8-3 是在有传统便利店参与下的第三方物流流程。

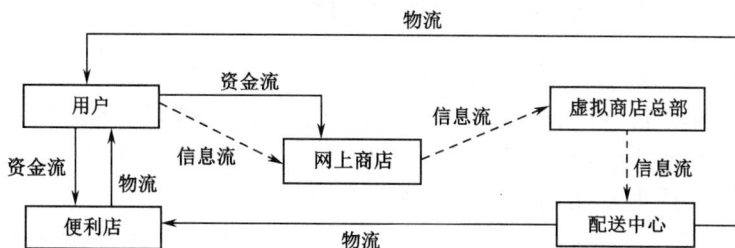

图 8-3 在有传统便利店参与下的第三方物流流程

上述模式的流程包括以下几个步骤。

（1）用户通过互联网在网上商店浏览物品、订货、网上支付或到网上商店所标出的小区便利店中付款，同时可根据自己的情况要求送货到家或到相应的便利店中付款取货。

（2）网上商店通过虚拟商店总部向配送中心发送送货通知。

（3）配送中心对用户或用户指定的小区便利店进行货物配送。

（4）用户收到配送中心的送货或自己到小区便利店取货。

（5）遇到有关问题后，可通过网络协商，或者到小区便利店解决。

4．第四方物流

所谓第四方物流，根据其首创者美国埃森哲（原安德森）咨询公司的定义，是指一个供应链集成商调配和管理组织自己的及具有互补性的服务提供商的资源、能力和技术，以提供一个综合的供应链解决方案。通俗地讲，第四方物流是指集成商们利用分包商来控制和管理客户公司的点到点式供应链运作。

第四方物流的优势突出表现在以下 4 个方面。

（1）具有对整个供应链及物流系统进行整合规划的优势。第三方物流的优势在于运输、储存、包装、装卸、配送、流通加工等实际的物流业务操作能力，在综合技能、集成技术、战略规划、区域及全球拓展能力等方面存在明显的局限性，特别是缺乏对整个供应链及物流系统进行整合规划的能力。而第四方物流的核心竞争力就在于对整个供应链及物流系统进行整合规划的能力，这也是降低客户企业物流成本的根本所在。

（2）具有对供应链服务商进行资源整合的优势。第四方物流作为有领导力量的物流服务提供商，可以通过其影响整个供应链的能力，整合最优秀的第三方物流服务商、管理咨询服务商、信息技术服务商和电子商务服务商等，为客户企业提供个性化、多样化的供应链解决方案，为其创造超额价值。

（3）具有信息及服务网络优势。第四方物流公司的运作主要依靠信息和网络，其强大的信息技术支持能力和广泛的服务网络覆盖支持能力是客户企业开拓国内外市场、降低物流成本极为看重的，也是取得客户的信赖、获得大额长期订单的优势所在。

（4）具有成本优势和服务质量优势。由于第四方物流不是物流的"利益方"，不是客户企业的竞争对手，而是构成了利益共享的合作伙伴，因此，第四方物流可以利用其专业化的供应链物流管理运作能力和高素质的物流人才制定出以顾客为导向、快捷、高质量、低成本的物流服务方案，从而大幅度降低企业物流成本，改善物流服务质量。

▶▶ 8.2.2 跨境电子商务物流运输方式的选择

根据使用的运输工具不同，国际物流可以分为如下几种运输方式：水上运输、陆上运输、航空运输、管道运输及由各种基本运输模式组合而成的国际多式联运等。在跨境电子商务物流实际业务中，应审慎地选用上述运输方式，尽量做到运输合理化，以最短的路径、最少的环节、最快的速度和最低的成本来组织跨境电子商务的运输活动。

跨境电子商务物流对运输方式的选择，应综合考虑"运输五要素"（运输成本、货物的特点和性质、运行速度、货运量及物流基础设施条件）。

（1）运输成本。这是跨境电子商务物流在运输方式选择上首要考虑的问题。据统计，在外贸的价格中，物流费有时可占出口货价的30%～70%。

（2）货物的特点和性质。货物的特点和性质有时也对运输方式的选择起决定性作用。经常由于国际物流运输方式的限制，某些货物无法进入国际物流中，从而失去了市场时机。

（3）运行速度。跨境电子商务物流的速度也很重要。这有两个原因：一是运距长，需时日较多，资金占用时间长，加快速度有利于解放占用的资金；二是市场价位，由于速度慢错过了好的价位，使经济效益下降。因此，加快一点速度就会有显著缩短物流时间的效果，从而带来一系列好处。

（4）货运量。由于跨境电子商务物流距离长，因此大数量货物运输受到了限制。跨境电子商务物流距离往往超出了汽车等运输工具的经济里程，大数量货物也不可能选择航空运输。

（5）物流基础设施条件。由于国家之间发展不平衡，因此一个国家中可以选择的物流方式，到另一个国家便不能采用，原因是另一个国家缺乏采用这种方式的必要基础设施。

跨境电子商务物流发展的一个重要标志就是利用互联网形成国际多式联运的运作和发展。在当前的形势下，跨境电子商务的货物运输要求速度快、损失少、费用低，国际多式联运适应了这些要求，而跨境电子商务又为国际多式联运提供了最有力的信息沟通支持。因此，在国际上，越来越多的企业，包括电子商务企业、贸易企业和制造业企业，都乐意采用国际多式联运。

▶▶ 8.2.3 跨境电子商务物流的典型模式

1. 戴尔公司的跨境电子商务物流采购与配送模式

在20年的时间内，戴尔计算机公司的创始人迈克尔·戴尔白手起家把公司发展到250亿美元的规模。即使面对美国经济的低迷，在惠普公司等超大型竞争对手纷纷裁员减产的情况下，戴尔公司仍以两位数的发展速度飞快前进。"戴尔"现象，令世人为之迷惑。

该公司分管物流配送的副总裁迪克·亨特一语道破天机："我们只保存5天生产的存货，而我们的竞争对手则保存30天、45天甚至90天的存货。这就是区别。"

在采购方面，戴尔公司和50家材料配件供应商保持着密切、忠实的联系，所需材料配件的

95%都由这 50 家供应商提供。戴尔公司与这些供应商每天都要通过网络进行协调沟通。戴尔公司的营销部门时刻监控顾客订货情况的变化，并把新的需求随时发布在网络上，供所有供应商参考，以提高透明度和信息流通效率，并刺激供应商之间的相互竞争。供应商则随时向戴尔公司通报产品生产、价格变化、存量等方面信息。目前，戴尔公司已经在我国香港、上海、深圳和台湾建立了国际采购网点，以加强与供应商在中国的伙伴关系，提高戴尔在全球的采购效率。

在销售方面，戴尔公司一直坚持直接与顾客接触，注重通过高质量的物流配送来达到这一目标。为实现这一目标，一方面，戴尔公司通过免费电话与潜在顾客取得联系；另一方面，通过互联网与顾客进行一对一的交流。在顾客确认订单之后，销售部门通过公司在全世界建立的庞大的配送网络，将客户所需要的产品及时送交顾客。

戴尔公司规定，公司应在交付期内将产品交付给处于交付地点的指定人士。指定人士、交付地点和交付期均由销售合同说明并经公司同意。若公司向买方交付迟于交付期，则除非双方另有约定，对超出交付期的每一天，公司可被收取费用，该费用按迟交付部分合同价格的 0.3%计算。同时，戴尔公司将按当时生效的服务和技术支持政策向买方提供一般的服务和技术支持。提供服务和支持可因不同产品而异。

2. 南宁区域性国际物流基地的运营模式

1）运营方式

广西北部湾国际港务集团与深圳盐田港集团实施战略合作，双方合作组建合资公司，合作建设南宁区域性国际物流基地，共同打造连接物流中心与北部湾港口的集装箱物流链，加快北部湾港口的建设步伐，促进现代化亿吨级区域性国际枢纽港建设，同时打造现代物流服务平台。

2）主要业务与流程

把基地建设成为综合性多功能型保税物流区，重点发展国际中转、国际配送、国际采购和国际转口贸易四大功能，将开展各类出口加工和国际贸易类业务。

（1）进区分拨。先从国际市场批量进货，经海关备案后运入保税物流中心，在物流中心保税仓储，根据市场行情分批报关进口国内市场（见图8-4）。

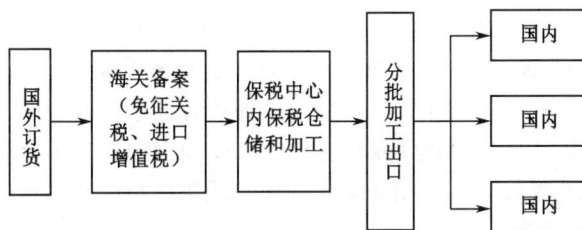

图8-4 进区分拨流程

（2）出口聚集分运。先将中国国内货物报关出口至保税物流中心，并聚集仓储，然后根据国外客户的订单情况及时分运出境（见图8-5）。

（3）转口贸易。在国际市场价格较低时买进货物，经海关备案后运入保税中心内进行仓储，或者利用保税中心劳动力成本较低的优势进行适当加工，待国际市场行情看好或产品升值后再销往国际市场（见图8-6）。

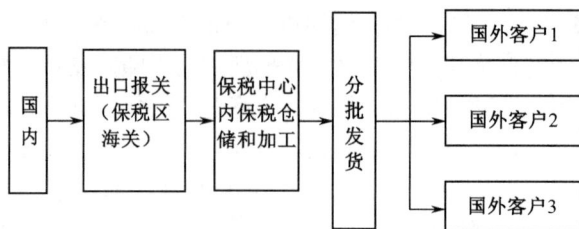

图 8-5 出口聚集分运流程

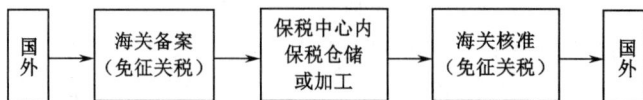

图 8-6 转口贸易流程

（4）收购出口。在中国国内厂家或批发商处收购货物，向保税物流中心海关报关后运入保税中心进行仓储，然后根据国外客户的订单要求分运出口。在已经拿到国外订单的情况下也可不经保税中心仓储过程直接出口（见图 8-7）。

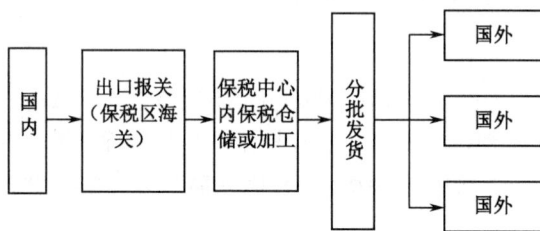

图 8-7 收购出口流程

3. 沃尔玛跨境电子商务物流模式

作为世界最大的零售企业之一，沃尔玛于 1996 年进入中国，在深圳开设了第一家沃尔玛购物广场和山姆会员商店。经过 20 多年在中国的发展，现已拥有约 10 万名员工，在全国 180 多个城市开设了 400 多家商场、约 20 家配送中心，累计服务顾客 70 亿人次。2010 年年底，山姆会员网上商店陆续在所有已开设山姆会员商店的城市开通了山姆会员网购直送服务。2019 年 11 月，沃尔玛中国在其一年一度的发展商大会上宣布，未来 5～7 年计划在中国新开设 500 家门店和云仓，包括沃尔玛购物广场、山姆会员商店、沃尔玛社区店多种业态。

1）现代信息技术的运用

20 世纪 70 年代，沃尔玛就建立了物流信息系统，负责处理系统报表。1985 年建立了 EDI 系统，实现了无纸化作业。90 年代初，沃尔玛购买了一颗专用卫星，用来传送世界各地公司的数据及信息，配送成本下降到其销售额的 3%。进入 21 世纪，沃尔玛第一个在全球建立了物流数据处理中心，实现了采购、订货、配送和销售一体化，做到了商店的销售与配送中心、配送中心与供应商的同步，从而减少了很多不必要的时间浪费，加快了物流循环。

2）配送中心的建立

沃尔玛在物流配送中心的建设上有许多可以借鉴的经验。

（1）配送中心设立在 100 多家零售店的中央位置，也就是配送中心设立在销售主市场。这使得一个配送中心可以满足 100 多个附近城市的销售网点的需求。另外，运输的半径基本上比较短，比较均匀。

（2）以 320 公里为一个商圈建立一个配送中心。沃尔玛在美国拥有 60 多个配送中心，服务于 4 000 多家商场。这些中心按照各地的贸易区域精心部署。通常情况下，从任何一个中心出发，汽车可在一天内到达它所服务的商店。

（3）沃尔玛公司共有六种形式的配送中心：一是"干货"配送中心；二是食品配送中心，包括不易变质的饮料等食品及易变质的生鲜食品等，需要有专门的冷藏仓储和运输设施，直接送货到店；三是山姆会员店配送中心，它批零结合，有 1/3 的会员是小零售商；四是服装配送中心，不直接送货到店，而是分送到其他配送中心；五是进口商店配送中心，为整个公司服务，主要作用是大量进口以降低进价，再根据要货情况送往其他配送中心；六是退货配送中心，接收店铺因各种原因退回的商品，其中一部分退给供应商，一部分送往折扣商店，一部分就地处理，其收益主要来自出售包装箱的收入和供应商支付的手续费。

8.3　跨境电子商务物流技术

▶▶ 8.3.1　跨境电子商务物流的基本流程

一次完整的跨境电子商务过程包括由生产厂家将产品生产出来，通过运输、仓储、加工、配送到用户、消费者的物流全过程。其中分为以下几个方面：生产厂家将生产的单个产品进行包装，并将多个产品集中在大的包装箱内；然后，经过运输、批发等环节（在这一环节中通常需要更大的包装）；最后，产品通过零售环节流通到消费者手中，产品通常在这一环节中再还原为单个产品。人们将上述过程的管理称为供应链物流管理。

供应链物流的地域和时间跨度大，对信息依赖程度高。供应链物流系统连接多个生产企业、运输业、配送业及用户，随需求、供应的变化而变化，因此要求系统管理必须具有足够的灵活性和可变性。

供应链物流系统从生产、分配、销售到用户不是孤立的行为，是一环扣一环，相互制约、相辅相成的，因此，各环节必须协调一致，才能发挥最大的经济效益和社会效益。

1. 物流系统的设计与布局规划

要实现跨境电子商务物流的高效运转，必须对物流设备和物流工艺进行更加有效的设计与布局规划。通过对不同的物流系统的比较，对不同生产能力的考察，对各种物流方案的评价，设计出符合本地区、本部门跨境电子商务物流特点的运作方案。

目前，物流系统设计与规划的一个重要工具是仿真软件。仿真软件对设计一个复杂的工艺流程特别有效。在屏幕上，操作者可以观察到不同的场景，通过不同的生产能力数据对各种物流方案进行评价，并可以假设一些条件，如一个子系统暂时停止工作后，观察可能发生的情况。最新的软件通过四维（X、Y、Z、时间）设计，使得系统更加接近现实世界。更加复杂的软件不但在设计时是一个很好的帮助工具，在实际应用中也能成为一个很好的操作控制工具。

2. 接货

接货要达到的目标是使接收物料更快、更安全、更高效和更准确。码头承担接货和发货双重任务，所以码头的物流布局又分为结合型、分离型和直接转发型。供应商和客户的及时信息交流是码头物流畅通的关键，具体包括以下内容。

（1）到货时这些货物的发货目的地就已经知道。

（2）需要这些到货的客户已经做好了接收准备。

（3）到货物品被预先贴好标签或打好条形码。

（4）仓库或配送中心的容量已接近饱和。

（5）到货物料的价格是预先确定好的。

3. 存储

接货的下一步是存储。现代制造业的一些新的概念，如 JIT、连续物流和跨码头直接发运使得库存量和库存时间都大大减少。存储越来越被认为是一个物流的过程而不只是一种静态的存储技术。通过应用缓冲站、积累区及一些相关操作，仓储已不只是一个短暂的物料停留过程。

全面的库存控制是高效的仓库管理的关键，新的仓库管理软件（Warehouse Management Software，WMS）提供了一个基于小型机、PC、服务器的对存储、分配和制造等操作提供实时库存管理的系统，并将它们集成在一个软件包内。美国的集成化物流系统软件是当前物流行业中最完整的一体化解决方案。

4. 处理和拣选

在处理和拣选这一领域，存在极大的效益潜力。全盘计划、改进物料搬运和信息处理系统是提高生产率的关键。很多运输设备包括叉车、自动导引车及传送带都起到了重要作用。

5. 订单拣选

在所有的仓库操作中，订单拣选是一项劳动密集型工作。既提高拣选的效率又不牺牲准确度的策略包括以下几个方面。

（1）库存分析。对库存物品进行分析是正确选择存储设备和存储区域的关键。例如，物品的体积、拣选的数量（分离容器数量、整容器和单元托盘等）都将缩小存储设备的选择范围。通过分析产品的重量、物品种类、每一订单平均涉及的种类数、产品的易碎程度等，可以帮助企业选择更合适的仓储设备。通过库存分析可以对物品进行分区存放，提高拣选效率。

（2）拣选策略。三种流行的拣选策略为严格拣选、批量拣选和区域拣选。严格拣选是一次完成一个订单的拣选。这种策略的好处是它保持了订单的完整性，并不需要再有其他分类工作。批量拣选是指操作者同时拣选多个订单。如果订单物品小，操作者可以将不同的订单放在不同的箱中，或者增加后续分离订单的操作。区域拣选类似批量拣选，只是每个操作者固定负责一定区域，好处是大大减少了行走距离。

（3）仓库管理系统。大多数公司都安装了仓库管理系统实时管理仓库。仓库管理系统跟踪和控制库存的变化和订单的流动，自动将订单组合或分离，优先处理紧急的订单，提醒及时的库存补充，并发出提前发运通知等。

（4）自动拣选。自动拣选是指分拣动作由自动机械手或机器人操作，电子信息输入后自动完成拣选作业，无须人工介入。自动拣选方式的生产效率非常高，拣选错误率非常低。但由于是无人拣货，因此设备成本较高。此种拣选方式在跨境电子商务中已经得到推广。自动拣选方式有 A 型拣选系统、旋转仓储系统、立体式自动仓储系统等多种。

6. 包装和发运

包装是制造过程的一个延伸，所以关键是将包装设备集成于制造和订单完成过程，使得从订单到货物发运码头形成自然的流动。简单地说，就是要将正确的产品在正确的时间发送给正确的客户，要求包装完好、产品识别清晰、缩短送货周期、避免发运错误等。纸箱树立机、标签打印机、电子秤、自动分配机和码垛机等一些包装设备的集成应用，使包装物流更加流畅。

▶▶ 8.3.2 物流信息技术

物流信息技术是指运用于物流各环节中的信息技术。根据物流的功能与特点，物流信息技术主要包括条形码技术、EDI 技术、无线射频识别（Radio Frequency Identification，RFID）技术、产品电子代码（Electronic Product Code，EPC）技术等。

1. 条形码技术

条形码是一个机器可以识别的符号。条形码技术为我们提供了一种对物流中的物品进行标识和描述的方法。目前，物流作业中主要使用的条形码有一维条形码和二维条形码。

一维条形码（见图 8-8）只在一个方向（一般是水平方向）上表达信息，在另一方向（一般是垂直方向）则不表达任何信息，其一定的高度通常是为了便于阅读器的对准。一维条形码的应用可以提高信息录入的速度，减少差错率。但是一维条形码数据容量较小（30 个字符左右），只能包含字母和数字，条形码尺寸相对较大（空间利用率较低），条形码遭到损坏后便不能阅读。

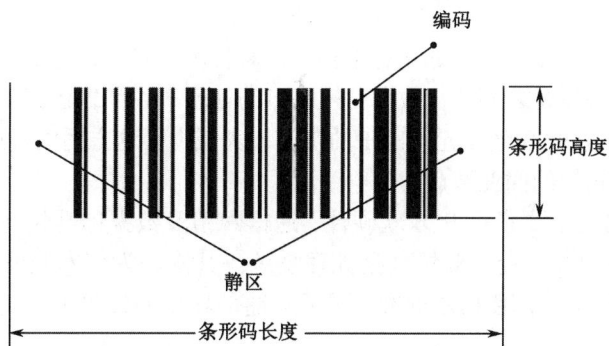

图 8-8 一维条形码

工作人员利用条形码扫描仪可以在收到货物的同时获取相关的物流信息，并传入信息系统，从而获得货物处理指示，按照要求完成货物移动各个环节的工作，减少仓库存储空间占用和出货调配用的单据数量，消除人工处理产生的延时和人为错误问题，动态控制物品运行全过程情况。

二维条形码（见图8-9）是在水平和垂直方向的二维空间存储信息的条形码。它可存放1KB字符，储存的数据量是一维条形码的几十倍到几百倍；它可通过英文、中文、数字、符号和图形描述货物的详细信息，并采用原来的标签打印机打印；同时还可根据需要进行加密，防止数据的非法篡改。

图8-9　二维条形码

二维条形码是20世纪90年代初产生的。目前，我国已批准使用四种二维条形码标准，其中PDF417条形码标准使用最为普遍。由于PDF417条形码具有很强的自动纠错能力，因此在实际的货物运输中，即使条形码标签受到一定的污损，PDF417条形码依然可以正确地被识读。二维条形码实现了货物运输的全过程跟踪，消除了数据的重复录入，加快了货物运输的数据处理速度，降低了对计算机网络的依赖程度，从而实现了物流管理和信息流管理的完美结合。

2. EDI技术

EDI是指按照统一规定的一套通用标准格式，将标准的经济信息，通过通信网络传输，在贸易伙伴的电子计算机系统之间进行数据交换和自动处理，俗称"无纸贸易"。以往世界上每年花在制作文件的费用达3000亿美元，EDI的实施大大减少了这方面的费用。所以，"无纸化贸易"被誉为一场"结构性的商业革命"。

构成EDI系统的三个要素是EDI软硬件、通信网络及数据标准化。一个部门或企业若要实现EDI，首先，必须有一套计算机数据处理系统；其次，为使本企业内部数据比较容易地转换为EDI标准格式，须采用EDI标准；最后，通信环境的优劣也是关系到EDI成败的重要因素之一。

EDI标准是整个EDI最关键的部分，由于EDI是以事先商定的报文格式进行数据传输和信息交换的，因此，制定统一的EDI标准至关重要。世界各国开发EDI得出了一条重要经验，就是必须把EDI标准放在首要位置。EDI标准主要分为基础标准、代码标准、报文标准、单证标准、管理标准、应用标准、通信标准和安全保密标准。

我国在2003年发布了《电子数据交换报文实施指南》（GB/T 19254—2003）；2011年发布了《行政、商业和运输业电子数据交换（EDIFACT）报文设计规则》（GB/T 15947—2011）。2019

年 2 月 15 日，天津市市场监督管理委员会颁布了《国际海运出口单证申报 EDI 报文标准》（DB12/T 859—2019）和《国际海运出口单证基础代码》（DB12/T 860—2019）地方标准。

3. RFID 技术

RFID 技术又称电子标签技术，是一种非接触式的自动识别技术，通过射频信号自动识别目标对象并获取相关数据。RFID 由以下三个部分组成。

（1）标签（Tag）：由耦合元件及芯片组成，每个标签具有唯一的电子编码，附着在物体上标识目标对象。

（2）阅读器（Reader）：读取（有时还可以写入）标签信息的设备，可设计为手持式或固定式。

（3）天线（Antenna）：在标签和读取器间传递射频信号。

当标签进入磁场后，接收解读器发出的射频信号，凭借感应电流所获得的能量发送出存储在芯片中的产品信息（Passive Tag，无源标签或被动标签），或者主动发送某一频率的信号（Active Tag，有源标签或主动标签）；解读器读取信息并解码后，送至中央信息系统进行有关数据处理。

RFID 适用于物料跟踪、运载工具和货架识别等要求非接触数据采集和交换的场合，由于 RFID 标签具有可读写能力，对于需要频繁改变数据内容的场合尤为适用。近两年来，超高频无源 RFID 标签在服装零售行业的应用爆发，解决了鞋服零售行业库存高、补货不及时、数据不精准、物流效率低、盘点耗时长等核心痛点，零售巨头如快时尚服装连锁品牌均采用 RFID 标签和 RFID 应用解决方案以实现追溯商品从工厂到零售的全链条动态，从而提高了运转效率。

我国在 2005 年 12 月成立了 RFID 国家标准工作组，并于 2006 年 6 月发表了《中国 RFID 技术政策白皮书》，明确了中国 RFID 的发展路线。近年来，我国有关政府部门对 RFID 的政策扶持力度持续加大，为 RFID 的发展创造了良好的成长环境。

4. EPC 技术

EPC 是在全球广泛使用的 EAN·UCC 全球统一标识系统的重要组成部分，是条形码的拓展和延续。全球已有 90 多个国家和地区的上百万家企业和公司加入了 EAN·UCC 系统，上千万种商品应用了这种标识。

EPC 的载体是 RFID 电子标签，借助互联网来实现信息的传递。EPC 旨在为每件单品建立全球的、开放的标识标准，实现全球范围内对单件产品的跟踪与追溯，从而有效提高供应链管理水平，降低物流成本。EPC 是一个完整的、复杂的、综合的系统。

作为一项物流信息新技术，EPC 系统的提出源于射频识别技术的发展和计算机网络技术的发展。EPC 标签是这一代码的载体，当 EPC 标签贴在物品上或内嵌在物品中的时候，即将该物品与 EPC 标签中的唯一代码（"产品电子代码"或"EPC 代码"）建立起了一对一的对应关系。EPC 系统充分利用了射频识别技术和网络技术的优点，很好地解决了对全球每件产品的唯一标识问题及同时识别多个商品和"非可视"识别问题。

▶▶ 8.3.3 跨境电子商务物流中的货物跟踪

在跨境电子商务物流系统中，"货物跟踪"是指将计算机软硬件、信息采集处理、无线数据传输、网络数据通信、自动控制、自动识别、GPS 等技术综合应用起来，通过对物流配送重要集装箱货物进行非接触式信息采集处理，满足客户对物流配送重要集装箱货物进行跟踪和货物状态分析的要求，可对各个阶段货物的位置和状态进行有效的定位和全程跟踪。

1. 货物跟踪的作用

通过货物跟踪系统，跨境电子商务物流公司可以将所发运的货物状态信息实时、透明地反馈给货主，以满足货主对货物状态的动态性监控的需要。同时，可以完成运输任务接收、调度配载、货物追踪、回单管理、费用结算等运输全过程监控，是物流公司提升核心竞争力、帮助投标客户的重要工具。

2. 货物跟踪实现的方法

传统上，货物跟踪是基于图像识别技术及手工录入数据的方式实现的。利用摄像头将集装箱的相关信息传送到处理节点，完成识别与管理；货物的跟踪和调度则是由人工进行非实时的数据录入，其跟踪、管理和调度通过查询数据库的方式来实现。

现在不断采用新技术采集货物的信息，并对集装箱运输过程中所需采集的基础数据进行了分析和分类。

（1）地理信息系统（Geographic Information System，GIS）技术。GIS 是多种学科交叉的产物，它以地理空间数据为基础，采用地理模型分析方法，适时地提供多种空间和动态的地理信息，是一种为地理研究和地理决策服务的计算机技术系统。其基本功能是将表格型数据（无论它来自数据库、电子表格文件还是直接在程序中输入）转换为地理图形显示，然后对显示结果进行浏览、操作和分析。其显示范围可以从洲际地图到非常详细的街区地图，显示对象包括人口、销售情况、运输线路及其他内容。

（2）全球定位系统（Global Positioning System，GPS）技术。GPS 具有在海、陆、空进行全方位实时三维导航与定位的能力。GPS 具有全天候、高精度、自动化、高效益等特点，可以成功地应用于大地测量、工程测量、航空摄影测量、运载工具导航和管制、地壳运动监测、工程变形监测、资源勘察、地球动力学等多种学科，从而给测绘领域带来一场深刻的技术革命。GPS 在物流领域可以应用于汽车自定位、跟踪调度，也可用于铁路运输管理和军事物流。

（3）互联网络跟踪技术。四通八达的互联网络可以为货主提供货物每个阶段的递送状态信息。今天的很多货运网站已经实现了网络技术和 GPS 技术的无缝链接。物流公司通过 GPS 24 小时不断输入货物信息，客户可以通过各种终端查询自己的货物。目前，客户通过网站进行的货物运输状态查询已经占到每天总递送量的 2/3。货运网站的服务使客户能够更容易地进行货物发送和接收，使物流公司更好地控制自己的业务进度，更好地与客户或合作伙伴进行沟通。

▶▶ 8.3.4　物联网技术

1. 物联网的概念与特点

物联网（Internet of Things）是指通过无线射频识别、红外感应器、全球定位系统、激光扫描器等信息传感设备，按约定的协议，把任何物品与互联网相连接，进行信息交换和通信，以实现智能化识别、定位、跟踪、监控和管理的一种网络。或者说，物联网是在互联网概念的基础上，将其用户端延伸和扩展到任何物品之间进行信息交换和通信的一种网络概念。

物联网有以下三个重要特征。

（1）全面感知：利用 RFID、传感器、二维码等随地获取物体的信息。

（2）可靠传递：通过各种电信网络与互联网的融合，将物体的信息实时准确地传递出去。

（3）智能处理：利用云计算、模糊识别等各种智能计算技术，对海量的数据和信息进行分析和处理，对物体实施智能化的控制。

物联网概念的问世，打破了"实"与"虚"两个世界之间不可交流的传统思维。过去的思路一直是将实体世界存在的物品与虚拟网络产生的虚拟财产截然分开，实体的物品（如厂房、公路、机场）与虚拟的物品（如网络平台、网络游戏装备、网络账号）是无法沟通的。而在物联网时代，信息传感设备将实体物品与虚拟物品联系起来，实现了人对人、人对物及物对物的互联互通，实体世界与虚拟世界也由此融合为一个统一的大世界，从而为人类在新的空间发展带来了新的机遇。

2. 物联网是未来世界竞争的新焦点

物联网概念是 1999 年由美国麻省理工学院自动标识中心（MIT Auto-ID Center）提出的。2005 年，国际电信联盟发布的年度技术报告指出，"物联网"通信时代即将来临，信息与通信技术的目标已经从任何时间、任何地点连接任何人，发展到连接任何物品的阶段，而万物的连接就形成了物联网。2008 年，美国 IBM 公司正式提出"智慧地球"（Smarter Planet）的设想，建议政府投资新一代的智慧型基础设施。2009 年，欧洲物联网研究项目工作组（CERP-IoT）在欧盟委员会资助下制定了《物联网战略研究路线图》《RFID 与物联网模型》等意见书。

在网络强国、新基建等国家战略的推动下，近年来，我国加快推动 IPv6、NB-IoT、5G 等网络建设，物联网产业规模超预期增长，移动物联网连接数已突破 12 亿个，设备连接量占全球比重超过 60%，消费物联网和产业物联网逐步开始规模化应用，5G、车联网等领域发展取得突破。数据显示，2019 年物联网产业规模突破 1.5 万亿元[①]。

从整个物联网行业发展分析，呈现出以下 4 个新特点：

（1）全球物联网进入产业落地加速与网络监管整治并重阶段。

（2）我国物联网产业规模超预期增长，网络建设和应用推广成效突出。

（3）龙头企业布局加码，5G 网络建设和边缘计算发展双轮驱动物联网应用深化。

（4）产业集群化、高端化发展持续升级，世界级物联网新高地加速崛起。

3. 物联网涉及的关键技术

物联网涉及信息获取、传输、存储、处理、应用的全过程，涉及材料、器件、软件、系统、网络等多学科。物联网的具体实现需要信息采集技术、近程通信技术、信息远程传输技术、海量信息智能分析与控制技术的相互配合与完善。

（1）信息采集技术。信息采集是物联网的基础，目前的信息采集主要采用传感器和电子标签等方式完成，传感器用来感知采集点的环境参数，如温度、震动等，电子标签用于对采集点的信息进行"标准化"标识。目前，市面上已经有大量门类齐全且技术成熟的传感器。

---

① 中国经济信息社. 2019—2020 年中国物联网发展年度报告[EB/OL].（2020-08-13）[2020-04-22]. https://www.sohu.com/a/413006245_120047263.

（2）近程通信技术。近程通信是新兴的短距离连接技术，从很多无接触式的认证和互联技术演化而来，RFID 和蓝牙技术是其中的重要代表。

（3）信息远程传输技术。在物联网的机器到机器、人到机器和机器到人的信息远程传输中，有多种技术可供选择，目前主要有有线（如 DSL、PON 等）、无线（如 CDMA、GPRS、IEEE 802.11a/b/g、WLAN 等）技术。

（4）海量信息智能分析与控制技术。依托先进的软件技术，对各种物联网信息进行海量存储与快速处理，并将处理结果实时反馈给物联网的各种"控制"部件。目前兴起的云计算就是满足物联网海量信息处理需求的计算模型。

4. 物联网的应用

（1）智能交通。物联网在智能交通领域应用比较广泛。在车载和船载定位系统、高速公路电子不停车收费、交通基础设施运行监控等方面已经积累了一定的实践经验。截至 2019 年 12 月 18 日，全国 29 个联网收费省份共建设 24 588 套 ETC 门架系统，启动实施 11 401 套高速公路入口不停车称重检测系统，全国 ETC 客户累计达到 1.92 亿个[①]。

（2）安全保卫。上海浦东国际机场防入侵系统铺设了 3 万多个传感节点，覆盖了地面、栅栏和低空探测，多种传感手段组成协同系统后，可以防止人员的翻越、偷渡、恐怖袭击等攻击性入侵。很多城市安全部门在大街小巷部署了全球眼监控探头，可进行图像敏感性智能分析，实现了探头与探头、探头与人、探头与报警系统之间的联动，并与 110、119、112 等交互，从而构建了和谐安全的城市生活环境。

（3）生产管理。智能电网与物联网互通在电力系统已经得到了广泛应用，如变电站的巡检、高压气象状态检测、高压电器设备检测及智能用电和智能家居等。江西省电网对分布在全省范围内的 2 万台配电变压器安装传感装置，对运行状态进行实时监测，实现了用电检查、电能质量监测、负荷管理、线损管理等高效一体化管理，仅一年就降低电损 1.2 亿千瓦时。

（4）数字家庭。数字家庭是以计算机技术和网络技术为基础，包括各类消费电子产品、通信产品、信息家电及智能家居等，通过不同的互连方式进行通信及数据交换，实现家庭网络中各类电子产品之间的"互联互通"的一种服务。数字家庭提供信息、通信、娱乐和生活等功能。

（5）医疗卫生。在公共卫生方面，通过 RFID 技术建立医疗卫生的监督和追溯体系，可以实现检疫检验过程中病源追踪的功能，并能对病菌携带者进行管理，为患者提供更加安全的医疗卫生服务。在社区医疗方面，通过物联网形成完整的网络平台，做到整个区域的资源共享，让医疗资源的利用率最大化。通过标签为药品贴上识别码，让病人无论到什么地方买药都能得到安全和有效的保障。此外，还可以通过 RFID 技术实现对医疗器械的安全管理和追踪管理。

以信息感知为特征的物联网是世界信息产业第三次浪潮，是信息领域新一轮发展与竞争的制高点。我们需要进一步探索，尽快打造一条包含感知、传输、加工、控制等环节的物联网产业链条，从而带动各行业、各领域物联网技术的实际应用。

---

① 北京日报. 交通运输部：全国 ETC 用户累计达到 1.92 亿[EB/OL].（2019-12-26）[2020-09-22]. https://baijiahao.baidu.com/s?id=1653963871013126908&wfr=spider&for=pc

8.4　跨境电子商务物流供应链

8.4.1　供应链管理的含义

供应链管理（Supply Chain Management，SCM）是对产品从生产企业到零售企业全过程的跟踪管理，包括采购、原材料处理、生产计划和控制、物流和仓储、存货控制及分销和送货。供应链管理的主角既可以是生产企业，也可以是零售企业。对大型生产企业来说，它会根据自己的出货渠道建立与零售企业的供应链，以保证其产品的正常销售和运输渠道；而对大型零售企业来说，它又有与各个生产企业相对应的供应链。

一般来讲，一个企业供应链的通畅程度决定了这个企业的经营效益。从订货到销售，供应链管理通过选择订货数量、库存控制、运输和配送方式，实现了最低采购成本、最优库存数量、最佳运输管理。

8.4.2　新型电子商务供应链的目标和特点

传统的供应链体系是"推动式"的。制造商生产什么，批发商就推销什么，商店也就卖什么，顾客没有选择的机会和余地。这种供应链缺乏灵活性，运转周期长，经营成本高。

新型电子商务供应链的目标是实现供销一体化。通过电子商务供应链技术，使得商品的生产商和零售商通过互联网联系在一起，建立起最大范围的供应链。通过这个供应链，生产企业可以了解产品销售信息，并按照这个信息组织对产品的生产和对零售商的供货。零售商通过供应链管理，既可以降低库存占有的费用，也可以因此而降低商品销售成本，从而达到增加利润的目的。

新型电子商务供应链"以顾客需求为中心"，采用"拉动式"的经营方式，以刺激消费需求，促进和拉动商品供给。它主要表现出以下特点。

（1）周转环节少，供应链条短。由于供、产、销直接见面，商品流转的中间环节大大减少，提高了商品的流转速度。

（2）灵活性强。这里要强调 POS 机的重要作用，它不仅是收银工具，而且通过它可以得到很多的资料及分配情况，使供应链更灵活。

（3）交易成本低。由于提高了商品信息的流通速度，减少了商品流通的中间环节，整个交易的成本大大降低，无论是对卖方还是买方来说都是非常有利的。

8.4.3　供应链管理的内容

国际供应链协会（Supply Chain Council，SCC）2001 年发布的供应链运作参考模型（Supply Chain Operations Reference-model V5.0，SCOR），将供应链的运作分为五个基本环节：计划（Plan）、采购（Source）、生产（Make）、发运（Deliver）和退货（Return）。其供应链运作模型如图 8-10 所示。

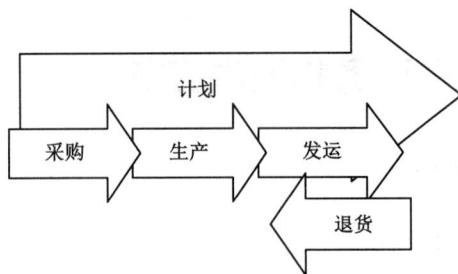

图 8-10 SCC 的供应链运作模型

根据供应链运作的五个基本环节，我们可以确定供应链管理的基本内容如下。

（1）计划管理。计划是供应链管理的首要环节。在企业生产活动中，生产计划负责产品供应和产品需求的协调。企业首先根据市场预测和实际订单判断总的需求，再结合库存情况安排生产，制订物料需求计划、采购计划、生产计划、发运计划和退货计划。

（2）采购管理。采购是为企业获得原材料、商品和服务的过程。由于所采购的原材料、商品和服务质量直接影响企业的生产效率和产品质量，而且采购成本是企业最主要的日常支出，因此，采购管理成为供应链管理的重要内容。采购管理要求企业根据采购计划，对原材料及其他材料的用量做出合理的测算，统筹安排采购资金、采购时间和采购批量，挑选合适的供应商，并与供应商建立一种稳定的业务联系，保证供应链系统的有序高效运作。

（3）生产管理。供应链管理要求生产部门实现标准化的产品生产工序或处理过程，精确地确定产品的提前期；推行全面质量管理，严格控制产品质量；保证设备运行状况良好，具备快速修理能力，实现最终产品的准时交付。

（4）运输管理。运输的主要功能是在供应链中移动各种物料与产品，从原料供应点到生产工厂，从制造厂商到零售商再到顾客。运输管理是控制货物移动的一项具体工作，包括选择运输方式和运输路径、安排装载量、确定交付时间表、跟踪并监督运输过程。

（5）退货管理。物料入厂，需要对所购物料进行验收，根据购买订单和供应商发货单详细检验实际货物，确定所收货物和所订购的货物完全一致。如有问题，应立即通知采购部门、物料的使用部门及财务部门。若发现货物损坏或与订单不符，应根据验货制度予以退回。

供应链管理是一个复杂的系统工程。它需要建立起供应链各相关实体及实体间关系的基本框架，然后对供应链系统资源进行整合。在供应链管理中，输入系统管理、输出系统管理、供应商关系管理、客户关系管理等对提高企业经济效益都具有极为重要的作用。

▶▶ 8.4.4 供应链管理中跨境电子商务手段的应用

（1）通过 EDI、基于互联网的 EDI 或外联网自动处理订单。在 B2B 中，当存货低于一定水平时，订单可以自动生成并发送给供应商，这样订单处理可以被快速、廉价和更精确（不需要重新输入数据）地完成。在 B2C 中，基于 Web 的电子表格加快了流通速度，使之更加精确（智能代理能够检查输入数据并提供即时反馈），从而降低了供应商的处理成本。

（2）利用电子支付缩短订单履行周期及支付与送货的间隔。支付处理成本可以显著降低，欺诈也可以被更好地控制。

（3）通过引入按订单制造（拉动式）生产流程和向供应商提供更快和更准确的信息，存货水平可以被显著降低。通过允许业务伙伴以电子化方式跟踪和监视订单和生产活动，企业可以改进存货管理，并使存货水平和存货管理费用最小化。

（4）直接开展数字化产品销售。如果产品可以被数字化（如软件），订单就能立即履行。在其他情况下，电子商务订单接收界面与公司的后台系统相结合，这种结合能缩短周期并消除错误。

（5）利用商务网站广泛开展供应链成员间的商务合作，强化供应商关系管理和客户关系管理。

8.5　跨境电子商务海外仓

▶▶ 8.5.1　海外仓的概念

海外仓是指建立在海外的仓储设施。在跨境电子商务中，海外仓是指跨境电商企业在国外目标市场设立仓库，把计划销售商品通过大宗运输的形式运往目标市场国家并存储起来，在客户下单时，及时从当地仓库直接进行分拣、包装和配送。

有了海外仓，跨境电商客户下单后，出口企业通过海外仓直接本地发货，大大缩短了配送时间，也降低了清关障碍；货物批量运输，降低了运输成本；海外客户收到货物后也能轻松实现退换货，改善了购物体验。海外仓的创立，有利于解决发展跨境电子商务销售中的种种痛点。

▶▶ 8.5.2　海外仓的运作流程

海外仓的运作流程可以分为三部分，即头程运输、仓储管理及尾程配送。

（1）头程运输：一般国内跨境电商出口企业在未收到国外客户下单之前，就通过海运、空运或者快递方式，将商品提前运送到海外仓。其中包括许多流程，如集中式报关、个性化加工等额外的增值服务，这些商品通过批量处理，提高了管理精准度和作业效率，节约了大量时间和运输及管理成本。

（2）仓储管理：仓储管理不仅仅是单纯地存储商品，这个过程中还会对海外仓的商品进行精细科学的分类存储，以便商品出库时更加高效方便。此外，仓储管理还通过物流信息系统提供订单管理服务，根据订单及时发货，根据订单的数量预测下一季度或某个相似时间段的商品销售数量，还有海外仓当地季节、节日等因素，反映给跨境电商企业，以便及时仓储适量的商品。这可以避免缺货情况的出现或者库存量过多的压力，从而减少跨境电商企业的库存成本，提高海外仓的利用率。

（3）尾程配送：境外消费者通过跨境电商平台下单，跨境电商企业收到客户的订单信息之后发送给海外仓管理系统，由海外仓根据指令对货物进行分拣、包装、出库、配送等操作，这就使得跨境电商的购买行为转换为境内销售行为，省去了跨境电商所在国到目标市场海外仓的距离，减少了客户从下单到接收商品的时间。同时，海外仓也成为跨境电商企业展示自身商品的一个窗口，吸引消费者，使得消费者更加了解远在境外的跨境电商企业，从而提高了跨境电商企业的知名度，增加消费者重复购买行为。

海外仓的运作流程如图 8-11 所示。

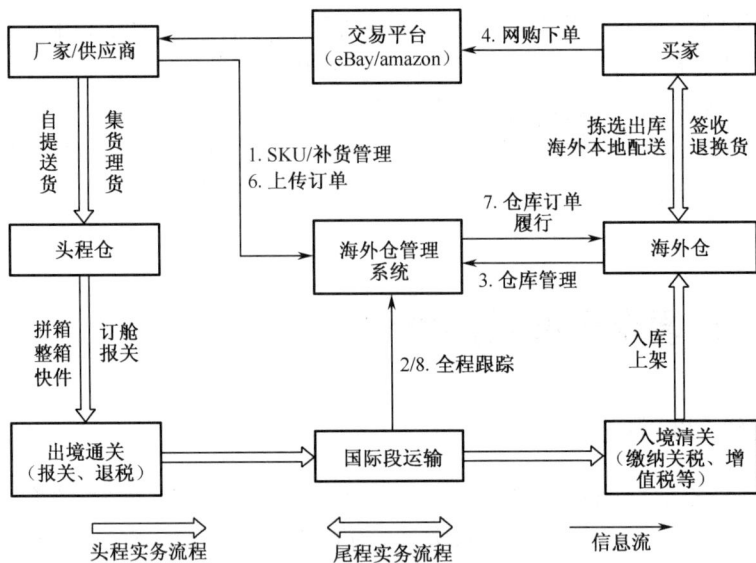

图 8-11　海外仓的运作流程

注：SKU（Stock Keeping Unit）为库存量单位。

▶▶ 8.5.3　海外仓的建设模式

目前，我国海外仓建设主要有三种典型的模式，即自建模式、与第三方合作模式及一站式配套服务模式。

1）自建模式

自建模式是指有实力的跨境电商企业在海外建立自己专属的海外仓。跨境电商企业是否选择自建海外仓模式，重点需要考虑以下因素。

（1）选址因素：海外仓选址的影响因素很多，如和消费者及港口的距离、交通运输条件、自然条件等。由于跨境电商企业距离目标市场较远，对目标市场所在国缺乏了解，因此需要提前调研，比较不同仓库地址的优劣势，选择合适的仓库地址。

（2）成本控制：自建海外仓模式在前期需要投入大量建设成本，在运营期间也需要花费管理成本，在短期内较难获得投资回报。

（3）管理人员因素：海外仓在海外不仅需要懂得当地语言的管理人员，而且需要聘用当地的工作人员，因此海外仓建设之前必须了解所在国的法律政策、劳工待遇等方面的问题，克服文化差异和交流阻碍。

自建仓库的优点是跨境电商企业能够自己控制管理仓储，灵活性比较高；缺点是仓储、报关、物流运输等一系列具体问题都需要自行解决，并且还需要考虑建设成本和安全风险问题。

兰亭集势（www.lightinthebox.com）是我国最早建立海外仓的跨境电商平台之一。为降低物流成本，兰亭集势从 2014 年开始，先后在欧洲、北美、东南亚等市场建立自营海外仓，实现了中国商品在海外的直接发货。

2）与第三方合作模式

与第三方合作模式是指跨境电商企业和第三方企业合作共用共建海外仓的模式，包括租用第三方的海外仓和双方共同建立海外仓两种情况。

　　租用第三方的海外仓过程比较简单，只需要调查好当地第三方仓储企业的资质和运营情况，支付操作、租赁、运输等方面的费用即可使用海外仓。

　　双方共同建立海外仓需要支付部分建设成本和物流成本。但由于跨境电商企业和当地第三方企业分摊建仓成本，缓解了跨境电商企业的资金压力；另外，跨境电商企业可以利用第三方对目标市场的熟悉了解，加快建仓进程，使跨境电商企业更快融入目标市场，适应所在国的环境，避免不必要的文化冲突和矛盾。

　　大龙网（http://china.osell.com）的海外仓 1.0 模式积极探索在目标市场与第三方寻求合作方式，有效地解决了商品海外仓储过程中的物流成本和物流时效等问题。大龙网的海外仓 2.0 模式依托原有的海外仓，延伸出全新的"前展后仓"的网贸馆。通过在"一带一路"沿线国家建立 50 多个网贸馆，出口企业通过网贸馆亮相其海外会展，进一步实现了产品、品牌与海外采购商的深度接触，提升了获得订单的可能性。

　　图 8-12 是大龙网 2.0 海外仓——加拿大网贸馆。

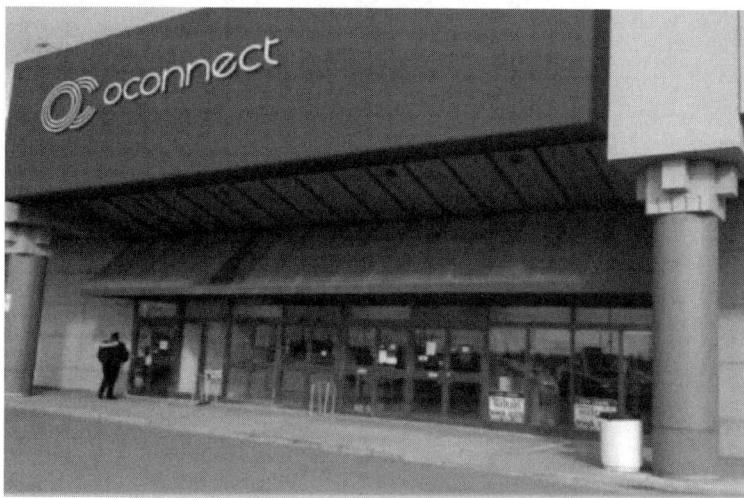

图 8-12　大龙网 2.0 海外仓——加拿大网贸馆

3）一站式配套服务模式

　　一站式配套服务模式是指物流公司在海外建立海外仓，提供从境内到境外商品运输的一系列服务。一站式配套服务模式是整合所有物流运输方案的整体解决方案，它实现了物流信息的共享和物流资源的最大化利用，同时也使客户获得更好的服务体验。

　　典型的一站式配套服务模式企业是递四方速递（www.4px.com）。递四方速递的物流服务遍及全球大部分国家地区，为跨境电商企业提供以海外仓为核心的一站式国际物流服务，成为中国企业和品牌出海的新通道。递四方速递的海外仓储网点覆盖全球 6 大区域，包括中国大陆、欧洲、美洲、澳洲、东南亚、东亚，仓储网点 30 余个，仓储面积大于 35 万平方米。

　　依托于迅速发展的跨境电商行业，递四方速递布局建设了全球包裹递送网络及全球订单履约网络两个网络，从多市场、多模式、多地域、多产品等多维度紧密布局，提升企业流量，实现物流、商流、信息流的无缝连接，创建全球跨境电商优质生态环境，强化加盟、资源互补、资源共享等合作模式，求同存异吸引生态伙伴，实现了客户、平台、伙伴、递四方速递的互利共生，共生共赢。

图 8-13 是递四方保税备货服务流程——以香港 B66 保税仓为例。

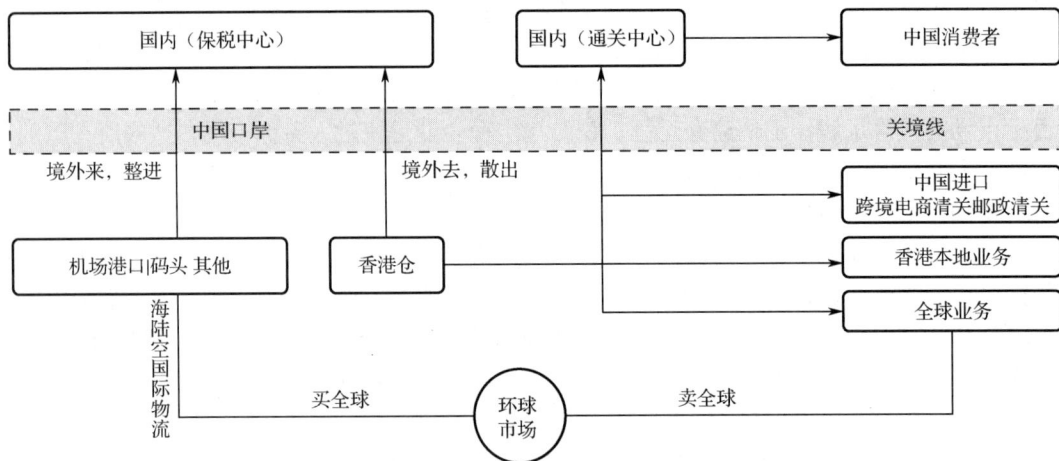

图 8-13 递四方保税备货服务流程

复习题

1. 名词解释：国际物流、国际物流系统、电子商务物流系统、物联网。
2. 试述跨境电子商务物流模式。
3. 试述跨境电子商务物流技术。
4. 试述新型电子商务物流供应链的目标和特点。
5. 试述海外仓的建设模式。

参考文献

[1] 刘阳威，丁玉书. 物流仓储与配送管理实务[M]. 北京：清华大学，2013.

[2] 张良卫. "一带一路"战略下的国际贸易与国际物流协同分析——以广东省为例[J]. 财经科学，2016（7）：81-88.

[3] 中国经济信息社. 2019—2020 年中国物联网发展年度报告[EB/OL].（2020-08-13）[2020-04-22]. https://www.sohu.com/a/413006245_120047263.

[4] 高四维，吴刚. 现代物流管理导论[M]. 北京：科学出版社，2008.

[5] 沈平. 论京东物流模式及其改进[J]. 商场现代化，2016（23）：37-38.

[6] 金星余. 我国跨境电商高速发展下的国际物流问题[J]. 中国市场，2016（6）：10-11.

[7] 刘翠萍. 我国跨境电商海外仓建设研究[D]. 南昌：江西财经大学. 2018.

第9章

跨境电子商务的法律规范与监管制度

为了推动跨境电子商务的发展，联合国和各国政府颁布了多个跨境电子商务的示范法和相关规定，我国也于 2005 年正式实施《电子签名法》，于 2019 年正式实施《电子商务法》。这些文件对于在国际贸易中应用电子商务发挥了巨大作用。本章将对国际、国内跨境电子商务法律法规文件及相关监管办法的主要内容做简要介绍。

9.1 电子商务经营活动的法律规范

2019 年 1 月 1 日起施行的电子商务法，对电子商务经营者的基本义务做出了明确的规定，这些规定同样适用于跨境电商参与人。

▶▶ 9.1.1 电子商务参与主体的分类

电子商务涉及多个交易、服务和监管主体，基本可以分为 3 类。

（1）电子商务交易主体。电子商务交易主体即直接参与交易的相关方，主要包括电子商务经营者和电子商务客户。电子商务经营者是指通过互联网等信息网络从事销售商品或者提供服务的经营活动的自然人、法人和非法人组织，包括电子商务平台经营者、平台内经营者，以及通过自建网站、其他网络服务销售商品或者提供服务的电子商务经营者。电子商务平台经营者是指在电子商务中为交易双方或者多方提供网络经营场所、交易撮合、信息发布等服务，供交易双方或者多方独立开展交易活动的法人或者非法人组织。平台内经营者是指通过电子商务平台销售商品或者提供服务的电子商务经营者。

（2）电子商务支撑服务提供者。电子商务支撑服务提供者是为电子交易提供支撑的相关方，主要包括支付服务提供商、物流服务提供商、报关代理、网络提供商、IT 基础设施服务提供商（如云平台运营商）、身份认证服务提供商、征信服务提供商、信息安全服务运营商等。

（3）电子商务监管机构。电子商务监管机构为对电子交易活动进行监管的相关机构，主要包括商务部、国家市场监督管理总局、海关总署、中国人民银行等。

▶▶ 9.1.2　电子商务经营者的基本义务

1. 登记义务

根据我国《电子商务法》第十条规定，电子商务经营者应当依法办理市场主体登记。但是，个人销售自产农副产品、家庭手工业产品，个人利用自己的技能从事依法无须取得许可的便民劳务活动和零星小额交易活动，以及依照法律、行政法规不需要进行登记的除外。

需要注意，第十条规定的登记义务是针对所有电子商务经营者的，包括电子商务平台经营者、平台内经营者和自营电商经营者。

《市场监管总局关于做好电子商务经营者登记工作的意见》第二条进一步明确①，电子商务经营者申请登记成为企业、个体工商户或农民专业合作社的，应当依照现行市场主体登记管理相关规定向各地市场监督管理部门申请办理市场主体登记。第三条规定，电子商务经营者申请登记为个体工商户的，允许其将网络经营场所作为经营场所进行登记。对于在一个以上电子商务平台从事经营活动的，需要将其从事经营活动的多个网络经营场所向登记机关进行登记。允许将经常居住地登记为住所，个人住所所在地的县、自治县、不设区的市、市辖区市场监督管理部门为其登记机关。第四条要求，以网络经营场所作为经营场所登记的个体工商户，仅可通过互联网开展经营活动，不得擅自改变其住宅房屋用途用于从事线下生产经营活动并应做出相关承诺。登记机关要在其营业执照"经营范围"后标注"（仅限于通过互联网从事经营活动）"。

《电子商务法》第十二条规定，电子商务经营者从事经营活动，依法需要取得相关行政许可的，应当依法取得行政许可。这里的行政许可主要针对药品、危险品、易制毒化学品、种子等商品的销售。

2. 信息公开与保护

传统市场有民事主体公示原则，网络市场是一个新兴市场，其法律规范还没有成熟，根据《电子商业示范法》的功能等同原则，网络市场的管理也应与传统市场相匹配。

《电子商务法》第十五条规定，电子商务经营者应当在其首页显著位置，持续公示营业执照信息、与其经营业务有关的行政许可信息、属于依照本法第十条规定的不需要办理市场主体登记情形等信息，或者上述信息的链接标识。前款规定的信息发生变更的，电子商务经营者应当及时更新公示信息。第三十三条要求，电子商务平台经营者应当在其首页显著位置持续公示平台服务协议和交易规则信息或者上述信息的链接标识，并保证经营者和消费者能够便利、完整地阅览和下载。

不同于传统商业机构的影响仅仅在一个城市或一个地区，受电子商务交易平台波及的人数和社会面要大得多。因此，电子商务交易平台服务的终止也必须有较高的要求。《电子商务法》第十六条要求，电子商务经营者自行终止从事电子商务的，应当提前三十日在首页显著位置持续公示有关信息。平台经营者擅自关闭平台服务，造成用户权益受到侵害的，应当承担相应的民事赔偿责任。

---

① 国家市场监管总局. 市场监管总局关于做好电子商务经营者登记工作的意见[EB/OL]. （2018-12-01）[2020-09-20]. http://www.samr.gov.cn/djzcj/zyfb/zjfb/201812/t20181225_282250.html.

3. 用户信息的收集与保护

《电子商务法》第二十三条规定，电子商务经营者收集、使用其用户的个人信息，应当遵守法律、行政法规有关个人信息保护的规定。第二十四条规定，电子商务经营者应当明示用户信息查询、更正、删除及用户注销的方式、程序，不得对用户信息查询、更正、删除及用户注销设置不合理条件。电子商务经营者收到用户信息查询或者更正、删除的申请的，应当在核实身份后及时提供查询或者更正、删除用户信息。用户注销的，电子商务经营者应当立即删除该用户的信息；依照法律、行政法规的规定或者双方约定保存的，依照其规定。

《电子商务法》第二十五条规定，有关主管部门依照法律、行政法规的规定要求电子商务经营者提供有关电子商务数据信息的，电子商务经营者应当提供。有关主管部门应当采取必要措施保护电子商务经营者提供的数据信息的安全，并对其中的个人信息、隐私和商业秘密严格保密，不得泄露、出售或者非法向他人提供。

《电子商务法》第三十一条规定，电子商务平台经营者应当记录、保存平台上发布的商品和服务信息、交易信息，并确保信息的完整性、保密性、可用性。商品和服务信息、交易信息保存时间自交易完成之日起不少于三年；法律、行政法规另有规定的，依照其规定。

《电子商务法》第七十六条明确，电子商务经营者违反本法规定，有下列行为之一的，由市场监督管理部门责令限期改正，可以处一万元以下的罚款：

（1）未在网站首页显著位置公示营业执照信息、行政许可信息、属于不需要办理市场主体登记情形等信息，或者上述信息的链接标识的。

（2）未在网站首页显著位置持续公示终止电子商务的有关信息的。

（3）未明示用户信息查询、更正、删除及用户注销的方式、程序，或者对用户信息查询、更正、删除及用户注销设置不合理条件的。

电子商务平台经营者不履行商品和服务信息、交易信息保存义务的，最高可以处以五十万元的罚款。同时，电子商务平台经营者还需要对违反前款规定的平台内经营者采取必要监管措施。

4. 依法纳税

《电子商务法》第十一条规定，电子商务经营者应当依法履行纳税义务，并依法享受税收优惠。依照前条规定不需要办理市场主体登记的电子商务经营者在首次纳税义务发生后，应当依照税收征收管理法律、行政法规的规定申请办理税务登记，并如实申报纳税。

根据这一条的规定，所有电子商务经营者包括不需要办理市场主体登记微商、自然人等纳入纳税范畴。其方法是在首次纳税后办理税务登记。怎样确定"首次"是本条的关键。

根据 2018 年 8 月 31 日第十三届全国人民代表大会常务委员会第五次会议《关于修改〈中华人民共和国个人所得税法〉的决定》第六条，应纳税所得额的计算以经营所得为基础，每一纳税年度的收入总额减除成本、费用及损失后的余额，为应纳税所得额。

以淘宝为例，在平台上开店不需要登记的自然人网店如果在一个纳税年度的收入额减除网店租赁费用、免征增值税额及专项扣除、专项附加扣除和依法确定的其他扣除后有余额，即应纳税所得额。在这些网店首次纳税义务发生后，应当依照税收征收管理法律、行政法规的规定申请办理税务登记，并如实申报纳税。

据匡算，年销售收入在 150 万元以上的电子商务经营者需要缴税，同时要办理税务登记[①]。鉴于电子商务平台统计的准确性，电子商务的纳税工作将进入一个新的阶段。

5. 使用电子发票

《电子商务法》第十四条规定，电子商务经营者销售商品或者提供服务应当依法出具纸质发票或者电子发票等购货凭证或者服务单据。电子发票与纸质发票具有同等法律效力。

这一条明确了电子发票的法律效力。也就是说，电子发票也成为报销的凭证，从而为电子发票的大规模推广铺平了道路。

2020 年 8 月《市场监管总局等六部门关于进一步优化企业开办服务的通知》第三条第二款专门强调[②]，推进电子发票应用，继续推行增值税电子普通发票，积极推进增值税专用发票电子化。

6. 配合相关部门的监管

《电子商务法》完善和创新了符合电子商务发展特点的协同监管体制和具体制度，明确监管的要义就在于依法、合理、有效、适度，既非任意地强化监管，又非无原则地放松监管，而是宽严适度、合理有效。电子商务经营者应当积极配合相关部门的监管，依法提供与监管事项相关的必要信息和统计数据。

▶▶ 9.1.3 电子商务平台经营者的法律规范

对电商平台经营者的规范是电子商务法中非常重要的内容。《电子商务法》中共有 13 条内容直接涉及电子商务平台经营者。

1. 电子商务平台的交易管理制度建设

交易规则是电子商务交易平台运行的基本规定。《电子商务法》第三十二条规定，电子商务平台经营者应当遵循公开、公平、公正的原则，制定平台服务协议和交易规则，明确进入和退出平台、商品和服务质量保障、消费者权益保护、个人信息保护等方面的权利和义务。同时，电子商务平台经营者还应当建立健全信用评价制度，公示信用评价规则，为消费者提供对平台内销售的商品或者提供的服务进行评价的途径。电子商务平台经营者不得删除消费者对其平台内销售的商品或者提供的服务的评价。

---

① 150 万元的匡算方法：根据《财政部税务总局关于实施小微企业普惠性税收减免政策的通知》（财税[2019]13 号）规定，对月销售额 10 万元以下（含本数）的增值税小规模纳税人，免征增值税；一年 12 个月合计 120 万元；淘宝开店租赁费用 6 万元；其他费用 4 万元；两个员工的工资和社保金 24 万元；合计 154 万元。根据《财政部税务总局关于统一增值税小规模纳税人标准的通知》（财税[2019]33 号）规定，增值税小规模纳税人标准为年应征增值税销售额 500 万元及以下。所以，150 万元以上销售额应按小规模纳税人标准缴纳增值税。

② 市场监管总局 国家发展改革委 公安部 人力资源社会保障部 住房城乡建设部 税务总局. 市场监管总局等六部门关于进一步优化企业开办服务的通知[EB/OL].（2020-08-30）[2020-10-20]. http://gkml.samr.gov.cn/nsjg/djzcj/202008/t20200807_320600.html.

根据商务部《第三方电子商务交易平台服务规范》（2016 年修订）5.6 条的规定[①]，平台经营者应提供规范化的网上交易服务，建立和完善各项规章制度，包括但不限于下列制度：

（1）用户注册制度。

（2）平台交易规则。

（3）信息披露与审核制度。

（4）隐私权与商业秘密保护制度。

（5）消费者权益保护制度。

（6）广告发布审核制度。

（7）交易安全保障与数据备份制度。

（8）争议解决机制。

（9）不良信息及垃圾邮件举报处理机制。

（10）知识产权保护制度。

（11）法律、法规规定的其他制度。

平台经营者应定期在本平台内组织检查交易规则和服务协议的执行情况，并根据检查结果及时采取改善措施。平台内经营者如不接受修改内容，可以退出，并按照修改前相关服务协议和交易规则承担责任。

各项管理制度应当在其网站显示生效时间，并从技术上保证用户能够便利、完整地阅览和保存。

2. 电商平台经营者对平台内经营者身份的查验

实名登记是针对第三方电子商务平台内经营者鱼龙混杂情况严重，且相关行政监管部门难以取证执法所提出的。《电子商务法》第二十七条规定，电子商务平台经营者应当要求申请进入平台销售商品或者提供服务的经营者提交其身份、地址、联系方式、行政许可等真实信息，进行核验、登记，建立登记档案，并定期核验更新。

平台经营者应当监督平台内经营者合法经营，对于违反法律、行政法规的经营行为，平台经营者有权要求商户改正或依法采取必要的处置措施，并向有关主管部门报告。

管理部门发现平台内经营者有违反法律、法规行为，依法要求平台经营者采取措施制止的，平台经营者应当予以配合。

《电子商务法》第二十七、第二十八、第二十九条对市场主体在管理其经营信息和监督其依法经营两方面对平台有严格的要求，要求平台登记、核验、归档和更新相关经营者信息，并要求及时报送相关信息，向税务机关报送与纳税有关信息，要求平台对经营者是否获得行政许可、是否能保障人身财产安全和环境保护进行监控，发现违法，需及时采取措施，否则将被罚款高达五十万元甚至停业整顿。

平台经营者应规制经营者应获得的行政许可，敦促经营者履行保障人身财产安全、环境保护等义务。平台应成为国家工商、税务、稽查和相关行政监管部门的前哨，为行政执法部门提供一手信息。

---

① 商务部. 第三方电子商务交易平台服务规范[EB/OL]. （2014-04-12）[2020-10-31]. http://www.mofcom.gov.cn/article/bh/201309/20130900305716.shtml.

《电子商务法》第八十条规定，电子商务平台经营者有下列行为之一的，由有关主管部门责令限期改正；逾期不改正的，处二万元以上十万元以下的罚款；情节严重的，责令停业整顿，并处十万元以上五十万元以下的罚款：

（1）不履行本法第二十七条规定的核验、登记义务的。

（2）不按照本法第二十八条规定向市场监督管理部门、税务部门报送有关信息的。

（3）不按照本法第二十九条规定对违法情形采取必要的处置措施，或者未向有关主管部门报告的。

（4）不履行本法第三十一条规定的商品和服务信息、交易信息保存义务的。

3. 平台经营者对平台内经营者商品或服务的查验

《电子商务法》第三十八条规定，电子商务平台经营者知道或者应当知道平台内经营者销售的商品或者提供的服务不符合保障人身、财产安全的要求，或者有其他侵害消费者合法权益行为，未采取必要措施的，依法与该平台内经营者承担连带责任。

对关系消费者生命健康的商品或者服务，电子商务平台经营者对平台内经营者的资质资格未尽到审核义务，或者对消费者未尽到安全保障义务，造成消费者损害的，依法承担相应的责任。

同时，《电子商务法》第八十三条规定：电子商务平台经营者违反本法第三十八条规定，对平台内经营者侵害消费者合法权益行为未采取必要措施，或者对平台内经营者未尽到资质资格审核义务，或者对消费者未尽到安全保障义务的，由市场监督管理部门责令限期改正，可以处五万元以上五十万元以下的罚款；情节严重的，责令停业整顿，并处五十万元以上二百万元以下的罚款。

任何的经营者从事任何的经营活动，消费者的人身安全都应当是第一位的。本条给出了《电子商务法》中的最高罚款，说明国家对于关系到消费者生命健康的商品或者服务的高度重视。如果平台知道或者应当知道平台内经营者销售的商品和提供的服务不符合保障人身安全的要求，而没有采取必要措施的，要和平台内经营者承担连带责任或者依法承担相应的责任。

4. 平台经营规则修改与平台内经营者退出

《电子商务法》第三十四条规定，电子商务平台经营者修改平台服务协议和交易规则，应当在其首页显著位置公开征求意见，采取合理措施确保有关各方能够及时充分地表达意见。修改内容应当至少在实施前七日予以公示。

平台内经营者不接受修改内容，要求退出平台的，电子商务平台经营者不得阻止，并按照修改前的服务协议和交易规则承担相关责任。

平台经营者与申请进入平台销售商品或者提供服务的平台内经营者订立的协议，应当按照《网络交易监督管理办法》[①]的规定，明确双方在平台进入和退出、商品和服务质量安全保障、消费者权益保护等方面的权利、义务和责任。

---

① 国家市场监督管理总局令. 网络交易监督管理办法[EB/OL]. (2021-03-15) [2021-05-31]. http://gkml.smar.gov.cn/nsij/fgs/202103/t 20210315_326936.html.

5. 平台经营者自营业务与他营业务的区分

《电子商务法》第三十七条规定，电子商务平台经营者在其平台上开展自营业务的，应当以显著方式区分标记自营业务和平台内经营者开展的业务，不得误导消费者。

电子商务平台经营者对其标记为自营的业务依法承担商品销售者或者服务提供者的民事责任。

在电子商务纠纷调解中，投诉案例来自自营平台中非自营业务所占比重较高，许多消费者常常混淆平台经营者自己销售的商品和平台内经营者销售的商品。因此，有必要明确，平台经营者在自有平台上开展商品或服务自营业务的，应当以显著方式对自营部分和平台内其他经营者经营部分进行区分和标识，避免购买者或用户产生误解。

6. 禁止滥用市场支配地位

电子商务由于是在虚拟市场上运行的，容易形成垄断态势。电子商务平台经营者常常因为自己的技术优势、用户数量、对相关行业的控制能力，以及其他经营者对该电子商务平台经营者在交易上的依赖程度等因素而成为具有市场支配地位的企业。《电子商务法》第二十二条明确规定，该类经营者不得滥用市场支配地位，排除、限制竞争。

同时，《电子商务法》第三十五条规定，电子商务平台经营者不得利用服务协议、交易规则及技术等手段，对平台内经营者在平台内的交易、交易价格及与其他经营者的交易等进行不合理限制或者附加不合理条件，或者向平台内经营者收取不合理费用。第四十六条又规定，电子商务平台经营者为经营者之间的电子商务提供服务，应当遵守法律、行政法规和国家有关规定，不得采取集中竞价[①]、做市商[②]等集中交易方式进行交易，不得进行标准化合约[③]交易。

根据《中华人民共和国反垄断法》（简称《反垄断法》）第四十七条的规定[④]，经营者违反本法规定，滥用市场支配地位的，由反垄断执法机构责令停止违法行为，没收违法所得，并处上一年度销售额百分之一以上百分之十以下的罚款。

为全面贯彻《电子商务法》和《反垄断法》，2020 年 11 月，国家市监总局、中央网信办、国家税务总局联合召开"规范线上经济秩序行政指导会"，强调互联网平台企业要直面存在的问题，坚持依法合规经营，不断强化自我约束和自我管理，共同促进线上经济健康规范发展。2020 年 12 月，国家市监总局对阿里巴巴公司在中国境内网络零售平台服务市场滥用市场支配地位行为立案调查。2021 年 4 月，国家市监总局对阿里巴巴下达了《行政处罚告知书》，对阿里巴巴对平台内商家提出"二选一"要求，禁止平台内商家在其他竞争性平台开店或参加促销活动，

---

① 集中竞价是指市场上多个交易主体之间同时通过某一交易系统或平台，按一定的竞价规则进行交易的方式。例如，目前我国银行间外汇市场现行的交易方式，即是按时间优先、价格优先的竞价规则进行交易的。

② 做市商是指在证券市场上，由具备一定实力和信誉的独立证券经营法人作为特许交易商，不断向公众投资者报出某些特定证券的买卖价格（双向报价），并在该价位上接受公众投资者的买卖要求，以其自有资金和证券与投资者进行证券交易。买卖双方不需等待交易对手出现，只要有做市商出面承担交易对手方即可达成交易。

③ 标准化合约是指其标的资产（基础资产）的交易价格、交易时间、资产特征、交易方式等都是事先标准化的，因此此类合约大多在交易所上市交易，如期货。

④ 全国人大常委会. 中华人民共和国反垄断法[EB/OL].（2007-08-30）[2021-05-31]. http://www.npc.gov.cn/wx2b1/gongbao/2007-10/09/content_5374672.htm.

获取不正当竞争优势的行为依法监管，责令阿里巴巴停止违法行为，并处以 2019 年中国境内销售额 4 557.12 亿元 4%的罚款，共计 182.28 亿元。该案是我国电子商务领域第一起重大典型的垄断案件，标志着电子商务领域反垄断执法进入了新阶段。此次处罚是监管部门对电商平台企业违法违规行为的有效规范，有助于建立健全电子商务的治理体系，推动电子商务规范健康持续发展。

7. 知识产权保护义务

从第四十一到第四十五条，《电子商务法》创设了全新的电子商务知识产权保护制度，对我国现有知识产权法律及国际电子商务法律有极大的创新，对电子商务行业的影响巨大。

《电子商务法》第四十一条规定了电商平台的知识产权保护义务：电子商务平台经营者应当建立知识产权保护规则，与知识产权权利人加强合作，依法保护知识产权。

《电子商务法》规定，发生知识产权侵权时，知识产权权利人有权通知平台采取必要措施；平台经营者知道侵权时应采取必要措施：

（1）电子商务平台经营者接到通知后，应将该通知转送平台内经营者；未及时采取必要措施的，对损害的扩大部分与平台内经营者承担连带责任。

（2）电子商务平台经营者知道或者应当知道平台内经营者侵犯知识产权的，应当采取删除、屏蔽、断开链接、终止交易和服务等必要措施；未采取必要措施的，与侵权人承担连带责任。

（3）通知错误造成平台内经营者损害的，依法承担民事责任；因恶意发出错误通知，造成平台内经营者损失的，加倍承担赔偿责任。

（4）平台经营者接到平台内经营者不存在侵权行为的声明后，应当将该声明转送相关权利人；平台经营者在转送声明后十五日内，未收到权利人已经投诉或者起诉通知的，应当及时终止所采取的措施。平台经营者没有采取必要措施的，将被处以高达二百万元的罚款。

9.2 跨境电子商务经营活动的法律规范

▶▶ 9.2.1 第三方跨境电商平台经营者的特别义务

1. 用户协议

第三方跨境电商平台经营者应当完整、准确地显示其用户协议。用户协议应当用两种或两种以上的语言表述，正确表达用户注册、交易规则、隐私及商业秘密保护等内容。

第三方跨境电商平台经营者与当事人签订的用户协议中，应当合理提示在国际市场上开展跨境电商的风险；不得加重用户责任，排除用户的法定权利，损害用户的合法权益。

2. 第三方跨境电商平台交易规则

第三方跨境电商平台经营者和境外代购服务提供者，应告知客户详细的跨境交易流程、提示跨境交易的商业风险和法律风险，积极协助当事人进行沟通或协助安排翻译、国际物流、支付、通关等第三方机构提供专业服务。

第三方跨境电商平台经营者和境外代购服务提供者对于境外交易当事人的身份信息应当进

行必要的核查，警示跨境交易中常见的欺诈行为，提示交易当事人注意风险防范。

3. 在线合同订立、数据存储与查询

第三方跨境电商平台经营者应当建立和完善在线合同订立、数据存储与查询制度，提供规范的网上跨境交易服务。

（1）为交易当事人提供电子合同双语在线订立系统，便于交易当事人通过该系统达成交易，保障交易信息的安全、完整和真实。

（2）妥善保存在平台上发布的交易及服务的全部信息，采取相应的技术手段保证上述资料的完整性、准确性和安全性。站内经营者和交易相对人的身份信息的保存时间自其最后一次登录之日起不少于四年；交易信息保存时间自发生之日起不少于四年①。

（3）站内经营者应有权在保存期限内自助查询、下载或打印自己的交易信息；鼓励通过独立的数据服务机构对其在第三方跨境电商平台的信息进行异地备份及提供查询、下载或打印服务。

4. 出口管制制度

为了维护国家安全和利益，履行防扩散等国际义务，国家对两用物项、军品、核及其他与维护国家安全和利益、履行防扩散等国际义务相关的货物、技术、服务等物项实施出口管制。根据《中华人民共和国出口管制法》第二十条的规定②，任何组织和个人（包括第三方跨境电商平台经营者）不得为出口经营者从事出口管制违法行为提供代理、货运、寄递、报关、第三方电子商务交易平台和金融等服务。在这一方面，第三方跨境电商平台经营者必须认真负起相关责任。

▶▶ 9.2.2 跨境支付的法律规范

1. 国外有关电子支付的立法

1）美国电子支付的立法

美国 1978 年颁布的《电子资金划拨法》，适用于联储电划系统与顾客电子资金划拨，成为世界上最早出台的有关电子支付的专项立法。由于该法仅适用于美国国内，且只适用于客户是自然人的小额电子资金划拨，如 ATM 交易，不适用于商人客户通过银行办理的大额电子资金划拨与跨国电子资金划拨。为填补这一空白，在《统一商法典》（UCC）第四编银行存款和收款中另行增设部分专门适用于这类电子资金划拨的新条款，供各州立法采用。美国《统一商法典》已成为美国规范大额电子资金划拨的最重要的法律，并对联合国国际贸易法委员会起草《国际贷记划拨示范法》产生了重大影响。

2009 年，美国通过了《信用卡持有者权利法案》，有力推动了互联网金融的发展。2010 年7 月，美国国会通过了《金融监管改革法案》，该法案加强了对金融权益的保护，以保障消费者

---

① 《民法典》第五百九十四条规定：因国际货物买卖合同和技术进出口合同争议提起诉讼或者申请仲裁的时效期间为四年。

② 全国人大常委会. 中华人民共和国出口管制法[EB/OL].（2020-10-18）[2021-05-20]. http://www.gov.cn/xinwen/2020-10/18/content_5552119.htm.

和投资者权益不受金融系统中的不公平待遇和欺诈行为的损害。在州层面也有相应的监管法律规定，这些法律规定都要求信贷提供者禁止歧视、不公平及欺骗性条款，要求互联网金融公司保护消费者个人金融信息安全等。

美国的网上银行同时受联邦和州两级法律的约束。在联邦一级，美联储针对网上银行的发展修改了联邦储备规则，规则规定，在客户同意的情况下，银行可以使用电子网络手段定期披露有关信息，并认可了电子表格的法律效应。在州这一层级，涉及网上银行的主要法规是《统一商法典》，各州根据实际情况执行该法典。

2）英国电子支付的立法

目前，英格兰银行在英国国内是采用《票据交换所自动收付系统清算规则》（简称《CHAPS清算规则》）办理票据交换所自动收付系统会员银行间的电子资金划拨，尚未出台专项的有关电子支付的法规。英国规范电子支付的实务惯例，除《CHAPS清算规则》外，还有1992年由英国银行家协会等民间团体共同公布的《银行业惯例守则》。

2011年8月，3家占英国P2P借贷市场份额92%的公司（Zopa、Rate setter、Funding Circle）成立了全球首个P2P行业自律协会，即英国P2P金融协会于2012年6月正式出台《P2P融资平台操作指引》，提出了行业准则规范业务模式和内控机制。2012年，12家英国众筹公司成立了众筹协会，推出了相关行为准则。英国自律组织对整个行业的规范运营、良性竞争和保护消费者权益等起到了很好的促进作用。

3）国际组织有关电子支付的立法

随着跨国电子资金划拨的日益普遍，1992年，联合国国际贸易法委员会制定了有助于减少各国相关电子支付法令的差异，并为各国提供立法依据的《国际贷记划拨示范法》，对当事人的权利义务关系、无权限交易等做出了规定。

2016年1月，第二版欧盟支付服务法令（Revised Directive on Payment Services，PSD2）正式生效，欧盟成员国将在2年的时间内将PSD2添加到本国法律法规中。PSD2提出以下目标：一是推进欧盟支付市场一体化、标准化，提高效率；二是为传统和新型支付服务机构提供公平竞争的环境；三是提升支付安全；四是保护消费者权益；五是降低支付服务费用。

在国际上，国际标准组织银行金融服务业委员会（ISO/TC68）制定的"电子支付标准"已得到普遍认同。截至2019年6月30日，ISO/TC68现行有效标准55项，主要涉及电子支付安全、信息交换、参与者行为等方面的技术与管理规范。我国已经在第三方支付信息系统安全目、消息传输协议、新型识别技术等领域参与了有关国际标准的起草。

2. 我国对人民币跨境支付系统的监管制度

1）《人民币跨境支付系统业务规则》简介

为规范人民币跨境支付系统（Cross-Border Interbank Payment System，CIPS）业务行为，2018年，中国人民银行印发了《人民币跨境支付系统业务规则》（简称《业务规则》）[①]。《业务规则》以国际通用业务术语为基准，便于CIPS国际业务推广；重点关注流动性风险管理要求，审慎防范结算风险；规定了境外直接参与者准入标准和金融市场业务处理要求；明确了混合结算机

---

① 中国人民银行. 中国人民银行关于印发《人民币跨境支付系统业务规则》的通知[EB/OL].（2018-03-23）[2020-09-20]. http://www.pbc.gov.cn/tiaofasi/144941/3581332/3730304/index.html.

制的实现方式和清算纪律。

自 2018 年 5 月 2 日起，CIPS 系统的运行时间实现对全球各时区金融市场的全覆盖。CIPS 在国内法定工作日全天候运行，在国际上周末及法定节假日后第一个工作日的日间场次运行时间提前为当日 4:30；夜间场次的运行时间为当日 17:00 至下一自然日 8:30。[①]

2）CIPS 管理的基本思路

CIPS 在参与者分级管理框架基础上，进一步细化了参与者管理相关要求，加强事前、事中和事后全流程管理，规范参与者业务行为，及时识别并防范相关风险。一是基于"同类业务，同样标准"、中外资一视同仁等原则，按照参与者类型、所在司法辖区、业务特点和风险特征等，分别明确准入要求。二是建立动态评估机制，强化参与者日常管理，强调纪律约束要求。三是建立参与者事后管理机制，规范争议解决方式。

3）参与者管理的机制安排

（1）将参与者分为直接参与者和间接参与者。直接参与者具有 CIPS 行号和账户，可以直接通过 CIPS 办理跨境支付结算业务。间接参与者没有 CIPS 账号，但有 CIPS 行号，只能委托直接参与者办理人民币跨境支付结算业务。

（2）金融市场基础设施运营机构符合规定条件的，可以申请成为系统直接参与者，并开展相应业务。

（3）支持直接参与者通过大额支付系统利用注资（预注资）、调增和调减等方式从本机构（或资金托管行）在大额支付系统的账户获得流动性。

（4）提供队列管理、余额预警、自动缺款通知等辅助管理功能。

3. 我国对支付机构外汇业务的监管制度

2019 年，国家外汇管理局发布《支付机构外汇业务管理办法》（简称《管理办法》）[②]。《管理办法》在进一步支持跨境产业发展的同时，加强了监管力度，提出更多要求：

（1）开展跨境业务支付机构至少要具备 5 名熟悉外汇业务的人员（其中 1 名为外汇业务负责人）。

（2）支付机构应根据外汇业务规模等因素，原则上选择不超过 2 家银行开展合作。

（3）银行要审慎选择合作支付机构，未进行合理审核导致违规的，将依法承担连带责任。

（4）支付机构、银行均需审核外汇业务真实性、合规性，违规者严格按照外汇管理条例处罚。

（5）支付机构应建立有效风控制度和系统，健全主体管理，加强交易真实性、合规性审核；银行应对合作支付机构的相关外汇业务加强审核监督。

---

① 目前，全球主要经济体国家已经形成多层次支付清算体系，包括商业银行之间代收代付的资金清算、一定区域内银行之间的支付清算、连接各区域之间的全国性支付清算，以及连接全球的支付清算网络。美国拥有两大成熟的清算系统。一是全球最大私营支付清算系统——纽约清算所银行同业支付系统（CHIPS），主要进行跨境美元交易清算，通过 CHIPS 处理的美元交易额约占全球美元总交易额的 95%。二是美联储转移大额付款的系统（Fedwire），实时处理美国国内大额资金划拨，它归美联储所有。Fedwire 将全美划分为 12 个联邦储备区、25 个分行和 11 个专门的支付处理中心，将美国联储总部、所有的联储银行、美国财政部及其他联邦政府机构连接在一起，提供实时全额结算服务。个人和非金融机构可以通过金融机构间接使用 Fedwire。

② 国家外汇管理局. 国家外汇管理局关于印发《支付机构外汇业务管理办法》的通知[EB/OL].（2019-04-29）[2020-09-20]. http://www.safe.gov.cn/safe/2019/0429/13114.html .

4. 跨境电子支付参与主体的权利义务

1）跨境电子支付账户开设

（1）跨境电商企业或者经营机构应当在银行或者支付机构开设支付账户。

（2）银行或者支付机构应当事人的申请，为其开设电子支付账户时，应当核验申请人身份及申请资料的真实性，向申请人公开支付业务规则和支付账户使用规则，告知用户的权利义务和风险事项，并以书面或者电子方式与申请人签订协议。

（3）电子账户申请人必须提交真实的开户信息。因提交虚假信息而产生的损失和后果由申请人承担。

2）指令执行

（1）用户授权的电子支付指令是有效指令。支付指令按业务规则发出后，用户不得要求撤回或者撤销指令，但双方另有约定的除外。

（2）跨境电子支付服务提供者应当完善业务规则，在受理电子支付指令时对指令信息进行验证。

3）支付完成

对跨境电子支付服务提供者设定这个义务有助于用户及时发现支付错误或者非授权交易，有利于风险防范和违法行为追查。

跨境电子支付服务提供者完成电子支付后，应当及时准确地向用户提供支付结果信息或者符合约定方式的交易回单。

4）电子错误

（1）电子支付发生差错时，跨境电子支付服务提供者应当立即查找原因并采取措施纠正。因用户原因造成电子支付指令产生错误的，跨境电子支付服务提供者应当及时通知用户改正。

（2）用户发现支付指令错误时，应当及时告知跨境电子支付服务提供者，电子支付服务提供者在查明原因后将处理结果通知用户。跨境电子支付服务提供者在收到用户通知后未及时采取措施导致用户损失的，应当赔偿用户的直接损失。

（3）跨境电子支付服务提供者应当就电子错误发生的原因承担举证责任。

5）非授权交易

非授权交易指因用户的电子支付工具被盗、丢失等原因而发生的未经用户确认的交易。在非授权交易中，电子支付账户的实际使用人不是用户本人或未得到用户的授权，且用户没有因非授权交易而获得收益。

《电子商务法》第五十七条规定，用户应当妥善保管交易密码、电子签名数据等安全工具。用户发现安全工具遗失、被盗用或者未经授权的支付的，应当及时通知电子支付服务提供者。

跨境电子支付服务提供者发现支付指令未经授权，或者收到用户支付指令未经授权的通知时，应当立即采取措施防止损失扩大。跨境电子支付服务提供者未及时采取措施导致损失扩大的，对损失扩大部分承担责任。

未经授权的支付造成的损失，由跨境电子支付服务提供者承担；跨境电子支付服务提供者能够证明未经授权的支付是因用户的过错造成的，不承担责任。

6）风险教育

跨境电子支付服务提供者应当制订合理的教育方案，采取多种方式开展国际支付风险教育活动，帮助用户增强风险意识和提高防控能力。

7）防范金融犯罪

跨境电子支付服务提供者应当针对电子支付中的各类欺诈行为，制订反欺诈预案，采取技术措施和其他必要措施，加强对电子支付账户的管理，消除支付漏洞，防范网络洗钱等金融犯罪行为；加强跨境电子支付服务提供者相互之间，以及与电子支付业务监管机构、犯罪侦查机构的合作和信息沟通。

▶▶ 9.2.3　跨境物流规范

跨境物流服务提供者可以接受当事人的委托提供一站式服务。境内物流服务商需要将境外物流转委托给其他人的，委托方仍应对货物承运承担法律责任。

跨境物流服务提供者应当符合两个方面的要求：第一，应当提供"门到门"的一站式服务；第二，如果将境外物流转委托给其他人的，委托方仍应对货物承运承担全部法律责任。因为委托方有义务对被委托方的资质、服务水平做认真的调查，以避免在物流过程中发生差错。

物流服务商应当允许收货人在签字收货之前查验货物，在发现货物损坏或其他意外情况时，应当及时告知发货人或前手承运人及保险公司，协助收货人或交易买方办理相关证明等事宜。

货物通关服务提供者在接受委托前应了解货物情况并告知委托人通关流程和基本规则，对于限制通关或禁止通关的货物应及时告知委托人。

▶▶ 9.2.4　跨境电子商务税收政策

1. 跨境电子商务零售出口税收政策

2018 年 9 月，财政部等 4 部门发布《财政部 税务总局 商务部 海关总署关于跨境电子商务综合试验区零售出口货物税收政策的通知》[①]，要求对跨境电子商务综合试验区（简称"综试区"）电子商务出口企业出口未取得有效进货凭证的货物，同时符合相关条件的，试行增值税、消费税免税政策。

（1）电子商务出口企业在综试区注册，并在注册地跨境电子商务线上综合服务平台登记出口日期、货物名称、计量单位、数量、单价、金额。

（2）出口货物通过综试区所在地海关办理电子商务出口申报手续。

（3）出口货物不属于财政部和税务总局根据国务院决定明确取消出口退（免）税的货物。

根据 2019 年 10 月国家税务局《关于跨境电子商务综合试验区零售出口企业所得税核定征收有关问题的公告》[②]，综试区内的跨境电子商务零售出口企业（简称"跨境电商企业"）同时

---

① 财政部等. 财政部 税务总局 商务部 海关总署关于跨境电子商务综合试验区零售出口货物税收政策的通知[EB/OL].（2018-09-28）[2020-09-20].　http://www.chinatax.gov.cn/n810341/n810755/c3766983/content.html .

② 国家税务局. 关于跨境电子商务综合试验区零售出口企业所得税核定征收有关问题的公告[EB/OL].（2019-10-26）　[2020-09-20].　http://www.chinatax.gov.cn/chinatax/n810341/n810765/n4182981/201911/c5141966/content.html .

符合下列条件的,试行核定征收企业所得税办法:

(1)在综试区注册,并在注册地跨境电子商务线上综合服务平台登记出口货物日期、名称、计量单位、数量、单价、金额的。

(2)出口货物通过综试区所在地海关办理电子商务出口申报手续的。

(3)出口货物未取得有效进货凭证,其增值税、消费税享受免税政策的。

综试区内核定征收的跨境电商企业应准确核算收入总额,并采用应税所得率方式核定征收企业所得税。应税所得率统一按照4%确定。

综试区内实行核定征收的跨境电商企业符合小型微利企业优惠政策条件的,可享受小型微利企业所得税优惠政策;其取得的收入属于《中华人民共和国企业所得税法》第二十六条规定的免税收入的,可享受免税收入优惠政策。

2. 跨境电子商务零售进口税收政策

2018年,财政部、海关总署和税务总局继2013年和2016年之后,再次发布《财政部 海关总署 税务总局关于完善跨境电子商务零售进口税收政策的通知》[①],对跨境电子商务零售进口税收政策进一步调整。

(1)将跨境电子商务零售进口商品的单次交易限值由人民币2 000元提高至5 000元,年度交易限值由人民币20 000元提高至26 000元。

(2)完税价格超过5 000元单次交易限值但低于26 000元年度交易限值,且订单下仅一件商品时,可以自跨境电商零售渠道进口,按照货物税率全额征收关税和进口环节增值税、消费税,交易额计入年度交易总额,但年度交易总额超过年度交易限值的,应按一般贸易管理。

(3)已经购买的电商进口商品属于消费者个人使用的最终商品,不得进入国内市场再次销售;原则上不允许网购保税进口商品在海关特殊监管区域外开展"网购保税+线下自提"模式。

2019年4月《国务院关税税则委员会关于调整进境物品进口税有关问题的通知》决定对进境物品进口税进行调整,将进境物品进口税税目1、2的税率分别调降为13%、20%[②]。

9.3 跨境电子商务海关监管制度

▶▶ 9.3.1 跨境电子通关规范

1. 海关监管

(1)同时满足以下3个条件的纳入调整范围:①主体上,主要包括境内通过互联网进行跨境交易的消费者、开展跨境贸易电子商务业务的境内企业、为交易提供服务的跨境贸易电子商

---

① 财政部等.财政部 海关总署 税务总局关于完善跨境电子商务零售进口税收政策的通知[EB/OL].
(2018-11-29)[2020-09-20].http://www.chinatax.gov.cn/n810341/n810755/c3929562/content.html.

② 国务院关税税则委员会.国务院关税税则委员会关于调整进境物品进口税有关问题的通知[EB/OL].
(2019-04-08)[2020-09-20].http://www.gov.cn/xinwen/2019-04/09/content_5380667.htm.

务第三方平台；②渠道上，仅指通过已与海关联网的电子商务平台进行的交易；③性质上，应为跨境交易。

（2）跨境电子商务平台、物流、支付企业等参与跨境电商零售进口业务的企业，应当依据海关报关单位注册登记管理相关规定，向所在地海关办理注册登记；境外跨境电子商务企业应委托境内代理人（以下称跨境电商企业境内代理人）向该代理人所在地海关办理注册登记。物流企业应获得国家邮政管理部门颁发的《快递业务经营许可证》。直购进口模式下，物流企业应为邮政企业或者已向海关办理代理报关登记手续的进出境快件运营人。支付企业为银行机构的，应具备银保监会或者原银监会颁发的《金融许可证》；支付企业为非银行支付机构的，应具备中国人民银行颁发的《支付业务许可证》，支付业务范围应当包括"互联网支付"。

（3）存放电子商务进出境货物、物品的海关监管场所的经营人，应向海关办理开展电子商务业务的备案手续，并接受海关监管。未办理备案手续的，不得开展电子商务业务。

（4）电子商务企业或个人、支付企业、海关监管场所经营人、物流企业等，应按照规定通过电子商务通关服务平台适时向电子商务通关管理平台传送交易、支付、仓储和物流等数据。

2. 跨境电商进出境货物、物品通关管理

（1）跨境电商企业或个人、支付企业、物流企业应在电子商务进出境货物、物品申报前，分别向海关提交订单、支付、物流等信息。

（2）跨境电商企业或其代理人应在运载电子商务进境货物的运输工具申报进境之日起 14 日内，电子商务出境货物运抵海关监管场所后、装货 24 小时前，按照已向海关发送的订单、支付、物流等信息，如实填制《货物清单》，逐票办理货物通关手续。个人进出境物品，应由本人或其代理人如实填制《物品清单》，逐票办理物品通关手续。

（3）开展跨境电商业务的海关监管场所经营人应建立完善的电子仓储管理系统，将电子仓储管理系统的底账数据通过跨境电商通关服务平台与海关联网对接；跨境电商平台应将平台交易电子底账数据、跨境电商进出境货物、物品交易原始数据等通过跨境电商通关服务平台与海关联网对接。除特殊情况外，《货物清单》《物品清单》《进出口货物报关单》应采取通关无纸化作业方式进行申报。

（4）跨境电商企业或其代理人未能按规定将《货物清单》汇总形成《进出口货物报关单》向海关申报的，海关将不再接受相关企业以"清单核放、汇总申报"方式办理跨境电商进出境货物报关手续，直至其完成相应汇总申报工作。

（5）跨境电商企业不得进出口涉及危害公共卫生安全、生物安全、进出口食品和商品安全、侵犯知识产权的商品及其他禁限商品，同时应当建立健全商品溯源机制并承担质量安全主体责任。鼓励跨境电商平台企业建立并完善进出口商品安全自律监管体系。

（6）网购保税进口商品可在海关特殊监管区域或保税物流中心（B 型）间流转，按有关规定办理流转手续。以"网购保税进口"（监管方式代码 1210）海关监管方式进境的商品，不得转入适用"网购保税进口 A"（监管方式代码 1239）的城市继续开展跨境电子商务零售进口业务。网购保税进口商品可在同一区域（中心）内的企业间进行流转。

3. 跨境电商进出境货物、物品物流监控

（1）跨境电商进出境货物、物品的查验、放行均应在海关监管场所内完成。

（2）海关监管场所经营人应通过已建立的电子仓储管理系统，对跨境电商进出境货物、物品进行管理，向海关传送上月进出海关监管场所的电子商务货物、物品总单和明细单等数据。

（3）海关按规定对跨境电商进出境货物、物品进行风险布控和查验。海关实施查验时，电子商务企业、个人、海关监管场所经营人应按照现行海关进出口货物查验等有关规定提供便利，跨境电商企业或个人应到场或委托他人到场配合海关查验。

（4）跨境电商进出境货物、物品需转至其他海关监管场所验放的，应按照现行海关关于转关货物有关管理规定办理手续。

4. 跨境电商物品申报

2015 年 3 月，国家质量监督检验检疫总局发布《中国（杭州）跨境电子商务综合试验区检验检疫申报与放行业务流程管理规程》，对跨境电子商务物品申报和物品放行做出规定。[①]

（1）属于网购保税模式的入境物品，应由电子商务经营企业提前 7 个工作日向检验检疫机构进行申报。

（2）属于直邮模式的入境物品，应由电子商务经营企业提前 3 个工作日向检验检疫机构申报。

（3）电子商务经营企业在申报时应明确物品名称、入境数量、输入国别或地区、销售者名称等。

（4）出境物品提前申报，按照"先出后报，集中办理"的原则，电子商务经营企业根据需要每月集中向检验检疫机构办理相关手续。

▶▶ 9.3.2　进出口商品检验

根据《中华人民共和国进出口商品检验法》（2018 年第四次修正）[②]，国务院设立进出口商品检验部门（简称国家商检部门），依法对进出口商品实施检验。2019 年，国务院发布了《中华人民共和国进出口商品检验法实施条例（2019 年修订）》。

1. 进口商品的检验

（1）必须经商检机构检验的进口商品的收货人或者其代理人，应当向报关地的商检机构报检。

（2）必须经商检机构检验的进口商品的收货人或者其代理人，应当在商检机构规定的地点和期限内，接受商检机构对进口商品的检验。商检机构应当在国家商检部门统一规定的期限内检验完毕，并出具检验证单。

（3）必须经商检机构检验的进口商品以外的进口商品的收货人，发现进口商品质量不合格或者残损短缺，需要由商检机构出证索赔的，应当向商检机构申请检验出证。

（4）对重要的进口商品和大型的成套设备，收货人应当依据对外贸易合同约定在出口国装运前进行预检验、监造或者监装，主管部门应当加强监督；商检机构根据需要可以派出检验人员参加。

---

① 国家质量监督检验检疫总局. 中国（杭州）跨境电子商务综合试验区检验检疫申报与放行业务流程管理规程[EB/OL].（2015-3-16）[2015-12-01]. http://www.zjithc.cn/portal/chnl291249/671112.htm.

② 全国人大常委会. 中华人民共和国进出口商品检验法[EB/OL].（2018-12-29）[2020-09-20]. http://www.moj.gov.cn/Department/content/2019-01/17/592_227081.html .

2. 出口商品的检验

（1）必须经商检机构检验的出口商品的发货人或者其代理人，应当在商检机构规定的地点和期限内，向商检机构报检。商检机构应当在国家商检部门统一规定的期限内检验完毕，并出具检验证单。

（2）经商检机构检验合格发给检验证单的出口商品，应当在商检机构规定的期限内报关出口；超过期限的，应当重新报检。

（3）为出口危险货物生产包装容器的企业，必须申请商检机构进行包装容器的性能鉴定。生产出口危险货物的企业，必须申请商检机构进行包装容器的使用鉴定。使用未经鉴定合格的包装容器的危险货物，不准出口。

（4）对装运出口易腐烂变质食品的船舱和集装箱，承运人或者装箱单位必须在装货前申请检验。未经检验合格的，不准装运。

3. 跨境电商物品申报与检验检疫

以下商品禁止以跨境电子商务形式进境。

（1）《中华人民共和国进出境动植物检疫法》规定的禁止进境物。

（2）未获得检验检疫准入的动植物商品及动植物源性食品。

（3）列入《危险化学品目录》《危险货物品名表》《〈联合国关于危险货物运输建议书规章范本〉附录三〈危险货物一览表〉》《易制毒化学品的分类和品种名录》《中国严格限制进出口的有毒化学品目录》的物品。

（4）特殊物品（取得进口药品注册证书的生物制品除外）。

（5）含可能危及公共安全的核生化有害因子的商品。

（6）废旧物品。

（7）法律法规禁止进境的其他商品和国家市场监督管理总局公告禁止进境的商品。

凡是符合检验检疫监督管理要求的跨境电子商务物品予以放行。对检疫不合格的物品，检验检疫机构可以进行检疫处理后放行。经检疫处理后仍未能满足检疫要求的，予以退运或者销毁。现场核查不符合要求的物品责成由电子商务相关企业进行整改，整改合格后予以放行。无法进行整改的，予以退运或者销毁。

对需在进境口岸实施的检疫及检疫处理工作，应在完成后方可运至跨境电子商务监管作业场所。

▶▶ 9.3.3　跨境电商零售进口的监管方式

1. 零售进口参与主体登记

根据商务部等 6 部委《关于完善跨境电子商务零售进口监管有关工作的通知》[①]，跨境电商零售进口主要包括以下参与主体。

---

① 商务部等 6 部委. 商务部 发展改革委 财政部 海关总署 税务总局 市场监管总局关于完善跨境电子商务零售进口监管有关工作的通知[EB/OL].（2018-11-30）[2019-02-20]. http://www.npc.gov.cn/npc/xinwen/2018-08/31/content_2060172.htm.

（1）跨境电商零售进口经营者（简称跨境电商企业）：自境外向境内消费者销售跨境电商零售进口商品的境外注册企业，为商品的货权所有人。

（2）跨境电商第三方平台经营者（简称跨境电商平台）：在境内办理工商登记，为交易双方（消费者和跨境电商企业）提供网页空间、虚拟经营场所、交易规则、交易撮合、信息发布等服务，设立供交易双方独立开展交易活动的信息网络系统的经营者。

（3）境内服务商：在境内办理工商登记，接受跨境电商企业委托为其提供申报、支付、物流、仓储等服务，具有相应运营资质，直接向海关提供有关支付、物流和仓储信息，接受海关、市场监管等部门后续监管，承担相应责任的主体。

（4）消费者：跨境电商零售进口商品的境内购买人。

对于跨境电商零售进口经营者的登记，根据《关于完善跨境电子商务零售进口监管有关工作的通知》第四条第一款的规定，从事跨境电商进口的跨境电商企业应委托一家在境内办理工商登记的企业，由其在海关办理注册登记，承担如实申报责任，依法接受相关部门监管，并承担民事连带责任。也就是说，如果是企业或个人从事跨境电商代购业务，销售主体必须是商品的货权所有人，即境外注册企业。所以，从事跨境电商要求境外和境内都有一个主体，这两个主体必须是背靠背的委托关系，收款人也必须是境外的公司。但可以不是同一个法人，只要双方具有委托关系即可。

2. 零售进口参与主体的行为规范

按照"政府部门、跨境电商企业、跨境电商平台、境内服务商、消费者各负其责"的原则，《关于完善跨境电子商务零售进口监管有关工作的通知》明确了各方责任，以便实施有效监管。

1）跨境电商企业

（1）承担商品质量安全的主体责任，并按规定履行相关义务。应委托一家在境内办理工商登记的企业，由其在海关办理注册登记，承担如实申报责任，依法接受相关部门监管，并承担民事连带责任。

（2）承担消费者权益保障责任，包括但不限于商品信息披露、提供商品退换货服务、建立不合格或缺陷商品召回制度、对商品质量侵害消费者权益的赔付责任等。当发现相关商品存在质量安全风险或发生质量安全问题时，应立即停止销售，召回已销售商品并妥善处理，防止其再次流入市场，并及时将召回和处理情况向海关等监管部门报告。

（3）履行对消费者的提醒告知义务，会同跨境电商平台在商品订购网页或其他醒目位置向消费者提供风险告知书，消费者确认同意后方可下单购买。告知书应至少包含以下内容：

a．相关商品符合原产地有关质量、安全、卫生、环保、标识等标准或技术规范要求，但可能与我国标准存在差异。消费者自行承担相关风险。

b．相关商品直接购自境外，可能无中文标签，消费者可通过网站查看商品中文电子标签。

c．消费者购买的商品仅限个人自用，不得再次销售。

d．建立商品质量安全风险防控机制，包括收发货质量管理、库内质量管控、供应商管理等。

e．建立健全网购保税进口商品质量追溯体系，追溯信息应至少涵盖国外启运地至国内消费者的完整物流轨迹，鼓励向海外发货人、商品生产商等上游溯源。

f．向海关实时传输施加电子签名的跨境电商零售进口交易电子数据，可自行或委托代理人向海关申报清单，并承担相应责任。

2）跨境电商平台

（1）平台运营主体应在境内办理工商登记，并按相关规定在海关办理注册登记，接受相关部门监管，配合开展后续管理和执法工作。

（2）向海关实时传输施加电子签名的跨境电商零售进口交易电子数据，并对交易真实性、消费者身份真实性进行审核，承担相应责任。

（3）建立平台内交易规则、交易安全保障、消费者权益保护、不良信息处理等管理制度。对申请入驻平台的跨境电商企业进行主体身份真实性审核，在网站公示主体身份信息和消费者评价、投诉信息，并向监管部门提供平台入驻商家等信息。

（4）对平台入驻企业既有跨境电商企业，也有国内电商企业的，应建立相互独立的区块或频道为跨境电商企业和国内电商企业提供平台服务，或者以明显标识对跨境电商零售进口商品和非跨境商品予以区分，避免误导消费者。

（5）建立消费纠纷处理和消费维权自律制度，消费者在平台内购买商品，其合法权益受到损害时，平台须积极协助消费者维护自身合法权益，并履行先行赔付责任。

（6）建立商品质量安全风险防控机制，在网站醒目位置及时发布商品风险监测信息、监管部门发布的预警信息等，督促跨境电商企业加强质量安全风险防控。

（7）建立防止跨境电商零售进口商品虚假交易及二次销售的风险控制体系，加强对短时间内同一购买人、同一支付账户、同一收货地址、同一收件电话反复大量订购，以及盗用他人身份进行订购等非正常交易行为的监控，采取相应措施予以控制。

（8）根据监管部门要求，对平台内在售商品进行有效管理，及时关闭平台内禁止以跨境电商零售进口形式入境商品的展示及交易页面，并将有关情况报送相关部门。

3）境内服务商

（1）在境内办理工商登记，向海关提交相关资质证书并办理注册登记。其中：提供支付服务的银行机构应具备银保监会或原银监会颁发的《金融许可证》，非银行支付机构应具备人民银行颁发的《支付业务许可证》，支付业务范围应包括"互联网支付"；物流企业应取得国家邮政局颁发的《快递业务经营许可证》。

（2）支付、物流企业应如实向监管部门实时传输施加电子签名的跨境电商零售进口支付、物流电子信息，并对数据真实性承担相应责任。

（3）报关企业接受跨境电商企业委托向海关申报清单，承担如实申报责任。

（4）物流企业应向海关开放物流实时跟踪信息共享接口，严格按照交易环节所制发的物流信息开展跨境电商零售进口商品的国内派送业务。对于发现国内实际派送与通关环节所申报物流信息（包括收件人和地址）不一致的，应终止相关派送业务，并及时向海关报告。

（5）在跨境电子商务零售进口模式下，允许跨境电子商务企业境内代理人或其委托的报关企业申请退货，退回的商品应当符合二次销售要求并在海关放行之日起 30 日内以原状运抵原监管作业场所，相应税款不予征收，并调整个人年度交易累计金额。在跨境电子商务零售出口模式下，退回的商品按照有关规定办理有关手续。

4）消费者

（1）消费者为跨境电商零售进口商品税款的纳税义务人。跨境电商平台、物流企业或报关企业为税款代扣代缴义务人，向海关提供税款担保，并承担相应的补税义务及相关法律责任。

（2）购买前应当认真、详细阅读电商网站上的风险告知书内容，结合自身风险承担能力做出判断，同意告知书内容后方可下单购买。

（3）对于已购买的跨境电商零售进口商品，不得再次销售。

5）政府部门

（1）海关对跨境电商零售进口商品实施质量安全风险监测，在商品销售前实施必要的检疫，并视情况发布风险警示。建立跨境电商零售进口商品重大质量安全风险应急处理机制，加大跨境电商零售进口商品召回监管力度，督促跨境电商企业和跨境电商平台消除已销售商品安全隐患，依法实施召回，并依法追究相关经营主体责任。

（2）原则上不允许网购保税进口商品在海关特殊监管区域外开展"网购保税+线下自提"模式。

（3）将跨境电商零售进口相关企业纳入海关信用管理，根据信用等级不同，实施差异化的通关管理措施。

（4）涉嫌走私或违反海关监管规定的跨境电商企业、平台、境内服务商，应配合海关调查，开放交易生产数据（ERP 数据）或原始记录数据。

（5）海关对违反本通知规定参与制造或传输虚假"三单"（支付、运单、订单）信息、为二次销售提供便利、未尽责审核订购人身份信息真实性等，导致出现个人身份信息或年度购买额度被盗用、进行二次销售及其他违反海关监管规定情况的企业依法进行处罚。对涉嫌走私或违规的，由海关依法处理；构成犯罪的，依法追究刑事责任。对利用其他公民身份信息非法从事跨境电商零售进口业务的，海关按走私违规处理，并按违法利用公民信息的有关法律规定移交相关部门处理。

（6）对企业和个体工商户在国内市场销售的《跨境电子商务零售进口商品清单》范围内的、无合法进口证明或相关证明显示采购自跨境电商零售进口渠道的商品，市场监管部门依职责实施查处。

▶▶ 9.3.4 跨境电商出口的监管方式

跨境电商出口监管方式是以国际贸易中进出口货物的交易方式为基础，结合海关对进出口货物的征税、统计及监管条件综合设定的海关对进出口货物的管理方式。目前，我国实行的有三种跨境电商出口监管方式：9610、9710、9810。

跨境电商出口监管方式的代码由 4 位数字构成，前两位是按照海关监管要求和计算机管理需要划分的分类代码，后两位是参照国际标准编制的贸易方式代码。在实际应用中，进出口单位根据对外贸易情况按海关规定的《监管方式代码表》选择填报相应的监管方式简称及代码。一份报关单只允许填报一种监管方式。

1. 9610

海关监管代码 9610 全称"跨境贸易电子商务"，适用于跨境电商货物的出口。

1）9610 出口业务流程

跨境贸易电子商务也就是 B2C 直接出口，是指企业直接面向境外消费者开展在线销售产品和服务。

符合条件的电子商务企业或平台与海关联网，个人跨境网购后，电子商务企业或平台将电子订单、支付凭证、电子运单等传输给海关，电子商务企业或其代理人向海关提交申报清单，商品出境（通过海关特殊监管区域或保税监管场所一线的电子商务零售进出口商品除外）。图 9-1 显示了 9610 的运作流程。

2）通关管理

（1）信息或注册登记。跨境电子商务企业、物流企业等参与跨境电子商务零售出口业务的企业，应当向所在地海关办理信息登记；如需办理报关业务，向所在地海关办理注册登记。

（2）数据传输。跨境电子商务零售出口商品申报前，跨境电子商务企业或其代理人、物流企业应当分别通过国际贸易"单一窗口"或跨境电子商务通关服务平台向海关传输交易、收款、物流等电子信息，并对数据真实性承担相应法律责任。

（3）报关手续。跨境电子商务零售商品出口时，跨境电子商务企业或其代理人应提交《申报清单》，采取"清单核放，汇总申报"方式办理报关手续；跨境电子商务综合试验区内符合条件的跨境电子商务零售商品出口，可采取"清单核放，汇总统计"方式办理报关手续。

图 9-1　9610 的运作流程

（4）清单核放，汇总申报。跨境电子商务零售商品出口后，跨境电子商务企业或其代理人应当于每月 15 日前（当月 15 日是法定节假日或者法定休息日的，顺延至其后的第一个工作日），将上月结关的《申报清单》依据清单表头"8 个同一"规则进行归并，汇总形成《中华人民共和国海关出口货物报关单》向海关申报。

（5）8 个同一。同一收发货人、同一运输方式、同一生产销售单位、同一运抵国、同一出境关别，以及清单表体同一最终目的国、同一 10 位海关商品编码、同一币制的规则进行归并。

（6）清单核放、汇总统计。允许以"清单核放，汇总统计"方式办理报关手续的，不再汇总形成《中华人民共和国海关出口货物报关单》。

（7）适用汇总统计的商品。不涉及出口征税、出口退税、许可证件管理，且单票价值在人民币 5000 元以内的跨境电子商务 B2C 出口商品。

3）企业主体责任

（1）从事跨境电子商务零售进出口业务的企业应向海关实时传输真实的业务相关电子数据和电子信息，并开放物流实时跟踪等信息共享接口，加强对海关风险防控方面的信息和数据支持，配合海关进行有效管理。

（2）跨境电子商务企业及其代理人、跨境电子商务平台企业应建立商品质量安全等风险防控机制，加强对商品质量安全及虚假交易、二次销售等非正常交易行为的监控，并采取相应处置措施。

（3）跨境电子商务企业不得进出口涉及危害口岸公共卫生安全、生物安全、进出口食品和商品安全、侵犯知识产权的商品及其他禁限商品，同时应当建立健全商品溯源机制并承担质量安全主体责任。

（4）跨境电子商务平台企业、跨境电子商务企业或其代理人、物流企业、跨境电子商务监管作业场所经营人、仓储企业发现涉嫌违规或走私行为的，应当及时主动告知海关。

2. 9710

海关监管代码 9710 简称"跨境电商 B2B 直接出口"，适用于 B2B 直接出口的货物。

跨境电商 B2B 直接出口模式是指国内企业通过跨境电商平台开展线上商品、企业信息展示并与国外企业建立联系，在线上或线下完成沟通、下单、支付、履约流程，实现货物出口的模式。

1）9710 的申报要求

选择 9710 的企业申报前需上传交易平台生成的在线订单截图等交易电子信息，并填写收货人名称、货物名称、件数、毛重等在线订单内的关键信息。提供物流服务的企业应上传物流电子信息。代理报关企业应填报货物对应的委托企业工商信息。在交易平台内完成在线支付的订单可选择加传其收款信息。

2）参与主体与交易流程

在 9710 模式中，主要涉及跨境电商出口企业、跨境电商 B2B 平台企业（境内或境外 B2B 平台）、物流企业、外贸综合服务企业、境外采购企业等参与主体。跨境电商 B2B 直接出口流程如图 9-2 所示。

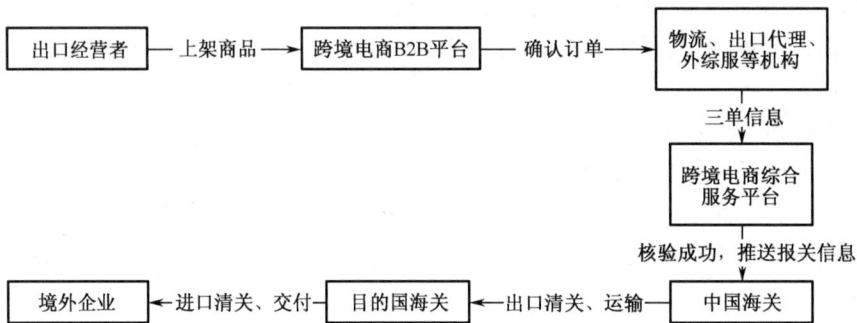

图 9-2 跨境电商 B2B 直接出口流程

3）9710 的优势

（1）降低中小企业参与国际贸易门槛。在传统外贸业态中，中小微企业或者个人很难取得相应的进出口资质，因此很难独自参与到国际贸易中。现阶段，跨境电商 B2B 平台将碎片化、小单化、移动化的贸易流程变得十分简明，中小微企业和个人可以通过跨境电商 B2B 平台寻找全球各地的买家，极大地降低了参与全球贸易的门槛。

（2）有利于获得新外贸用户。9710 改变了过去"工厂—外贸企业—国外商贸企业—国外零售企业—消费者"的贸易链条，使国内出口企业能够直接对话海外消费者和小企业这两大新客群，使中国成为支撑全球卖家的定制化供应链服务中心。

（3）有利于抢占新市场。当前，东盟、中东、非洲、拉美等已经成为跨境电商快速增长的新兴市场，中小外贸企业通过 9710 能够平等地参与到新兴市场竞争中，获取新的市场空间。

（4）有利于衍生新服务。在新的贸易链条中，国外采购商的需求已经从单一的产品采购衍生出品牌策划、产品设计、营销推广、物流服务在内的综合服务需求，为国内工厂、贸易企业拓展了新的利润提升空间。

3. 9810

海关监管代码 9810 简称"跨境电商出口海外仓",适用于跨境电商出口海外仓的货物。

9810 模式是指国内企业通过跨境物流将货物以一般贸易方式批量出口至海外仓,经跨境电商平台完成线上交易后,货物再由海外仓送至境外消费者的一种货物出口模式,即跨境电商 B2B2C 出口。

1)9810 的申报要求

选择跨境电商出口海外仓(9810)的企业申报前需上传海外仓委托服务合同等海外仓订仓单电子信息,并填写海外仓地址、委托服务期限等关键信息。出口货物入仓后需上传入仓电子信息,并填写入仓商品名称、入仓时间等关键信息。代理报关企业应填报货物对应的委托企业工商信息。

企业申报的"三单信息"(申报清单、交易订单或海外仓订仓单、物流单)应为同一批货物信息。申报企业应对上传的电子信息、填报信息真实性负责。

2)参与主体与交易流程

在跨境电商出口海外仓模式中,主要涉及:跨境电商出口企业、物流企业、外贸综合服务企业、公共海外仓经营企业、跨境电商平台企业(境内或境外 B2C 平台)、境外物流企业、境外消费者等参与主体(见图 9-3)。

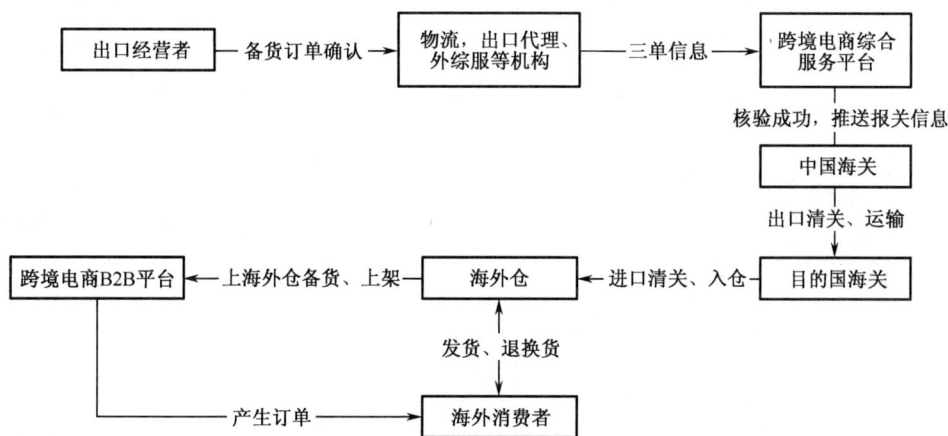

图 9-3 跨境电商 B2B2C 出口流程

3)9810 的优势

跨境电商海外仓出口的本质是跨境电商 B2C 零售出口的升级演变,通过海外仓的前置备货,使商品更快送达海外消费者手中,其目的是提升跨境电商零售出口整体运行效率。

(1)配送时效提升。跨境物流的链条相对较长,即便在空运物流形式下,通常也需要 15 天左右才能到达消费者手中,且还要面临着破损率高、旺季拥堵等风险。在 9810 模式下,商品到消费者手中只需要经历国外本土物流一个环节,其他环节都已经前置完成,大大缩短了物流时间,甚至能够实现当日达、次日达。

(2)销量显著提升。9810 有助于提高销量。在 2020 年世界性新冠肺炎疫情中,美国、英国、德国和澳洲的海外仓发挥了重大作用,网上交易量增幅都在 20%～25%。此外,由于海外仓出口模式下物流时间大幅缩短，使得消费者因物流时间过长和物流信息不及时导致的物流纠纷明显减少，对于商品交易量提升和快速回款都有明显助益。

（3）物流成本更低。跨境电商 B2C 直邮出口以邮政小包为主，其物流通常采用航空客带货方式，近年来，航空货运价格逐年上涨。而 9810 先将商品以一般贸易方式批量出口到海外仓，物流方式通常以海运为主，成本相对更低。

（4）售后更有保障。在 B2C 模式下，商品发生退换货问题时，由于再发货成本过高和时间过长，大多数卖家会进行退单，而商品通常在本地进行销毁、废弃，即便换货，也大概率会导致海外消费者的负面评价，售后体验较差。在 9810 模式下，通过海外仓可以对商品进行有效的退换货处理，退货的商品也可以通过海外仓进行维修和二次包装，或者批量运回国内进行维修，给消费者带来更高品质的售后服务保障。

4. 跨境电子商务出口与一般贸易出口监管类型比较

表 9-1 显示了 9610、9710、9810 与一般贸易出口监管类型比较。

表 9-1　9610、9710、9810 与一般贸易出口监管类型比较

	跨境电商 B2B 出口 （9710、9810）	跨境电商 B2C 出口（9610）	一般贸易出口 （0110）
企业要求	参与企业均办理注册登记 出口海外仓企业备案	企业注册登记	电商、物流企业办理信息登记， 办理报关业务的企业办理注册登记
随附单证	9710：订单、物流单（低值） 9810：仓单、物流单（低值） （报关时委托书首次提供即可）	订单、物流单、收款信息	报关委托书、合同、发票、提单、 装箱单等
通关	"H2018 通关管理系统"， "跨境电商出口统一版"， （单票在 5000 元人民币以内且不涉证不涉税不涉检）	"跨境电商出口统一版"	"H2018 通关管理系统"
简化申报	在综试区所在地海关通过"跨境电商出口统一版"申报，符合条件的清单可申请按 6 位 HS 编码简化申报	在综试区所在地海关通过"跨境电商出口统一版"申报，符合条件的清单，可申请按 4 位 HS 编码简化申报	——
物流	转关 直接口岸出口 全国通关一体化（通过"H2018 通关管理系统"申报）	转关 直接口岸出口	直接口岸出口 全国通关一体化
查验	可优先安排查验	——	-——

9.4　跨境电子商务消费者权益保护

▶▶ 9.4.1　网络交易中消费者权益侵害常见问题

（1）广告宣传与实物差距大。网络广告是网络消费者购物的主要依据。一些经营者为达到

引诱消费者购买商品或接受服务的目的，在广告宣传中借助夸张的推销辞令、非实拍图片、虚构的交易记录或交易评价，遮盖商品或服务的缺点，夸大商品性能和功效，甚至标注虚假价格，承诺虚假服务。

（2）商品质量良莠不齐。根据中国消费者协会的调查（2018 年 12 月）[①]，质量不合格和假冒伪劣是电商领域最突出的两大问题。调查结果显示，近一半受访者认为"假冒商品屡禁不止"是电商领域最突出的问题；其次，"质量不合格商品较多"（42.4%）和"线上线下商品质量不一致"（40.6%）占较大比例。质量问题已经成为消费者电商购物关注的焦点。

（3）商标侵权现象广泛。伴随着网络购物的发展，侵犯知识产权和消费者买到假冒商品的情况时有发生。大到国际名牌，小到地方特色品牌，网络商标侵权现象均有不同程度的存在。

（4）格式合同有待规范。网络交易格式合同存在的主要问题：一是利用格式合同来免责，如约定商品有瑕疵时，只能要求修理或更换，不能退货或折损，或者约定实物与网上照片有差异，不影响使用，消费者不能要求退换货；二是没有以合理的方式提醒消费者注意，故意用细小的文字书写，或者在文字表述上模糊、晦涩，令人难解其意；三是随时修改或调整网络格式合同条款而不提前通知相对人，如部分电子商务网站的服务条款会提示"我们会向你提供最优质服务但你必须遵守我们的服务条款，我们将在不通知你的情形下时常地更新条款，你可以在某某网页上浏览到最新的服务条款版本"。

（5）物流配送问题仍然突出。在跨境电商交易纠纷中，物流配送成为网络购物消费者投诉的高发地。特别是在退货问题上，消费者反映的问题较多。联合包裹（UPS）的调查显示[②]，仅有 5%的亚太地区网购消费者对退货流程表示"非常满意"。亚太地区消费者对退货体验表示不满的常见原因包括：延迟收到商品退款，占 32%；需要支付退货运费，占 31%；延迟收到更换的商品，占 25%。另外，签收环节不规范、收费不合理、快递员服务态度差等也是消费者投诉的常见问题。

（6）货款支付存在风险。随着网络消费的发展，以钓鱼、木马为特征的网络诈骗产业链已经形成，成为网络购物安全的首要威胁。例如，黑客可将木马病毒程序和钓鱼网站依附于支付宝，消费者网购资金可能并未转入支付宝，而是被黑客劫至第三方支付平台，继而流进行骗者账户。

（7）售后服务争议突出。跨境电商网络购物涉及全球范围，消费者遍及世界各地。购买商品出现质量问题后，消费者往往只能通过中间商联系生产厂家解决。部分商户尽管设有售后服务部门或人员，但其对于消费者的正当诉求常常不予积极回应，采取拖延、推脱战术。

（8）欺诈行为屡禁不止。消费者普遍对网络安全技术的知识了解甚少，让一些不法经营者钻了技术上的空子。例如，盗取消费者支付宝账户转移金额、利用钓鱼网站引诱消费者至其他平台进行交易、利用专业软件谎称已交易成功的消费并未成功而使消费者多次付费等，并且屡屡得手，使得消费者防不胜防。

（9）个人信息保护亟须加强。在网络消费中，大量的私人信息和数据等被信息服务系统收集、储存、传输，消费者的隐私权不可避免地受到威胁，一些商户为了扩大销售额，不惜将以前消费者的信息建立数据库，根据其经济状况、上网习惯等不停轰炸消费者的邮箱以推销自己

---

① 中国消费者协会. 《电子商务法》消费者认知情况调查报告[EB/OL]. （2018-12-25）[2019-09-11]. http://www.cca.org.cn/jmxf/detail/28355.html.

② 中国邮政快递报. UPS 发布报告亚太地区网购者更重视售后服务[EB/OL]. （2019-08-13）[2019-09-11]. http://www.chinawuliu.com.cn/zixun/201908/13/342751.shtml.

的商品；更有甚者，为了眼前的经济利益将消费者的信息卖给他人。

▶▶ 9.4.2 在线消费者权益保护的法律规定

1. 在线消费者的权益保护的国际做法

1）网络环境下的消费者保护：消费者信任问题

在电子商务交易条件下，消费者的保护问题更主要地表现为赢得消费者信任这种新的交易保护方式。在 1998 年经合组织的渥太华会议上[①]，与会者一致认为，为促进全球电子商务，需要考虑 4 个方面的问题。

（1）建立用户和消费者的信任。

（2）建立数字化市场的基本规则。

（3）加强电子商务的信息基础结构。

（4）充分受益。

在这 4 个问题中，首当其冲的便是消费者信任问题。会议通过了 4 份文件[②]，其中两份与消费者保护有直接关系。这里的消费者信任包含两个方面的内容：一个是传统消费者权益保护法意义上的消费者保护内容；另一个是网上交易安全的内容，即使消费者相信网络交易的真实性、可靠性。这两个方面共同的目的是使消费者信赖在线交易这种交易方式，使消费者在网络环境下发生的交易同样受到与普通交易一样的保护。

2）网络购物环境下特殊法律规则：其他国家和地区消费者的保护方法

就网上交易消费者保护而言，主要涉及 3 个方面的问题：一是缔约前要求经营者尽一定的提示义务，防止欺诈消费者；二是给予消费者退货权利，以减少消费者因未真实地看货验货产生的风险；三是履行合同过程中的其他保护。对于这 3 个方面的规范，在体例上大致存在两种相似的解决方案：一种是将之视为远距离销售，制定特殊的规则加以保护，如欧盟；另一种是将之视为邮购买卖的特殊形式，适用邮购买卖中的消费者保护法，如美国。这两种保护的结果，可谓异曲同工。

在线交易消费者权益保护首先适用于已有的消费者保护法，也就是说，在线交易的消费者仍然是普通的消费者，他们应当与普通消费者得到同样的保护，因此，传统的消费者保护法仍然适用在线消费者。但是在线交易的特殊性决定了必须存在一些特殊规则，使在线交易消费者得到同样的保护。

2. 我国网上交易消费者权益保护的规定

2014 年 3 月 1 日实施的《中华人民共和国消费者权益保护法》（第 2 次修正）（简称《消费者权益保护法》）[③]对网络交易中消费者权益保护做出特别规定。

---

① 经济合作与发展组织（简称 OECD，经合组织，共有美国、英国、日本等 34 个成员）于 1998 年 10 月，在加拿大渥太华召开了第一次以电子商务为主题的部长级会议，会议名称为"一个无国界的世界，发挥全球电子商务的潜力"。

② 这 4 份文件是：《在全球网络上保护个人隐私宣言》《关于在电子商务条件下保护消费者的宣言》《关于电子商务身份认证的宣言》《电子商务：税务政策框架条件》。

③ 全国人大常委会. 中华人民共和国消费者权益保护法 [EB/OL]. （2013-10-25）[2020-10-20]. http://www.npc.gov.cn/wxzl/gongbao/2014-01/02/content_1823351.htm.

（1）第二十五条明确，经营者采用网络、电视、电话、邮购等方式销售商品，消费者有权自收到商品之日起七日内退货，且无须说明理由。

（2）第二十八条规定，采用网络、电视、电话、邮购等方式提供商品或者服务的经营者，以及提供证券、保险、银行等金融服务的经营者，应当向消费者提供经营地址、联系方式、商品或者服务的数量和质量、价款或者费用、履行期限和方式、安全注意事项和风险警示、售后服务、民事责任等信息。

（3）第四十四条说明，消费者通过网络交易平台购买商品或者接受服务，其合法权益受到损害的，可以向销售者或者服务者要求赔偿。

3. 电子商务经营者消费者权益保护的责任

《电子商务法》第十三条规定，电子商务经营者销售的商品或者提供的服务应当符合保障人身、财产安全的要求和环境保护要求，不得销售或者提供法律、行政法规禁止交易的商品或者服务。

第十七条规定，电子商务经营者应当全面、真实、准确、及时地披露商品或者服务信息，保障消费者的知情权和选择权。电子商务经营者不得以虚构交易、编造用户评价等方式进行虚假或者引人误解的商业宣传，欺骗、误导消费者。

这里，"虚构交易"是指电子商务活动参与方本无真实交易之目的，经过事前串通，订立了双方并不需要真正履行的电子商务合同，经营者以此达到增加销量、提高可信度、提高排名等目的。"编造用户评价"是指没有交易事实或者违背事实做出用户评价，包括故意虚构事实，歪曲事实等做出的好评或者负面评价等不真实评价。

第十八条规定，电子商务经营者根据消费者的兴趣爱好、消费习惯等特征向其提供商品或者服务的搜索结果的，应当同时向该消费者提供不针对其个人特征的选项，尊重和平等保护消费者合法权益。

第十九条规定，电子商务经营者搭售商品或者服务，应当以显著方式提请消费者注意，不得将搭售商品或者服务作为默认同意的选项。

第二十一条规定，电子商务经营者按照约定向消费者收取押金的，应当明示押金退还的方式、程序，不得对押金退还设置不合理条件。消费者申请退还押金，符合押金退还条件的，电子商务经营者应当及时退还。

这里的"明示"即明确表示，具体指以口头或书面形式做出意思表示的行为。"不合理条件"是指不得预设不合理的障碍或者变相阻碍消费者退款的条件。"及时退还"是指不得拖延退款，更不得设置条件阻碍或者变相阻碍退款，而应当按照消费者的申请退还押金。

9.5　跨境电商网上争议解决

9.5.1　联合国跨境电子商务纠纷解决制度

1. 联合国《关于网上争议解决的技术指引》简介

跨境电子商务的纠纷解决是一个非常复杂的问题。各国都在积极探索和建立纠纷处理机制，明确处理流程和规则，积极响应和保护消费者合法权益，维护经营者合法权益。2016 年 12 月 13 日，联合国通过了《关于网上争议解决的技术指引（Online Dispute Resolution，ODR）》（简称《技术指引》）文件①。

"网上争议解决"是一种争议解决机制，可协助当事人以简单、快捷、灵活和安全的方式解决争议，而无须出席会议或听讯。网上解决包括多种办法和形式（包括但不限于监察员、投诉局、谈判、调解、调停、协助下调解、仲裁及其他），以及采用既含网上部分又含非网上部分的混合程序的可能性。

在文件起草初期，对于两个交易人在跨境电子商务交易中发生争议，在调解不成功的情况下，以美国为代表的部分国家坚持仲裁为最后的解决方法（一轨道），而以欧盟为代表的部分地区和国家坚持认为必须给予消费者二次解决方案选择的机会（二轨道）。针对网上争议不同解决思路的激烈争论，中国代表团提出了"关于 ODR 一轨道和二轨道融合的设想——中国代表团的提案"，即第三提案。

2015 年 6 月，联合国国际贸易法委员会 A/70/17 号文件第 352 段明确要求："会议商定，今后任何案文都应利用在第三提案和其他提案上取得的进展。"2016 年 12 月，以中国提案为基础的《关于网上争议解决的技术指引》被联合国大会通过。

2.《关于网上争议解决的技术指引》的起草思路

中国代表团运用流程立法的方法，提出了《关于网上争议解决的技术指引》的起草思路，即通过流程分析，科学地将网上争议解决的运行划分为 3 个主要阶段（见图 9-4），并根据主要阶段提出相关的规制要求。

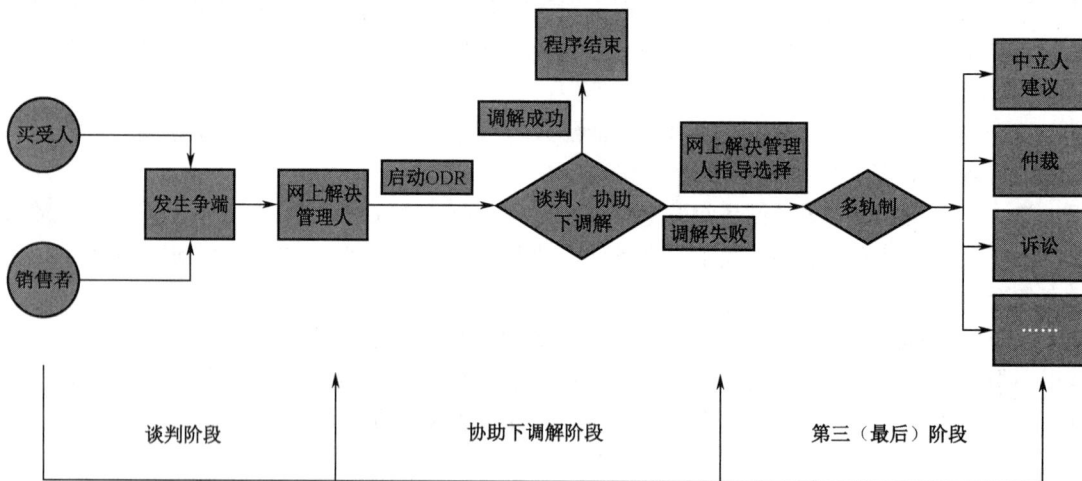

图 9-4　网上争议解决中国提案（第三提案）示意图

（1）程序的第一阶段——技术导引下谈判阶段。在这一阶段中，申请人和被申请人经由网上解决平台直接相互谈判。

---

① 联合国. 关于网上争议解决的技术指引[EB/OL].（2016-12-13）[2020-10-20]. http://www.uncitral.org/uncitral/en/uncitral_texts/odr/2016Technical_notes.html.

（2）如果谈判未果（未能就申请事宜达成和解），程序可进入第二阶段，即"协助下调解"阶段。在网上解决程序的这一阶段，网上解决管理人指定一位中立人与各方当事人沟通，以图达成和解。

（3）如果协助下调解未果，可以启动网上解决程序的第三阶段即最后阶段，在这种情况下，网上解决管理人或中立人可向当事人告知这一阶段的性质和主要矛盾，进而提出规制要求。

3.《关于网上争议解决的技术指引》的主要条款

1）网上解决程序的启动

为开始网上解决程序，由申请人向网上解决管理人发送一份载有下列内容的通知。

（1）申请人和受权代表申请人行事的申请人代表（如果有的话）的名称和电子地址。

（2）申请人所了解的被申请人及被申请人代表（如果有的话）的名称和电子地址。

（3）提出申请的依据。

（4）为解决争议提出的任何办法。

（5）申请人首选的程序语文。

（6）申请人和（或）申请人代表的签名或其他身份识别和认证手段。

申请人将通知发送给网上解决管理人后，网上解决管理人通知各方当事人可在网上解决平台检索该通知之时，可视为网上解决程序启动的时间。

被申请人在被通知可在网上解决平台检索申请人通知的合理时限内向网上解决管理人发送其答复，并且该答复包括下述内容。

（1）被申请人和受权代表被申请人行事的被申请人代表（如果有的话）的名称和电子地址。

（2）对提出申请的依据的答复。

（3）为解决争议提出的任何办法。

（4）被申请人和（或）被申请人代表的签名和（或）其他身份识别和认证手段。

（5）载明反请求所依据的理由的任何反请求通知。

2）谈判

第一阶段可以是当事人之间经由网上解决平台进行谈判。

程序第一阶段的启动时间可以是在被申请人的答复发至网上解决平台之后，并且：

（1）该答复的通知已发给申请人。

（2）不做答复的，通知发给被申请人后的一段合理时间内。

谈判未在合理时限内达成和解的，程序进入下一阶段。

3）协助下调解

网上解决程序第二阶段可以是协助下调解，在这一阶段指定一位中立人，由其与各方当事人沟通，设法达成和解。

如果经由平台的谈判由于任何原因（包括未参加或者未在某一合理时限内达成和解）未果，或者争议一方或双方请求直接进入程序下一阶段，这一阶段即可启动。

程序的协助下调解阶段启动时，可取的做法是，由网上解决管理人指定一位中立人，通知各方当事人该指定事宜，并提供关于中立人身份的某些具体情况。

在协助下调解阶段，中立人与各方当事人沟通，设法达成和解。

未能在合理时限内实现协助下和解的，程序可以进入最后阶段。

4）最后阶段

中立人协助调解未成功的，可取的做法是，网上解决管理人或中立人向当事人告知最后阶段的性质及这一阶段可采取的形式。

这里可采取的形式包括但不限于监察员、投诉局、谈判、调解、调停、协助下调解、仲裁及其他，以及采用既含网上部分又含非网上部分的混合程序的可能性。

▶▶ 9.5.2 跨境电子商务纠纷解决的主要形式

目前，跨境电商网上争议解决主要有5种形式：在线清算、在线仲裁、在线消费者投诉处理、在线调解、网络庭审。

1. 在线清算

赛博塞特（Cybersettle）是最早提供在线清算争议解决服务的企业，主要针对的是保险索赔。可立克塞特（Clicknsettle）是紧随其后发展起来的在线纠纷解决企业。两个企业都有一种专门的系统，通过这一系统，争议双方各自报价，但无从知晓对方的出价。如果双方的报价符合事先约定的某一公式，则系统自动以中间价成交。赛博塞特允许被诉人出价3次，原告可以还价3次；可立克塞特则允许双方在60天的时间内进行任意次数的报价。如果在此期限内双方无法达成一致，则当事人仍然可以不受影响地进行谈判，因为他们在在线清算系统中的报价是绝对保密的。这种系统的建立，可以大大缩短谈判和诉讼时间，降低解决争议的成本和费用。其他提供类似服务的企业还有优斯塞特（Ussettle）、塞特马特（Settlesmart）等。

2. 在线仲裁

目前，最主要的在线仲裁（Online Arbitration）提供者是加拿大的网上争议解决中心（eResolution），主要解决域名争议。互联网名址分配公司（ICANN）授权 eResolution 以 ICANN 的《统一域名纠纷处理规则》为依据用在线方式解决域名争议。解决域名争议的请求可以通过电子邮件提出，也可以通过填写安全网页上的申请表提交。

仲裁委员会根据 ICANN 的规则、实施细则及 eResolution 的补充规则进行审理。在听取当事人双方的陈述后，仲裁委员会做出具有约束力的裁决。

真正将在线仲裁实践成功应用于电子商务的是中国广州仲裁委员会。该仲裁委员会自 2015 年正式上线在线仲裁业务以来，主动适应互联网发展大趋势，创新性采用网络信息新技术，借助互联网技术整合法律服务资源，利用网络仲裁解决了民商事活动中的海量纠纷。2018 年广州仲裁委员会受理仲裁案件总数 189 620 件，占全国 35%，位列全球、全国仲裁机构双第一，其中涉外案件数量 2 162 件、网络案件数量 166 634 件，均位列全国第一。

3. 在线消费者投诉处理

更佳商业局在线（BBBOnline）是美国中央更佳商业局（Central Better Business Bureau）的子公司，致力于发展以在线方式处理消费者投诉。美国中央更佳商业局下属有 132 个更佳商业局，最早的一家成立于 1912 年，其从事替代性争议解决方式已有 100 多年的历史。通过 BBBOnline，消费者可以以在线方式提交投诉。一般情况下，在收到投诉后，BBBOnline 首先会进行和解（Conciliation），即与公司内部的有关人员联系，这种方法常常能马上解决问题。如果和解不成，在多数情况下会利用电子邮件和电话进行简易的调解（Mediation）。

2018 年 3 月 15 日，我国市场监督管理总局"中国消费者权益保护网"（12315 消费投诉平台）二期正式上线。平台二期开发了消费纠纷在线解决功能，鼓励有比较健全的客服售后系统的经营者成为平台在线消费纠纷解决企业，推动经营者与消费者先行和解。同时，增加了工商端分流单位推荐、敏感词过滤、重复投诉识别等功能，完善了投诉处理情况实时监测和督办等功能，提高了基层工商和市场监管部门处理消费者诉求的效率。

4. 在线调解

在线调解（Online Mediation）与离线调解在程序上的区别主要是沟通方式的不同。在线调解使用经过加密的电子邮件进行调节，或者通过加密的聊天室进行沟通。通过使用密码，调解员可以和一方当事人单独在一间"房间"里谈话，而另一方当事人在另一间"房间"里等候。目前，在线调解在技术上已经没有问题。在线调解的双方当事人都可以通过一台接入互联网的计算机进行沟通。调解的系统和文件都存储在特定的服务器上，只有经过授权的使用者才可以进入。这一系统一般都是由调解员或调解组织提供的。

在程序上，在线调解通常使用的流程可以包括 6 个阶段，分别为申请人提出申请、登记案件相关信息、选择调解员、在线调解、达成调解书和履行调解书。所有程序都通过在线的方式进行，双方当事人通过随机创设的在线调解室，以网上文字的形式进行事实陈述和证据出示（主要是相关证据的电子照片），并由调解员介绍相关的法律，提出调解方案，双方当事人如果接受这一方案，则达成调解协议。

2018 年 5 月 31 日，浙江省"在线矛盾纠纷多元化解平台"（https://yundr.gov.cn，简称 ODR 平台，见图 10-5）上线运行。ODR 平台不仅将线下的纠纷解决模式搬到线上，还从法律咨询、评估，向在线调解、在线仲裁、在线诉讼层层递进，使矛盾纠纷不断被过滤和分流，最大程度地先行化解纠纷，减少进入诉讼程序的案件。

截至 2020 年 10 月 4 日，浙江省在线矛盾纠纷多元化解平台调解案件申请总数已达 1 037 765 件，调解成功率达 77%。

图 10-5 浙江省在线矛盾纠纷多元化解平台主页

5. 网络庭审

网络庭审是以网络服务平台为依托，把诉讼的每个环节都搬到网络上，起诉、立案、举证、开庭、裁判都可以在线上完成，使电子商务纠纷可以更加快捷地得到处理，提高审判效率，节约司法资源。电子商务网络庭审的诉讼流程严格按照《民事诉讼法》的有关规定进行，与传统的线下诉讼并无差异。

2006 年 4 月，福建省沙县人民法院高桥法庭注册成立了福建省首家网络法庭，利用视频语音系统实现网络开庭。该庭通过 QQ 网站进行网络庭审，成功地审理了 3 起跨境婚姻纠纷案件。[①]由于适应了当地的实际情况，简化了审判程序，受到当地老百姓的欢迎。

2017 年 6 月 26 日，中央全面深化改革领导小组第三十六次会议审议通过《关于设立杭州互联网法院的方案》。2017 年 8 月，杭州互联网法院正式挂牌成立。其受理范围包括：①网络购物合同纠纷；②网络购物商品责任纠纷；③网络服务合同纠纷；④在互联网上签订、履行的金融借款合同纠纷和小额借款合同纠纷；⑤网络著作权纠纷。

截至 2020 年 9 月底，中国已经批准建立 3 个互联网法院，分别为杭州互联网法院、北京互联网法院、广州互联网法院。

9.6 网络环境下的国际贸易术语

贸易术语（Trade Terms）又称价格术语或交货条件，它用一个简短的概念或者用英文字母的缩写来表明货物价格的构成、买卖双方有关费用的负担、手续的办理及风险责任的划分。1936 年，国际商会制定了《国际贸易术语解释通则》（International Rules for the Interpretation of Trade Terms，INCOTERMS），1953、1967、1976、1980、1990、1999 和 2010 年分别发布了修订本。2019 年，国际商会公布了最新的修订本《2020 年国际贸易术语解释通则》（INCOTERMS 2020），于 2020 年 1 月 1 日开始在全球范围内实施。国际贸易术语解释通则 2020 版考虑了全球范围内免税区的扩展，商业交往中电子通信运用的增多，货物运输中安保问题关注度的提高及运输实践中的许多变化。

▶▶ 9.6.1 INCOTERMS 的法律特征

《国际贸易术语解释通则》对采用国际贸易术语（如 CIF 和 FOB）订立的合同中各方主体的义务、风险和费用成本的承担进行了详细的解释。值得注意的是，《国际贸易术语解释通则》中对国际贸易术语的解释和普通法下的解释有所不同，只有明确约定适用《国际贸易术语解释通则》的情况下，《国际贸易术语解释通则》中的贸易术语才会适用。

（1）INCOTERMS 是被国际上认可的惯例性文件。INCOTERMS 1936 和 INCOTERMS 1990 经联合国国际贸易法委员会第 2 届和第 25 届会议核准，作为一项惯例性文件，肯定了它在国际贸易领域中的重要性，建议在国际货物买卖中使用。此外，个别国家以国内立法的形式公布 INCOTERMS 为国内法，如澳大利亚。

（2）INCOTERMS 是被普遍认可的一种国际贸易惯例。如若合同当事人在合同中既不排除，也不明确规定采用何种贸易术语，一旦争讼，仲裁庭或法院就可援引某一公认的、被人们经常

---

① 郭宏鹏，吴春迎，陈莹. 跨省网络视频庭审首现福建[N]. 法制日报，2006-12-15.

遵守的贸易术语规则做出处理。

（3）在一个具体合同中采用某国际贸易术语时，对其可修改和补充。国际贸易术语经过统一解释后各有自己的特点，因此，在修改和补充中不要改变贸易术语的特征和性质，从而给双方在执行合同中带来不便，或者给解决双方争议的法庭、仲裁庭带来困难。

（4）每个贸易术语涉及一些共同的问题并在此表现出某些差异。《国际贸易术语解释通则》的各个贸易术语无外乎在交货（Delivery）、风险（Risk）、成本（Cost）、运输（Carriage）、保险（Insurance）、单证（Documentation）、批文（Approval）、保证货物与合同标的一致（Conformity）、协助（Assistance）办理有关手续方面表现出一些差异。

▶▶ 9.6.2 INCOTERMS 2020 的贸易术语

INCOTERMS 2020 有 11 种贸易术语，详细说明了交货地点，确定了风险、责任和费用的划分（见表 9-1）。

表 9-1 INCOTERMS 2020 的 11 种贸易术语

贸易术语	英文释义	中文释义	交货地点	风险的转移	出口清关	运输费用	保险费用	进口清关
EXW	EX Works (…named place)	工厂交货（指定地点）	卖方指定地点如工厂、仓库等	买方收货时	B	B	B	B
FCA	Free Carrier (…named place of delivery)	货交承运人（指定交货地点）	指定装运地点	货交承运人（Buyer 指定）	S	B	B	B
FAS	Free Alongside Ship (…named port of shipment)	装运港船边交货（指定装运港）	装运港船边	货物在装运港船边时（Buyer 指定）	S	B	B	B
FOB	Free on Board (…named port of shipment)	装运港船上交货（指定装运港）	装运港船上	货物装载到船上时（Buyer 指定）	S	B	B	B
CFR	Cost and Freight (…named port of destination)	成本加运费（指定目的港）	装运港船上	货物装载到船上时（Seller 指定）	S	S	B	B
CIF	Cost, Insurance and Freight (…named port of destination)	成本加运费保险费（指定定目的港）	装运港船上	货物装载到船上时（Seller 指定）	S	S	S	B
CPT	Carriage Paid to (…named place of destination)	运费付至（指定目的地）	指定装运地点	货交承运人（Seller 指定）	S	S	B	B
CIP	Carriage & Insurance Paid to (…named place of destination)	运费保险费付至（指定目的地）	指定装运地点	货交承运人（Seller 指定）	S	S	S	B
DAP	Delivered at Place (…named place of destination)	所在地交货（指定目的地）	买方所在地的指定地点	装在运输工具上的货物（不用卸载）交给买方	S	S	S	B

贸易术语	英文释义	中文释义	交货地点	风险的转移	出口清关	运输费用	保险费用	进口清关
DPU	Delivered at Place Unloaded (...named place of destination)	卸货地交货（指定目的地）	买方所在地的指定地点	装在运输工具上的货物（卸货后）交给买方	S	S	S	B
DDP	Delivered Duty Paid (...named place of destination)	完税后交货（指定目的地）	买方所在地的指定地点	卖方完成进口清关，将装在运输工具上的货物（不用卸载）交由买方处置	S	S	S	S

▶▶ 9.6.3 FOB、CIF、CFR 合同中买卖双方的权利和义务

在《INCOTERMS 2020》的 11 个术语中使用频率最高的是 FOB、CFR、CIF 三个术语，尤其当国际货物买卖合同采用海上货物运输方式时。

1. FOB

1）卖方必须

（1）提供符合合同规定的货物和单证或相等的电子单证。

（2）自负费用和风险办理出口许可证及其他货物出口手续，缴纳出口捐、税、费。

（3）按照约定的时间、地点，依照港口惯例将货物装上买方指定的船舶并给买方以充分的通知。

（4）承担在装运港货物越过船舷以前的风险和费用。

2）买方必须

（1）支付货款并接受卖方提供的交货凭证或相等的电子单证。

（2）自负费用及风险取得进口许可证，办理进口手续，缴纳进口的各种捐、税、费。

（3）自费租船并将船名、装货地点、时间给予卖方以充分的通知。

（4）承担在装运港货物越过船舷后的风险和费用。

2. CIF

1）卖方必须

（1）提供符合合同规定的货物和单证或相等的电子单证。

（2）自负费用和风险办理出口许可证及其他货物进口手续，并缴纳出口捐、税、费。

（3）自费订立运输合同并将货物按惯常航线在指定日期装运至指定目的港，并支付运费。

（4）自费投保缴纳保险费，如无明示的相反协议，按伦敦《协会货物保险条款》投保海上运输的最低险别。

（5）承担在装运港货物越过船舷以前的风险及除运费和保险费以外的费用。

2）买方必须

（1）支付货款并接受卖方提供的交货凭证或相等的电子单证。

（2）自负费用和风险取得进口许可证，办理进口手续，缴纳进口的各种捐、税、费。

（3）承担在装运港货物越过船舷以后的风险和除运费、保险费以外的费用。

3. CFR

CFR 与 CIF 的区别在于价格构成中不包括保险费，即买方要自行投保并支付保险费用，其余相同。

4. FOB、CIF、CFR 的共同点

（1）交货地点都是在装运港。

（2）适合海上运输和内河航运。

（3）风险划分都以装运港的船舷作为界线。

（4）交货性质均为象征性交货。卖方只要提交了代表货物所有权的凭证就等于履行了交货义务，就可以要求买方或其委托的银行付款。

▶▶ 9.6.4　INCOTERMS 2020 的买卖双方义务项对比

INCOTERMS 2020 规定买卖双方各有 10 项义务，并将这 10 项义务垂直排列、平行对应。买卖双方既可通过垂直排列的义务项来总揽合同流程，也可通过平行排列的义务项来明晰双方权利义务的衔接，查阅和应用极为方便（见表 9-2）。

表 9-2　INCOTERMS 2020 的买卖双方义务项对比

A1.卖方一般义务	B1.买方一般义务
A2.交货	B2.提货
A3.风险转移	B3.风险转移
A4.运输	B4.运输
A5.保险	B5.保险
A6.交货/运输单据	B6.交货/运输单据
A7.出口/进口清关	B7.出口/进口清关
A8.查验/包装/标记	B8.查验/包装/标记
A9.费用划分	B9.费用划分
A10.通知	B10.通知

例如，在 INCOTERMS 2020 中，为了解决费用争议问题，在每种贸易术语的 A9/B9 费用分担部分明确列明买卖双方各自要分担的费用项目。同时强调，如果由对方代己方办理进出口相关事宜并产生相应费用，己方需要补偿对方的代办费用。

复习题

1. 试述电子商务经营者的基本义务。
2. 试述第三方跨境电商平台经营者的特别义务。
3. 试分析 9610、9710、9810 与一般贸易监管方式的异同点。

4．试述电子合同的要约与承诺。

5．试述电子通信的形式要求。

参考文献

[1] 杨坚争，万以娴，杨立钒．电子商务法教程[M]．3 版．北京：高等教育出版社，2016．

[2] 朱晓磊，杜继明，徐强珍．跨境电子商务法律问题及海关监管研究[J]．中国市场，2015（37）：75-76．

[3] 孙占利．国际合同使用电子通信公约：解读与评价[J]．时代法学，2007（5）：108-115．

[4] 肖婷云．跨境电子商务的法律规制[J]．长沙大学学报，2015（3）：70-71，87．

[5] 杨立钒，万以娴．电子商务法与案例分析[M]．北京：人民邮电出版社，2020．

[6] 刘胜题．国际商法：贸易与投融资[M]．北京：对外经济贸易大学出版社，2006．

[7] 亿邦智库．跨境电商"9710""9810"是什么？[EB/OL]．（2020-08-27）[2020-09-17]．https://mp.weixin.qq.com/s/VUkIc5fIu_yZcyZwDIdDPA．

[8] 李一鸣．INCOTERMS 2020 的改变、问题解析及贸易术语选用与应用 [J]．对外经贸实务，2020（3）：62-65．